Gestão Estratégica

Gestão Estratégica

Organizadores:
Vítor da Conceição Gonçalves
Luís Mota de Castro
J. Augusto Felício

TÍTULO
Gestão Estratégica

© Conjuntura Actual Editora, 2017

ORGANIZADORES
Vítor da Conceição Gonçalves
Luís Mota de Castro
J. Augusto Felício

Direitos reservados para todos os países de língua portuguesa por

CONJUNTURA ACTUAL EDITORA
Sede: Rua Fernandes Tomás, 76-80, 3000-167 Coimbra
Delegação: Avenida Engenheiro Arantes e Oliveira, 11 – 3.º C – 1900-221 Lisboa – Portugal
www.actualeditora.pt

CAPA
FBA

PAGINAÇÃO
Rosa Baptista

IMPRESSÃO E ACABAMENTO:
ACD Print, S.A.
novembro 2018

DEPÓSITO LEGAL
434185/17

Toda a reprodução desta obra, por fotocópia ou qualquer outro processo, sem prévia autorização escrita do Editor, é ilícita e passível de procedimento judicial contra o infrator.

Nota: A adoção ou não do novo acordo ortográfico ficou ao critério de cada autor.

BIBLIOTECA NACIONAL DE PORTUGAL – CATALOGAÇÃO NA PUBLICAÇÃO
GESTÃO ESTRATÉGICA

Gestão estratégica / org. Vítor da Conceição Gonçalves, Luís Mota de Castro, J. Augusto Felício. – (Fora de coleção)
ISBN 978-989-694-257-1

I – GONÇALVES, Vitor da Conceição
II – CASTRO, Luís Mota de
III – FELÌCIO, J. Augusto

CDU   005

ÍNDICE

Introdução   13

PARTE 1. Aspectos Comportamentais em Gestão Estratégica   19
1.1 Estratégia como um Processo de Aprendizagem
J. Pombo Alves   21
1.2 Para uma 'Intelligence-Based View'
Gonçalo João   83
1.3 Reputation as a Strategic Asset
Patrícia Tavares   123
1.4 Flexibilidade Estratégica
Helga Novais   147

PARTE 2. Análise Contingencial da Acção Estratégica   179
2.1 A Gestão Estratégica Internacional da Empresa:
o Papel das Diferenças Culturais
Cátia Crespo   181
2.2 Alianças Internacionais e Empreendorismo Internacional:
duas novas abordagens para a internacionalização de PME
Nuno Fernandes Crespo   223
2.3 Factores de *Empowerment* da Força de Vendas
Carmindo Lopes   271
2.4 O Potencial de Criação de Valor do *Mobile e-commerce*
Winnie Ng Picoto   311
2.5 Factores Culturais em Processos de Fusão e Aquisição
Sandra Oliveira   331

PARTE 3. Implementação e Controlo de Estratégias   351
3.1 A Implementação de Estratégia
Carlos Jerónimo   353

GESTÃO ESTRATÉGICA

3.2 Controlo de Gestão e Estratégia em Start-Ups
  António Samagaio   379
3.3 HR Strategy and I.S. Security
  Bruno Armindo Macedo   423
3.4 Competências 'core' na Gestão de Projectos de TI
  Fernando Albuquerque   449
3.5 O Risco no Contexto da Gestão Estrategica
  Martim Múrias   487

Bionotes **dos Editores**
  Vitor Gonçalves   505
  Luís M. de Castro   505
  J. Augusto Felício   506

ÍNDICE DE FIGURAS

Figura 1	– Modelo dos valores em competição: Modelo dos papéis de liderança (Parreira 2015)	36
Figura 2	– As seis partes da Organização (Mintzberg 1990 155)	49
Figura 3	– Modelo do Ciclo de Vida das Organizações (adaptado de Mintzberg 1990 410)	54
Figura 4	– Estratégia deliberada e emergente (adaptado de Mintzberg 1994 24 e internet)	59
Figura 5	– A Practical Framework for the Resource – Based Approach to Strategy Analysis (Grant, 1991)	92
Figura 6	– Capabilities Lifecycle (Helfat and Peteraf, 2003)	94
Figura 7	– The Knowledge Creating Company Model (Nonaka and Takeuchi, 1995)	97
Figura 8	– Types of organizational knowledge (Spender, 1996)	98
Figura 9	– The Expoitative/Explorative Intelligence Framework (João, 2015)	99
Figura 10	– Modern Business Eras (Kahaner, 1998)	107
Figura 11	– The Intelligence Cycle (Kahaner, 1998)	109
Figura 12	– Classification of the Information (Taborda and Ferreira, 2002)	110
Figura 13	– The Intelligence-based View Framework	113
Figura 14	– Ciclo Vicioso da Rigidez Estratégica	170
Figura 15	– Influências externas que condicionam a força de vendas	279
Figura 16	– Deveres do supervisor para com o empowerment da força de vendas	287
Figura 17	– Modelo conceptual do empowerment da força de vendas	300
Figura 18	– Teorias Emergentes	362
Figura 19	– Barreiras relativas à implenmentação e causas	366

GESTÃO ESTRATÉGICA

Figura 20 – Tipologia de quatro famílias básicas 369
Figura 21 – Síntese das Revisões de vários autores 372
Figura 22 – Estrutura de análise do tema 384
Figura 23 – Perspectivas genéricas sobre Estratégia 386
Figura 24 – Mecanismos de Controlo de Gestão 401
Figura 25 – Tipologias de estratégias utilizadas na investigação
em SCG 407
Figura 26 – SCG ao longo do ciclo de vida da empresa 411
Figura 27 – Dimensions of HR strategy Wright, Snell and Shadur
(2005) 431
Figura 28 – Value Chain (Porter & Millar, 1999) 435
Figura 29 – Aptidões, Competências e Capacidades no contexto
das organizações 455
Figura 30 – Capacidades centrais no âmbito dos Serviços de SI/TI 470
Figura 31 – Função de valor e ponto de referência.
Fonte: Kahneman and Tversky, 1979 494

ÍNDICE DE TABELAS

Tabela 1	– Escolas do pensamento estratégico (adaptado de Mintzberg 1999b e 1998a)	22
Tabela 2	– Os dez papéis do Gestor (Mintztberg 1975 e 1989)	28
Tabela 3	– Tipos de Estrutura (adaptado de Mintzberg 1981)	51
Tabela 4	– Adaptado de Quinn (1992 77)	63
Tabela 5	– Resource-based Theory (Barney and Arikan, 2005)	87
Tabela 6	– Resource-based Theory (Barney and Arikan, 2005) – continued	88
Tabela 7	– Examples of Types of Resources (Barney and Arikan, 2005)	89
Tabela 8	– Benefits of Reputation	125
Tabela 9	– Examples of Measures of Reputation	132
Tabela 10	– Reputation Quotient	135
Tabela 11	– The RepTrack® System	136
Tabela 12	– A Schema of Brand Metaphors	137
Tabela 13	– The Corporate Character Scale	140
Tabela 14	– Revisão da Literatura sobre mobile e-commerce	313
Tabela 15	– Diferenças do conhecimento tecnológico entre o e-commerce e o m-commerce	319
Tabela 16	– Diferenças do Modelo de Negócio entre o e-commerce e o m-commerce	320
Tabela 17	– Core business capabilities for M-commerce	321
Tabela 18	– Definições de Cultura como um Sistema Sociocultural e Ligações com a Literatura Organizacional e de Gestão (Allaire e Firsirotu, 1984)	339
Tabela 19	– Definições de Cultura como um Sistema Ideário e Ligações com a Literatura Organizacional e de Gestão (Allaire e Firsirotu, 1984)	340

Tabela 20 – Características de duas perspectivas sobre estratégia 386
Tabela 21 – Matriz das oportunidades 396
Tabela 22 – Papel dos SCG na Inovação e na Estratégia 404
Tabela 23 – Evolution of the Human Resources Strategy
(Wright, Patrick Benjamin & Scott, 2005) 427
Tabela 24 – Porque falha o Alinhamento Organizativo de Projetos 469
Tabela 25 – Competências centrais para a Gestão de Projetos
(Lampel, 2001) 473
Tabela 26 – Competências Centrais vs Perfil de Conhecimento
e Valores (Feeny e Wilcooks) 478
Tabela 27 – Sumário das Categorias de Recursos SI
(Wade e Hulland, 2004) 479
Tabela 28 – As 26 Competências de SI (Peppard e Ward, 2004) 480
Tabela 29 – Medidas do risco mais usuais na investigação 491

Introdução

Este volume apresenta alguns dos textos produzidos em anos recentes pelos alunos do Programa de Doutoramento em Gestão do ISEG e por eles apresentados no âmbito da disciplina Tópicos de Gestão Estratégica. Trata-se de revisões da literatura que, na escolha dos temas e no tratamento, reflectem tanto as questões mais pertinentes tratadas na literatura como as percepções dos alunos quanto àquilo que consideram questões actuais, relevantes e promissoras para prosseguimento de investigação.

Os organizadores deste volume consideram que a leitura destes trabalhos será útil para os estudantes, tanto de mestrado como de doutoramento, que busquem inteirar-se de temas que actualmente preocupam os investigadores de Gestão Estratégica e que desejem obter uma revisão actual e razoavelmente sucinta da literatura relevante. Sendo hoje a Gestão Estratégica um campo de estudo amplo e diversificado, um pequeno volume como este restringe-se necessariamente a um conjunto circunscrito de temas. Assim, valorizou-se a perspectiva comportamental da qual se releva a aprendizagem organizacional e a perspectiva contingencial, segundo a qual um dado fenómeno ou efeito é, em geral, determinado por um número de causas ou factores identificáveis e, em muitos casos, directa ou indirectamente verificáveis ou mensuráveis. A perspectiva comportamental a que se associa a aprendizagem organizacional subjaz a todo o volume mas é, desde logo, tratada nos textos da parte 1, que também adopta a perspectiva de que a sustentabilidade das vantagens competitivas de uma organização decorre da detenção ou capacidade de acesso privilegiado a recursos raros, valiosos e dificilmente imitáveis ou substituíveis. A dimensão humana e de conhecimento organizacional ganham aí também preponderância.

A perspectiva contingencial, mormente no que respeita à acção estratégica, está patente na parte 2. Quando se abordam as questões culturais que se associam, naturalmente, aos processos de internacionalização ou se tratam iniciativas empreendedoras, no âmbito do empreendedorismo internacional e alianças entre organizações para que se consigam condições para singrar nos mercados internacionais, as questões contingenciais estão forçosamente presentes. Também, a maior autonomia de decisão e responsabilidade para uma maior participação nas actividades concedidas aos trabalhadores de vendas para obterem maior eficácia nos processos de de relações com clientes, tal como o recurso às tecnologias de informação, neste caso, as plataformas de *e-commerce* suportadas nos equipamentos de comunicação móvel ou as estratégias que envolvem as fusões e aquisições para as quais os aspectos de avaliação dos factores culturais são relevantes, envolvem questões de análise estratégica contingencial.

Na parte 3 agruparam-se temas mais orientados para a implementação e controlo da estratégia. Os textos tratam de aspetos gerais e também de especificidades, nomeadamente, quando se procura compreender os motivos que levam a fracassar a implementação de uma estratégia, se analisa a flexibilidade de implementação e os obstáculos com que se confrontam as empresas no quadro de um planeamento estratégico e se implementam sistemas de controlo em *startups* para as quais se torna relevante compatibilizar a iniciativa e criatividade individual com mecanismos que assegurem condições de viabilidade do projecto e a sua própria sustentabilidade. Outros temas referem-se: à implementação das estratégias de recursos humanos em combinação com a segurança da informação, às competências necessárias para a gestão de tecnologias de informação e a quais os factores a identificar para a avaliação do risco no contexto de gestão estratégica.

O primeiro grupo de textos (Parte 1), mais centrados sobre aspectos comportamentais em gestão estratégica, inclui trabalhos que focam, especialmente, as questões seguintes: 1) A escola de aprendizagem associada à ideia de estratégia emergente e de incrementalismo lógico; 2) A importância da informação no que respeita à capacidade para aceder e interpretar os sinais correctos como mais-valia face aos competidores; 3) Os recursos raros, imperfeitamente imitáveis e não substituíveis, como fontes valiosas de vantagem competitiva, que contribuem para conceber e implementar estratégias potenciadoras da eficiência e eficácia da empresa; 4) A importância da reputação como activo estratégico; 5) A flexibilidade estratégica tida como uma capacidade que a organização possui para se adaptar às exigências e circunstâncias da sua envolvente e com isso obter vantagem competitiva.

Embora a perspectiva do planeamento continue presente nos conselhos de administração, num formato talvez menos 'normativo' porque mais aberto a considerar durante a implementação as contingências que sempre podem surgir, a verdade é que a perspectiva da aprendizagem, com 'nuances' de evolucionismo, ganhou o favor de muitos académicos, sob a guisa das 'core competences', das competências dinâmicas, da dependência de recursos, da aprendizagem em rede, etc. Por se considerar que as várias perspectivas são complementares, o primeiro texto desta colectânea, da autoria de **J. Pombo Alves**, trata da estratégia como um processo de aprendizagem, mostra que esta perspectiva se mantém relevante e subjaz, tacitamente, a muitas posições mais recentes.

No segundo texto, **Gonçalo João** defende que um bom sistema de informação competitiva (*competitive intelligence*) pode constituir um recurso raro, valioso e duradouro, capaz de sustentar uma competência distintiva interessante – o conhecimento diferenciador.

O terceiro texto, da autoria de **Patrícia Tavares**, apresenta a reputação corporativa como uma outra fonte evasiva de vantagens competitivas. Discutir a importância da reputação corporativa como um activo estratégico implica necessariamente defini-la, propor modos de medi-la e antecipar a possibilidade de administrá-la. Finalmente, olhar a reputação como um activo estratégico intangível capaz de gerar valor e vantagem competitiva sustentada abre pistas para novas pesquisas.

No último texto deste grupo **Helga Novais** aborda o conceito polimorfo, multidimensional e paradoxal da flexibilidade (capacidade de adaptação) estratégica, associado à mudança organizacional, como a capacidade reconhecida às organizações de se adaptarem às exigências e circunstâncias do meio envolvente. Considera tratar-se de importante ferramenta de potenciação de vantagens competitivas das organizações. O seu desenvolvimento alinha com a teoria da contingência. O trabalho baseia-se na literatura para suportar a sua definição, vantagens e limitações e as diferentes dimensões e medidas e respectivas relações, acabando por evidenciar as barreiras colocadas à sua implementação.

O segundo grupo de textos (Parte 2) inclui trabalhos que focam, especialmente, as questões seguintes: 1) O dinamismo dos processos de internacionalização das empresas como suporte à gestão estratégica internacional da empresa, face a diferenças culturais entre os múltiplos actores; 2) O empreendedorismo internacional e as alianças estratégicas internacionais, no quadro de escolas alternativas, para compreenderem as PME no seu processo de internacionalização dificultado por constrangimentos próprios face a empresas de grande dimensão; 3) A importância do *empowerment* da força de vendas para responder mais eficazmente aos novos processos de compra; 4) A forma como as organizações identificam o valor potencial das tecnologias de comunicação neste caso recorrendo ao valor estratégico do mobile e-commerce; 5) O impacto de factores culturais no sucesso de fusões e aquisições.

No artigo 'Questões Culturais na Internacionalização', **Cátia Crespo** revê a literatura relevante para caracterizar as principais alterações ocorridas no campo da gestão estratégica internacional, nomeadamente no que respeita ao papel das diferenças culturais, tendo em conta os desafios e exigências colocados pela necessidade de sabe gerir e ultrapassar as tensões culturais patentes entre os múltiplos actores que compõem a asta rede de relações e uma empresa internacional.

Nuno Crespo, no texto intitulado 'O Papel do Empreendorismo e das Alianças na Internacionalização de PMEs', alega que nenhuma das teorias 'tradicionais' de internacionalização consegue explicar autonomamente o processo de internacionalização das PME. Nos últimos anos têm surgido autores centrados no estudo das PMEs em contexto de globalização, no empreendedorismo internacional e na constituição de alianças estratégicas internacionais. Este artigo analisa estas formas de internacionalização e a sua adequação às PMEs.

No terceiro texto, **Carmindo Lopes** discute os 'Factores de *Empowerment* da Força de Vendas'. O autor define *empowerment* como sendo 'um processo para capacitar os colaboradores a definir os seus próprios objectivos relacionados com o trabalho, tomar decisões e resolver problemas dentro da sua esfera de responsabilidade e autoridade.' Face às mudanças tecnológicas, às alterações da estrutura dos mercado e da divisão do trabalho na indústria, muitas empresas têm reorganizado a estrutura de vendas para aumentar as receitas, reduzir custos e aumentar a produtividade. O custo inicial destas alterações das práticas e rotinas é elevado, incluindo: resistência à mudança e possíveis despedimentos das lideranças intermédias. O autor propõe um modelo teórico que possa contribuir para a compreensão e investigação dos factores que condicionar a implementação do *empowerment* na estratégia de vendas das empresas.

No penúltimo texto, **Winnie Picoto** procura identificar como as organizações podem caracterizar e medir o valor potencial das tecnologias de telefonia móvel, a fim de melhorarem o seu desempenho. Este estudo

INTRODUÇÃO

parte de uma revisão da literatura publicada em várias áreas para desenvolver a partir dela um modelo conceptual para avaliação, na perspectiva da empresa, do valor potencial do comércio móvel, através da análise do seu impacto nas vendas, na eficiência e na coordenação interna da empresa.

O último texto deste grupo, da autoria de **Sandra Oliveira**, trata dos factores culturais que podem contribuir para o sucesso ou insucesso em processos de fusão e aquisição. O artigo foca os factores que influenciam o desempenho de actividades de fusões e aquisições, medido pelo valor para os accionistas da empresa compradora pós-fusão, evidenciando a influência da variável cultura como factor antecedente e moderador do sucesso de aquisição.

Na parte 3 os textos tratam de questões relativas à implementação e controlo de estratégias e inclui trabalhos que focam, especialmente, os temas seguintes: 1) A análise dos motivos que levam a implementação da estratégia a fracassar; 2) A flexibilidade das empresas portuguesas, em particular a importância que atribuem às operações de planeamento estratégico, a forma como a implementa, os obstáculos que encontram e a forma de a manter; 3) A avaliação de sistemas de controlo de gestão adequados à estratégia de *startups*, capacitados para conciliar controlo com liberdade dos indivíduos, flexibilidade e criatividade/inovação, visando vantagens competitivas sustentáveis; 4) A combinação da estratégia de recursos humanos com a segurança e qualidade da gestão da informação sobre esses mesmos recursos, tidos como uma capacidade organizacional e activo estratégico, para obter vantagem competitiva; 5) Competências necessárias de gestão da carteira de projectos de tecnologias de informação da organização visando vantagens competitivas sustentáveis; 6) Identificação de factores e avaliação do risco no contexto da gestão estratégica envolvendo o paradoxo risco/retorno.

O primeiro texto deste grupo, da autoria de **Carlos Jerónimo**, centra-se no processo de implementação da estratégia e evidencia o facto de mais de sessenta por cento das estratégias definidas não serem implementadas. Refere ser a aptidão para a implementação tão ou mais importante do que a própria formulação da estratégia. Analisa a literatura e relata os pontos convergentes e divergentes. Além disso, sistematiza os motivos de fracasso na implementação de estratégias e os modelos de implementação.

António Samagaio, no terceiro texto, analisa o estado da arte e refere-se ao controlo de gestão como sistema de vigilância associado com o controlo cibernético de empresas maduras com vista a que se mantenha alinhado com a trajectória no contexto. Com a revisão da literatura pretende explorar as relações entre o controlo de gestão e a gestão estratégica de empresas nascentes, em que o empresário se debate com a 'necessidade de ganhar clientes, aumentar as vendas e gerar *cash-flows* suficientes para que a empresa sobreviva. Considera os sistemas de controlo de gestão suporte importante face ao insucesso dessas empresas. Argumenta sobre a relação conflituosa entre inovar e controlar, referindo ser indispensável conciliar controlo com liberdade dos indivíduos, flexibilidade e criatividade/inovação em termos de perspectiva contingencial.

O quarto texto, da autoria de **Armindo Macedo**, evidencia o *background* e importância da segurança dos sistemas de informação, associados à estratégia de recursos humanos como capacidade organizacional e activo estratégico das organizações. Trata-se de realçar o papel da informação explícita que circula '*in a multi-user computer environment with connection to the Internet*'.

O quinto texto, da autoria de **Fernando Albuquerque**, trata de competências 'core' e capacidades dinâmicas associadas à gestão de uma carteira de projectos de tecnologias de informação. Parte da premissa que, independentemente do sector de actividade, a maioria das organizações são fortemente dependentes de sistemas de informação, o que confere a estes sistemas valor estratégico. Considera as competências de gestão de um projecto distintas das competências requeridas para a gestão de múltiplos projectos em indústrias de forte pendor tecnológico e em ambientes turbulentos. Recorre à literatura para a discussão e suporta-se no *resource based view* para o seu enquadramento.

No sexto e último texto, **Martim Múrias** aborda o risco no contexto da gestão estratégica, admitindo, à partida, existir associação negativa entre o risco organizacional e o retorno do investimento (paradoxo do risco/ /retorno). Interroga-se em que medida as organizações com alto desempenho adoptam posições de maior aversão ao risco face àquelas com baixo desempenho e se tal se deve a diferenças de percepção de ganhos e perdas. Verifica existir uma diversidade de perspectivas sobre o risco, propondo-se evidenciar os factores que lhe estão associados e o tipo de medidas.

VITOR DA CONCEIÇÃO GONÇALVES
LUÍS MOTA DE CASTRO
J. AUGUSTO FELÍCIO

Parte 1
Aspectos Comportamentais em Gestão Estratégica

1.1 Estratégia como um Processo de Aprendizagem

J. POMBO ALVES

INTRODUÇÃO

A estratégia empresarial é presença assídua, ainda que de modo não assumido, na tomada de decisões no seio das organizações.

O devir temporal, a perspetiva pessoal, o processo e o método usado pelos autores que ao longo do tempo se têm debruçado sobre o tema, tem determinado o modo e a forma como a visão da gestão estratégica tem evoluído enquanto conceito, processo e meio de ação.

Com este artigo pretendemos introduzir em debate os pressupostos e fundamentos base da corrente de pensamento vulgarmente designada por Escola da Aprendizagem, onde assume especial ênfase a ideia de estratégia emergente e a de incrementalismo lógico.

Nesse sentido procuraremos traçar um quadro evolutivo do pensamento dos autores mais relevantes – Henry Mintzberg e James Quinn – tendo como referência a evolução do tema, do pensamento e do contexto que o decurso da história se encarrega de explicar.

As ideias que definem esta corrente de pensamento tiveram uma primeira abordagem, não muito consequente e pouco conhecida, num artigo da autoria de Charles Lindblom (1959) onde este referia, nomeadamente, que o administrador foca a sua atenção no incremento marginal dos valores mas não descobre formulações ou objetivos úteis para fazer comparações incrementais.

Só passados mais de vinte anos a ideia de evolução incremental ganha visibilidade pelas mãos de James Quinn que, a partir do início dos anos de

GESTÃO ESTRATÉGICA

1980, começa a desenvolver o conceito de incrementalismo lógico em consonância com a ideia de estratégia emergente, estrutura organizacional e organização que aprende, conceitos que vinham a ser desenvolvidos, desde meados da década de 1970, por Henry Mintzberg.

A disciplina de estratégia, enquanto corrente científica autónoma no campo da teoria da organização, surgiu no início da década de sessenta do século passado em paralelo com a corrente contingencialista (Rumelt 1994).

Mintzberg (1999b e 1998a) distingue dez correntes científicas, designadas Escolas do pensamento estratégico[1]. Com base nos seus traços dominantes e fundamentais teóricos, consoante a ênfase processual, agrupa-as em três grandes famílias (normativa, descritiva e integrativa), conforme se descreve a seguir:

	Nome	Ênfase	Autor Principal		Nome	Ênfase	Autor Principal
Normativa	Design	Processo de concepção	Andrews, K.	**Descritiva**	Aprendizagem	Processo emergente	Quinn, J.
	Planeamento	Processo formal	Ansoff, H.		Poder	Processo negocial	Allinson, G.
	Posicionamento	Processo analítico	Porter, M.		Cultural	Processo social	Normann, R.
Descitiva	Empreendedorismo	Visão líder	Schumpeter, J.	**Integrativa**	Ambiental	Processo reactivo	Hannan, M.
	Cognitiva	Processo mental	Simon, H.		Configuracional	Processo de transformação	Mintzberg, H.

TABELA 1 – Escolas do pensamento estratégico (adaptado de Mintzberg 1999b e 1998a)

Por razões metodológicas e pelo fato do autor de referência ser o mesmo iremos considerar a escola configuracional como uma especialidade da escola da aprendizagem.

Outros autores procuraram também sistematizar as correntes de pensamento estratégico, merecendo destaque o trabalho realizado por Richard Whittington (1993) onde este – a partir da panóplia de obras seminais e de textos publicados sobre temas e ideologias relacionadas com a gestão estratégica e as dimensões objetivo e processo – distinguiu quatro grandes espectros teóricos ou Escolas de pensamento e investigação estratégica: Clássica ou de Planeamento Racional, Evolucionista, Processualista e de Sistemas Sociais.

---

[1] O pensamento estratégico é um meio especial de pensamento composto por cinco elementos: perspetiva sistémica, focalização intencional, oportunismo inteligente, oportunidade e condução de hipóteses (Liedtka 2005).

A Escola da Aprendizagem foi considerada como Processualista porque os autores de referência, a par de considerarem o planeamento a longo prazo ineficaz, consideram que a estratégia emerge mais como um processo de compromissos, aprendizagem e negociação do que de um modo deliberado e racional[2]. Para esta corrente de pensamento importa construir competências chave, em vez de aproveitar todas as oportunidades, ou seja, a estratégia é descoberta na ação e o processo estratégico é contínuo e adaptativo.

Um processo de aprendizagem seguro é aquele que é desenvolvido em comum no seio da organização, que é compreendido pela sua experiência e é tornado público, estável e partilhado. O processo de aprendizagem é geralmente conservador, inclui as tendências existentes e é suportado na estrutura do sistema coerente de crenças, pois a organização cria-o do mesmo modo que é criado o conhecimento na investigação, a moralidade na religião e os mitos em outras organizações sociais (March, 1991a).

É, por isso, importante desenvolver uma teoria que permita medir a aprendizagem organizacional[3] porque só com a conferência da variação das respetivas taxas é possível a comparação e, além disso, a distinção entre a aprendizagem organizacional e individual é uma heurística muito útil (Epple 1991)[4] porque há autores que consideram que, no processo de aprendizagem, as interpretações e os estímulos gerados por ocorrências passadas norteiam as decisões presentes (Hedberg 2001).

Edwin Hutchins (1991) considera que as organizações dão-nos recursos e usam-nos, alimentam-nos e atormentam-nos; que poucas vezes conseguimos escapar delas porque, apesar de alguns conseguem viver relativamente longe delas, a maior parte de nós deve resignar-se com o fato de passar uma

---

[2] O planeamento estratégico não é uma simples agregação de planos funcionais ou uma extrapolação de mapas contabilísticos, constitui uma abordagem sistémica destinada a gerir eficazmente a organização em ambientes incertos e em mudança acelerada para adquirir os objetivos desejados (Liedtka 2005).

[3] A aprendizagem organizacional deve ser compreendida com um padrão numa corrente de decisões. O modo como elas se formam nas organizações e os tipos descritos na literatura constituem um *continuum* ao longo do qual se estruturam os vários tipos de estratégias do mundo real (Serrat 2009), que se descreverão mais à frente em local próprio e ponto autónomo.

[4] Para Herbert Simon (1991) o problema da aprendizagem organizacional começou quando uma unidade organizacional inteligente extraiu conhecimento novo e relevante da envolvente e inventou isso por si. A aprendizagem organizacional continua a exigir teoria e pode não haver (ou não poder haver) acordo nas suas dimensões, contudo modelos que associem a aprendizagem e a mudança podem se alavancados, individualmente ou em associação, para pensar completamente o sistema organizacional (Serrat 2009).

grande parte da vida pública e privada lidando com elas. Precisamos, por isso, de as compreender melhor: as organizações são compostas por várias partes e o resultado global emerge da interação entre essas áreas, pois cada uma pode fornecer constrangimentos para o comportamento das outras e será constrangida pela conduta das outras partes.

A construção da compreensão pode ocorrer fora do campo material, inclui o ambiente social, as circunstâncias físicas e as histórias e relacionamentos sociais das pessoas envolvidas e a aprendizagem pode ser construída na relação com os recursos estruturais e com as condições locais (Brown 1991).

Os estudos parecem comprovar uma relação direta entre a aprendizagem organizacional, o desempenho organizacional e a inovação; que a aprendizagem organizacional e a inovação contribuem positivamente para o desempenho; que a aprendizagem organizacional afeta a inovação e ainda que o tamanho e a idade da organização, o ramo de atividade e a turbulência ambiental moderam essas relações (Jiménez 2011).

Em jeito de síntese, apelo à reflexão e evolução lógica a que conduzem os autores, o estudo termina com algumas considerações acerca dos desenvolvimentos recentes do pensamento desta escola, procurando-se fazer a ponte sempre que possível entre as posições defendidas por eles e por outros autores seus contemporâneos de, entre outras, as Escolas do Planeamento e do Posicionamento.

REVISÃO DA LITERATURA

Vamos neste ponto descrever, em várias perspetivas e segundo diversas abordagens, os conceitos fundamentais desta corrente de pensamento, pincelando aqui e ali os esteios distintivos que a permitem diferenciar de outras correntes, em especial da do Design, da do Planeamento e da do Posicionamento.

Dado que o autor de referência é o mesmo optámos por não distinguir, ao contrário de alguns autores, a Escola da Aprendizagem da Escola das Estruturas Organizacionais antes a considerando, tal como emerge das ideias incrementalistas, tendências ou dimensões enquadradas dentro desta Escola de Pensamento Estratégico. Por outro lado, adotámos a designação de Escola de Aprendizagem ao invés de Escola da Emergência porque, sem olvidar a paternidade desta importante perspetiva da visão estratégica, na sua génese esteve a ideia de evolução incremental, ou seja, o pressuposto de aprendizagem (Cerqueira 1997).

1. ESCOLA DA APRENDIZAGEM: GÉNESE/CONTEXTO

O conceito de Gestão Estratégica tem tido uma evolução significativa consoante o modo como os diversos autores a tem analisado. Longe vão os tempos em que se via a empresa como um computador onde as peças tinham que funcionar como uma engrenagem e a função da gestão estratégica era apenas a de olear a máquina para evitar atritos, ou seja, a empresa era uma vida de tática para um dia de estratégia (Gelinier 1970).

Também outras definições de gestão estratégica possuem limitações, nomeadamente a que a:

- Relaciona com a criação de potencial, onde a gestão corrente permite realizar e a gestão estratégica a coloca em posição de o fazer (Ansoff 1979). Esta ótica revela uma aposta fulcral no planeamento estratégico;
- Define em função do seu efeito no longo prazo em relação ao meio envolvente (Mussche 1974);
- Define em função das capacidades inerentes ao cargo, isto é, a capacidade de identificar o essencial no seio de uma quantidade de fatos que se revelará como certa no futuro (Kissinger 1979).

Tomando consciência das limitações da visão de gestão estratégica Mintzberg (1990) afirma que uma estratégia deliberada, depois de formulada, exclui a aprendizagem, por outro lado a estratégia emergente encoraja-a.

2. ENQUADRAMENTO

2.1 ENQUADRAMENTO AO NÍVEL DO PENSAMENTO

Henry Mintzberg é uma das autoridades mundiais em termos das ciências de gestão. A sua reputação formou-se com o livro *The Nature of Managerial Work* publicado em 1973. Elaborou a tese sobre a natureza do trabalho de gestão quando observou que os gestores precisavam de uma rede, ou seja de uma estrutura de análise, que lhes permita compreendê-lo, isto é, os gestores necessitam de uma base conceptual para o seu trabalho e análises.

Usando um cronómetro, tal como Taylor, observou o decurso de uma semana cheia de atividades de cinco executivos de topo[5] com o objetivo de estudar o ritmo e a natureza da gestão. Concluiu a tese em 1968 e publicou-a em livro em 1973.

Autor de muitas obras e artigos, ao longo de cerca de 40 anos, não podemos deixar de destacar o artigo intitulado *The Manager's Job* pela reação do *New York Times* que, em 1976, o classificou como: caos calculado, desordem controlada ou (o que lhe agradou) a celebração da intuição.

O autor alargou, mais tarde, a sua análise a outros agentes organizacionais[6]. As suas conclusões são tão relevantes e inovadoras quanto um quadro de um pintor abstrato/cubista dista de um pintor renascentista (Mintzberg 1990). Os resultados são revolucionários porque trazem ao de cima muito do folclore que tem sido aceite, ao longo do tempo, como constituindo o conceito de Gestão.

Como investigador na Universidade *McGill*, no Canadá, efetuou um estudo rigoroso sobre a maneira como os gestores utilizam o tempo. Concluiu que normalmente não atribuem grandes fatias de tempo para planeamento, organização, motivação dos empregados e controlo, como muitos especialistas consideravam que eles deviam fazer. O seu tempo, pelo contrário, está fragmentado, com intervalos que em média são de nove minutos[7].

Segundo ele, uma das coisas mais importantes que os gestores fazem, sendo assunto de interesse especial na sua carreira de investigador, é o processo de *Strategy Making* porque envolve mais do que um conjunto de prescrições a que se chama planear, com o qual é usualmente associado. Mintzberg revoluciona o papel que atribuímos ao gestor. Alarga, depois, a sua observação e conclusões analisando as organizações em si e o seu lugar nas sociedades (Cerqueira 1997).

Mentor de uma geração jovem de eminentes gestores e teóricos de gestão debruça-se perante a Academia sobre temas como a estratégia, a estrutura, o poder e as políticas de funcionamento nas organizações, genericamente conhecido como *The Gestalt of Organizational Theory*. Mintzberg fica

---

[5] Executivos de uma grande consultora, de um Hospital, de uma Escola, de uma Empresa de alta tecnologia e de uma Indústria de produtos de consumo.

[6] Encarregados de fábricas, pessoas de staff, chefes de vendas, administradores hospitalares, presidentes de companhias e de nações e chefes de gangs de rua que trabalhavam na Suécia, Grã-Bretanha, Canadá e EUA.

[7] Pettigrew, um investigador britânico citado por Mintzberg, estudou as políticas de tomada de decisão estratégica e admirou-se com a inércia das organizações. Elas acreditavam em conceções flagrantemente falsas acerca do seu mundo.

também conhecido como o Guru da gestão de pernas para o ar. Revelando como a estratégia é realmente formulada apresenta uma demonstração no livro *Mintzberg on Management* de que as estratégias de sucesso raramente, talvez quase nunca, resultam de uma contemplação solitária. Ao invés, as ideias, os rasgos de génio, acontecem quase em cima do momento.

Ele descreve o bom gestor como aquele que, com sucesso, combina os papéis de decisor, de concentrador de informação e de ator inter-relacional com os outros agentes/atores. Estas caraterísticas não chegam porque as boas decisões e as estratégias resultam também do perfil do indivíduo, do seu olhar sobre o trabalho que desenvolve e da organização onde está envolvido. A sua atuação depende do modo como ele compreende e responde às pressões e dilemas do seu trabalho. O bom gestor ultrapassa as pressões da superfície saltando para um nível superior onde pode apreender e desenhar um cenário global e onde pode usar as suas ferramentas de análise (Cerqueira 1997).

Podemos resumir, presumidamente, as suas ideias numa: tal como os biólogos categorizam as espécies da natureza e as tratam diferenciadamente, o grande erro ao lidar com as organizações – feito ao longo do século passado e que se continua a fazer hoje – é o de pretender fazer crer que há uma melhor forma (*one best way*) para gerir as organizações. O que é bom para um conglomerado industrial é a morte para um organismo, tipo amiba, de tecnologia de ponta pois, tal como H. Simon (1991), pensamos que a organização deve ser entendida como um sistema de papéis inter-relacionados.

2.2 ENQUADRAMENTO AO NÍVEL CONCEPTUAL

Esta corrente de pensamento preocupou-se com o objetivo científico de tornar acessível o conceito de organização sabendo empiricamente que o conceito básico está presente nas pessoas. Nesta aceção organização significa ação coletiva na busca de uma missão ou alvo comum, ou seja, uma maneira diferente para identificar um coletivo que se identifica com uma marca para produzir um produto.

A gestão é vista como o processo pelo qual as pessoas formalmente encarregadas da organização (global ou de certa parte) tentam dirigir, guiar e orientar aquilo que ela faz ou que se faz na organização. Uma organização formal onde encontramos um sistema de autoridade personificado por um líder ou por uma hierarquia que *tricotam* ou *cozinham* o esforço global de todos os elementos.

A estratégia é o processo em que se lida com o posicionamento da organização ou da empresa nos nichos de mercado decidindo que produtos são produzidos e para quem. Em sentido lato refere-se ao modo como o sistema coletivo, chamado organização, estabelece e, se necessário, muda a sua orientação básica. A definição original formal de Estratégia tem a ver com a história militar, onde descrevia a arte do general do exército.

3. AS FUNÇÕES DO GESTOR

A maioria das pessoas considera que um gestor faz algo como: planear, organizar, coordenar e controlar. Em oposição a estes quatro mitos Mintzberg (1975 e 1989) desenvolveu e propôs os dez papéis do gestor:

Mitos/Folclore	Fatos	Outras conclusões
O gestor é um indivíduo que reflete e que planeia de uma forma sistemática.	Os estudos demonstram que os gestores trabalham num ritmo elevado. As suas atividades caraterizam-se por serem breves, variadas e descontínuas. Eles são fortemente orientados para a ação e não gostam de atividades de reflexão.	Nenhum estudo encontrou formas padronizadas no modo como os gestores organizam o seu tempo: eles saltam de assunto em assunto, respondendo continuamente às necessidades e pressões do momento e do assunto.
O gestor não tem compromissos regulares a respeitar.	Salvo algumas exceções, o dia-a-dia do gestor envolve o desempenho de um número regular de papéis, obrigações e compromissos, incluindo cerimónias e rituais, negociações e processamento da informação que liga a organização com o seu meio envolvente.	O estudo dos fluxos de informação de um gestor sugere que eles desempenham um papel fundamental na aquisição de informações externas (devido ao seu *status*) que depois transmitem aos seus subordinados.
Os gestores de topo precisam de informação: pro--cessada e global[8]	Os gestores preferem e favorecem meios de comunicação orais, nomeadamente telefonemas, *e-mails*, reuniões e encontros.	Os gestores parecem preferir informação informal como: coscuvilhices, boatos, rumores e especulações. Fundamento: o boato de hoje é o fato de amanhã.
Gerir é, ou está a tornar-se, uma ciência e uma profissão	O planeamento dos gestores, a organização do seu tempo, o processamento de informação, a tomada de decisões, *etc.* fica fechado nas profundezas do seu cérebro. Para descrever os planos dos gestores temos que confiar no julgamento e na intuição e não num processo científico ou sistemático.	Os gestores praticam a ciência. A ciência envolve a montagem de um sistema, programa ou processos determinados analiticamente. Se não sabemos sequer quais os procedimentos que os gestores adotam, como se lhes pode subscrever uma análise científica? Como podemos chamar gerir a uma profissão se não podemos especificar o que os gestores devem aprender?

TABELA 2 – Os dez papéis do Gestor (Mintztberg1975 e 1989)

> O gestor está sobrecarregado com obrigações, compromissos e tarefas, contudo, ele não pode delegar facilmente esses atos.
>
> Ele é levado a prolongar o seu trabalho e a fazer muitas das suas tarefas de modo superficial: o seu dia-a-dia é caraterizado por brevidade, fragmentação e comunicação oral (boca a boca). São estas caraterísticas que impedem a análise científica e o desenvolvimento do seu estudo.
>
> Os cientistas de Gestão concentram, por isso, os seus esforços na especialização de funções no seio da organização quando podiam mais facilmente analisar procedimentos e rotinas e quantificar a informação relevante[9].

O mesmo autor, com o estudo e desenvolvimento dos Papéis, procurou sistematizar e descrever o conteúdo essencial do que é o verdadeiro trabalho de um gestor. Estas conclusões fizeram emergir dois sinais importantes:

- A informação oral e acumulada no cérebro. Só quando é passada a escrito pode ser arquivada e/ou comunicada à organização, ou seja, a informação que é estratégica para a organização não está nos computadores mas antes na mente dos seus gestores. Referiremos mais à frente a importância do capital humano.
- O uso intensivo de informação oral explica a dificuldade/relutância em delegar tarefas: eles não podem entregar um *dossier* a alguém: é mais fácil realizar a tarefa. Trata-se do conhecido dilema da delegação.

Os gestores, como responsáveis pelas organizações ou pelas suas unidades[10], têm em comum o fato de terem sido investidos de autoridade formal. Da autoridade formal vem o estatuto que conduz a várias relações interpessoais e destas o acesso à informação. A informação capacita o gestor a tomar decisões e a conceber estratégias. Deste modo a função do gestor

---

[8] A informação, tanto processada como global, deve emergir de um sistema de informação formal pois a correção da distribuição da informação é determinante tanto para a ocorrência como para a dimensão da aprendizagem no seio da organização.

[9] A organização aprende quando desenvolve rotinas. Isto significa que há uma resposta coletiva em vez de individual. A visão sistémica, ao admitir que o desenvolvimento do conhecimento constitui aprendizagem, é compatível com a ideia de que o sucesso da aprendizagem envolve o desenvolvimento do conhecimento (Weick 1991) porque a aprendizagem individual numa organização é muito mais um fenómeno social do que individual (Simon 1991). Se os sucessos reforçam os comportamentos bem-sucedidos e melhoram o desempenho organizacional também os insucessos, as crises e os riscos podem proporcionar aprendizagem, resultando daí aprendizagem relacionada com o planeamento organizacional (Hedberg 2001).

[10] Incluindo os executivos de topo, vice-presidentes, treinadores de futebol, entre outros.

é concebida em termos de desempenho de variados papéis, considerando estes como o conjunto de comportamentos identificáveis com uma determinada posição. Dos estudos de Mintzberg (1975 1989) podemos concluir que o gestor desempenha, como se disse, dez papéis.

3.1 PAPÉIS E DESEMPENHOS INTERPESSOAIS

No desempenho de papéis organizacionais está em causa a ação do gestor como figura principal e representativa da organização dado que todos eles desempenham tarefas de natureza cerimonial, de representação em associações, almoços e reuniões de alto nível social, económico e político.

No papel de líder, por ser o responsável pela organização, o gestor é responsável pelo trabalho das pessoas. Isto envolve liderança, direta ou indireta, e também a motivação e o encorajamento dos colaboradores, reconciliando as suas necessidades individuais com os objetivos da organização.

Nos contactos com o gestor os colaboradores procuram ver pistas em como ele aprova o seu trabalho mas, por outro lado, o gestor está mais interessado na quota de mercado ou nos lucros da organização. A autoridade formal dá-lhe grande poder mas é a liderança que determina quanto desse poder o gestor vai de fato usar.

No papel de ligação e representação o gestor faz contactos fora da sua linha vertical de comando[11]. Estes contactos são cultivados pelo gestor, em grande parte, para buscar informação. O papel de *liaison* visa desenvolver um sistema externo de informação privada, informal e oral, propriedade do gestor.

3.2 PAPÉIS E DESEMPENHOS DE INFORMAÇÃO

O gestor como concentrador de informação, dada a diversidade de contactos que desenvolve, torna-se o nervo central da sua organização. Pode não saber tudo mas sabe definitivamente mais do que os seus subordinados.

---

[11] Os referidos estudos revelaram que os gestores passam tanto tempo com os seus pares e outras pessoas fora das suas unidades como com os seus subordinados e surpreendentemente com os seus superiores.

ESTRATÉGIA COMO UM PROCESSO DE APRENDIZAGEM

Como líder tem acesso formal e fácil a cada um dos seus subordinados. Nos seus contactos internos e externos, nomeadamente com gestores de igual estatuto de outras organizações, obtém informação a que estes não acedem, razão pela qual os gestores desenvolvem uma importantíssima base de dados de informação.

O gestor, como monitor, está perpetuamente a observar o seu meio ambiente envolvente e/ou o seu meio informativo, interrogando os seus contactos e os seus subordinados, recebendo informação não solicitada da rede de contactos interpessoais que desenvolve.

No seu papel de disseminador, uma vez que a informação que ele obtém fora da organização pode ser necessária dentro dela, os gestores devem partilhar e distribuir parte dessa informação.

Os gestores, no seu papel de representação, enviam parte de informação relativa à sua organização para fora, tanto para assegurar que ela cumpre as suas obrigações sociais/ambientais como para informar e satisfazer as pessoas influentes que a controlam, nomeadamente, grupos de consumo, diretores de outras entidades, parceiros e acionistas que devem ser informados sobre dados financeiros.

3.3 PAPÉIS E DESEMPENHOS DE TOMADOR DE DECISÕES

O *input* básico para a tomada de decisões pelo gestor, suportado na autoridade formal como seu nervo central, é a informação. Precisa dela para supervisionar as decisões que condicionam e determinam a estratégia da sua unidade. O gestor como empreendedor quer melhorar a sua unidade, adaptá-la à evolução da envolvente.

Está sempre à procura de novas ideias e quando uma surge desenvolve um projeto que supervisiona, ou delega, podendo envolver-se em inúmeros projetos simultaneamente. Os projetos não envolvem decisões isoladas, emergem de uma série de pequenas decisões e ações sequenciais no tempo[12]: como um malabarista ele parece ter sempre uma série de projetos em desenvolvimento, simultaneamente no ar.

---

[12] Parece poder afirmar-se que há uma relação positiva entre a quantidade de decisões e a aprendizagem organizacional (Bettis-Outland 2012) e que quando as decisões são corretas as organizações tendem a repeti-las porque esperam manter os resultados positivos obtidos em situações anteriores (Collins 2009).

O papel de lidar com as mudanças que fogem ao controlo do gestor mostra-o a responder, involuntariamente, a pressões. Ele deve gastar uma boa parte do seu tempo a reagir a distúrbios, que provocam grandes pressões, porque nenhuma organização pode ser tão bem dirigida e estandardizada que preveja cada contingência. Os distúrbios surgem porque se ignoram certas circunstâncias até que provoquem crises e porque eles não podem antecipar todas as consequências das ações que tomam.

No papel de afetador de recursos cabe ao gestor a responsabilidade de decidir quem vai fazer o quê na organização. Este papel, que pressupõe acesso ao nervo central e/ou ao tomador de decisões, considera que o recurso mais importante é o seu próprio tempo.

O gestor também é responsável pelo desenho da estrutura da unidade, ou seja, pelo padrão de relacionamentos formais que determina como o trabalho vai ser desenvolvido e coordenado, além de autorizar decisões importantes antes de serem implementadas.

Assegura a sua inter-relação, de modo a que todas as decisões passem por um único cérebro, pois fragmentar este poder é desencorajar a contínua tomada de decisões, desconjuntando a estratégia. Tem que considerar também a opinião de outras pessoas influentes na e para a organização, o impacto das decisões entre si, os *timings*, os custos versus benefícios de cada decisão, as motivações dos subordinados e todas as restantes consequências na estratégia da organização[13].

No papel de negociador os gestores passam um tempo considerável em negociações. Como ensina Leonard Sayles, citado por Mintzberg (1989), negociar é o estilo de vida do gestor sofisticado porque só ele tem autoridade para comprometer os recursos da organização em tempo real e só ele é o nervo central que tem as informações necessárias para assegurar a negociação.

3.4 INTEGRAÇÃO E CONCLUSÕES SOBRE O TRABALHO DO GESTOR

Estes dez papéis – de líder, de elo de ligação, de representante, de concentrador de informação, de monitor, de disseminador, de empreendedor, de

---

[13] Não olvidando que, muitas vezes, as decisões que se revelaram prejudiciais têm maior efeito na aprendizagem organizacional do que as decisões que se revelaram corretas (Homsma 2009).

gestor da mudança, de afetador de recursos e de negociador – formam um todo integrado, uma *gestalt*.

Este fato não significa, contudo, que todos os gestores dão (ou devem dar) a mesma importância a cada um dos dez papéis – por ex.: um gestor de produção, preocupado com a cadência da produção, dá mais atenção aos papéis de decisão – mas os três grandes grupos de papéis são inseparáveis.

A eficiência do gestor é influenciada significativamente pela sua perspetiva interior em relação ao seu próprio trabalho. A sua performance depende de quão bem ele compreende e responde às pressões e dilemas da sua função.

O gestor é desafiado a lidar conscientemente com as pressões do dia-a--dia, dando séria atenção aos assuntos aí levantados, e a encontrar maneiras sistemáticas de partilhar a sua informação. Este tempo será recuperado quando for necessário tomar decisões. Tem uma perspetiva geral da organização e usa os *inputs* fornecidos pelos analistas (pois se o gestor tem a informação e a autoridade os analistas têm o tempo e a tecnologia). A isto Mintzberg (1989) chama: o dilema do planeamento.

O gestor é desafiado também a tomar o controlo do seu tempo, tornando obrigações e compromissos em oportunidades e convertendo em obrigações aquilo que ele deseja. Na medida em que uma reunião pode ser uma oportunidade para reorganizar um departamento frágil, o gestor que quer inovar inicia um projeto, delega e obriga outros a reportar a ele.

A aprendizagem, a análise, a imitação, a regeneração e a mudança tecnológica são os componentes principais de qualquer esforço para melhorar a performance organizacional e uma das principais forças de vantagem competitiva (March 1991b).

3.5 COMPETÊNCIAS DO GESTOR NO DESEMPENHO DOS PAPÉIS DE LIDERANÇA

Numa outra abordagem a eficácia e o sucesso das organizações passa, muitas vezes, pela capacidade dos seus gestores, na perspetiva de líderes: assumirem múltiplos papéis consoante as situações e os *stakeholders* envolvidos; gerirem relacionamentos e expetativas por vezes em conflito (Carvalho 2007); usarem adequadamente a sua influência e poder; gerirem recursos vitais ao funcionamento do sistema em que operam; e gerirem processos vitais à sobrevivência e sustentabilidade da organização (Carvalho 2011).

O questionário de liderança de Robert Quinn (1988)[14] – *Quinn's **Competing Values Framework** (CVF) questionnaire* – adaptado por Parreira (2006), é composto por 32 itens que avaliam cada um dos oito papéis de liderança: mentor (quatro itens), facilitador (quatro itens), *broker* (quatro itens), inovador (quatro itens), monitor (quatro itens), coordenador (quatro itens), diretor (quatro itens) e produtor (quatro itens). Cada item é avaliado através de uma escala tipo Likert de sete pontos que varia de 1= "quase nunca"... até 7= "quase sempre".

Estes oito papéis do líder inscrevem-se nas duas dimensões chaves da liderança (flexibilidade versus estabilidade e orientação externa versus interna) a partir dos quais se configuram os quatro quadrantes a que o autor apelida de modelos (Quinn 1988).

Neste contexto, os modelos das Relações Humanas e dos Sistemas Abertos representam o foco flexibilidade e os modelos dos Objetivos Racionais e dos Processo Internos (Hierarquia) representam o foco estabilidade. O modelo das Relações Humanas e o modelo da Hierarquia representam o foco interno, e o modelo dos Objetivos Racionais e o modelo dos Sistemas Abertos representam o foco externo[15]. Dentro destes quatro quadrantes/modelos inscrevem-se oito papéis que são requeridos ao líder

---

[14] Este questionário é importante e útil porque avalia as competências de liderança dos gestores através dos seus papéis em vez o fazer com base nas competências de gestão (Parreira 2015).

[15] O modelo Relações Humanas é representado pelos papéis do líder designados de Mentor e Facilitador. O papel Mentor advoga a promoção do desenvolvimento de pessoas através de uma orientação empática, proporcionando o desenvolvimento de competências e oportunidades de formação. O papel Facilitador visa a promoção do desenvolvimento do esforço coletivo, bem como a criação de coesão, união e espírito de equipa. O modelo dos Sistemas Abertos é representado pelos papéis de liderança designados de *Broker* e Inovador. Do líder *Broker* é esperada uma preocupação com a manutenção da legitimidade externa e obtenção de recursos: é um líder politicamente astuto, persuasivo, influente e poderoso. O líder Inovador conceptualiza e projeta as alterações necessárias, sendo ao mesmo tempo um facilitador dos processos de adaptação e de mudança: é um sonhador criativo e visionário. O modelo dos Processos Internos é representado pelos papéis de liderança designados de Monitor e Coordenador. Do líder Monitor espera-se que controle todas as questões relacionadas com a unidade e que assegure o cumprimento das regras e realização dos objetivos. Do Coordenador é esperado que mantenha a estrutura e o fluxo de trabalho organizados, minimizando as interrupções e conflitos. O modelo dos Objetivos Racionais é representado pelos papéis de liderança apelidados de Produtor e Diretor. O papel do líder considerado Produtor deverá assegurar uma orientação para a tarefa, é uma focalização no trabalho a realizar. O papel de Diretor deverá ser orientado para clarificar expetativas, através do planeamento e da definição dos objetivos a atingir, bem como uma definição dos problemas, das funções e das tarefas, assim como da sua avaliação (Parreira 2015).

para gerir eficazmente a situação (Parreira 2015), geralmente denominados por papéis de liderança:

> **Facilitador** – Promotor do desenvolvimento de esforço coletivo, criador de coesão, união e espírito de grupo.
>
> **Mentor** – Promotor do desenvolvimento das pessoas mediante uma orientação empática, facilitando oportunidades de formação e desenvolvimento de competências.
>
> **Inovador** – Este líder conceptualiza e projeta as mudanças necessárias, sendo um facilitador na adaptação e na mudança.
>
> **Broker** – Representa o líder politicamente astuto, persuasivo, influente e poderoso que promove a manutenção da legitimidade externa e a obtenção dos recursos necessários.
>
> **Produtor** – Representa o líder centrado nas tarefas, no trabalho que tem em mãos.
>
> **Diretor** – Representas o líder clarificador de expetativas, mediante a planificação e o estabelecimento de objetivos.
>
> **Coordenador** – Representa o líder que mantém a estrutura e o fluxo do sistema a funcionar de forma ininterrupta, protegendo/minimizando os disfuncionamentos do sistema e o conflito.
>
> **Monitor** – Representa o líder que sabe sempre o que está a acontecer, assegurando-se de que as pessoas cumprem as regras e estão a atingir os objetivos definidos.

Fonte: *Liderança em contexto de organizações de saúde: Um instrumento de avaliação.* (Parreira 2006, In Parreira 2015).

Todos estes aspetos contribuem para enfatizar as questões de liderança, nomeadamente devido à turbulência do ambiente em que estão integrados, exigindo que os gestores desenvolvam competências de liderança para enfrentar a complexidade dos requisitos, muitas vezes apresentados como conflituantes e paradoxais. A assunção da liderança como fator chave pode ser importante para avaliar a eficácia e a eficiência das competências dos gestores e dirigentes. Torna-se necessário a utilização de instrumentos válidos e fidedignos, adaptados ao contexto, que contribuam de forma consistente para diagnosticar e discriminar perfis de liderança eficazes (Parreira 2015).

Compete aos líderes, nos seus múltiplos papéis, a promoção da compatibilização de interesses, plurais e legítimos, atendendo às expetativas e exigências dos *stakeholders*, no sentido de prevenir a emergência de conflitos de interesses que possam comprometer a eficácia organizacional (Carvalho 2010).

GESTÃO ESTRATÉGICA

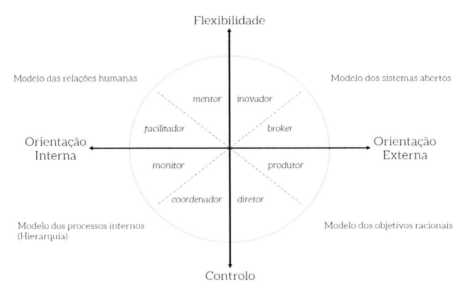

FIGURA 1 – Modelo dos valores em competição: Modelo dos papéis de liderança (Parreira 2015)

Bennis e Nanus (1985) consideram que as organizações são, geralmente, sobre geridas e sub lideradas, sendo determinante avaliar os líderes porque estes têm uma grande capacidade de influenciar o comportamento dos seus liderados (Parreira 2015).

4. A ESTRATÉGIA

4.1 A ESTRATÉGIA FEITA À MÃO: DU POTIER

Da observação e da explicação do trabalho da sua mulher Mintzberg construiu a metáfora do oleiro, talhada para falar sobre o processo de conceptualizar e desenvolver estratégias nas organizações. Como resultado, surgiu em 1975 o artigo *Crafting Strategy*. O seu objetivo é o de descrever a forma como os gestores, que trabalham num caos calculado, lidam com este processo complexo e necessário, em suma, o autor no artigo discorre sobre o modo como surgem as estratégias. Utiliza como recurso o projeto de pesquisa sobre padrões na formação de estratégia, dirigido por si na Universidade *McGill* desde 1971, e a observação de um oleiro de sucesso: a Sra. Mintzberg.

Se até ali o planeamento estratégico tinha a imagem de um grupo de altos funcionários isolados, em trabalho profundo, formulando orientações de trabalho que outros iriam implementar – onde as palavras-chave eram controlo racional, análise sistemática da concorrência e dos mercados, dos pontos fortes e fracos da organização e confrontação dos resultados – a imagem de um oleiro, capta melhor o processo pelo qual as estratégias eficazes surgem. O trabalho de um artesão evoca capacidades tradicionais, dedicação, perfeição através do domínio do detalhe, envolvimento, sentimento de intimidade e harmonia com os materiais, aspetos desenvolvidos através de uma longa experiência.

A formulação e a implementação confluem num processo fluido de aprendizagem através do qual a estratégia criativa evolui. Tanto o oleiro como o estratega têm que conhecer profundamente as capacidades da organização de modo a pensar de modo detalhado e global sobre a orientação estratégica a seguir. Na oficina o oleiro senta-se na sua bancada à frente de um bocado de barro colocado na roda, concentra-se no barro mas está consciente que está sentado entre as experiências passadas e as perspetivas futuras. Sabe o que resultou ou não no passado, conhece bem o seu trabalho, as suas capacidades e o seu mercado. Como um oleiro, sente mais do que analisa as coisas: o seu conhecimento é tácito. Tudo se passa na sua mente enquanto as suas mãos vão trabalhando o barro. O produto que sai, que emerge do barro, tanto pode ser na linha dos trabalhos anteriores como não – se decidir romper com a sua tradição e enveredar por um novo estilo ou formato – mas mesmo assim o passado não está menos presente, projetando-se no futuro.

Nesta metáfora os oleiros são os gestores e estrategas e a estratégia e o barro. Como o oleiro eles sentam-se entre as capacidades da empresa no passado e o mercado de oportunidades futuro. Como oleiros os gestores terão uma verdadeira intimidade e conhecimentos dos materiais de que dispõem. Esta é a essência da estratégia feita à mão.

O termo estratégia é usado para explicar ações do passado e para indicar ou descrever comportamentos intencionais futuros. As estratégias podem ser planeadas e intencionais, podem ser atingidas, prosseguidas e realizadas. O padrão na ação passada ou, como Mintzberg (1975) sugere, a estratégia formulada, reflete a atividade de prosseguir um alvo[16]. Tal como

---

[16] As estratégias, além de formuladas, também se formam ou podem ser simplesmente descobertas através da compreensão de episódios passados, vivenciados na própria organização ou reproduzidos a partir de estratégias bem-sucedidas de outras organizações (Hedberg 2001).

os planos não determinam sempre padrões (algumas estratégias são formuladas mas não concretizadas) também os padrões nem sempre resultam de planos. Uma organização pode desenvolver um padrão (uma estratégia formulada e planeada) sem conhecer ou sequer explicitar um plano.

Quando olhamos para os trabalhos de um oleiro, por ordem cronológica, não temos problemas em identificar padrões ou tendências, pelo menos em certos períodos. Nas organizações passa-se algo semelhante. Para muitos a estratégia resulta de um processo deliberado onde primeiro pensamos e depois agimos; formulamos e depois implementamos.

A metáfora do oleiro é fácil de explicar. Quando o barro está a ser trabalhado surge, quase por acaso, uma forma que agrada ao artista, isso significa que a ação ocorreu antes do pensamento que lhe podia dar origem. A ação levou ao pensamento: emergiu uma estratégia. Numa organização o processo pode acontecer de um modo inocente. Por exemplo quando um vendedor visita um cliente e o produto não está bem de acordo com as exigências deste, porque precisa de algumas modificações, ao retornar à organização um novo produto emerge, eventualmente, um novo mercado. A organização mudou o seu caminho estratégico.

Estas inovações só são apreendidas mais tarde, quando as estratégias da empresa não atingem os alvos definidos e os líderes desta procuram desesperadamente algo novo, o que faz com que elas sejam implementadas. Uma estratégia formulada e realizada pode emergir como resposta a uma situação que se desenvolve ou pode vir ao de cima, deliberadamente, através de um processo de formulação seguido de implementação. Quando as intenções planeadas não produzem as ações desejadas as organizações são deixadas com estratégias não realizadas.

Se as estratégias planeadas, intencionais, não são atingidas o problema pode não ter sido de má implementação ou formulação. Muitas vezes é melhor deixar que as estratégias se desenvolvam gradualmente através das ações e das experiências da organização[17]. Os estrategas talentosos sabem que não podem ser sempre considerados experientes o suficiente para pensarem em tudo antecipadamente. As pessoas, mesmo durante a pesquisa da *McGill*, não gostavam de ver associada à palavra estratégia uma definição

---

[17] A relação entre o processo de formação da estratégia e o crescimento da organização é geralmente curvilínea (U invertido) e, muitas vezes, revela um efeito interativo entre o modo como se forma a estratégia (previsão e definição de objetivos de longo prazo) e o crescimento da empresa (Titus 2011).

passiva, porque ela está, tradicionalmente, ligada a um comportamento voluntarioso e proactivo. Na prática o processo de definição de uma estratégia tem duas vertentes: uma deliberada, outra emergente.

Se o processo de formulação de estratégias puramente deliberadas impede a aprendizagem, os fazedores de estratégias emergentes tornam impossível o controlo. Assim não há estratégias puramente deliberadas nem estratégias puramente emergentes, estas e aquelas constituem extremos de um *continuum* ao longo do qual as estratégias que se encontram no mundo real se podem referenciar.

Estratégias efetivas podem surgir de formas e em lugares inesperados – não há uma forma melhor (*one best way*): através dos erros surgem as oportunidades e as limitações estimulam a criatividade.

A propensão natural para experimentar ou, por vezes, o enfado encoraja a mudança de estratégia. A estratégia cresce como a erva num jardim desde que as pessoas tenham capacidade para aprender (dado que estão em contato com a situação) e recursos para suportar essa capacidade.

A estratégia formulada ou efetiva (realizada) – *Realized Strategy* – é um conjunto consistente de ações realizadas, atingidas, efetivas, que se encontram no passado e que refletem um dado objetivo ou linha de orientação.

A estratégia planeada ou intencionada – *Intended Strategy* – consiste nos planos formais e nas ações, nas intenções e nas linhas de orientação para o futuro.

A estratégia emergente – *Emergent Strategy* – surge sem intenções claras ou apesar delas. São ações que simplesmente conduzem a padrões – *Pattern* – entendidos como um conjunto consistente de ações. As ações podem surgir deliberadamente, após a ocorrência do fato, se o padrão for reconhecido e depois legitimado pelo gestor de topo (Mintzberg 1992b). Por ser matéria resultante de controvérsia construtiva, iremos abordar os tipos de estratégias propostas por esta corrente de pensamento num ponto específico deste texto.

A estratégia tipo chapéu-de-chuva – *Umbrella Strategy* – é uma diferenciação no processo estratégico. Os gestores de topo, mais experientes, definem linhas de orientação globais, deixando as específicas para os níveis inferiores. É, por isso, deliberada e emergente. É deliberadamente emergente porque permite que a estratégia se desenvolva pelo caminho. O processo estratégico também é deliberadamente emergente porque o gestor controla o processo de formação da estratégia – no que se refere ao desenho da estrutura, órgãos de *staff* e estabelecimento de políticas – deixando os restantes conteúdos para os outros níveis. A estratégia chapéu-de-chuva e o processo estratégico parecem prevalecer em áreas de negócio onde se exige criatividade e perícia (sabedoria).

A visão convencional da estratégia afirma que a mudança deve ser contínua e que a organização se deve adaptar a todo o tempo[18]. Dado que o conceito de estratégia está enraizado em estabilidade pode questionar-se quando e como promover a mudança. O dilema fundamental da construção da estratégia é o de reconciliar as forças da estabilidade e da mudança: ganhar eficiência e, ao mesmo tempo, ser adaptável e flexível às mudanças do meio.

A pesquisa da *McGill* sugere que na vida das organizações podem ser identificados períodos distintos de mudança e de estabilidade: raramente ocorrem grandes saltos nas orientações estratégicas. Danny Miller e Peter Friesen, colegas de Mintzberg, encontraram um padrão de mudança nos seus estudos que lhes permitiu definir aquilo a que chamaram a teoria *Quantum* da mudança estratégica, que em local próprio abordaremos.

4.2 OS CINCO P'S DA ESTRATÉGIA

Já referimos algumas formas de definir o conceito de estratégia no entanto, por razões metodológicas, vamos agora tentar sistematizar a visão desta corrente de pensamento e do seu principal mentor. Suportámo-nos na conceptualização exposta no livro *The Strategy Process* (1992a) – de que Mintzberg é coautor com James Quinn, outra referência desta corrente de pensamento, conhecido como sendo o pai do conceito de Incrementalismo Lógico – no qual concluem que as estratégias de sucesso requerem perpetração e não apenas aceitação.

Estão aqui presentes cinco definições de estratégia – um plano, um estratagema (trama), um padrão (modelo), uma posição e uma perspetiva (postura) – e algumas inter-relações entre estas dimensões de análise, ou seja:

---

[18] Para Robert Quinn (1996) a coisa mais importante a compreender durante o processo de mudança organizacional é a relação de uns para com os outros, pois esperamos que os outros mudem. A mudança cultural começa com a mudança individual. Inicia-se no responsável, segue-se a mudança dos colaboradores e conclui-se com o alinhamento destas mudanças com a mudança organizacional (Taggart 2010).

A – Plano: A estratégia é um plano – alguma espécie de entendimento consciencioso do curso da ação; um guia de conjunto para lidar com a situação. A mistificação é a estratégia de defesa contra a corporação que captura um mercado. Nesta definição a estratégia tem duas caraterísticas essências: é concebida antes da ação que a aplica e é desenvolvida detalhadamente e com uma finalidade.

Estratégia, em gestão, é a unificação compreensiva e o pleno integrado desenhado para assegurar que os objetivos básicos da organização são atingidos (Jauch 1980, In Quinn 1992a).

O plano estratégico tanto pode ser global como específico, ou seja, segundo esta corrente de pensamento ele é o conjunto de padrões deliberados, calendarizados e quantificados, legitimadas pelo gestor de topo, que surgem dentro de uma estratégia deliberada ou formulada.

B – Estratagema: Uma estratégia pode ser um estratagema, uma trama. Também pode ser utilizado como forma intencional de astuciosamente atrair um opositor ou um concorrente, ou seja, um conjunto de palavras ou ações que tanto podem fazer parte da estratégia como a razão de ser da mesma. Como um jogo com a intenção de ganhar vantagem sobre o oponente.

C – Padrão: Definir estratégia como um plano não é suficiente pelo que estratégia é também um padrão, especialmente um padrão numa corrente de ações. Estratégia é a consistência no comportamento em todo o caso projetado.

O plano pode ser irrealizável e o seu padrão (modelo) pode aparecer sem ideias preconcebidas, fazendo a distinção entre: estratégias deliberadas (aquelas em que existem intenções antes de serem realizadas) e estratégias emergentes (aquelas em que o modelo se desenvolve na ausência de intenções, ou a despeito delas).

D – Posição: A estratégia como posição consiste em colocar uma organização no que os teoristas da organização gostam de chamar: um ambiente. Começa com a medição da força entre a organização e o seu ambiente (a sua envolvente), ou seja, entre o contexto interno e externo da organização.

E – Perspetiva (postura): A estratégia como uma perspetiva (postura) consiste não só na procura de uma posição mas também, de uma forma arreigada, da perceção do mundo. A estratégia está para a organização como a personalidade está para o indivíduo.

Estas cinco definições sugerem que a estratégia é um conceito em que todas as dimensões são abstrações pois existem apenas na mente das partes interessadas. A perspetiva é partilhada e está implícita nas palavras cultura e ideologia mas não na palavra personalidade. Estratégia é a perspetiva partilhada pelos membros de uma organização mediante as suas intenções e ou pelas suas ações no domínio da mente individual (Mintzberg 1992a).

Esta definição tem que ser eclética já que nem todos os planos evoluem para um padrão nem são todos os padrões (modelos) que desenvolvem o planeamento. Alguns estratagemas são menores que as posições, ao passo que outras estratégias são maiores que as posições, não obstante serem menores que as perspetivas (posturas).

5. ANÁLISE E INTUIÇÃO NA GESTÃO

5.1 GESTÃO ANALÍTICA OU INTUITIVA

O século passado (XX) pode ser caraterizado como a idade da Gestão. Americanos, Europeus, Japoneses, estudiosos de países Leste e da ex-União Soviética, onde quer que há desenvolvimento económico há cuidado e estudo do processo de gestão. Há mais nas organização do que a gestão mas a abordagem tradicional pode impedir, mais que ajudar, o desenvolvimento económico. A natureza do trabalho dos gestores é surpreendente, tanto à luz do que observamos diariamente como do que nos fazem supor décadas de literatura. Considerando o processo de desenvolvimento da estratégia e atendendo ao descrito sobre as funções do gestor também aqui, ao contrário da perceção tradicional do processo de planeamento, vamos considerar o processo artesanal o que tem muitas implicações tanto para os gestores como para a organização. Estas duas perspetivas sugerem que algo mais está a acontecer na gestão do que o processo altamente analítico e racional que há tanto tempo se defendia. Esta abordagem leva-nos aos dois hemisférios do cérebro para sugerir que na análise se esquece muitas vezes um processo importante: a intuição.

Contrapondo análise e intuição e propondo modos para as duas serem combinadas na gestão de organizações complexas segundo a visão da organização como um organismo, o hemisfério esquerdo é planificação e o hemisfério direito é gestão (Mintzberg 1990). Este tema já tinha sido abordado, nos anos setenta, por esta corrente de pensamento, a um nível mais profundo, para perceber a relação entre a análise e a intuição, ou seja, entre o *staff* e a linha hierárquica, isto é, entre os planeadores e os gestores (Mintzberg 1976). A análise e a intuição diferem não só no seu funcionamento mas também nas suas forças e fraquezas.

A partir do livro de Robert Ornstein, denominado a psicologia do inconsciente, que fala de descobertas nos dois hemisférios cerebrais do homem, Mintzberg (1976) encontrou uma base para muito do que surgia da pesquisa em que participava e concluiu que tinha vindo a elevar a intuição (*celebrating intuition*) ao longo da interpretação dos resultados daquela pesquisa. A intuição é um processo de pensamento inacessível à mente consciente dai ser um assunto difícil de lidar a nível científico.

A resposta a estas questões – em especial o motivo pelo qual cientistas brilhantes da área da gestão não têm jeito para lidar com organizações políticas; porque é que há uma discrepância nas organizações, pelo menos nos níveis hierárquicos mais elevados, entre o planeamento formal e a gestão informal; e porque é que as técnicas de planeamento e análise não têm grande efeito na atividade dos gestores de topo – tem, segundo ele, a ver com a especialização dos hemisférios cerebrais.

O cérebro tem dois hemisférios: o hemisfério esquerdo controla os movimentos do lado direito do corpo e vice-versa. A descoberta de que os hemisférios têm mais especializações permite afirmar que no esquerdo o modo de funcionar parece ser linear, sequencial, processando informação de forma ordenada, é o caso típico da linguagem. O hemisfério direito aparece como sendo especializado em processos simultâneos, que operam de modo relacional, como é o caso da observação e da leitura de imagens. A emoção parece ser uma função do lado direito do cérebro porque mesmo que uma pessoa tivesse os dois hemisférios separados reagiria aos mesmos estímulos.

5.2 PLANEAMENTO FORMAL, INTUIÇÃO OU CRIATIVIDADE

Os pesquisadores têm procurado a chave para várias questões da gestão à luz da análise lógica mas a resposta talvez esteja no lado da intuição, ou seja, talvez haja diferenças importantes entre o planeamento formal, por um lado, e a gestão informal, por outro. A análise aparece como sistemática, a intuição como futurista. Muitos estudos demonstram que quando a análise está correta, em si, ela tende a ser precisamente correta.

A intuição, pelo contrário, não é particularmente precisa e é muitas vezes utilizada em determinadas situações e por alguns sujeitos porque as informações formais são muito limitadas e demasiado gerais para as necessidades do gestor, chegam tarde e não é possível ter confiança em algumas dessas informações (Mintzberg 1990).

Se o termo planificação define um conjunto de procedimentos formalizados capazes de produzir resultados tal significa que não é um meio para criar estratégias mas, antes, um meio para uma ação operacional sobre as estratégias já delineadas por outro meio. Mintzberg (2001) identificou três modos de tomada de decisões: pensando primeiro, vendo primeiro ou fazendo primeiro. Isto mostra a racionalidade, ou a irracionalidade, a criatividade (ou réplica) e o *upsizing* (ou *downsizing*) que emoldura e carateriza a decisão (Nutt 2005).

Esta visão está em consonância com os novos tipos de organização, caraterísticos da nova economia[19], onde a flexibilidade e a adaptação permanente, levados ao extremo, as fizeram evoluir para organismos virtuais. Estes personificam a descentralização completa e a autonomia das operações de modo a potenciarem o aproveitamento de sinergias e oportunidades.

As organizações virtuais podem condicionar com vantagem a evolução da estrutura da sua indústria visualizando a oportunidade de ganhar vantagem às organizações da velha economia. É por isto que elas, para imporem os seus conceitos, precisam de flexibilidade, de parceiras oportunistas e de indústrias embrionárias.

O sucesso da estratégia de integração vertical exige o conhecimento do momento ideal para internalizar ou externalizar atividades, alterando parcerias e mudando a postura estratégica. A aprendizagem organizacional ocorre quando o *outsourcing* é substituído por capacidade de desenvolvimento interno[20] (Harrigan 2005).

---

[19] A denominada nova economia caracteriza-se pela liberdade e flexibilidade para colaborar com qualquer organização através de acordos adequados à situação (Harrigan 2005). Em vez do relacionamento cliente/fornecedor temos parceiros e liberdade de aderir ou abandonar a rede e em vez de relações ganha/perde pretende-se uma relação ganha/ganha (Hakansson 2006).

[20] A aprendizagem organizacional é um processo contínuo e dinâmico onde a estratégia é susceptível de originar mudanças, devido à aquisição de conhecimento, e à cultura, suportada na formação contínua, pode levar a que o conhecimento interno e externo se transforme em conhecimento organizacional sustentável (Hung 2011).

O gestor – enquanto pessoa que lida com a turbulência, os distúrbios e a mudança – está no centro das crises da sua organização. Apesar das ferramentas disponíveis ele não tem tempo para pensar em fazer árvores de decisão pelo que as decisões que toma e o modo como se comporta sob pressão tem a ver sobretudo com a sua experiencia e intuição.

Os gestores usam três modos de seleção para tomar decisões (análise, julgamento e negociação) o que faz com que o processo de conceção de estratégias na organização não seja regular, contínuo e sistemático: ele é irregular e descontínuo. Há períodos de estabilidade e há ocasiões de mudança global. Isto significa que a estratégia representa a força que medeia entre um meio envolvente dinâmico e um sistema operacional estável.

A intuição é, por definição, um processo de pensamento ao nível do subconsciente cujos erros comportam custos elevados ao nível do investimento – apesar dos custos operacionais associados ao estudo sistemático serem baixos – razão pela qual nenhuma organização pode ser puramente analítica ou totalmente intuitiva (Mintzberg 1976).

A criatividade requer uma forma de síntese que vai para lá da análise. É por isso que as técnicas analíticas tendem a produzir adaptações incrementais e rasgos inovadores. Se a analise pode produzir criatividade limitada e mudanças moderadas, a intuição pode ser fonte de criatividade, ainda que delimitada pela tradição e pela experiencia, conduzindo a mudanças dramáticas ou a restrições a essa mudança.

Surge daqui a necessidade de equilíbrio, ou seja, a necessidade de incrementalismo consequente e lógico porque a informação formal é limitada, muito generalista, chega tarde e por vezes não é fiável. Isto significa que a inteligência emocional pode determinar o êxito, ou o fracasso, porque as emoções desempenham um papel decisivo nos mais racionais processos decisórios (Damásio 1995).

5.3 INCREMENTALISMO LÓGICO

Esta visão da gestão estratégica tem o seu suporte numa ideia antiga havendo quem admita que esta foi a linha que a autonomizou como corrente de pensamento. Ela foi exposta originariamente por Charles Lindblom (1959) onde este, ao debruçar-se sobre o modo de tomada de decisões na Administração Publica Norte Americana, descobriu que as decisões eram incrementais e evolutivas.

Quinn (1980a), outro autor importante nesta corrente de pensamento, definiu incrementalismo lógico como sendo um processo de evolução gradual da estratégia dirigido por pensamento gestionário consciente. Este autor considerou que o processo de planeamento estratégico raramente dava origem à adoção de decisões chave inovadoras e a alterações radicais para produtos/mercados diferentes.

Quinn (1989) sugeriu que o desenvolvimento da estratégia não é uma incumbência técnica ou analítica, nem somente o resultado de relações comportamentais e/ou psicológicas baseadas no poder. É um processo interativo que se move continuamente entre a análise e a intuição, sugestões fantasiosas, processos de planeamento emergentes, formais e lógicos, e informalidade caótica, muito consistente com o processo de desenho utilizado pelos arquitetos, desenhadores industriais, artistas gráficos, analistas de sistemas e de *software* e outros profissionais do desenho (Carlopio 2009).

Há duas razoes para o planeamento ser incremental. Por um lado a maioria do planeamento é realizado de baixo para cima, por gestores respondendo às necessidades limitadas dos produtos, serviços ou processos das suas unidades, dentro de uma estrutura de suposições existentes há muito e, por outro, a maioria dos gestores faz os planos adequadamente, para serem flexíveis, idealizados apenas como estruturas para orientar e dar consistência a decisões futuras, tomadas incrementalmente durante ciclos operacionais de prazos mais curtos.

O planeamento formal proporcionava um modo para confirmar as decisões estratégicas iniciais dado que ajudava a codificar, formalizar, calibrar e acordar metas, padrões de compromisso e sequências de ações. Na tomada de decisões é um meio sistemático para avaliar e refinar os orçamentos anuais, formava a base que protegia investimentos e compromissos de longo prazo e ajudava a implementar mudanças estratégicas já decididas. No domínio do processo criava uma rede de informações, alargava a perspetiva dos gestores operacionais, ajudava a reduzir a incerteza sobre o futuro e estimulava estudos especiais a longo prazo (Mintzberg 1999a).

A abordagem visionária é a forma mais flexível de lidar com um mundo incerto porque aí a perspetiva abrangente pode ser deliberada mas a posição específica é emergente, isto significa que as organizações com uma visão robusta podem adaptar-se aos acontecimentos inesperados, aprendendo com eles (Mintzberg 1993).

Nesta ótica, este é o modelo adequado: para melhorar a qualidade da informação que suporta a decisão estratégica; para gerir e liderar em ambientes complexos, incertos e turbulentos; para lidar com a resistência pessoal e as pressões politicas em épocas de mudança estratégica; para criar a consciência e o sentido de organização imprescindível para a implementação efetiva da estratégia; para diminuir e controlar a incerteza, permitindo a aprendizagem interativa dentro e entre a empresa e os seus diferentes ambientes; e para ser um meio que permita melhorar a qualidade das análises e das escolhas estratégicas. O líder estratégico é fundamental no processo de incrementalismo lógico porque ele é o responsável pela mudança e pelo restabelecimento da estrutura e dos processos dentro da organização.

A abordagem de Quinn (1980a/b 1982) baseia-se na suposição de que os processos incrementais são o melhor modo de definir a estratégia. As estratégias eficazes tendem a emergir, passo a passo, de um processo interativo em que a perspetiva da organização no futuro e as experiencias passadas a leva a aprender a partir de uma serie de compromissos parciais (de modo incremental) e não através de formulações de estratégias globais.

Devem ser usados processos elementares na definição da estratégia: onde sobressaia a interação proactiva de várias dimensões (psicológica, política e de informação) e onde se incorpore a apreciação do impacto sobre as pessoas e a cultura e a procura da melhor maneira de fazer as coisas. Trata-se de um processo evolutivo, onde a comparação sucessiva e criteriosa das opções e a manutenção do consenso definem os passos a dar.

A formação da estratégia não tem início nem fim determinado: é um fluxo contínuo, um processo complexo de aprendizagem, intuição e criatividade adaptativa. A prática do planeamento institucionalizou uma forma de incrementalismo porque a mudança incremental, pequena mudança de escopo limitado, é consistente com a orientação estabelecida para a organização, tal como o próprio planeamento. Em oposição a mudança Quântica – desenvolvida por Miller e Friesen (1984), que significa reorientação abrangente – tende a encontrar resistência ou, mais concretamente, tende a ser ignorada no processo de planeamento porque desorganiza todas as categorias estabelecidas das quais o planeamento da organização depende (Mintzberg 1999a).

Em síntese, o incrementalismo lógico, por ter em conta e reconhecer a limitação humana, recomenda a experimentação e a aprendizagem como fontes geradoras de recursos únicos e não transacionáveis.

6. AS CONFIGURAÇÕES

6.1 ESTRUTURAS ORGANIZACIONAIS

Uma das inovações de pensamento que esta corrente trouxe à gestão estratégica resulta do fato de ela considerar que a base de todas as organizações – onde se encontram os operários que efetuam o trabalho – é o centro ou núcleo operacional. A linha, ou cadeia, hierárquica, liga o centro operacional ao vértice estratégico. O grupo de especialistas, a que chamaremos analistas, formam a tecnoestrutura e as unidades de *staff* formam o suporte logístico, também designado por pessoal de apoio (Mintzberg 1990).

As organizações – em função da idade, dimensão, ramo de atividade e tecnologia de produção – inscrevem-se em aglomerados naturais ou configurações. A ideia de configuração significa a interação de todos os elementos de um sistema (Mintzberg 1981).

A diferenciação das configurações baseia-se no fato da organização começar, geralmente, com uma pessoa que tem uma ideia a qual constitui o vértice estratégico.

Ele contrata pessoas para realizarem o trabalho básico da organização que estabelecem o que designaremos por núcleo operacional. Com o crescimento da organização contratam-se gestores intermédios, entre o executivo principal e os trabalhadores, que constituem a linha intermédia.

A organização vai precisar de dois tipos de pessoal administrativo: especialistas de organização, que concebem esquemas relacionados com o planeamento formal e o controle do trabalho (são a tecnoestrutura), e pessoal de apoio, que presta serviços indiretos aos restantes elementos da organização (o suporte logístico).

Poderemos identificar em muitas organizações uma sexta parte usualmente designada por ideologia, termo de significado semelhante ao de cultura, que pretende definir o conjunto de tradições e crenças que distinguem uma organização de outra. A ideologia representa-se como sendo um halo que envolve todo o sistema anterior.

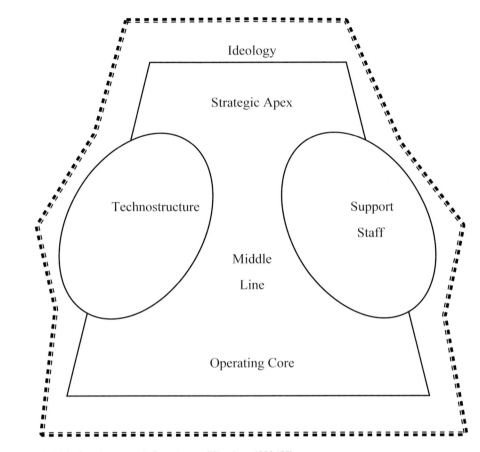

FIGURA 2 – As seis partes da Organização (Mintzberg 1990 155)

Mintzberg (1981) concluiu que as configurações existem realmente, pelo menos no espírito. A configuração serve para compreender as organizações e para as gerir. Facilita o diagnóstico – porque qualquer novidade que se produza estará integrada num modelo claro de organização – e, se necessário, facilita a escolha da terapia. Ela representa uma harmonia, interna e externa, e uma coerência. Nem todas as organizações, dada a sua maior ou menor complexidade, englobam todas as componentes porque o objectivo central da estrutura é o de coordenar o trabalho que se encontra repartido por várias unidades. O modo como se consegue essa coordenação dita o perfil da organização.

6.2 MODELO ORGANIZACIONAL

Estes perfis permitem identificar cinco configurações distintas nas suas estruturas: atendendo às suas situações específicas, ao meio em que se inserem e ao período histórico em que se desenvolveram. Estas configurações são designadas por: estrutura simples, burocracia mecânica, burocracia profissional, modelo divisional e adhocracia. O modo como a coordenação é obtida identifica o tipo de configuração e as suas caraterísticas:

A – Estrutura simples: se a coordenação se obtém no vértice estratégico, por coordenação direta;

B – Burocracia mecânica ou mecanicista: se a coordenação depende da normalização do trabalho. Neste tipo de organização é necessário instituir uma tecnoestrutura para conceber as normas;

C – Burocracia profissional: se a coordenação se consegue pela normalização de especializações. Isto significa que a organização precisa de dispor de profissionais de formação superior no seu núcleo operacional e de ter uma tecnoestrutura e uma linha intermédia relativamente pouco elaborada;

D – Tipo divisionalizada: se a coordenação se obtém pela normalização de resultados em função da divisão da organização em várias unidades operacionais paralelas;

E – Adhocracia: se a coordenação devido à complexidade da organização se obtém por acordo mútuo dos peritos contratados, organizados em equipas de projeto.

Mintzberg (1981) discrimina e distingue, os vários tipos de estrutura, em função de várias variáveis, nos moldes descritos no quadro seguinte:

ESTRATÉGIA COMO UM PROCESSO DE APRENDIZAGEM

	ESTRUTURA SIMPLES	BUROCRACIA MECÂNICA	BUROCRACIA PROFISSIONAL	TIPO DIVISIONALIZADA	ADHOCRACIA
Coordenação	Supervisão direta	Estandardização do trabalho	Estandardização de especializações	Estandardização de resultados	Ajustamento mútuo
Componente Chave	Vértice estratégico	Tecnoestrutura	Núcleo operacional	Linha intermédia	Pessoal Apoio[21]
Elementos Estruturais:					
Especialização da tarefa estand. Proc. de Trabalho	Reduzida	Elevada, horizontal e vertical	Elevada horizontalmente	Alguma horizont. e verticalmente[22]	Elevada horizontalmente
Formação (grau instr.)	Reduzida	Reduzida	Elevada	Alguma (Gest Div)	Reduzida, Org.[23]
Formalização Complementar[24]	Reduzida, Orgânica	Usualmente funcional	Funcional e mercado	Mercado	Funcional e mercado
Forma de agrupamento	Usualm. funcional	Usualmente funcional	Funcional e mercado	Mercado	Funcional e mercado
Dimensão	Grande	Grande nível inferior, pequena nos restantes	Grande nível inferior, pequena nos restantes	Grande no nível superior	Pequena em todos os níveis
Sistema de planeamento e de Controlo	De reduzida projeção	Planeamento de atividades	De reduzida projeção	Controlo de performance	Plan. Atividades limitado
Dispositivos de ligação	Poucos	Poucos	Apenas Unid. Admin.	Poucos	Muitos toda estr.
Descentralização	Centralização	Descentralização horizontal limitada	Descentralização horizontal e vertical	Descentralização vertical limitada	Descentralização seletiva
Elementos da situação:					
Idade e dimensão	Jovens e pequena dimensão	Velha e grande dimensão	Varia	Velhas e grande dimensão	Jovens
Sistema técnico[25]	Simples, não regulador	Regulador[26]	Não Regulado/ não complexo	Divisível[27]	Muito complexo[28]
Contexto[29]	Simples, dinâmico/hostil	Simples e estável	Complexo e estável	Relativ. Simples e estável[30]	Complicado e dinâmico[31]
Poder[32]	Controlo executivo principal. Fora de moda	Tecnocrático e externo. Fora de moda	Controlo pelos operac./profissionais. Em moda	Controlo pela linha intermédia. Em moda	Controlo pelos peritos. Muito em moda

TABELA 3 – Tipos de Estrutura (adaptado de Mintzberg 1981)

[21] Juntamente com o núcleo operacional na Adhocracia Operacional.

[22] Entre as divisões e a sede.

[23] Sobretudo na Adhocracia Operacional.

[24] Refere-se à estandardização dos processos de trabalho.

As organizações podem evitar crises de identidade decidindo aquilo que querem ser e trabalhando nesse sentido com uma saudável obsessão, ou seja, uma organização pode atingir a sua harmonia e a seguir vê-la destruída pela imposição de controlos externos. O efeito típico desses controlos é o de conduzir a organização em direção à Burocracia Mecânica ou Mecanicista[33], pela absorção de pequenas organizações por outras de maior dimensão e/ou pela tendência dos Governos assumirem o seu controlo direto.

A resolução do problema da estrutura correta no contexto incorreto poderá passar por mudar de contexto em vez de mudar de estrutura, pois por vezes é mais fácil mudar o campo de atividade do que destruir uma estrutura coesa.

A organização pode utilizar duas opções possíveis: evolução – que consiste em adaptar-se continuamente ao contexto, reestruturando-se permanentemente – ou revolução – que consiste em manter a consistência interna à custa da degradação progressiva da sua integração no contexto até que seja reestruturada bruscamente de modo a atingir uma nova configuração consistente. A primeira favorece a integração externa ao passo que a segunda favorece a sua consistência. Danny Miller (1980), na teoria do Quantum da mudança estrutural, concluiu que as boas organizações optam em geral pela revolução, pois aceitam como necessária a ocorrência de períodos de rutura, breves e ocasionais.

[25] Influência sobretudo o núcleo operacional e as unidades de apoio. Tem como consequência burocratizar a organização ou, se o sistema automatizar o trabalho operacional, reduzir a necessidade de regulamentos.

[26] Não automatizado nem muito complexo.

[27] No restante idêntico à Burocracia Mecânica.

[28] Frequentemente automatizado na Adhocracia Administrativa. Não regulador nem complexo na Adhocracia Profissional.

[29] O contexto pode variar no seu grau de complexidade, no seu dinamismo, na diversidade dos seus mercados ou na hostilidade com que enfrenta a organização. Quanto mais complexo for o contexto maior é a dificuldade da gestão superior em normalizar as tarefas.

[30] Mercados Diversificados (especialmente produtos e serviços).

[31] Por vezes díspar na Adhocracia Administrativa.

[32] Os fatores de poder incluem o controlo externo, as necessidades de poder pessoal (estas tendem a produzir estruturas centralizadas) e a moda. Quanto maior for o controlo externo sobre a organização (que tem como instrumentos: a responsabilização do seu mais poderoso executivo ou a imposição de normas claramente definidas) maior será a tendência para a sua centralização e burocratização.

[33] Esta conclusão está largamente comprovada por, ente outros, por exemplo Samuel e Mannhein (1970).

A mudança não vem sempre de maneira arbitrária do exterior. Por vezes tem natureza intrínseca à organização, resultando como reflexo do seu próprio desenvolvimento interno que necessita de uma conversão permanente.

Neste caso as forças que existem no seu interior semeiam o germe da destruição e conduzem-na a outra forma (Mintzberg 1990). Se as conversões do tipo externo podem abater-se sobre a organização de forma inexplicável as conversões de tipo interno são, de certa forma, previsíveis pois tendem a ter a ver com os ciclos de vida.

A contaminação é uma outra forma de dizer que a configuração não é uma estrutura, nem sequer um sistema de poder: ela é uma cultura. É mecanicista ou inovadora e não é uma forma de se organizar: é uma forma de viver. Numerosas configurações que conhecem o sucesso não existem na sua forma pura. Qualquer configuração contém o germe da sua autodestruição, como embrião residente na sua força dominante.

Um controlo demasiado tecnocrático pode destruir uma organização tipo burocracia mecanicista; uma liderança demasiado apertada (sem flexibilidade) pode destruir uma organização com estrutura simples e assim por diante. Qualquer configuração pode ser bastante eficaz num contexto que a favoreça. A configuração implica definição e disciplina mais do que conflito e contradição (Mintzberg 1990).

6.3 CICLO DE VIDA DAS ORGANIZAÇÕES

A maior parte dos modelos dos ciclos de vida das organizações baseiam-se e corroboram a teoria da estrutura adequada mas o modelo que iremos apresentar a seguir está mais orientado para a descoberta do poder (Mintzberg 1990).

Michael Porter (citado por Mintzberg 1990) descreve, no livro intitulado a Estratégia da Concorrência, um método onde distingue entre uma liderança forte (correspondente à força da burocracia mecânica ou mecanicista, visando a eficiência rotineira) e a estratégia de diferenciação (insistente sobre a qualidade e/ou sobre a inovação).

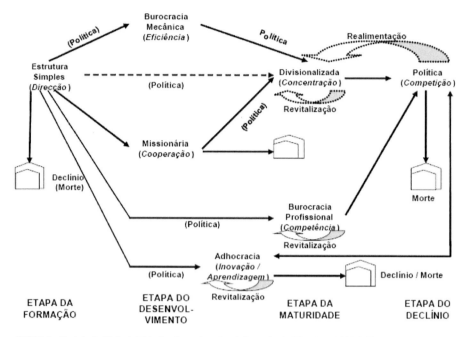

FIGURA 3 – Modelo do Ciclo de Vida das Organizações (adaptado de Mintzberg 1990 410)

Um outro índice de organização eficaz repousa na manutenção do equilíbrio entre as forças de cooperação e de competição: elas devem formar a sua própria combinação e devem existir numa atmosfera de tensão dinâmica. O modelo do ciclo de vida das organizações é composto por quatro etapas chamadas: a etapa da formação, a etapa do desenvolvimento, a etapa da maturidade e a etapa do declínio.

Como se referiu, uma nova organização inicia-se, geralmente, graças a uma missão, alguns recursos e um líder (fundador). Grande número de organizações conserva a forma de estrutura simples durante o tempo em que o seu fundador fica à sua cabeça e a administra. Certas organizações preferem fazer tudo – passando pelo desenvolvimento intensivo do aparelho administrativo para resolver os problemas – para evitar ampliar a sua liderança, mantendo a forma de estrutura simples (Mintzberg 1990).

7. EFICIÊNCIA E PLANIFICAÇÃO ESTRATÉGICA

7.1 EFICIÊNCIA ECONÓMICA

A nossa sociedade é feita de organizações, elas existem para nos servir mas forçam-nos igualmente, de uma forma ou de outra, a servi-las. O problema está em encontrar os meios de distribuir o poder no interior das organizações de forma que elas sejam capazes de responder ao contexto externo com vitalidade e eficácia (Mintzberg 1990).

A eficiência é, como refere Herbert Simon (1957) no livro *Administrative Behaviour*, uma conceção de valor independente ou, segundo os seus próprios termos: um conceito completamente neutro. Ele define eficiência como: a escolha, entre várias opções, da que produz o melhor resultado com a aplicação dos recursos possíveis, ou seja, ser eficiente significa conseguir o máximo sem nos importarmos com o risco que a organização enfrenta.

Na prática a eficiência não significa um grande benefício para um dado custo, ela significa o maior benefício mensurável para um dado custo mensurável, ou seja, significa eficiência demonstrada, provada e calculada. Um gestor obcecado pela ideia de eficiência é um agente obcecado pelo quantificável. Na prática está associada a critérios quantificáveis (Mintzberg 1990). Esta visão coloca-nos três questões fundamentais, porque:

- se os custos são mais facilmente quantificáveis que os benefícios a eficiência pode reduzir-se a fazer economia e os benefícios sofrerem uma dependência dos custos;
- se os custos económicos são mais facilmente quantificáveis que os custos sociais, a eficiência pode entrar numa escalada de considerar os custos sociais como efeitos externos totalmente ignorados pelos gestores que buscam a eficiência;
- Se os benefícios económicos são mais facilmente quantificáveis que os benefícios sociais, a eficiência leva a adoção de uma moral económica que pode significar uma imoralidade social.

A consequência do facto da obsessão pela eficiência se reportar a benefícios quantificáveis, tangíveis e demonstráveis (*p. ex.* serviço rápido num restaurante) pode ser a de minorar a preocupação com os benefícios intangíveis, mais obscuros, mais difíceis de especificar e de quantificar (*p. ex.* qualidade da confeção/proficiência da cozinha). Há necessidade de burocracias mecânicas para produzirem bens e serviços em massa, de forma eficiente, mas não são precisas organizações destinadas a desumanizar e dominar a vida dos cidadãos, seja ela pública ou privada.

7.2 PLANIFICAÇÃO ESTRATÉGICA

A planificação estratégica não é um mito apesar de não existirem métodos sistemáticos para elaborar estratégias. Os gestores que controlam o trabalho através de um sistema de planificação e procedimentos tecnocratas, ou seja através de uma especificação detalhada dos programas, destroem a necessidade de empenho e aprendizagem espontânea que se pode produzir no quadro das suas atividades (Mintzberg 1990).

Esta corrente de pensamento, não sendo apologista do retorno à cultura da personalidade, defende o retorno ao equilíbrio que permita que a organização se exprima no momento da análise e o seu reconhecimento como um processo que evolui. A nacionalização e a privatização não são a solução fundamental para a questão, nem a regulamentação e a desregulamentação o são também, pois podem corrigir algumas deficiências mas não resolvem a maioria dos problemas fundamentais. Diversificação e conglomeração não serão mais do que um jogo de poder, guiado pelos mesmos benefícios dos administradores e de alguns financeiros, que marcarão os seus limites pelo volume de resultados financeiros (Mintzberg 1990).

Por esse facto é imprescindível encorajar as pequenas organizações que sabem cativar (envolver) os seus membros a formar um ecletismo em marcha. É preciso encorajar as organizações independentes e concentradas – que compreendem o sentido da sua missão e que conhecem aqueles que com elas se envolvem – é preciso desenvolver um gestor em profundidade – detentor de um saber capaz, defensor de uma sã concorrência e possuidor de um sentido de responsabilidade social autêntico – e é ainda necessário regressar à consciência do novo sentimento fundamental para sentir a verdadeira natureza do empenho e para utilizar a intuição informal no sentido de desenvolver organismos que sejam capazes de cumprir este contrato, caso contrário deixaremos escapar um vasto conjunto de entendimentos do nosso estranho mundo de organizações.

8. TRÊS ESCOLAS: POSICIONAMENTO/PLANEAMENTO/APRENDIZAGEM

8.1 DO PLANEAMENTO ESTRATÉGICO A GESTÃO ESTRATÉGICA

As mudanças do contexto ambiental sucedem-se, de forma cada vez mais acelerada, e com elas reduz-se o horizonte temporal dos planos; assiste-se a maior envolvimento da gestão na conceção da estratégia e presta-se maior atenção aos aspetos relacionados com o sucesso da sua implantação.

O planeamento estratégico – como processo de recolha e tratamento da informação interna e externa às organizações visando apoiar decisões através das quais as empresas se adaptassem, modificassem e atuassem sobre o meio – revelou-se uma abordagem insuficiente na medida em que se tratava de um processo pouco participado, que não envolvia os diferentes níveis de responsabilidade das organizações e que não favorecia a motivação e o envolvimento dos agentes. É neste contexto que surge a obra de Mintzberg (1994a), intitulada *The Rise and Fall of Strategic Planning*, onde o autor debate intensamente esta problemática e apresenta o seu ponto de vista quanto às principais limitações do processo de planeamento estratégico.

Naquela perspetiva a passagem do planeamento estratégico à gestão estratégica envolve a separação entre a teoria e a prática e gera a separação das funções desempenhadas pelos planeadores formadores e pelos planeadores *canhotos*. Os primeiros continuam a dedicar-se à análise enquanto dos segundos se espera que sejam criativos e divergentes. Os sistemas de planeamento estratégico devem formular as melhores estratégias bem como os instrumentos de ação necessários à sua implementação.

Ainda no campo dos princípios, a convicção de Mintzberg de que a estratégia é um processo emergente, que se constrói, impede-o de aceitar que a estratégia se possa planear. É neste âmbito que podemos desde logo identificar a génese das divergências com a corrente de pensamento denominada Escola do Planeamento para a qual apenas as alterações do meio envolvente podem determinar o insucesso da estratégia. Naquela asserção planear é um exercício analítico por natureza enquanto a criação de uma estratégia constitui um ato de síntese. Se apenas a análise é passível de ser encaixada num modelo qualquer tentativa de formalização da gestão estratégica, enquanto atividade que apela à intuição é a criatividade, é fator de inibição do processo de aprendizagem. O planeamento imobiliza a estratégia e impede-a de evoluir.

8.2 DEBILIDADES NO PLANEAMENTO ESTRATÉGICO

O planeamento estratégico suporta-se em premissas onde se inclui o fato: da estratégia poder ser programada; da análise poder anteceder a síntese e de ser assumida a separação entre a decisão e a implementação.

Esta visão do planeamento sofreu críticas, entre outros de Taylor, uma vez que para ele a estratégia não pode ser convenientemente programada ao nível operacional porque, segundo ele, os escritos de Steiner e Ansoff assumem com frequência a correspondência entre a estratégia planeada, a estratégia pensada e a estratégia executada.

A gestão de topo pode inviabilizar a estratégia pensada se não se seguir a estratégia planeada, o que levanta o problema da necessidade de reconsiderar as assunções do planeamento, ou seja: a predeterminação; a separação entre o planeamento operacional e o planeamento estratégico e a sua formalização.

8.3 *THE DESIGN SCHOOL*

A estratégia era explicada, tradicionalmente, pelo modo com era formulada. Para a *Design School* a formação da estratégia consistia no desenho de um plano sistemático e formal, suportado por um processo analítico Mintzberg (1998b). Os autores daquela corrente defendem que a fase seguinte do processo constitui a adequação da estrutura à estratégia decidida.

Mintzberg (1990) considera que este tipo de abordagem é passível de diversas críticas na medida em que: o modelo renega a hipótese de adaptação dado que não pondera os efeitos; há excesso de predeterminação porque são descurados aspetos tais como a formulação estratégica, o incrementalismo e a estratégia emergente; é negligenciada a influência da estrutura preexistente e o envolvimento da organização como um todo, e não apenas da gestão de topo, porque a formulação estratégica é encarada mais como ato de conceção do que de aprendizagem.

Mintzberg nesse artigo, publicado em 1990, coloca em discussão os argumentos que considera mais discutíveis duma das vertentes da corrente de pensamento estratégico de *Harvard*: a *Design School*.

Partindo da forma como ele vê o modelo, analisa as premissas essenciais à formação da decisão estratégica e conclui: que a formulação estratégica é um processo de elaboração mental; que a responsabilidade é da gestão de topo; que o modelo de formulação é informal; que se impõe a escolha prévia da melhor de entre várias estratégias alternativas; que a versão final da estratégia é o resultado do processo de conceção descrito; e que a estratégia deve ser explícita e articulada de modo a permitir a ação.

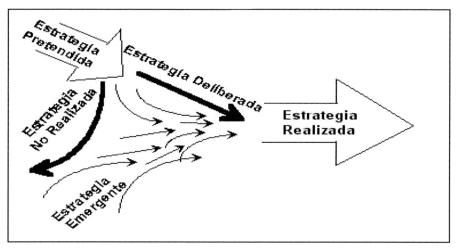

FIGURA 4 – Estratégia deliberada e emergente (adaptado de Mintzberg 1994 24 e internet)

O processo culmina, depois de percorrer todas as anteriores fases, com a implementação.

As correntes de pensamento do Planeamento e do Posicionamento revelam distanciamento em relação a uma premissa base da *Design School* porque equacionam alguma interação e *feedback* no processo de formulação estratégica e assumem que qualquer alteração na estratégica envolve necessariamente a assunção de algum risco, na avaliação do qual podem intervir os pontos fracos e fortes mas nunca como valores imutáveis.

No que respeita à importância atribuída por Mintzberg à contribuição da estrutura para o sucesso da estratégia é de referir que, na sua opinião, não se pode estabelecer precedência entre uma e outra porque são o suporte das organizações e interagem permanentemente face a qualquer imponderável. A obrigação de explicitar à priori a estratégia pode revelar-se como um fator de limitação à flexibilidade que é inerente ao processo de ajustamento permanente. A sua explicitação torna-se útil como suporte para a ação mas a sua utilidade é crescente à medida que passa a incorporar o resultado da aprendizagem[34].

Nesta asserção a formulação estratégica deve preceder a implementação mas o fator de distinção, entre o modelo da *Design School* e o pensamento de Mintzberg, reside no fato de este ultimo entender a estratégia como um processo em que a organização apreende e evolui continuamente enquanto aqueles, implicitamente, aceitam que o processo de formulação estratégica evolui mas pára logo que se conclui a fase de articulação e implementação, eliminando a hipótese de reversão.

O artigo de Mintzberg parece ter o objetivo de questionar e discutir a aplicação prática do método de ensino usado em *Harvard*, que considera redutor da realidade e com premissas base não válidas em muitos casos. O modelo era usado, extravasando o seu campo de aplicação, como instrumento pedagógico, criando a convicção de que há *one best way* na definição da estratégia das organizações. As Escolas do Planeamento e do Posicionamento são, nessa medida, exemplo de derivações do modelo em análise.

Do exposto não deve retirar-se a ilação de que o modelo é destituído de utilidade prática. Na verdade, ao tempo em que foi formalizado, em determinados contextos – de que será exemplo o caso de uma organização cujo desenvolvimento se baseia na visão estratégia decorrente da visão do seu empreendedor – ele pode considerar-se útil e necessário.

Mintzberg termina esta sua reflexão questionando se o modelo deve ser lido atendendo apenas àquilo que numa primeira análise nos parece. Concluiu referindo que, apesar de todas as críticas que lhe teceu, o método de *Harvard* deu um notável contributo para a evolução da gestão empresarial na medida em que: difundiu uma ideia aproximada dos procedimentos inerentes ao processo de formulação estratégica; apresentou conceitos instrumentais; e apelou à ponderação da envolvente externa e das capacidades internas na decisão estratégica[35]. A publicação deste artigo de Mintzberg provocou a reação imediata dos autores das escolas do Posicionamento e do Planeamento.

---

[34] A transferência de aprendizagem tem uma história distinta em psicologia devido, em larga medida, à sua significância para a educação (Thorndike e Woodworth (1901) In Cohen 1991).

[35] Mintzberg (2009) alude à conexão com a Design School contudo, mesmo que seja utilizada a perspetiva do escalão elevado, o estudo dele enfatiza mais a personalidade dos responsáveis pela decisão do que o poder deles. Por esse motivo o estudo segue as ideias de escola cognitiva juntamente com a escola configuracional (Gallén 2010).

8.4. EMERGÊNCIA *VERSUS* PLANEAMENTO (MINTZBERG VERSUS ANSOFF)

Igor Ansoff, num artigo publicado em setembro de 1991, lança uma crítica severa ao ponto de vista de Mintzberg, anteriormente descrito, e procura demonstrar as mudanças ocorridas ao nível do planeamento estratégico desde 1965, designadamente no que respeita ao apelo ao desenvolvimento das capacidades organizacionais e ao aparecimento do conceito de gestão estratégica como conceção dominante.

Mintzberg responde prontamente àquele artigo (em setembro de 1991) manifestando a sua surpresa pelo facto de Ansoff se sentir atingido por um artigo que analisava o modelo de Kenneth Andrews (corrente de *Harvard)* e aproveita para assumir alguma proximidade, em termos conceptuais, ao admitir que a conceção de uma nova estratégia é um processo criativo (sintético) para o qual não se dispõe de técnicas formais de abordagem (análise) mas que, ainda assim, a programação de estratégias em ambientes complexos exige um certo esforço de análise. A divergência entre as visões de Ansoff e Mintzberg reside na necessidade de formalização prévia de uma estratégia emergente.

A polémica não terminou por aí pois voltaram a afrontar-se em 1994, na sequência de dois novos artigos publicados por Mintzberg em junho (1994b e 1994c), denominados *Rethinking Strategic Planning I e II.*

As diferenças entre a *Design School* e a Escola do Planeamento resultam do facto daquela colocar os gestores de topo como arquitetos da estratégia e esta defender que o staff de planeadores tem muita influência na sua formulação; e do facto daquela tratar a análise SWOT (forças, fraquezas, oportunidades e ameaças) como uma base ou grelha de análise básica e geral e esta a elaborar com base num modelo formal detalhado, com uma sequência extensiva de passos delineados e alimentados pelos técnicos dessa análise.

Andrews, citado por Mintzberg, reconhece que o processo ignora os mecanismos do planeamento real, do dia-a-dia, o que o torna independente da estratégia da organização. Por outro lado Ansoff, à medida que ataca Mintzberg, distancia-se da Escola do Planeamento e aproxima-se da *Design School.*

Mintzberg, por outro lado, afirma que não pôs em causa a Escola do Planeamento, mas apenas o papel das estratégias programadas e preconcebidas. Diz não querer para si os direitos sobre a estratégia emergente ou da Escola da Aprendizagem, que não nega o papel do conhecimento e a análise no processo de aprendizagem[36] e que a estratégia não deve ficar ou tornar-se explicita. O que o move é o facto de Ansoff querer só para si a bandeira da ciência, excluindo outros inputs.

Na visão desta corrente (conforme Mintzberg 1994b), para que o planeamento estratégico se pudesse revelar eficaz, seria necessário poder antever as alterações do contexto envolvente ou admitir que este seria estável pois o processo de planeamento exige precisão. Conclui considerando que o planeamento estratégico é incompatível com a conceção estratégica porque não pode ser desenvolvido à margem das alterações permanentes do contexto envolvente, nem pode descurar os detalhes do dia-a-dia. A estratégia deve ser, simultaneamente, um processo de conceção e aprendizagem e o planeamento estratégico separa estas atividades, o que o leva a concluir pela sua inadequação. Chega a considerar que aquele se devia designar por programação estratégica (formalização das consequências das estratégias desenvolvidas).

Foi Ansoff que se dispôs a comentar este artigo de Mintzberg e fá-lo de forma voraz. Considera que os comentários de Mintzberg podiam ser entendidos de duas formas: ou a sua compreensão do planeamento cristalizou em 1964 (o que não é credível) ou, pelo contrário, com o referido artigo apenas pretendia criar espaço para o desenvolvimento do seu próprio conceito de estratégia emergente.

Mintzberg, no desenvolvimento da resposta ao planeamento estratégico, apresenta uma versão do processo inerente a uma estratégia emergente onde considera que a programação estratégica envolve três aspetos: a especificação da estratégia para ser operacional; o desenvolvimento de subestratégias; e a consideração dos efeitos das mudanças ao nível operacional.

O planeamento, visto como meio de comunicação e de controlo, divulga a estratégia, especifica as ações pretendidas para a realização da estratégia e promove o *feedback*. O planeador chefe deve ser criativo, estar disponível para receber, interiorizar e tratar a informação de modo a permitir a realização atempada dos ajustamentos estratégicos necessários. Neste contexto

---

[36] A diversificação não começa, normalmente, com um processo racional e deliberado mas quando ocorre surge como estratégia emergente acabada de sair de um processo doloroso de aprendizagem, conforme se infere pelas conclusões do caso Honda, descritos por Richard Pascale (1984). Este tema voltou a ser abordado em 1996 por Henry Mintzberg, Richard Pascale, Michael Goold e Richard Rumelt.

é preciso existir dois tipos de planeadores: os analíticos, mais formais, e os menos convencionais, mais criativos.

8.5 EMERGÊNCIA *VERSUS* POSICIONAMENTO (MINTZBERG *VERSUS* PORTER)

James Quinn e Henry Mintzberg (1992) fazem uma interpretação crítica ao modelo das estratégias genéricas de Michael Porter ao afirmarem que na identificação da indústria estão envolvidos vários fatores: tantos que impossibilitam a atribuição de etiquetas.

As premissas de Porter, na descrição dos autores, resultam do fato de considerar que as metas de uma estratégia são a criação de valor para os compradores, o que sustenta o modelo da cadeia de valor, e que para ganhar uma vantagem competitiva é preciso escolher entre vender todas as coisas a todas as pessoas ou ter uma performance abaixo da média, isto é, se não conseguir ser líder na indústria terá que ser seguidor.

Esta proposta consiste em adquirir performance numa indústria com base numa das seguintes decisões estratégicas: liderança pelos custos, diferenciação ou focalização. Segundo os autores Ansoff já tinha mostrado estas estratégias em 1965 neste modelo:

	Produtos Existentes	Novos produtos
Mercado existente	Estratégia de Penetração	Desenvolvimento de estratégias de produto
Novo Mercado	Desenvolvimento de estratégias de marketing	Estratégia de diversificação

TABELA 4 – Adaptado de Quinn (1992 77)

A diferença, para eles, reside no fato de considerarem que a lista de Porter é incompleta uma vez que, enquanto Ansoff se concentrou nas extensões do negócio, Porter concentrou-se na identificação dos negócios estratégicos. Os autores (Quinn 1992) consideram que as estratégias podem ser agrupadas em cinco grandes famílias:

- localizadas – *locating* – numa matriz de círculos;
- diferenciadas – *distinguishing* – olhando para dentro de cada circulo;
- elaboradas – *elaborating* – consideram como é que o círculo pode ser alargado de várias maneiras;
- extensivas – *extending* – ligando o circulo, unindo-o a outros círculos, outros negócios;
- reformuladas – *re-conceiving* – unificando ou combinando os círculos.

Contudo as estratégias não têm que se desenvolver, necessariamente, desta forma nas organizações. Para os autores que subscrevem esta teoria (Quinn 1992) podem existir estratégias do teatro/palco de operações – *Strategies of stage of operations* – ou seja, em função da sua integração no setor primário, secundário ou terciário. Consideram existir, nessa classificação, os seguintes tipos de estratégia:

- a montante (sobre a corrente) do negócio – *Upstream Business Strategy* – as organizações, que tendem a ser de tecnologia e capital intensivo, procuram vantagem competitiva pelo baixo preço, na busca de altas margens empurrando as vendas para um mercado ávido – *push* (Galbraith 1983 In Quinn 1992);
- na corrente do negócio – *Midstream Business Strategy* – a organização localiza-se na garganta de uma ampulheta obtendo uma variedade de *inputs* num só processo de produção para vários utilizadores;
- a jusante (abaixo da corrente) do negócio – *Downstream Business Strategy* – nestas organizações a ampla variedade de inputs converge para dentro de um estreito tubo, ou seja, vários produtos são vendidos pelo mesmo departamento.

Existem também estratégias próprias dentro da indústria, envolvendo tantos fatores que tornam praticamente impossível atribuir-lhes rótulos, porque existem diversos produtos que servem para várias indústrias assim como existem indústrias que se unem para desenvolverem um mesmo produto. Podemos ainda distinguir, num segundo nível, estratégias das áreas funcionais. Estas visam permitir que a organização adquira vantagens competitivas que lhe permitam sobreviver no seu contexto. É nas inter-relações que se consegue a ergonomia necessária a continuidade do sistema organizacional (Cerqueira 1997).

Aqueles autores analisaram também as denominadas estratégicas genéricas de Porter – liderança pelos custos, diferenciação ou focalização – para ganhar vantagens competitivas. Afirmam que as estratégias que descrevem partem do que Porter expos mas com algumas nuances, desde logo na distinção do seu âmbito – *scope* – entre segmentação e diferenciação. Segundo Quinn (1992), a organização pode diferenciar a sua oferta, dentro do círculo da indústria, de 6 maneiras distintas:

- estratégia de diferenciação de preços – vender ao mais baixo preço;
- estratégias de diferenciação de imagem – se os produtos tem imagem então esta é para vender;

ESTRATÉGIA COMO UM PROCESSO DE APRENDIZAGEM

- estratégia de manutenção da diferenciação – arranjar algo que diferencie o produto, desde o modo de venda aos serviços pós venda, passando por outros serviços associados ao produto;
- estratégia de diferenciação pela qualidade – o produto pode não ser diferente, tem é que ser melhor;
- estratégia de diferenciação pelo *design* – oferecer algo que é visualmente inovador;
- estratégia de não diferenciação (massificação) – não diferenciar o produto de forma deliberada.

Fazem a distinção atendendo ao fim dos produtos e serviços oferecidos e os mercados em que eles irão ser vendidos, ou seja, a sua esfera de ação – *scope*. Aqui distinguem as estratégias seguintes:

- de não segmentação – a organização pretende servir todos os potenciais consumidores;
- de segmentação – pretende dirigir-se a um ou vários tipos de potenciais consumidores;
- de nicho (de mercado) – a organização pretende atacar (servir) um ou vários consumidores específicos (usualmente não servidos pelo líder);
- orientada para o cliente – o produto é desenvolvido para satisfazer uma necessidade específica do cliente.

A organização pode desenvolver o negócio de várias maneiras: pode desenvolver produtos dentro do negócio; pode desenvolver os mercados, com novos segmentos, novos canais, ou nova área geográfica; ou pode empurrar os mesmos produtos com mais vigor no mesmo mercado. Desta decisão nascem novos tipos de estratégias:

- de penetração – *Penetration Strategies* – coloca a ênfase no aumento das vendas e no desenvolvimento/expansão do mercado – *Market Development Strategies* – enfatiza a estratégia de Marketing (nomeadamente a promoção) para criar necessidade no potencial consumidor;
- de expansão geográfica – *Geographic expansion Strategies* – coloca a ênfase no ataque a diferentes (novos) lugares. Estratégia de racionalização geográfica.
- de desenvolvimento de produtos – *Product Development Strategies* – coloca a ênfase na racionalização da linha de produção, visando a distinção e extensão do benefício atribuído ao mesmo produto e/ou disponibilizando desenvolvendo novos produtos.

Quinn (1992a) refere ainda que a organização pode também optar por estender o núcleo – *core* – da sua área de negócio. Para o efeito pode delinear as seguintes estratégias:

- de integração da cadeia – *Chain integration* – esta estratégia passa pela integração de elos da cadeia produtiva a montante ou a jusante. Consiste em fazer, em vez de comprar e vender;
- de diversificação – *Diversification Strategy* – aqui a estratégia consiste na criação de conglomerados, adquirindo novas atividades na cadeia de valor, ao mesmo nível, ou apostar na venda de outros produtos pela mesma força de vendas;
- de entrada e comando (controlo externo) – *Strategy of entry and control* – esta estratégia consiste na decisão de comprar uma organização de um novo negócio, ou na decisão de entrar num negócio desenvolvido por si. As estratégias podem ser de vários tipos: desenvolvimento interno e aquisição (maioria ou minoria); e coligações (*joint-venture* ou controlo temporário); licenciamento, *franchising* e contratos a longo prazo, consoante se pretenda um novo negócio totalmente controlado ou o controlo total ou parcial do novo negócio;
- retirada – *With drawal Strategies* – esta estratégia consiste em entrar e sair várias vezes de vários negócios limítrofes;
- redefinição dos negócios – *Business redefinition Strategy* – esta estratégia baseia-se na redefinição dos limites do seu negócio;
- reunião de negócios – *Business Recombination Strategies* – esta estratégia consiste em orientar os vários negócios no sentido de serem apreendidos como um só;
- reposição do âmago do negócio – *Core relocation Strategies* – nesta estratégia a organização move a cadeia operativa e, depois de dominar as funções mais importantes, reorienta-se para uma nova função ou um novo produto.

9. DISCUSSÃO

Concluída a revisão de literatura, onde se descreveu os pressupostos base, vamos discorrer um pouco sobre o tema enquadrando-o: na preocupação atual das organizações com a instabilidade e a precariedade das posições e vantagens concorrenciais; com o efeito prejudicial que a estratégia excessi-

ESTRATÉGIA COMO UM PROCESSO DE APRENDIZAGEM

vamente congruente traz para a inovação enquanto arma concorrencial necessária; e com a necessidade de diversificar produtos, mercados (globais) e processos tecnológicos, adaptáveis com flexibilidade à mudança constante.

A interiorização da turbulência como fator dominante, intrínseco à aldeia global – onde a qualidade e a ecologia, com a subalternização do planeamento detalhado e quantificado, é um fator determinante da estratégia da organização – fez com que a gestão estratégica passasse a ser vista segundo um outro prisma: no qual fenómenos como a gestão de recursos estratégicos e a disponibilidade de sistemas de informação eficazes, baseados em tecnologias de informação, são ferramentas estratégicas imprescindíveis para a sobrevivência das organizações no mundo atual.

9.1 ADAPTAÇÃO E FLEXIBILIDADE *VERSUS* PLANEAMENTO, POSICIONAMENTO E APRENDIZAGEM

A evolução, acelerada com o virar do século, fez emergir novos desafios e novas estruturas organizacionais onde a rápida adaptação à mudança e a flexibilidade são a única forma de manter a competitividade e de garantir a sua sobrevivência[37].

Este estádio evolutivo das organizações determinou a proliferação de redes[38] e de conglomerados onde aquelas variáveis críticas têm que ser geridas e equilibradas de forma harmoniosa, porque o principal recurso das organizações é o capital humano e estrutural que inclui o saber dos colaboradores e o *know-how* organizacional, implícito ou explícito. A organização guarda o conhecimento nos procedimentos, normas, regras e formulários, acomodando o saber dos seus membros ao mesmo tempo que os socializa, inculcando as crenças organizacionais e gerindo o equilíbrio entre o desenvolvimento e a exploração do conhecimento disseminado no seu interior (March 1991b).

---

[37] A aprendizagem organizacional é estratégica para manter a competitividade atuando como um precursor da capacidade de adaptação – dado que a flexibilidade estratégica e a aprendizagem organizacional podem promover a implementação de estratégias de diferenciação e de custo-liderança – reduzindo custos, sem prejudicar os níveis de diferenciação, e incrementando o desempenho (Santos 2012).

[38] A *network* é uma nova forma de organização que enfatiza a ligação entre as atividades e os recursos dentro da rede, por ser a primeira força dos negócios, vendo-a mais como uma função de transação do que de produção (Hakansson 2006).

Resultam daqui algumas questões que, ao que conhecemos, ainda não terão sido objeto de estudo tanto mais que, como ensina Levinthal (1991), há relação entre a idade da organização e a sua capacidade de sobrevivência porque o conhecimento absorvido como competência organizacional é refletido nas atividades correntes e porque a aprendizagem reduz a variação da *performance* de modo distinto do das expetativas.

A seleção das organizações mais capazes leva à eliminação de todos os elementos que representem falta de flexibilidade e de agilidade adaptativa e, em consequência, de processos institucionais e a criação de rotinas estandardizadas. Emergem daqui as quatro primeiras questões:

Questão 1: *Será que a conjuntura atual causou a morte e o desaparecimento das correntes de pensamento baseadas no Planeamento e no Posicionamento, por caducidade dos respetivos pressupostos?*

Questão 2: *Significa isso que, tal como sugeriu Whittington (2008), a falta de investigação nestas matérias teve a ver com a falta de pertinência dos fundamentos daquelas escolas na realidade atual?*

Questão 3: *Será que a corrente de pensamento que suporta a Escola da Aprendizagem sofreu o mesmo efeito de erosão e caducidade que as correntes de pensamento que suportavam as Escolas do Planeamento e do Posicionamento?*

Questão 4: *Sendo assim que nova corrente de pensamento estratégico colmatou o vazio deixado por ela dado que mesmo nas organizações da nova economia[39] – onde as redes, as alianças e as parcerias organizacionais proliferam – a estratégia continua a emergir e o organismo mantém a postura de aprendiz[40]?*

9.2 ESTUDOS COMPLEMENTARES (*MBA*[41]) NA FACULDADE: ENSINO *VERSUS* FORMAÇÃO

O conteúdo e os temas abordados nos artigos publicados, neste século, pelos autores de referência da Escola da Aprendizagem, cujas conclusões a

---

[39] O avanço das Tecnologias de Informação e Comunicação acelerou a diferença nos requisitos para o sucesso das empresas/organizações da velha e da nova economia, porque no Século XXI instalou-se a necessidade de flexibilidade estratégica (Harrigan 2005).

[40] A gestão da interface entre a organização e a sua envolvente no modelo *network* envolve três questões essenciais: as fronteiras organizacionais, os determinantes da eficiência organizacional e o processo de gestão estratégica (Hakansson 2006).

[41] *MBA* – é a sigla de *Master of Business Administration*. É um grau académico que sendo reconhecido como Mestrado confere o grau académico de Mestre em diversos países desenvolvidos. Em Portugal há quem o considere como Especialização (ou seja, como Pós-graduação *lato senso*),

seguir se sintetizam, permite-nos referir que as suas preocupações redirecionaram a agulha para o modo como as Instituições detentoras do conhecimento o disseminam, o cultivam, o fazem germinar e reproduzir pois, sendo o conhecimento auto reprodutivo e evolutivo, a sua gestão estratégica faz sentido tanto em termos organizacionais como a nível institucional[42].

Esta problemática, que pode parecer colateral à gestão estratégica, consta nas conclusões de estudos realizados por vários autores, incluindo Mintzberg (2004 e 2005), onde transparece a necessidade de reformulação dos programas de pós graduação (*MBA*)[43] para que os alunos possam refletir e aprender com as suas próprias experiencias, dando tempo e espaço para o fazerem em horário pós laboral ou ao fim de semana, de modo a permitir compatibilizar as suas obrigações profissionais e escolares (Gropper 2007).

A adequação da oferta de formação complementar em relação à procura abre outra vertente, a qual assume relevância porque, em complemento ao estudo onde Mintzberg (2004) criticou o tipo de ensino dos *MBA*, Gosling e Mintzberg (2004) referem que os responsáveis educacionais têm sido pressionados para adaptar a oferta de formação ao segmento de mercado dos gestores com elevada experiencia profissional e a admiti-los com base na sua experiencia laboral (Grzeda 2009)[44].

Está aqui em causa o tipo de aprendizagem que se deve privilegiar: vertente teórica ou prática. Mintzberg (2006) concorda com a visão de outros

---

dado o caráter essencialmente vinculado à pesquisa da pós-graduação, *stricto senso*, sobretudo se o *MBA* só visa preparar profissionais.

[42] É importante referir que, a partir do Tratado de Lisboa, a União Europeia incrementou e assumiu uma postura ativa de incremento da educação e treino dos cidadãos comunitários de modo a dotá-los de saberes que os tornem empregáveis (como assumido nas conclusões do Conselho de 25 de Março de 2005) onde foi feito o apelo para que os Estados Membros implementassem a aprendizagem vitalícia em todas as escolas e negócios domésticos e para que encontrassem modos de facilitar o acesso pós-laboral e o apoio à vida familiar, o aconselhamento vocacional e ainda novas formas de custos partilhados (Ionita 2006).

[43] Um *MBA*, nos Estados Unidos da América, deve fornecer aos alunos conhecimentos de negócios, capacidades de liderança, espírito de trabalho em grupo com colegas e associações e construir, a partir do conhecimento anterior, formal ou informal, um novo nível de compreensão da envolvente em que vai viver e trabalhar, facilitando a mudança de carreira (Rinehart 2007).

[44] Pode afirmar-se com elevado grau de certeza que a experiência laboral anterior tem grande impacto na aprendizagem dos adultos, tanto em *performance* como em satisfação com o programa do *MBA*, mas a verdadeira compreensão da arte e do ofício da gestão resulta da combinação entre instruções teóricas e experiência a qual é essencial para a ocorrência da aprendizagem (Rinehart 2007).

autores, designadamente Yang e Lu (2001), que afirmam que as decisões de admissão para a formação complementar devem ser tomadas com base em critérios diferentes. Considera que os gestores não devem ser treinados na sala de aula, utilizando métodos de ensino de graus inferiores, com base em programas que criam a falsa impressão de que os alunos foram treinados como gestores.

Considera que um *MBA* para formar futuros líderes exige uma sala de aulas onde seja ponderado o ensino com a experiencia de modo a encorajar o aluno a utilizar o ciclo de aprendizagem para, a partir da sua experiencia, testar alternativas e criar nova experiencia (Rinehart 2007). Despontam assim daqui outras três questões:

> **Questão 5:** *Será que as escolas de gestão também devem adotar estratégias onde a oferta formativa complementar (à licenciatura e/ou do mestrado) privilegie a aprendizagem e a emergência, administrando formação à medida do desejo e necessidade do aluno, ou esta deve continuar a ser um difusor de conceitos teóricos genéricos sem fomentar o conhecimento inovador?*

> **Questão 6:** *Admitindo que, tal como se referiu anteriormente, se adota uma postura de formação à medida da necessidade do aluno/formando como adequar o método pedagógico, a equidade do sistema de avaliação e a sua generalização a esta nova postura estratégica?*

> **Questão 7:** *No seguimento do pensamento anterior, quem deve ser o detentor dos direitos associados à emergência de constructos inovadores: o aluno/formando, a Faculdade onde o saber emergiu ou a sua entidade patronal caso tenha suportado o custo com a aprendizagem?*

9.3 ESTRATÉGIA PARA ORGANIZAÇÕES DA VELHA ECONOMIA VERSUS NOVA ECONOMIA (DIGITAL E VIRTUAL)

Há ainda uma outra dimensão que, entroncando nas anteriores, deve ser tida em conta, dada a proliferação de estudos que consideram caducas e ultrapassadas as técnicas de gestão comummente aceites no século passado.

Há que estudar, perceber e salientar a compatibilidade existente entre a gestão das novas organizações tipo amiba, alicerçadas em ativos intangíveis, e os ensinamentos que a Escola da Aprendizagem nos legou, à luz das ideias plasmadas em artigos que se suportaram nesse legado concetual e o refundaram nesta nova dinâmica organizacional.

Na era do conhecimento, onde nem sempre há tempo e possibilidade de o fazer emergir do manancial de informação disponível, os fatores críticos para o sucesso são diferentes dos tradicionais: trabalho, terra e capital.

O conhecimento, sendo o mais importante fator de produção, é muito difícil de identificar e quantificar porque é intangível, motivo pelo qual os gestores se focam na sua produção, aquisição, deslocação, retenção e aplicação. Diferentes tipos de conhecimento proporcionam diferentes tipos de rentabilidade e de rendibilidade económica porque o conhecimento organizacional é mutável[45].

O conhecimento pode ser explícito ou tácito[46]. As capacidades distintivas fulcrais resultam de fatores intangíveis, não replicáveis ou copiáveis, tais como: marca forte, patentes, conhecimento e layout. O capital humano inclui ainda os valores, a cultura (nacional e organizacional) e as filosofias partilhados (Truck 2001).

As componentes do capital estrutural podem alavancar o desenvolvimento do capital humano ao mesmo tempo que este será o motor daquele, ou seja, é com a combinação eficiente e com a interação entre estes ativos que se consegue potenciar a performance e o sucesso organizacional. Isto exige a implementação de um processo estratégico, centrado no desenvolvimento organizacional e individual, onde a cultura forte, a liderança eficaz e o sistema de recompensas são a chave garante do sucesso (Quinn 1996).

Uma cultura inovadora e uma liderança dinâmica podem curto – circuitar proficuamente os sistemas, eliminando disfuncionalidades, antecipando decisões e garantindo a flexibilidade necessária (Dess 2005).

Quinn (1980b) sugeriu uma abordagem mais realista da gestão estratégica ao propor o incrementalismo lógico, na senda do modelo adaptativo proposto por Mintzberg, sugerindo ambos que a decisão é melhor tomada em pequenas etapas que levem em consideração todos os eventos de mudança. A ênfase era colocada no processo de mudança e focava-se no processo de emergência estratégica (Dess 2005).

---

[45] A partilha do conhecimento tem o benefício de, com a permuta de informações, os colaboradores crescerem intelectualmente, em conjunto, amplificando e modificando as competências, os saberes e o conhecimento, adaptando-o em função da necessidade específica e potenciando o seu crescimento exponencial.

[46] O conhecimento tácito é pessoal, depende do contexto e é dificilmente formalizado e comunicado porque reside na mente do colaborador (é implícito ao possuidor). O conhecimento explícito é codificado e pode ser transmitido, de modo sistemático e formal, a quem compreender a respetiva linguagem.

Outros autores (Stewart, Edvinsson e Malone 1997) utilizaram o termo capital intelectual para caraterizar a soma de todos os fatores intangíveis que contribuem para justificar a diferença entre o valor de mercado e o valor contabilístico. Subdividem-no em capital humano e em capital estrutural. Incluem no primeiro o conhecimento e as capacidades individuais que nunca podem ser apropriados pela organização porque residem na mente dos colaboradores. O capital estrutural, seu complementar, inclui o conjunto de ativos que ficam na organização quando os colaboradores a abandonam e vão para casa (Dess 2005).

Numa outra esfera, o capital social e o *stock* de conexões ativas entre pessoas – que se compreendem mutuamente, que partilham valores e comportamentos e que confiam nos membros conectados a redes (*networks*) e comunidades virtuais – tornam a cooperação possível. A coesão social daí resultante é crítica para a prosperidade das sociedades e para o seu desenvolvimento sustentável.

A literatura sobre o capital social é abundante mas a ideia de o estudar nas organizações, não societárias, é relativamente recente. O argumento é o de que o capital social transforma a organização em algo mais do que uma coleção de indivíduos. Charles Ehin (2000) descreveu uma ferramenta útil para compreender o modo como a natureza humana promove ou armadilha voluntariamente a colaboração e a inovação no local de trabalho (Serrat 2009). A aprendizagem informal tem sido utilizada, por vezes erradamente, como estando interrelacionada com a aprendizagem social.

A aprendizagem informal tem sido definida como a aquisição de competências, conhecimento e valores através da experiencia diária e das pessoas que nos são próximas. Trata-se de um tipo de aprendizagem que ocorre fora do ambiente estruturado da Academia, enquanto processo educacional cartesiano e social, ou da organização tornando assim oportuna a análise e a reflexão sobre as recentes experiencias de gestão à luz dos conceitos introduzidos e de novas abordagens (Lenir 2010). Estas são as bases que suportam os pilares para as três questões conclusivas:

Questão 8: *Será que o Século XXI trouxe consigo a mudança de paradigma, desertificando o campo de análise e os fundamentos teóricos da disciplina da Gestão Estratégica?*

Questão 9: *Sendo assim, que perspetivas se advinham porque, mesmo que apenas subsistam os organismos da nova economia, as organizações têm que continuar a ser geridas?*

Questão 10: *De que modo é que a alteração na filosofia, métodos e práticas da gestão estratégica e na estrutura das organizações sobreviventes põe em causa a capacidade dos gestores para controlarem o risco, delimitarem a incerteza e pilotarem a nau até bom porto?*

9.4 PISTAS PARA INVESTIGAÇÃO FUTURA

As perguntas expostas anteriormente não são exaustivas e visam contribuir, modestamente, para desfiar a meada que é a sociedade no presente estádio de desenvolvimento. A transformação das questões formuladas em hipóteses de trabalho exigirá, certamente, um laborioso trabalho de enquadramento, delimitação, integração, sistematização e síntese do problema, de modo a possibilitar o seu teste e a confirmação ou infirmação da sua tese.

Estamos convictos que esta pesquisa será útil e desejável porque o processo de Bolonha, seja ele o que for no futuro, está irremediavelmente instalado no Ensino Superior e hoje mais importante que ter emprego é manter-se empregável. Isto significa que, cada vez mais, o conhecimento é efémero e, a par do ensino que confere grau académico, a oferta de formação (sob a forma de mestrados executivos, pós-graduações e *workshops*) será o meio pelo qual as Instituições de Ensino Superior, primeiras guardiãs do conhecimento teórico, continuarão a cumprir o papel de cultivar, fazer germinar, reproduzir e disseminar o conhecimento.

Sendo o conhecimento auto reprodutivo e evolutivo a sua gestão estratégica faz todo o sentido o que equivale a dizer que o seu estudo, bem como do processo que está subjacente à emergência da estratégia, seja ela o que for, é e continuará a ser o veículo que transporta os saberes individuais e as competências organizacionais válidas em direção a um futuro desejado e contingencialmente apropriado pelas organizações ou organismos de sucesso. O conhecimento emergente exige, por isso, aprendizagem.

CONCLUSÃO

O artigo pretendeu, ao invés de ser um repositório do pensamento dos autores da Escola da Aprendizagem, ser um esboço da abordagem teórica desta área da gestão, tão antiga quanto a arte da guerra (Tzu 2006), embora tenha ganho a emancipação e a carta de alforria há pouco mais de meio século.

Optámos por esta corrente de pensamento estratégico porque os seus fundamentos teóricos e os seus desenvolvimentos conceptuais, apesar das questões colocadas e salvo melhor opinião, se mantém atuais e embora olvidando a sua paternidade e parentalidade continuam a estar na génese da maioria das decisões tomadas no seio das organizações e dos organismos.

Concluiu-se o artigo concetual lançando a discussão imberbe (pois temos consciência das nossas limitações) sobre se ocorreu, com o marco histórico da viragem do milénio, a caducidade dos pilares teóricos das correntes de pensamento que inflamaram os estrategas e pensadores da área da gestão no final do século passado ou se aqueles apenas passaram de moda e, em caso afirmativo, qual o caminho trilhado pela gestão estratégica, enquanto disciplina fundamental na arte da sobrevivência em meio hostil.

REFERÊNCIAS BIBLIOGRÁFICAS

Ansoff, I. (1979). Strategic Management. McMillan.

Ansoff, I. (1991). Critique of Henry Mintzberg's The design school .... *Strategic Management Journal*, 12 (setembro).

Ansoff, I. (1994). Comment on Henry Mintzberg's Rethinking Strategic Planning. *Strategic Management Journal*, 27 (junho).

Bennis, W., Nanus, B. (1985). *Leaders: Strategies for taking ch*arge. New York: Harper and Row. In Parreira, et al. (2015). Papéis de Liderança de Quinn .... *RIASE, Revista Ibero-Americana de Saúde e Envelhecimento*, 1 (2) 192-217.

Bettis-Outland, H. (2012). Decision-making's impact on organizational learning and information overload. *Journal of Business Research*, 65 (6) 814-820.

Brown, J. e Duguid, P. (1991). Organizational Learning and Communities of Practice: Toward a Unified View of Working. *Learning and innovation, Organization Science*, 2 (1) 40-57.

Carlopio, J. (2009). Creating Strategy by design. *International Journal, School of Business – Bond University*, 3 (5) 155 -166. In *http://epublications.bond.edu.au/business_pubs/185*.

Carvalho, C. (2007). *Organizações, atores envolvidos e partes interessadas: Determinantes da saliência dos Stakeholders e sua relação com o desempenho organizacional.* Dissertação Doutoramento não publicada. Coimbra: Faculdade de Psicologia e de Ciências da Educação da Universidade de Coimbra. In Parreira, et al. (2015). Papéis de Liderança de Quinn ... . *RIASE, Revista Ibero-Americana de Saúde e Envelhecimento*, 1 (2) 192-217.

Carvalho, C. e Gomes, A. (2010). *Saliência de stakeholders: Construção e validação da Escala de Gestão de Stakeholders GS, VII Simpósio Nacional de Investigação em Psicologia – Braga 4 a 6 de fevereiro de 2010.* In Parreira, et al. (2015). Papéis de Liderança de Quinn ... . *RIASE, Revista Ibero-Americana de Saúde e Envelhecimento*, 1 (2) 192-217.

Carvalho, C., e Gomes, A. (2011). Emergência e sentido da abordagem dos *stakeholders*: Importância da sua identificação e saliência. In A. Gomes (ed.), *Manual de Psicologia das Organizações do Trabalho e dos Recursos Humanos.* Coimbra: Imprensa da Universidade. In Parreira, et al. (2015). Papéis de Liderança de Quinn ... . *RIASE, Revista Ibero-Americana de Saúde e Envelhecimento*, 1 (2) 192-217.

Cerqueira, A., Borges, H. e Alves, J. (1997). A Janela da Emergência (Escola McGill – Mintzberg et al.). *Mestrado em Ciências de Gestão, INDEG/ISTE, não publicado.*

Cohen M. (1991). Individual Learning and Organizational Routine: Emerging Connections. *Organization Science*, 2 (1) 135-139.

Collins, J. (2009). Learning by doing: Cross-border mergers and acquisitions. Journal of Business Research, 62 (12) 1329-1334.

Damásio, A. (1995). O Erro de Descartes. Emoção, Razão e Cérebro Humano. Lisboa, Publicações Europa – América.

Dess, G. e Lumpkin, G. (2005). Emerging Issues in Strategy Process Research. In *Blackwell Handbook of Strategic Management*, by Hitt, M., Freeman, R. e Harrison, J. (eds.); Malden (MA, USA): Blackwell, 12-34.

Edvinsson L., e Malone, M. (1997). Intellectual Capital: Realizing your Company's True Value by Finding its Hidden Brain Power. Harper Business, New York.

Ehin, C. (2000). Unleashing Intellectual Capital. Butterworth-Heinemann, Boston.

Epple, D., Argote, L. e Devadas, R. (1991). Organizational Learning Curves: A method for Investigating Intra-plant Transfer of Knowledge Acquired through Learning Doing. *Organization Science*, 2 (1) 58-70.

Gallén, T. (2010). Personality and Strategy: Cognitive Styles and Strategic Decisions of Managers and Top Management Teams. *Ata Wasaensia nº 221, Universitas Wasaensis*. In *http://www.uwasa.fi/materiaali/pdf/isbn_978-952-476-300-4.pdf*

Gelinier O. (1972). L'entreprise Créative, Homes et Techniques. Puteaux.

Goold, M. (1996). Design, Learning and Planning: A Further Observation on the Design School Debate. *California Management Review*, 38 (4) 94-95.

Goold, M. (1996). Design, Learning and Planning: Extra Time. *California Management Review*, 38 (4) 100-102.

Gosling, J. e Mintzberg, H. (2004). The education of practicing Managers. *Sloan Management Review*, 45 (4) 18-23.

Gropper, D. (2007). Does the GMAT Matter for Executive MBA Students? Some Empirical Evidence. *Academy of Management Learning & Education*, 6 (2) 206-216.

Grzeda, E. e Miller, G. (2009). The Effectiveness of an Online MBA Program in Meeting Mid – Career Student Expectations. *The journal of Educators Online*, 6 (2), July.

Hakansson, H. e Snehota, I. (2006). No business is an island: The network concept of business strategy. *Scandinavian Journal of Management*, 22 256-270.

Harrigan, K. (2005). Strategic Flexibility in the Old and New Economies. In *Blackwell Handbook of Strategic Management*, by Hitt, M., Freeman, R. e Harrison, J. (eds.); Malden (MA, USA): Blackwell, 97-123.

Hedberg, B. e Wolff, R. (2001). Organizing, learning, and strategizing: from construction to discovery. In *Handbook of organizational learning & knowledge*, by Dierkes, M. et al. (eds.) New York: Oxford, 535-556.

Homsma, G. (2009). Learning from error: The influence of error incident characteristics, *Journal of Business Research*, 62 (1) 115-122.

Hung, R. (2011). Impact of TQM and organizational learning on innovation performance in the high-tech industry. *International Business Review*, 20 (2) 213-225.

Huber, G. (1991). Organizational Learning: The Contributing Process and The Literatures. *Organization Science*, 2 (1) 88-115.

Hutchins, E. (1991). Organizing Work by Adaptation. *Organization Science*, 2 (1) 14-39.

Ionita, A. (2006). Trends in Professional Learning in the Framework of Knowledge Society, *The 1st International Conference on Virtual Learning*, ICVL: Bucareste. In *http://fmi.unibuc.ro/cniv/2006/disc/icvl/documente/pdf/invited/1_ionita.pdf*;

Jauch, L. e Glueck, W. (1980). Business Policy and Strategic Management. McGraw-Hill.

Jiménez, D. e Sanz, R. (2011). Innovation, organizational learning, and performance. *Journal of Business Research*, 64 (4) 408-417.

Kissinger H. (1979). A la Maison – Blanche, 1968 – 1973. Fayard.

Lenir, P. (2010). Social Learning and Management Development. In *http://www.coachingourselves.com/en/blogs/article-phillenir-social-learning-and-management-development*

Levinthal, D. (1991). Organizational Adaptation and Environmental Selection – Interrelated Process of Change. *Organization Science*, 2 (1) 140-145.

Liedtka, J. (2005). Strategic Formulation: The roles of Conversation and design. In *Blackwell Handbook of Strategic Management*, by Hitt, M., Freeman, R. e Harrison, J. (eds.); Malden (MA, USA): Blackwell, 12-34.

Lindblom, C. (1959). The Science of Muddling through. *Public Administration Review*, 19 1-79.

March, J., Sproul, L. e Tamuz, M. (1991a). Learning from Samples of One or Fewer. *Organization Science*, 2 (1) fevereiro.

March, J. (1991b). Exploration and Exploitation in Organizational Learning. *Organization Science*, 2 (1) 71-87.

Martinet, A. (1989). Estratégia. Edições Sílabo.

Miller D. (1980). Revolution and Evolution: A Quantum View of Organizational Adaptation. Documento trabalho da McGill University.

Miller D., Friesen, P. e Mintzberg, H. (1984). Organizations: a Quantum view. Englewood Cliffs, N. J.: Prentice-Hall.

Mintzberg, H. (1975). As funções do Gestor: Ficção ou realidade, tradução do ISTE de The Manager's job: Folklore and fat? *Harvard Business Review*, julho/agosto.

Mintzberg, H. (1976). Planning on the left side, Managing on the right. *Harvard Business Review*.

Mintzberg, H. (1981). Modelo Organizacional: Moda ou adaptação às necessidades? tradução do ISTE de Organization design: Fashion or fit? *Harvard Business Review*.

Mintzberg, H. (1989). Mintzberg on Management – Inside our Strange World of Organizations. The Free Press.

Mintzberg, H. (1990). The Design School: Reconsidering the Basic Premises of Strategic Management, *Strategic Management Journal* (março/abril).

Mintzberg H. (1990). Le Management-Voyage au centre des organisations. Les Editors D'organisation.

Mintzberg, H. (1991). Learning 1, Planning O: Replay to Igor Ansoff. *Strategic Management Journal*, 12, setembro.

Mintzberg, H. (1992b). The Process. Englewood Cliffs, Prentice Hall Inc.

Mintzberg, H. (1993). The Pitfalls of Strategic Planning. *California Management Review*, Fall 32-47.

Mintzberg, H. (1994a). The Rise and Fall of Strategic Planning. Prentice Hall.

Mintzberg, H. (1994b). Rethink Strategic Planning. Part I ... . *Strategic Management Journal*, 27 junho.

Mintzberg, H. (1994c). Rethink Strategic Planning. Part II ... . *Strategic Management Journal*, 27 junho.

Mintzberg, H. (1996). Learning 1, Planning 0. *California Management Review*, 38 (4) 92-93.

Mintzberg, H. (1996). Reply to Michael Goold. *California Management Review*, 38 (4) 96-99.

Mintzberg, H., Pascale, R., Goold, M. e Rumelt, R. (1996). The Honda Effect Revisited. *California Management Review*, 38 (4) 80-91.

Mintzberg, H. (1998a). Strategy Safari, the complete guide through the wilds of strategic management. Prentice Hal, London.

Mintzberg, H., Ahlstrand, B. e Lampbel, J. (1998b). Strategy Safari. Free Press, USA.

Mintzberg, H. (1999a). Ascensão e queda do Planeamento Estratégico (tradução do livro The research fall strategic Planning). In *http://books. google.pt*.

Mintzberg, H. e Lampbel, J. (1999b). Reflecting on Strategy Process. *Sloan Management Review*, Spring 21-30.

Mintzberg, H. e Westley, F. (2001). Decision-Making: It's not what You Think. *Sloan Management Review*, 42 (3) 89-94.

Mintzberg, H., Lampbel, J., Quinn, J. e Goshal, S. (2003). O processo de Estratégia, conceitos, contexto e casos selecionados (tradução do livro The Strategy Process, concepts, contexts and cases – 4th ed.). In *http://books. google.pt*.

Mintzberg, H. (2004). Managers, not MBAs: A hard look at the soft practice of managing and management development. Barret- Koehler, San Francisco CA.

Mintzberg, H. (2005). The Magic number seven – Plus or minus a couple of managers. *Academy of Management Learning & Education*, 4 (2) 244-247.

Mintzberg, H. (2006). Mintzberg.com, Assessed November 24. In Rinehart, S. (2007). The M.B.A.: A Schizophrenic Graduate Program? *Journal of College Teaching & Learning*, 4 (12) 17-20. In *http://www.cluteinstitute-onlinejournals.com/PDFs/354.pdf*

Mintzberg, H., Ahlstrand, B. e Lampbel, J. (2009). Strategy Safari 2nd ed. . Ashford Colour Press, Ldª. Gosport.

Mussche, G. (1974). Les relations entre Stratégies et structures dans l'entreprise. *Revue économique*, XXV (1) janeiro.

Nutt, P. (2005). Strategic Decision Making. In *Blackwell Handbook of Strategic Management*, by Hitt, M., Freeman, R. e Harrison, J. (eds.); Malden (MA, USA): Blackwell, 34-71.

Ornstein, R. (1976). The Psychology of Conscientiousness. Harcourt Brace Jovanovich, New York.

Parreira, P., Felício, M., Lopes, A. e Nave, F. (2006). Liderança em contexto de organizações de saúde: Um instrumento de avaliação. *Encontro Nacional de Sociologia Industrial e Organização do Trabalho*. In Parreira, et al. (2015). Papéis de Liderança de Quinn ... . *RIASE, Revista Ibero-Americana de Saúde e Envelhecimento*, 1 (2) 192-217.

Parreira, P., Lopes, A., Salgueiro, F., Carvalho, C., Oliveira, A., Castilho, A., Mónico, L., Sena, C. e Fonseca, C. (2015). Papéis de Liderança de Quinn: Um Estudo realizado em Serviços de Saúde Portugueses com recurso à análise fatorial confirmatória. *RIASE, Revista Ibero-Americana de Saúde e Envelhecimento*, 1 (2) 192-217.

Pascale, R. (1984). Perspectives on Strategy: The Real Story behind Honda's Success. *California Management Review*, 38 (3) Spring 47-72.

Pascale, R. (1996). Reflections on Honda. *California Management Review*, 38 (4) Summer, 112-117.

Quinn, J. (1980a). Managing Strategic Change. *Sloan Management Review*, summer 3-20.

Quinn, J. (1980b). Strategies for Change Logical Incrementalism. Homewood, IL: Irwin.

Quinn, J. e Mintzberg, H. (1992). The Strategy Process. Englewood Cliffs, Prentice Hall Inc., London.

Quinn, J. (1989). Strategic Change: Logical Incrementalism. *Sloan Management Review*, summer 45 – 60.

Quinn, J., Anderson, P. e Finkelstein, S. (1996a). Leveraging intellect. *Academy of Management Executive*, 10 (3) 7-27.

Quinn, R. (1988). Beyond rational management: Mastering the paradoxes and competing demands of high performance. Jossey-Bass Publishers, San Francisco. In Parreira, et al. (2015). Papéis de Liderança de Quinn ... . *RIASE, Revista Ibero-Americana de Saúde e Envelhecimento*, 1 (2) 192-217.

Quinn, R. (1996). Deep Change: Discovering the Leader Within. Jossey-Bass, San Francisco CA.

Rinehart, S. (2007). The M.B.A.: A Schizophrenic Graduate Program? *Journal of College Teaching & Learning*, 4 (12) 17-20. In http://www.cluteinstitute-onlinejournals.com/PDFs/354.pdf

Rumelt, R., Schendel, D. e Teece, D. (1994). Fundamental issues in strategy: A research agenda. Harvard Business School Press, Boston, Mass.

Rumelt, R. (1996). The Many Faces of Honda. *California Management Review*, 38 (4) Summer 103-111.

Samuel Y. e Mannhein, B. (1970). A Multidimensional Approach Toward a Typology of Bureaucracy. Administrative Science, Quarterly.

Santos, M., López, J. e Trespalacios, J. (2012). How organizational learning affects a firm's flexibility, competitive strategy, and performance. *Journal of Business Research*, 65 (8) 1079-1089.

Serrat, O. (2009). Dimensions of the Learning Organization. *Asian Development Bank*, Abril. In: *http://www.adb.org/documents/information/ knowledge-solutions/dimensions-learning-organization.pdf*

Simon, H. (1957). Administrative Behaviour, 2nd ed. . Macmillan, New York.

Simon, H. (1991). Bounded Rationality and Organizational Learning. *Organization Science*, 2 (1) 125-134.

Stewart, T. (1997). Intellectual Capital: The new Wealth of Organization. Doubleday, New York.

Taggart, J. (2010). The Awakening Personal Insight into Leadership. In *www.Leadership/WorldConnet.com*.

Thorndike, E. e Woodworth, R. (1901). The Influence of improvement in one Mental Function upon Efficiency of other Functions. *Psychological Review*, 8 247-261.

Titus J., Covin, J. e Slevin, D. (2011). Aligning strategic processes in pursuit of firm growth. *Journal of Business Research*, 64 (5) 446-453.

Truck, E. (2001). Knowledge Management: Auditing and Reporting Intellectual Capital. *Journal of General Management*, 26 (3) 26-40.

Tzu, Sun (2006). A arte da Guerra. Edições Sílabo

Yang, B. e Lu, D. (2001). Predicting academic performance in management education: An empirical investigation on MBA success. *Journal of Education for Business*, 77 (1) 15 -20.

Weick, K. (1991). The Non-traditional Quality of Organizational Learning. *Organization Science*, 2 (1) 116-124.

Whittington, R. (1993). O que é a estratégia (tradução do texto What is Strategy, and does it matter?). Routledge, London and New York. In *http://books.google.pt*.

Whittington, R. e Cailluet, L. (2008). The Crafts of Strategy, Special Issue Introduction by Guest Editors. Long Range Planning. In *http://www.elsevier.com/locate/lrp* .

1.2 Para uma 'Intelligence-Based View'

GONÇALO JOÃO

"This golden age of communication
Means everyone talks at the same time
And liberty just means some freedom to exploit
Any weakness that you can find"
Justin Sullivan (1988)

INTRODUCTION

This song lyrics excerpt from the 1988's album "Thunder and Consolation" of the British band New Model Army, coincidentally or not, reflects the status of the modern environment in which organizations operate. If we think about it, we do live in a world of communications. With a few exceptions, the news about a merge or an acquisition between two market-dominator organizations is spread around the world in minutes. In some cases, the merge is known even before it happens. The speed at which news travels today is almost immediate. It's in fact a golden age of communication. An ordinary day of a broker of the Los Angeles' stock market may start at closing time of Tokyo's stock market. Information exists in a more or less free way for those who need it. That is one of the basic rules of the free market. However, information also exists for everyone at the same time, and the first to access it, has advantage over the rest. The problem is getting the correct information before it is official. We can take the risk of accessing incorrect information. Thus, reading between the lines and interpreting the signs of what is yet to come is important. That is the freedom of exploiting all kinds of information you can get, expecting that it would drive you to find a weakness on some competitor or an opportunity on some unexplored market. And the song continues, "let us whisper to each other instead, and we'll hope that the corporate ears do not listen". Being aware of the organization's environment, being receptive of what surrounds the organization, and being able to know the difference between validated rumors and pure gossip is fundamental to access the correct information before anyone else.

In this environment, organizations tend to have some dilemmas finding and choosing the correct strategy for them. As far as strategic management literature is concerned, the so-called theories of the firm may try to explain why some organizations consistently outperformed others. In this essay the resource-based view is largely discussed, along with its resources and managerial implications. Nonetheless, another view is emerging through the research works of several scholars. That's the knowledge-based view, and is supported by the resource-based view, but differ by considering knowledge as the most important asset of an organization, instead of a bundle of resources. However, consensus has not been achieved among the scientific community. While trying to understand the reasons for that, the concept of knowledge is discussed, and several approaches on the knowledge management issues have been brought to awareness. With emphasis on the resource-based theory, a small exercise has been performed while replacing resources by knowledge in the theory. The outcome is a couple of testable hypothesis. Finally, this essay also provides with an overview of the competitive intelligence techniques and methods, hoping that it could launch a light over some necessary processes on the resource- and knowledge-based view, in particular in the processes of creation, sharing, exploit and protect organizational knowledge. This is not an attempt to create a new view, neither a new theory, it is to give an intellectual insight on how competitive intelligence can help on implementing those views when developing and implementing a strategy for the organization, whenever they pursuit economic rents or competitive advantages. As a newly unaccredited junior researcher, it is my strongest belief that competitive intelligence has been hugely misunderstood, unsuccessful used, and unfairly compared with industrial espionage. Furthermore, it can provide simpler and more efficient methods to a large number of management areas. In a previous working paper, I have addressed the role that competitive intelligence can perform in implementing either an exploitative or an explorative strategy in the knowledge management research area. Now I will address the role of competitive intelligence in the development and implementation of a management strategy supported by the resource-based theory.

1. RESOURCE-BASED VIEW

1.1 ORIGINS

The resource-based view was developed based on four economic and firm perspectives (Barney and Arikan, 2005): (1) the distinctive competencies; (2) the Ricardian economics; (3) the Penrosian economics; (4) and the anti-structure-conductperformance theory. When dealing with any management theory one question is always present, "Why do some firms persistently outperform others?" Trying to answer this question, scholars first focused on attributes that allowed organizations to pursue a strategy in a more efficient and effective way than others. Those attributes were called distinctive competencies (Hitt and Ireland, 1985; Hrebiniak and Snow, 1982; Learned, Christensen, Andrew and Guth, 1969), and the first to be identified was the general management capability. General managers were considered those who had several functional managers reporting to them and they had a significant impact on the strategies of organizations. As consequence it was stated that, highquality managers' organizations would outperform low-quality managers' organizations. However, later Yulk (1989) established that the so called quality of the managers was ambiguous. An organization with highly skills general managers could lack of other resources in order to gain performance advantages; and paradoxically, an organization with resources that would enable to gain performance advantages, could have an ordinary and usual managerial talent (Barney and Arikan, 2005). Much earlier, Ricardo (1817) had developed the concept that, in an economy with the supply of land relatively fixed; those who possess high-quality factors of production might earn an economic rent. What he did not focus on, was how some farms had higher quality factors of productions than others. However, it was Penrose (1959) who introduced the view of the organization as an administrative framework of individuals and groups, and as a bundle of productive resources. She also argued that the bundles of productive resources vary from organizations to organizations. With a wide definition of productive resource in order to include managerial teams, top management groups and entrepreneurial skills, she began to study competitive implications. What she observed was that some entrepreneurs were more versatile, some more ingenious in fund raising, some more ambitious and some exercised better judgment. From the anti-trust regulation comes the last source of resource-based view. The monopoly and oligopoly economic theories states that an industry is imperfectly competitive, if a single organization or a small number of cooperating organizations dominate that industry (Samuelson and Nordhaus, 1985). Then the prices will be higher and the social welfare will be less than in a more competitive market. Studying these matters, Bain (1956) has developed the structure conductperformance paradigm, where the structure of the industry defines the range of activities that the organization can engage in and its performance in that industry.

Some scholars questioned this approach in the early seventies, and argued that superior performance could be endorsed to a "combination of great uncertainty, plus luck or an atypical insight by the management" of the organization; or by "seizing an opportunity to better serve customers" (Demsetz, 1973). The first publications on resource-based view come into view teen years later. As a response to the competitive advantage theory of Porter (1980), where that advantage is based on the product market position of the organization, Wernerfelt (1984) came out with a theory, where the resources that the organization develop or acquire to implement a product market strategy is the base of the competitive advantage. According to his theory, he also recognizes that the competition for resources between organizations can have an impact on their capability to gain competitive advantages in implementing a product market strategy. The strategy should be based on the resource position of the organization in terms of strengths and weaknesses, and resource defined as tangible and intangible assets. In the same year, and apparently not related, Rumelt (1984) began to describe a strategic theory that focused on the ability of organizations to generate economic rent. By defining the organization as a bundle of productive resources, he states that the economic rent vary with the context in which the resources were applied, and introduce the isolating mechanism that will allow organizations to achieve the imitability of their resources. Two years later, Barney (1986) states that resources already possessed by the organizations are more likely to be the basis of competitive advantage, than resources acquired externally. These three papers established the possibility of developing a theory on persistent superior performance based on resources. Through out the next years scholars developed and tested several theories of resource-based persistent superior organization performance focusing on economics rent or competitive advantage. These two different approaches would lead to a complete resource-based theory and if this difference is not 5 understood, confusion may occur while reading the literature on the subject (Barney and Arikan, 2005).

1.2 RESOURCE-BASED THEORY

Through the eighties and nineties several scholars have addressed this theory. These studies were compiled and structured by Barney and Arikan (2005) into a single theory: the resource-based theory (Table 5). Although in some areas or particular issues they do not always agree, the theory presented here is the perspective of the authors.

The Resource Based Theory
Definitions
Resources are the tangible and intangible assets firms use to conceive of and implement their strategies. Strategy is a firm's theory of how it can gain superior performance in the markets within which it operates.
Assumptions
Firms are profit-maximizing entities. Managers in firms are boundedly rational. Competing firms may possess different bundles of resources (resource heterogeneity). Resource differences in competing firms may persist (resource immobility).
Prepositions
Firms that acquire or develop valuable resources in imperfectly competitive strategic factor markets can gain at least temporary economic rents by using them to develop and implement strategies. Firms that control valuable, scarce and non-substitutable resources can gain at least temporary competitive advantages by using them to develop and implement strategies. Firms that control valuable, scarce and non-substitutable resources that are inelastic in supply can gain persistent competitive advantages by using them to develop and implement strategies. Firms that continue to use valuable resources to develop and implement strategies in ways others cannot anticipate can gain sustained economic rents.

TABELA 5 – Resource-based Theory (Barney and Arikan, 2005)

GESTÃO ESTRATÉGICA

Prepositions parameters and measures	
Competitiveness of strategic factor markets	Level of uncertainty that exists in a strategic factor market is an indicator of the extent to which that market is imperfectly competitive. Existence of different expectations by different firms about the future value of a resource is an indicator that some firms do possess that resource, thus indicating an imperfect competition in a strategic factor market.
Value of firm attributes	Attributes that enable a firm to efficiently and effectively develop and implement a strategy that will generate superior performance are valuable resources.
Scarcity	As long as the number of firms that possess a resource is less than the number of firms required to generate perfect competition, that resource is scarce.
Non-substitutability	Existence of a one-to-one correspondence between a resource or a specific bundle of resource and a strategy.
Supply inelasticity	Resources are inelastic in supply when they are path dependent, causally ambiguous, or social complex. Resources are inelastic in supply when originating a strategy or strategies that is more or less likely to be source of persistent superior performance.

Testable hypothesis

Firms that acquire or develop valuable resources under conditions of high uncertainty can gain temporary economic rents.

Firms that acquire or develop valuable resources in ways that exploit rare and nonsubstitutable resources they already control will gain temporary economic rents.

Firms that exploit valuable, rare, and non-substitutable resources in choosing and implementing strategies will gain temporary competitive advantage.

Firms that exploit valuable, rare, and non-substitutable resources in choosing and implementing strategies, where those resources are also path dependent, causally ambiguous, or social complex will gain persistent competitive advantage.

Firms that continue to acquire or develop valuable resources in consistently uncertain settings can gain persistent economic rents.

Firms that continue to acquire or develop valuable resources in ways that exploit rare and non-substitutable resources they already control, where those resources are also path dependent, causally ambiguous, or social complex will gain persistent economic rents.

TABELA 6 – Resource-based Theory (Barney and Arikan, 2005) – continued

Types of Resources	
Tangible	**Examples**
Financial Capital	Equity capital Debt capital Retained earnings Leverage potential
Physical Capital	Organizational machinery Organizational buildings
Intangible	**Examples**
Human Capital	Training and experience Judgment and intelligence Relationships Insights of individual managers Workers in the organization
Organizational Capital	Attributes of collection of individuals in the organization Organizational culture Formal reporting structure Reputation in the market place

TABELA 7 – Examples of Types of Resources (Barney and Arikan, 2005)

The definition of resource must satisfy the so-called VRIN criteria. A resource must be valuable, rare, imperfectly imitable, and non-substitutable (Oxford University Press, 2009). A valuable resource is one that has the capability to help the organization to exploit opportunities to create value for customers or to neutralize threats in the environment (Barney, 1991). Notice that this first characteristic of a resource rebound from the external factors of the SWOT analysis, opportunities and threats. A rare resource is one that is possessed by few, if any, current or potential competitor and a non-substitutable resource is the one that does not have strategic equivalents (Barney, 1991). Scarcity and non-substitutability are two characteristics that are drawn from the resource heterogeneity. In other words, a resource is scare when its demand is greater than its supply. When there is no other resource that would be able to develop and implement the same strategy so efficiently and effectively, that resource is non-substitutable. From the immobility we can draw the inelastic in supply of the resource, which means that in some small periods of time, even when the demand is greater than the supply, there is no resource to be acquired. Finally, an imperfectly imitable or difficult to imitate resource is the one that organizations cannot develop easily due to unique historical conditions, casual ambiguous or social complexity (Barney, 1991). Resources can also be characterized by their tangibility.

Typically tangible resources include the organization financial and physical capital. Paralleled resources, usually less tangible, are the human and organizational capital (Hill and Jones, 1992; Hitt, Ireland and Hoskisson, 1999). Table 7 shows some examples.

During the nineties several scholars developed typologies of this tangible and intangible assets and synonyms terms for resources emerged, such as capabilities, dynamic capabilities, core competencies and knowledge. Capabilities are bundles of resources that accomplish organizational tasks (Hitt, Ireland and Hoskisson, 1995).

While resources are the financial, physical, individual and organizational capital attributes, capabilities are those attributes that enable the exploitation of the organizational resources in implementing strategies (Hill and Jones, 1992; Hitt, Ireland and Hoskisson, 1999). Dynamic capabilities is the ability of the organization to learn and evolve, developing new capabilities (Teece, Pisano and Shuen, 1997). Core competencies are the capabilities that organizations perform especially well (Prahalad and Hamel, 1990) and they are often applied in corporate diversification strategies. Knowledge is a special resource and will be discussed in the next two sections. Organizational culture is another management research area that could be interpreted as a resource able to a source of persistent competitive advantage. These terms originated what is know as the dynamic capabilities view, the core competencies view and the knowledge-based view.

Along with the definition of strategy, come others terms that need to be clarified.

They are economic rents, competitive advantage, temporary and persistent. Economic rents exist when an organization is able to generate more value than the one expected with the same resources. Competitive advantages exist when an organization is able to create value by implementing strategies that no other current competitor is applying.

Economic rents are temporary when expectations are higher than expected value created by the organization. Economic rents are persistent when organizations are able to consistently generate higher than expected value from its resources. Competitive advantages are temporary when they are duplicated by competitors. Competitive advantages are persistent when those competitors ceased their efforts to duplicate the organization advantages (Barney and Arikan, 2005). Finally, although the resourcebased logic is applied only to organizations with a profit-maximizing goal, the socalled firms, in this essay I'll continue to use the term organization, due to its wide embrace and as the concepts and discussions of the next sections, that do applied to all types of organizations.

Parameterizing resource-based prepositions may not be an easy task. In fact, most of the parameters are not directly measurable. Barney and Arikan (2005) proposed various parameters which are described in Table 5, but others scholars and future researchers may should choose to use others. Emerging statistics techniques may be a way to measure constructs that seems immeasurable. For instant, latent variables can be a solution to measure the "value of the firm" parameter. Combining several variables that will help measure the value of the firm through latent variables statistics methods, one created a scale which will provide the scientific community with comparability between different values of different organizations. Be ingenious about it.

After conducting several empirical tests, based on an extensive review of literature, Barney and Arikan (2005) conclude that there are two approaches to the resourcebased theory. (1) The organization ability to implement strategies is a resource generating sustained competitive advantage. (2) Implementation depends on resources that are not themselves sources of sustained competitive advantage. They are instead, strategic complements of other valuable, rare, costly-to-imitate, non-substitutable resources controlled by the organization.

1.3 RESOURCES AND CAPABILITIES

As discussed before in this essay, capabilities can be seen as a bundle of resources which allow an organization to achieve their tasks. According to Grant (1991), resources and capabilities are the main issues in formulating a strategy. He also argues that understanding the relationships between resources, capabilities, competitive advantage and profitability is the key to the resource-based approach to strategy formulation. His framework of resource-based approach to strategy analysis (Figure 5):

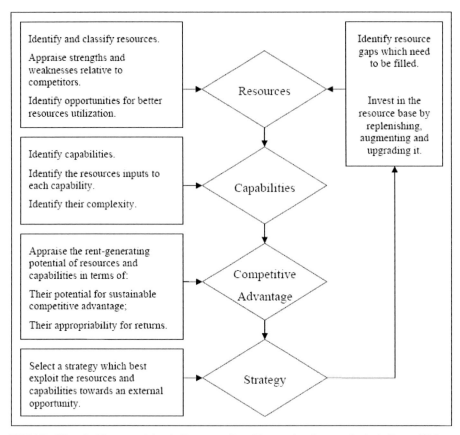

FIGURA 5 – A Practical Framework for the Resource – Based Approach to Strategy Analysis (Grant, 1991)

1) Establish a way to organizations formulate a strategy based on their own resources and capabilities. Identifying the organization resources, one should ask the following questions, (1) "What opportunities exist for economizing on the use of resources?" and (2) "What are the possibilities for using existing assets more intensely and in more profitable employment?" To understand the relationships between resources, capabilities, and competitive advantage, one should analyze four issues (Grant, 1991).

2) The existing relationship between resources and capabilities. Which resources are components of which capabilities? Are there any resources that are components of more that one capability? (2) The trade-off between efficiency and flexibility. How can one coordinate the same resource needed for several capabilities? A limited set of

resources can be performed highly efficiently with near-perfect coordination. (3)

Economies of experience on old routines can provide with the best performance, but necessary new routines can be less efficient. Organization should pay attention to the experience curve. (4) Some capabilities may derive from a single resource and some require highly complex interactions of several resources. Organizations should clearly establish the complexity of their capabilities. While evaluating the rent-earning potential of both resources and capabilities, organizations should identify and analyze their sustainability and appropriability. Addressing the sustainability one can point towards four characteristics (Grant, 1991): the durability, the transparency, the transferability, and the replicability of the resources and capabilities. If employees' contribution to productivity is mobile, is clearly identified and their skills offer similar productivity in competitors, than they are well placed to contribute appropriable.

Organizations should choose the right strategy based on a good resources and capabilities selection. Improper allocation of resources and capabilities can create less value and provide a non-maximized economic rent for the organization, thus creating a bad selection of the strategy. Strategies should be selected according to the resources and capabilities identified earlier. Another problem can be the lack of proper resources and capabilities. In this case, organizations can identify the gaps and provide the necessary resources and capabilities, by investing in their resources repertory through processes of learning and evolving or completing the gaps by acquiring resources in external markets.

Another important issue when discussing resources and capabilities is to understand their lifecycle. Helfat and Peteraf (2003) addressed this subject and proposed a capabilities lifecycle, where any capability goes through four stages, (1) the founding stage, (2) the development stage, (3) the maturity stage, and (4) the six R's branches of capability transformation. The founding stage begins when an objective requiring the creation or identification of a capability is established. Two requirements are fundamental for this to happen. There must exist an organized group or team with some kind of leadership and capacity of joint action, and there must exist a central objective that justifies the creation of the capability. The development stage begins once the team is organized.

Their goal in this stage is to search and identify alternative ways to develop the capability and select the best one. Capabilities and developed methods may vary from team to team according with their previous experience and individuals beliefs. The maturity stage is the capability maintenance. How well the capability is maintained depends on how often and consistently the team exercises the capability (Helfat and Peteraf, 2003). The final stage occurs when a selection event relapses upon a mature capability, creating conditions for the branches of the capability lifecycle. Those branches are retirement (death), retrenchment, renewal, replication, redeployment, and recombination as shown in Figure 6. The retirement of the capability can be justified by an extreme event such as a new restriction or a new law regulating the market in which the organization operates and uses its capability.

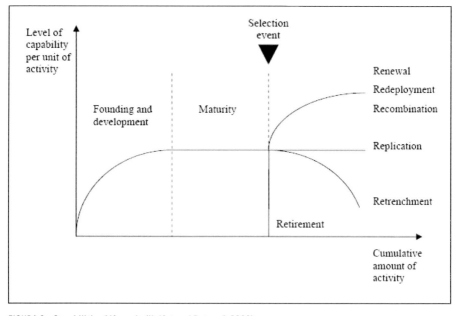

FIGURA 6 – Capabilities Lifecycle (Helfat and Peteraf, 2003)

In the same manner, the same event can force the organization to extremely reduce the use of a capability. That's the retrenchment of the capability. The replication branch implies the use of the same capability in a different market. Renewing a capability can occur due to the needs of the organization to raise efficiency caused by the entry of a new competitor in the market. Redeployment of a capability applies in a replication situation to a different product-market. The organization may have the need to recombine existing capabilities with a new one in order to create an alternative capability in the current product-market. The dynamic resource-based view definition includes understanding the evolution of resources and capabilities. With this framework for the capabilities lifecycle, organization possesses a tool to understand the evolution and the change of competitive advantage over time based on resources and capabilities (Helfat and Peteraf, 2003).

2. KNOWLEDGE

2.1 DEFINITIONS

Any English dictionary would define knowledge as "the state of knowing about or being familiar with something" (Cambridge University Press, 2008). However, knowledge in organizations is more than this. To start understanding the concept of knowledge we first must understand the two ways that we, as humans, came to know.

Since ancient Greece, two philosophic approaches exist when we think about concepts and meanings of objects and values that surrounded us. The rational and empirical perspectives are based on the exercise of reason and experience, respectively (Platão, 2005; Aristóteles, 1994). These different ways of thinking would make us define knowledge as the type when we get data, in the first perspective, and as the type when we analyze the data, in the second (Spender, 1996). When confronted with rationalism and empiricism, James (1950) argued that human knowledge can be classified in two types: knowledge about and knowledge of acquaintance. Others may have referred to these types as know-what and know-how, or in layman's terms as in theory and as in practical common-sense (Spender, 1996). Polanyi (1962; 1967) has come with a distinction for knowledge between explicit and implicit, that was introduced in management literature by Nelson and Winter (1982). These new concepts state that explicit knowledge was like knowledge about in its abstractness and tacit knowledge was associated with experience. However, Polanyi (1962; 1967) went far beyond the notion of experience, introducing the post-Freudian dimension of consciousness. Tacit knowledge became the conscious, the subconscious and the preconscious kind of knowledge. Another type of knowledge appears when we talk about public goods.

Although knowledge is often regarded as a public good, this should only be true when being considered a public knowledge. When considering labor skills or intellectual capital, we must view knowledge as a private good (Samuelson, 1955; Arrow, 1962).

2.2 KNOWLEDGE CREATING COMPANY MODEL

Nonaka and Takeuchi (1995) introduced a model which helps to understand how knowledge is created and shared (Figure 7). Unlike Nelson and Winter (1982), where the learning process comes from acquiring better routines, they believe that the individual intuition is the origin of all knowledge. The model of Nonaka and Takeuchi (1995) also introduced four stages for the creation and sharing knowledge in organizations: externalization; combination; internalization; and socialization.

Externalization is the process that transforms tacit knowledge in explicit knowledge throughout dialogue and the codification of the tacit knowledge in ways that can be accessed by the rest of the organization. Combination is the process where the recently codified explicit knowledge is captured by the organization through formal learning. In order for organizational resources to learn, techniques of sorting, selecting and combining are used. Internalization is the process where explicit knowledge generates tacit knowledge by mentally sharing models and technical know-how. After learning in the previous stage, the individuals are implementing new knowledge in their daily work and learning from it, thus creating new tacit knowledge. Finally, socialization is the process where tacit knowledge is sharing through experience. The recently learnt knowledge is shared by a common mental building, almost unaware process. In summary, this model allows a better understanding of the creation and sharing of both tacit and explicit knowledge in an organizational environment at an individual level. The model does not consider the creation of knowledge outside the organization or even in a social level.

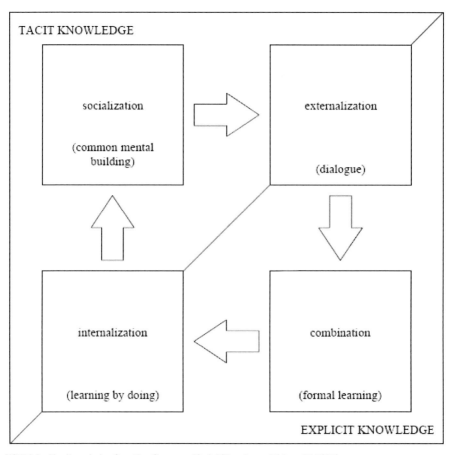

FIGURA 7 – The Knowledge Creating Company Model (Nonaka and Takeuchi, 1995)

2.3 TYPES OF ORGANIZATIONAL KNOWLEDGE

Spender (1996) proposes slightly different types of organizational knowledge, by introducing a social dimension onto explicit and tacit knowledge. By crossing them with two dimensions, individual (Polanyi, 1962; 1967; Nonaka and Takeuchi, 1995) and social (James, 1950; Durkheim, 1964), Spender (1996) defines four types of organizational knowledge: conscious; automatic; objectified; and collective (Figure 8). The conscious knowledge is the individual explicit knowledge. The automatic knowledge is the individual tacit knowledge. The objectified knowledge is the social explicit knowledge. The collective knowledge is the social tacit knowledge – the collective conscience (Durkheim, 1964) – which approaches us to the organization culture. However, this model does not focus on the creation of knowledge but more on the existing and exploiting of that same knowledge. Spender (1996) also states that organizations tend to use explicit knowledge instead of tacit one. Organizations rely on objectified knowledge and on conscious knowledge on their employees. In others words, organizations rely on science or established standards and depend on scientific and technical training. Once more, this model does not consider the creation and sharing of knowledge outside the organization. In short, all the knowledge that one's organization possesses is the same as the one that competitors have access to. The differences that could be created, through tacit knowledge, are not considered.

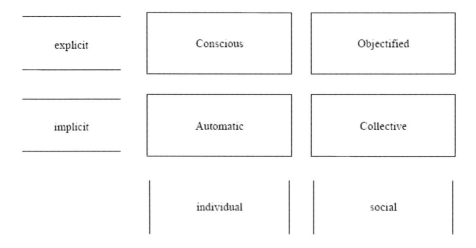

FIGURA 8 – Types of organizational knowledge (Spender, 1996)

2.4 EXPLOITATIVE AND EXPLORATIVE INTELLIGENCE

More recently, based on the Knowledge Management Exploitative and Explorative Strategies, another model (Figure 9) tries to explain the creation and sharing of knowledge in organizations, combining the Knowledge Creation Company Model with the Intelligence Cycle of Competitive Intelligence Theory. This model is the Exploitative and Explorative Intelligence (João, 2015), where both sides of the organization are considered: the in and the out. The model focuses on the Nonaka and Takeuchi (1995) model of creation and sharing knowledge, combining with the Intelligence Cycle of Competitive Intelligence Theory at an individual level inside and outside the organization. Relying on Competitive Intelligence techniques organizations can collect information that exists within and outside the organization, producing intelligence, which is another term for knowledge (Kahaner, 1998), that can also be shared through out the organization. The peculiarity of this model is that tacit knowledge is considered primary information, which represents 90% of the information needed for the production of intelligence (Taborda and Ferreira, 2002).

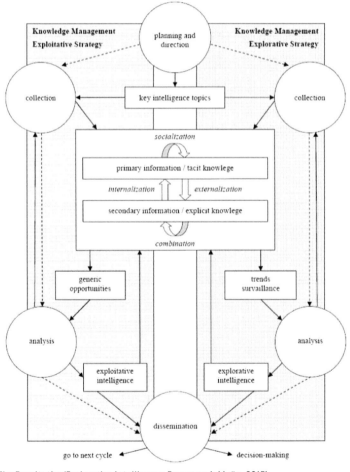

FIGURA 9 – The Expoitative/Explorative Intelligence Framework (João, 2015)

GESTÃO ESTRATÉGICA

This way, organizations can be ahead of competitor in terms of knowledge, thus creating competitive advantages. Basically, by identifying the needs of the organization, in this case, the strategic needs, one can produce intelligence that would allow the organization to have the necessary knowledge to establish the right strategy to reach the organization goals.

2.5 DISTRIBUTED KNOWLEDGE SYSTEM

Another view on the subject of knowledge is to look at organizations as a distributed knowledge system. Tsoukas (1996) argues that tacit knowledge is not explicit knowledge internalized as Nonaka and Takeuchi (1995) claims, neither is it something that organizations tend to lose as Spender (1996) implies. Tacit knowledge is "the necessary component of all knowledge". Tacit and explicit knowledge are inseparably related and mutually defined at individual and social levels. Before thinking of knowledge as a learning process, one must understand the role of the only actor involved – the human being. Social practices and ways of life are the implicit backgrounds in which all articulated knowledge is based. Tsoukas (1996) concludes that (1) the resources used by organizations are created, not given nor discovered, hence the organizations can be seen as a knowledge system, (2) the organizational knowledge cannot be known by a single mind, (3) knowledge is distributed as a computational system and inherently indeterminate, nobody knows what that knowledge is. It's a distributed and decentralized system with no "control room". (4)

The organizational knowledge is emergent, not possessed by a single agent, partly originated outside and never completes at any point, due to the three dimensions social practices: normative expectations, dispositions and interactions situations.

Organizations tend to control normative expectations, but have absolute no control over employees' dispositions and interactions situations. Socialization outside the organization changes in a continuous manner employee's tacit knowledge, which can shape their performance in the organization. (5) Normative expectations, dispositions and interactive situations are in tension and how they combine is always an emergent and indeterminate event. In short, organizations are in constant motion and the potential for the emergence of new practices is never exhausted as the human action is inherently creative.

2.6 KNOWLEDGE-BASED ACTIVITY SYSTEM

To help managers define their organizations as a knowledge-based activity system, Spender (1996) identified four characteristics that should be considered. Those characteristics are an interpretative flexibility, a boundary management, the identification of institutional influences, and the distinction between systemic and component features. Organizations must understand their flexibility as a product of their capabilities of interpretation. Being flexible without a defined goal can be fatal.

To establish some boundaries on that flexibility, management should recognize their benefits and risks. If we think of the allocation or the reallocation of the organization resources, we can easily realize the benefits of a quick and flexible redistribution, but only if it happens regarding a merge, downsizing, outsourcing or acquisition, for instance. On the other hand, internal and external influences must be taken into consideration; otherwise the benefits of the boundary management process can go out of control. Nevertheless, identification of the internal knowledge process is absolutely essential to comprehend the distinction between systemic and component features.

Only this way can managers establish what are the public and the private resources and decide which features can be, for example, outsourced. As a concluding remark, the knowledge about the needs or directions, the boundaries of the flexibility, the internal processes, the public and private resources of the organization and all the susceptible influences, are the main pillar for a knowledge-based activity system.

Although Spender (1996) claims that these four characteristics are an approach to the Penrosian's theory of the firm (1959), he also concludes that managers, while strategists, are "nodes of imaginative leadership and influence in the complex of heterogeneous emotionally and politically charged knowledge systems which comprise our socially constructed reality". Likewise Tsoukas' (1996) distributed knowledge system, to consider organizations as knowledge systems raises important issues on knowledge. More than understand the flux of knowledge inside organizations it is absolutely crucial to identify the influences that the flux is open to, either in the creation or the sharing process. On this subject, areas such as knowledge management, stakeholders' management, public policies, agency relationship's models, corporate reputations theories, organizational culture studies and ethics in the organization perspectives do come in handy. Organizations still pursuit their economic goals everyday, but have stopped being this pure money-making onlyconcern structures. The environment, in its full and wide spectrum, has been finally understood as a market of resources and a force capable of influencing organizations.

2.7 TOWARDS A KNOWLEDGE-BASED VIEW

As seen earlier in this essay, when scholars address the study of knowledge as a resource of the organization, especially as the most important resource, knowledge-based view of the organization seems to emerge. Grant and Spender (1996) identify knowledge as the principal source of economic rent and as the new oriented paradigm research. However, that does not make knowledge the foundation of a theory of the organization. In fact, Grant (1996) would end up stating that knowledge-based view is not yet a theory, although he did specify a set of assumptions for knowledge to consider as creation of value in the organization. They are (1) transferability, (2) capacity of aggregation, (3) appropriation, (4) specialization in knowledge acquisition, (5) and knowledge requirements of production. Issues of transferability emerge when the distinction of tacit and explicit knowledge is considered. The organization must possess mechanisms that allow knowledge transfer across individuals, space and time, with communication revealing explicit knowledge, and tacit knowledge observed through application and acquired through practice on a slow, costly and uncertain transfer. Knowledge transfer, however, involves both transmission and receipt whilst knowledge absorption depends on the ability of the receipt to add new knowledge into the existing. He concludes that the efficiency of knowledge aggregation exist when knowledge can be expressed in terms of common language. Defining appropriation as the ability of the resource's owner to receive an equal return as the value created by the resource, one cannot appropriate knowledge.

Because tacit knowledge is not directly transferable and explicit knowledge is public status. Generally, knowledge is not appropriable by means of market transactions, except in the case when protected by copyrights and patents. The creation of new knowledge, the acquisition of existing knowledge and the storage of knowledge, all part of knowledge production, requires that individuals be specialized in particular areas of knowledge in order to be efficient. Finally, for a knowledge-based view of the organization, the assumption is that knowledge is a critical input in production and primary source of value. Then knowledge must be understood as the ground of all human productivity and machines are merely embodiments of knowledge. Grant (1996) concluded that the role of integrating the specialized knowledge in the organization would be through cooperation. Adding the distinction between specialized and common knowledge, he was able to identify four mechanisms – rules and directives, sequencing, routines, and group problem solving and decision-making – that would allow organizations to integrate individuals' specialized knowledge. One year before, Grant and Baden-Fuller (1995) had already stated that the organization was an integrator of knowledge through direction (from tacit to explicit knowledge) and routines (patterns of dissemination). They also stated that knowledge-based view was an outgrowth of several stream research areas, such as epistemology, organizational learning, resource-based view, organizational capabilities and competencies, and innovation and new product development. Thus, a knowledgebased view is more complex than simply considering knowledge as the most important resource in the organization. In fact, knowledge has been contested as a theory of the organization (Sousa and Hendriks, 2006). Unlike the empirical study of Barney and Arikan (2005), where over a hundred and fifty cases of resource-based view applications were considered for the establishment of the resource-based theory, knowledge-based view has been less applied. Apart from the study of Bach, Judge and Dean (2008), where a knowledge-based view of competitive advantage has been found to be relatively robust to explain the success of initial public offer back in 1997 in a hundred and fifty cases sample, no other relevant studies were found. This may be explained through the difficulties and hard-worked implied in an interpretivist type of research in contrast to the positivist approach necessary to conduct a resourcebased view research (López, 2005). Another possible explanation is the complexity of the research when addressing issues related with knowledge. Such research cannot be conducted without a full understanding of the knowledge management of the organization (Sousa and Hendriks, 2006), as we can see in the theoretical framework of Theriou, Aggelidis and Theriou (2009) which is based on resource-based view, knowledge-based view and knowledge management. Therefore, the question remains: Can knowledge be the most important resource, or the only resource considered, in a resource-based approach?

2.8 A SIMPLE EXERCISE

To help answer this question, a simple exercise will be performed by replacing resources in the resource-based theory of Barney and Arikan (2005) with knowledge, and its implications will be identified. Beginning with the definitions, one can argue that knowledge is the explicit knowledge, a more tangible asset, and tacit knowledge as the most intangible organizations' asset. Organizations use this resource – knowledge – to conceive and implement their strategies. In fact, any decision-making, especially a strategic decision, requires a full amount of knowledge. The issue to raise here is to understand how organizations create the necessary knowledge for that decision. Concerning this issue, one can rely on the models described in previous sections. For this essay purpose, one can accept that organizations have mechanisms that allow them to create, share and somehow protect their knowledge. For instance, addressing the issue of the capability foundation (Helfat and Peteraf, 2003), a capability based on knowledge can be created by a team with some ability for leadership pursuing a defined objective. In this particular example, tacit knowledge is used and in time converted into explicit when the capability reaches the development stage. The second major definition on resource-based theory is the definition of strategy. In this case nothing is replaced or discussed, and is accepted as it is. Moving on to the assumptions of the theory, one should address the issue of knowledge heterogeneity and immobility. Considering that the existing knowledge in organizations is formed by explicit and tacit knowledge at an individual and social level, one can argue that competing organizations may possess different kinds of knowledge; and that those differences may persist. If the distributed knowledge system (Tsoukas, 1996) is taken into consideration, these differences will always persist as they originated in the employee's tacit knowledge, which varies from different social practices. However, when addressing the prepositions of the resourcebased theory one is confronted with the VRIN criteria. Is knowledge a valuable, rare, imperfectly imitable and non-substitutable resource? Yes, definitely. Arguing that tacit knowledge is "the necessary component of all knowledge" (Tsoukas, 1996) and that organizations possesses some kind of isolating or protective mechanism to knowledge, one can say that knowledge is a valuable, rare, imperfectly imitable and non-substitutable. Nevertheless, can it be in a persistent way? Yes, however, only if the organization strategy itself does not reveal the knowledge involve in their development or implementation, once acknowledged by the customers and the market. Adopting the resource-based theory prepositions to a single resource, one reaches the parameters and measures. How can knowledge be measured? Basically the same way we would measure a generic resource, with the difference that this resource is, more often than not, intangible. Tacit knowledge is indeed immeasurable; however, capabilities and their values for the organization can be measure by their returns generated. Even a capability based on a couple of individuals' tacit knowledge, can be measured once developed and implemented in a strategy, by quantifying their economic rents or competitive advantage gained. Thus, one can present some testable hypothesis on an eventual knowledge-based theory: (1)

Organizations that create, share, and exploit knowledge can gain temporary economic rents; (2) Organizations that create, share, exploit, and protect knowledge in a continuous mode will gain persistent competitive advantage and economic rents.

2.9 THE KNOWLEDGE TRIANGLE

In this last section on knowledge, a fresh concept is addressed. The knowledge triangle has been recently recognized in the European Union's Lisbon Strategy as the key driver of success in modern knowledge-based economies. It consists in the interaction of research, education and innovation. These three pillars of the knowledge comprehend the production of knowledge in the research area, the dissemination of knowledge in the education area and the innovation of knowledge in the practical and implementation area (Oxford University Press, 2009). To accomplish the European evolution on these subjects the creation of a European Institute of Innovation and Technology (EIT) was approved in July of 2007 by the European Parliament. Their mission is "to grow and capitalize on the innovation capacity of partners from knowledge triangle from the European Union and beyond, notably via highly integrated knowledge and innovation communities (KICs)" (eit.europa.eu).

According to this recent institute, the knowledge and innovation communities are excellent-driven partnerships between universities, research organizations, companies and other innovation stakeholders. Furthermore, they are the best way to start the higher education, research and innovation triangle (Publications Office, 2008). The first three knowledge and innovation communities themes have already been selected in December of 2009. Climate-KIC will address the climate change mitigation and adaptation, KIC InnoEnergy will attend to the sustainable energy issue, and the EIT ICT Labs which will concentrate on the future of the information and communication society (eit.europa.eu).

3. COMPETITIVE INTELLIGENCE

3.1 INFORMATION *VS.* INTELLIGENCE

Competitive intelligence is not a management perspective, neither is it a management views on strategy, neither is it a management theory of some kind. Competitive intelligence is "a systematic program for gathering and analyzing information about your competitor's activities and general business trends to further your own company's goals" (Kahaner, 1998). To best appreciate competitive intelligence one hould understand the difference between information and intelligence. Information, along with raw data, is numbers, statistics and does not provide anyone with an actionable option. Information lacks the use of filters, distillers and analysis.

Intelligence is an assortment of information pieces that have been previously filtered and properly analyzed. Intelligence is what managers depend on to make good decisions, "Another term for intelligence is knowledge" (Kahaner, 1998). One second issue that should be comprehended about competitive intelligence is that it is not a function.

It's a process that should appear in every aspects of the organization, rather than relegated to this one department or division. If we look to the modern business eras, one can state that information and analysis, also known as competitive intelligence systems, are the business drivers for our own era (Figure 10). Intelligence, or knowledge, has become the most important asset for modern organizations.

3.2 THE INTELLIGENCE CYCLE

As a continuous process, competitive intelligence is simply composed by four steps that transform raw information into intelligence. The steps are (1) the planning and direction, (2) the collection, (3) the analysis, and (4) the dissemination, as showed in Figure 11. This is the classic intelligence cycle. Basically, one identifies what kind of intelligence the management requires and chooses their course of action in fulfilling the request. Then a gathering of raw information is processed, alongside with the respective storage in an electronic format. The next step is the most difficult to execute. An extensive analysis is under way with the objective of finding patterns and tendencies. Scenarios can be also created when futures events are not yet determined.

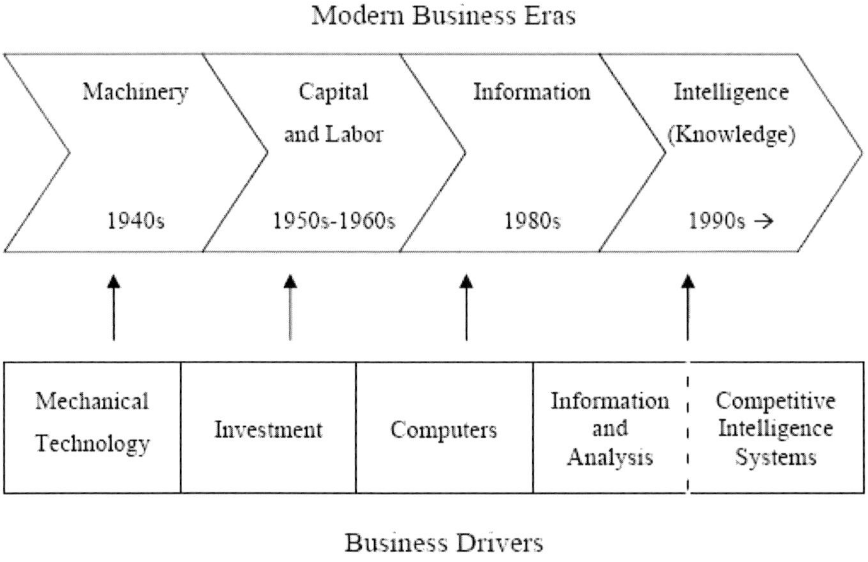

Modern Business Eras

Machinery	Capital and Labor	Information	Intelligence (Knowledge)
1940s	1950s-1960s	1980s	1990s →

Mechanical Technology	Investment	Computers	Information and Analysis	Competitive Intelligence Systems

Business Drivers

FIGURA 10 – Modern Business Eras (Kahaner, 1998)

Finally, the last step involves the distribution of the intelligence to the ones who required. Often, this step originates a new cycle. Several authors may mention a fifth step, which is the management of the intelligence process (Calof, 1998). Next, the four steps of the classic intelligence cycle will be detailed, raising some methods and concerns about them.

The main method in the planning and direction step is the use of the key intelligence topics. Taking advantage of the involvement of the management in this step, the competitive intelligence analyst should identify the key intelligence topics adding a future decision or action and a deadline for a report delivery (Taborda and Ferreira, 2002). A collection and analysis plan should also be carefully drawn regarding the classification of the information required. Information can be classified according to two dimensions, familiarity and frequency (Figure 12). One last concern is to keep the intelligence "customer" informed (Kahaner, 1998).

While collecting information the analyst should focus on confirmed rumors, rather than unconfirmed ones, besides raw information. There are two types of information sources, primary and secondary. Primary sources of information usually provide 90% of the information needed for the production of intelligence (Taborda and Ferreira, 2002) and they can be obtained by personal contact, asking and talking about the subject, or by observation. Secondary sources of information can be found in a published form and regularly provide a way to contact primary sources. About 80% of the primary information needed may exist inside the organization itself. Sources of primary information are people, legal documents and observation. Sources of secondary information are official documents about the market, organizational knowledge repertory, national and international news, governmental laws and regulations, patents and competitive intelligence specific sources, probably as paid information. Once gathered the information must be stored. A good system would provide for organized data and dissemination channels. Not all systems are in a digital format, but nowadays is hardly imaginable one that is not and which performed the same way.

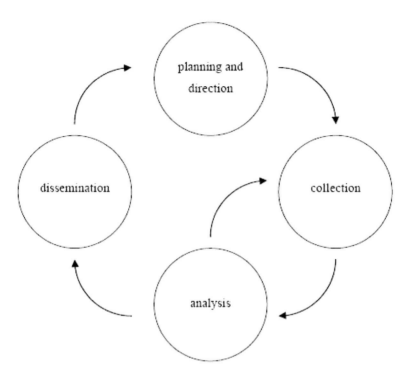

FIGURA 11 – The Intelligence Cycle (Kahaner, 1998)

In the analysis step the analyst must be concerned with the current and future markets, identifying the forces that exist in the market, and analyzing technologies, products and competitors (Taborda and Ferreira, 2002). While analyzing competitors the analyst might carry out an analysis on a competitor cost structure, decision-makers personalities through interviews, conferences communications or public speeches, look at possible mergers or acquisitions by elaborating several scenarios. In this last issue, when creating scenarios the analyst should always consider several scenarios, which include the challenging, evolutionist, revolutionary, cyclic, infinity possibilities, and of course the scenario where everything remains the same. In a very simple way, the analyst must first know the industry and then their players. All the analysis management tools are valid, as long as they provide the kind of analysis that the analyst is looking for. In a study conducted by the Society of Competitive Intelligence Professionals in 1998, the seventh most used analysis tools by the competitive intelligence professionals were the competitor profile analysis (88,9), the finance analysis (72,1), the SWOT analysis (55,2), the scenario analysis (53,8), the win/loss analysis (40,4), the war games theories (27,5) and the simulation and modeling (25,0)[47].

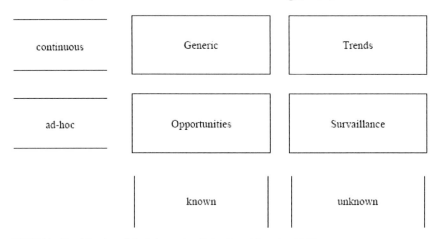

FIGURA 12 – Classification of the Information (Taborda and Ferreira, 2002)

Far from the times when the messenger of bad news was always in imminent danger, dissemination seems like an easy task. Do not elude yourself, there are some major concerns about the way the analyst deliver the intelligence produced. Kahaner (1998) presented us with some criteria for a successful dissemination. The analyst must be responsive to management's needs. The analyst must be focused, not general. The analysis must be timely; meaning that the last updated information should be included. There must be a high level of trust between the analyst and the management, which takes time and dedication. Results must be the best form possible for management. Long reports and recommendations are just another thing to read. They must also present directions and actions to take. Others authors present other concerns regarding the dissemination step. To know the management staff and the intelligence "customer" is one step beyond. A balance between every-hour report and only one report must be found. The analyst should deliver fewer reports in the beginning, on the same key intelligence topics, and more drafts and versions later on. Another concern is the timing. The analyst should

---

[47] The numbers in parenthesis are not percentages, but level of utilization in a 0-100 scale. A more recent study made by Fuld & Company points to the existence of more than 110 analysis tools.

consider that is better to be almost right on time, than absolutely right too late. On the other hand, insufficient information to produce intelligence should originate several more probabilistic scenarios. The analyst should always leave the decision to the management (Taborda and Ferreira, 2002).

One last issue remains. Intelligence can often lead to a change in the organizational culture or strategy; it must not be share with anyone else but the management.

Furthermore, no manner what the decision of the management is, the analyst should accept it independently of a personal view and should not expect any kind of congratulations or similar feedback. It is delivered, it is done, move on to the next cycle.

3.3 MATURITY OF THE COMPETITIVE INTELLIGENCE CAPABILITY

The competitive intelligence process, which in essence is a transformation of data, and information into intelligence, may also have the role of changing the focus of the management from a reactive style to a proactive one (Cavalcanti, 2005). In this perspective, competitive intelligence itself can be classified by its level of maturity.

Calof (1998) states that this maturity of the competitive intelligence function varies from infancy to mature, according to its style being ad-hoc and reactive or using centralized tracking systems on competitors, clients and suppliers – the proactive style. According to West (2001), organizations seem to move through three stages.

The competitor-awareness stage is the first, where the organization is aware of its competitors, what they do, their products, their clients and so forth. The next stage corresponds to the competitor-sensitive stage, where the organization is concerned with security, how to protect itself from competitors and practices a competitive intelligence more effectively by using strategic and tactical tools. Finally, the competitor-intelligence is reached, where the organization devotes serious resources studying their competitors and anticipating their actions. Similarly, Heppes and du Toit (2009) have presented a three stage typical evolution of a world-class competitive intelligence capability. The early stage competitive intelligence provides facts while creating competitive intelligence awareness in the organization. The midlevel capability includes identifying trends and implications from gathered information. The final stage is the world-class capability, where competitive intelligence is regarded as a key component of organization strategy.

4. INTELLIGENCE-BASED VIEW

4.1 AN INTELLIGENCE VIEW

Competitive intelligence can been split in two separate types of work, the continuous work and the ad-hoc fulfillment of management's requests (Taborda and Ferreira, 2002). In this approach one can expect that a recent competitive intelligence capacity would spend most of the time working on ad-hoc requests. Through time, this tendency is expected to change and, in a utopian organization, the competitive intelligence capacity would dedicate all the time to the continuous work. All possible requests have been somehow already analyzed, and the fulfillment is immediate. The level of the maturity of this competitive intelligence capacity is the highest. One can classify this maturity as proactive (Calof, 1998; Cavalcanti, 2005), the competitorintelligence style (West, 2001) or the world-class competitive intelligence stage (Heppes and du Toit, 2009). The focus of continuous work, at this level of maturity, is the organization itself and the organizational environment. This analysis should cover from the suppliers of your suppliers to the customers of your clients, including all which can influence your market and future ones. "Know your organization, your competition and the battlefield" (Bensoussan and Densaham, 2004).

In the process of analyzing your own organization, one cannot avoid the creation, sharing, exploitation and protection of knowledge issue. Considering tacit and explicit knowledge as the main sources of primary and secondary information (João, 2015), one can argue that competitive intelligence resolves the issues previously discussed regarding knowledge. The intelligence cycle is itself a process designed for the creation of knowledge. The transformation of raw information and data collected from tacit and explicit sources of information into intelligence is a method intended for the creation of knowledge. The dissemination of intelligence is a method of sharing and protecting knowledge, since it is delivered only to the one who requires it or the management. The sharing of knowledge then follows the organizational channels of communication, to avoid that someone outside the channels discover or hear about it.

The exploitation of the knowledge will depend on the management decisions; nevertheless, even in a rejected scenario the knowledge is used. Briefly, an intelligence view of the organization is the one which the organization uses competitive intelligence to create the necessary knowledge for the strategic management area and to control knowledge for knowledge management area.

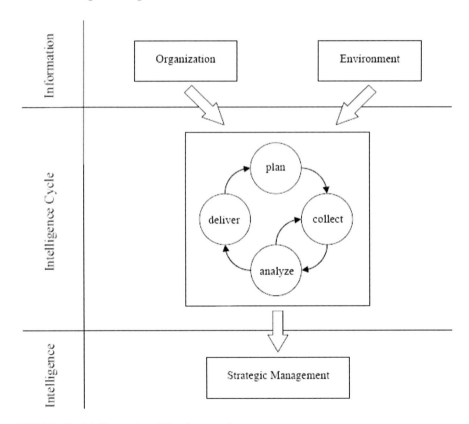

FIGURA 13 – The Intelligence-based View Framework

4.2 KNOW YOUR ORGANIZATION

Although the resource-based view is mostly based on the internal analysis of the organization resources, strengths and weaknesses in the

GESTÃO ESTRATÉGICA

SWOT analysis (Barney, 1991), more recent studies on this subject also includes the external analysis. For instance, when addressing the dynamic capabilities perspective one defines them as the capabilities to sense strengths and weaknesses but also to seize opportunities (Teece, 2007). The external analysis was traditionally exclusive to the environment models of competitive advantage, such as the one of Porter (1980). In an intelligence view these issues are not addressed. Competitive intelligence provides, by definition, both an internal and external analysis. In this section, the focus of the competitive intelligence analysis is the organization.

Competitive intelligence should start with the analysis of the organizational structure and their processes. To know and understand all the processes of the organization, their origins and implications, would provide the competitive intelligence capacity and the management with the knowledge for managing them in the best way possible. Understanding the organizational culture can also help in that task. The physical and human capital (Barney and Arikan, 2005) should be the focus on the competitive intelligence capacity. Assess the organization buildings and machinery would help management to understand their production system, and might identify their assistance and maintenance needs and implications. Those implications might be the need for a new machine or the need for an upgrade because a competitor is using new technology and producing more efficiently. As you can see, we started with the internal analysis and ended with in the external. Both analyses should be done together, not separated, because there are implications on both sides. The human capital is more complex to analyze and understand. Nevertheless, starting with the employee's curriculums, their skills, personalities, expectations, families and hobbies, can help to understand the human force of the organization. Then, internal processes of evaluation and performance measures, through each employee's goals, may provide a good picture of the potential of the organizational human capital. Finally, financial capital (Barney and Arikan, 2005), which is less difficult to obtain due to the modern techniques of benchmarking and business intelligence, can close the analysis on the organization, creating an inside view of how it works and how it can be improved. All of these analyses and the needs for analyses can be easily performed by identifying those needs, collecting and analyzing information, producing and delivering intelligence, as stated in the intelligence cycle.

4.3 KNOW YOUR BATTLEFIELD

Organizations operate in an environment which includes suppliers, customers, competitors, laws and regulations. Those environments are divided into places by physical, products typology and governmental limitations, called markets. Most of the markets are connected, being influenced by each other. Those markets are your battlefield. Kahaner (1998) presents some reasons why it is important to know your battlefield and why organizations need competitive intelligence more than ever. The pace of business changed. Businesses are open during nights and weekends. The world does not stop for holidays. News and its implications hit organizations and their businesses everyday at every minute. Information overload is a common problem.

Only with a good competitive intelligence capacity can one survive in the sea of information. Globalization brings new competitors to the markets where the organization operates. Competitive intelligence can help identify new and emerging competitors. Political changes affect the organization and the markets. Competitive intelligence can keep you informed of those who might affect your business.

Basically, competitive intelligence can keep the organization informed about your customers, suppliers and competitors; your customers' clients, suppliers and competitors; your suppliers' clients, suppliers and competitors; your competitors' clients, suppliers and competitors; and the laws and regulations which can affect them all. One again, these can all be done through the use of the intelligence cycle.

4.4 RESOURCE-BASED INTELLIGENCE

Most of the resource-based theory testable hypotheses (Barney and Arikan, 2005) involve resources, competitors, competitive advantages and economic rents. To help identify all involved, competitive intelligence can be used. In order to identify and classify the organization resources, one must know their value, scarcity, imitability and substitutability. Some of these measures might be relative to other resources. One can measure by comparing to other organizational resources; however the resources should be compared with similar resources, which might only exist in a competitor.

On the other hand, a competitive advantage can only exist if no other competitor is able to implement value creating strategies. Competitive intelligence can help management to establish its veracity. According to Grant (1991), the strategy analysis begins with the identification and classification of the resources, as well as their strengths or weaknesses relative to a competitor. Competitive intelligence can help management to identify those strengths and weaknesses and compare them with the competition. When an event occurs that would force a selection event on a mature capability (Helfat and Peteraf, 2003), competitive intelligence might not be able to prevent it, but could anticipate it. Then, the management could choose with time one of the six branches in the final stage of the capability life cycle, instead of being forced to do it unexpectedly or in a rush. Bottom line is that the competitive intelligence analyst should draw a map of the resources and capabilities of the organization and the major competitors. This map should also include the resources and capabilities potential for sustainable competitive advantages and economic rents.

Finally, the organization must be aware of the technological advances and innovation in the market. Competitive intelligence can provide several scenarios by assessing current and future markets for innovation and technological changes. In general, the intelligence cycle and competitive intelligence process and techniques can be used for management to develop and implement strategies, either using a resource-based view, a knowledge-based view or any other view or theory of the firm. All strategic management decisions are based on knowledge, and knowledge is the final product of competitive intelligence. Organizations should use competitive intelligence.

4.5 COMPETITOR-INTELLIGENCE STYLE

Competitive intelligence is not a function (Kahaner, 1998) and should not be restricted to a department, division or unit in the organization. Competitive intelligence is a process which should be transversal to the whole organization.

Organizations should encourage and implement a competitive intelligence mentality.

Most organizations probably already perform some kind of ad-hoc competitive intelligence. However, it is not done in a systematic and cost-effective manner (Kahaner, 1998). One could argue that the cost of implementing a competitive intelligence system is impracticable, as the organizational structure, dimension or earnings does not permit it. Competitive intelligence as a process can be implemented in the minds of the organizational human task force, even in small-sized enterprises.

In everyday decisions, performing an operational task or even while designing a simple website, employees can have present the intelligence cycle and improve their efficiency. With the intelligence cycle and the concerns which competitive intelligence addresses, organizations can produce, exploit and protect intelligence. As a final thought, a proposed testable hypothesis emerges: organizations that exercise competitive intelligence in a systematic manner as a process to transform tacit into explicit knowledge, as a process of knowing their own resources potential, and as a process of awareness of their environment, by using the intelligence cycle in choosing and implementing strategies, will outperform competitors and will gain sustainable competitive advantages and eventually, economic rents.

BIBLIOGRAPHIC REFERENCES

Albescu, F., Pugna, I. and Paraschiv, D. (2009). *Cross-cultural knowledge management. Informatica Economică*, 13(4), 39-50.

Aristóteles (1994). *Categorias* (3ª ed.). Lisboa: Guimarães Editora.

Arrow, K. (1962). The economic implications of learning by doing. *Review of Economics Studies*, 29, 155-173.

Bach, S. B., Judge, W. Q. and Dean, T. J. (2008). A knowledge-based view of IPO success: superior knowledge, isolating mechanisms, and the creation of market value. *Journal of Managerial Issues*, 20(49), 507-525.

Bain, J. S. (1956). *Barriers to new competition*. Cambridge, MA: Harvard University Press.

Barney, J. B. (1986). Strategic factor markets: expectations, luck and business strategy. *Management Science*, 32, 1512-1514.

Barney, J. B. (1991). Firm resources and sustained competitive advantages. *Journal of Management*, 17, 99-120.

Barney, J. B. and Arikan, A. M. (2005). The resource-based view: origins and implications. In The blackwell handbook of strategic management, 124-188. Hitt, M. A., Freeman, R. E. and Harrison, J. S. (eds.). Malden, MA: Blackwell Publising.

Bensoussan, B. and Densham, E. (2004). Australian CI practices: a comparison with the U.S. *Journal of Competitive Intelligence and Management*, 2(3), 1-9.

Calof, J. (1998). Increasing your CIQ: the competitive intelligence edge. *Economic Development Journal*, www.ecdevjournal.com accessed May 17, 2010.

Cambridge University Press, (2008). *Cambridge advanced learner's dictionary* (3rd ed.). Cambridge University Press.

Cavalcanti, E. P. (2005). The relationship between business intelligence and business success. *Journal of Competitive Intelligence and Management*, 3(1), 6-15. 35

Demsetz, H. (1973). Industry structure, market rivalry, and public policy. *Journal of Law and Economics*, 16, 1-9.

Durkheim, E. (1964). *The rules of sociological method*. New York: Free Press.

Grant, R. M. (1991). The resource-based theory of competitive advantage: implications for strategy formulation. *California Management Review*, Spring Issue, 114- 135.

Helfat, C. E. and Peteraf, M. A. (2003). The dynamic resource-based view: capability lifecycles. *Strategic Management Journal*, 24, 997-1010.

Heppes, D. and du Toit, A. (2009). Level of maturity of the competitive intelligence function: Case study of a retail bank in South Africa. *Aslib Proceedings: New Information Perspectives*, 61(1), 48-66.

Hill, C. W. L. and Jones, G. R. (1992). *Strategic management theory: an integrated approach*. Boston: Houghton Mifflin.

Hitt, M. A. and Ireland, R. D. (1985). Corporate distinctive competence, strategy, industry and performance. *Strategic Management Journal*, 6(3), 273-293.

Hitt, M. A., Ireland, R. D. and Hoskisson, R. E. (1995). *Strategic management: Competitiveness and globalization concepts*. St. Paul, MN: West Publishing Company.

Hitt, M. A., Ireland, R. D. and Hoskisson, R. E. (1999). *Strategic management: Competitiveness and globalization*. Cincinnati: South-Western College Publishing.

Hrebiniak, L. G. and Snow, C. G. (1982). Top-management agreement and organizational performance. *Human Relations*, 35(12), 1139-1157.

James, W. (1950). *The principles of psychology*, vols. I and II. New York: Dover Publications.

João, G. (2015). Exploitation or exploration? The intelligent approach. *Strategic Management Quarterly*, 3(2), 1-23.

Kahaner, L. (1998). *Competitive intelligence – how to gather analyze and use information to move your business to the top*. New York: Simon & Schuster.

Learned, E. P., Christensen, C. R., Andrew, K. R. and Guth, W (1969). *Business Policy*. Homewood, IL: Irwin.

López, S. V. (2005). Competitive advantage and strategy formulation: the key role of dynamic capabilities. *Management Decision*, 43(5/6), 661-669.

Nelson, R. R. and Winter, S. G. (1982). *An evolutionary theory of economics change*.

Cambridge, MA: Belknap Press.

Nonaka, I. and Takeuchi, H. (1995). *The knowledge creating company: How Japanese companies create the dynamics of innovation*. New York: Oxford University Press.

Oxford University Press, (2009). *A dictionary of business and management* (5th ed.). New York: Oxford University Press.

Penrose, E. (1959). *The theory of growth of the firm*. New York: Wiley.

Platão (2005). *A república* (1ª ed.). Lisboa: Guimarães Editora.

Polanyi, M. (1962). *Personal knowledge: Towards a post-critical philosophy* (corrected ed.). Chicago, IL: University of Chicago Press.

Polanyi, M. (1967). *The tacit dimension.* Garden City, NY: Anchor Books.

Porter, M. E. (1980). *Competitive Strategy.* New York: Free Press.

Prahalad, C. K. and Hamel, G. (1990). *The core competence of the corporation.* Harvard Business Review, June: 79-91.

Publications Office, (2008). *European institute of innovation and technology (EIT) – excellence for innovation.* Luxembourg: Office for Official Publication of the European Communities.

Ricardo, D. (1817). *Principles of political economy and taxation.* London: J. Murray.

Rumelt, R. P. (1984). Toward a strategic theory of the firm (reissued). *In Resources firms and strategies,* 131-145. Foss, N. J. (ed.), 1997. New York: Oxford University Press.

Samuelson, P. A. (1955). Diagrammatic exposition of a theory of public expenditure. *Review of Economics and Statistics,* 37, 350-356.

Samuelson, P. A. and Nordhaus, W. D. (1985). *Economics* (12th ed.). New York: McGraw-Hill Inc.

Sousa, C. A. and Hendriks, P. H. (2006). The diving bell and the butterfly: the need for grounded theory in develop a knowledge-based view of organizations. *Organizational Research Methods,* 9(3), 315-338.

Spender, J.-C. (1996). Making knowledge the basis of a dynamic theory of the firm. *Strategic Management Journal,* 17 (Winter Special), 45-62.

Taborda, J. P. and Ferreira, M. D. (2002). *Competitive intelligence – conceitos, práticas e benefícios.* Cascais: Pergaminho.

Teece, D. J. (2007). Explicating dynamic capabilities: the nature and microfoundations of (sustainable) enterprise performance. *Strategic Management Journal,* 28, 1319-1350.

Teece, D. J., Pisano, G. and Shuen, A. (1997). Dynamic capabilities and strategic management. *Strategic Management Journal*, 18(7), 509-533.

Theriou, N. G., Aggelidis, V. and Theriou, G. N. (2009). A theoretical framework contrasting the resource-based perspective and the knowledge-based view. *European Research Studies*, 12(3), 177-190.

Tsoukas, H. (1996). The firm as a distributed knowledge system: a constructionist approach. *Strategic Management Journal*, 17 (Winter Special), 11-25.

Wernerfelt, B. (1984). A resource-based view of the firm. *Strategic Management Journal*, 5, 171-180.

West, C. (2001). *Competitive intelligence*. New York: Palgrave.

Yulk, G. (1989). Managerial leadership: a review of theory and research. *Journal of Management*, 15(2), 251-289.

1.3 Reputation as a Strategic Asset

PATRÍCIA TAVARES

Abstract: Discussing the importance of corporate reputation as a strategic asset is the main purpose of this paper. Corporate reputations have been considered to have beneficial consequences for the firm performance and in stakeholder relationship management. Nevertheless, the construct is still searching for theoretical stability and refined ways to measure its several dimensions. Related constructs, like image and identity arise, that allow for researchers to assess and compare multiple stakeholders perceptions on the firm. Stakeholder approach permits inter company assessments and comparing firms operating in the same industry. Reputational markets are developed and firms compete for reputation capital in order to attract resource providers. Issues of construct stability, measurement refining, specific value creation attributed to reputation and the links with other constructs are current avenues for future research.

INTRODUCTION

The importance of corporate reputation as a strategic asset is the main theme of this essay. Corporate reputation is a relatively new area of research but a growing one, still in need of theoretical maturation but gaining importance, both in the academic field and on corporate practice. Measuring corporate reputation and uncovering its potential to increase strategic, brand and company value has been one of the areas of research on this subject, gaining more and more attention. Strategy looks at reputation as an intangible asset, capable of creating sustainable competitive advantage. Psychology has been a source of theoretical support for several marketing approaches, particularly in what concerns brand theory, brand experience and corporate reputation. Other streams of research such as organizational behavior have been paying attention to reputation. Discussing the importance of corporate reputation as a strategic asset incurs necessarily in defining the construct, presenting ways to measure it (and therefore anticipating the possibility of managing it) and the present positive aspects of the existing instruments as well as the criticisms they still suffer from. Finally, going back to the importance of reputation as an intangible strategic asset, capable of generating value and sustained competitive advantage unfolds several avenues for further research.

1. PURPOSE OF STUDYING REPUTATION

The growing perceived relevance of reputation has leveraged the importance to study the construct and its measurement, given its intangible characteristics (Hitt, Hireland and Hoskisson, 1995) but also the recognized growing importance of managing it.

From a strategic point of view Fombrun (2005) asserts that reputations are important because they create value and have the ability to attract resources to the firm. Consequently, firms engage not only in product/ service markets, or capital markets but also on reputational markets. These are characterized by a "winner takes all" effect, stemming from the visibility of a particular distinctive and relevant feature of the organization, for its shareholders, and stakeholders, that can be leveraged to the same, via the internal and external communications efforts available to the firm. This leverage process will make the distinctive feature more and more familiar to the firm's constituents, and therefore crystallize the firm's reputation, and consequently, attract resources to the firm at lower costs. This said, Fombrun defends that reputations are important because they help firms engage in an economic value cycle: a good reputation makes a company be considered as an employer of choice and "improves a company's ability to recruit top people to its jobs" (2005, p.294); it also appeals to customers and makes the firm be perceived as a supplier of choice, by drawing customers to the firm's products and inducing the conditions for repeated purchase (or as some other authors like Davies et al, 2003 specify by increasing loyalty, both on a attitudinal and conative form); companies with a good reputation are also seen as a neighbour of choice, and become a better candidate for favorable treatment by the media, local authorities and the community they are a part of; finally, firms with a good reputation are perceived to be an investment of choice by "enhancing its ability to attract capital at a lower cost than rivals, thereby generating a price premium for the company's shares" (2005, p.294).

Caruana (1997) and Fombrun (2005) agree that a positive corporate reputation presents several benefits, such as the impact of purchase intention of a service, on the attitude of buyers towards salespersons, on the perceived product quality, on the performance and competitiveness of the company, and in attracting investors; and finally, in enabling strong organizational identification, by employees. This identification could be the internal mirror of the member-organization identification with possible and worthwhile investigating connections with organizational identity, organizational climate and culture. Several authors have highlighted the beneficial consequences of assessing, developing and managing reputation. Table 8 presents some of the benefits of studying the reputation of a firm.

Beneficial Consequences of Reputations	Author (s)/Date
Perceived product quality and deterring competitor entry.	Weigelt and Camerer, 1988
Attracting investors, lower cost of capital and enhancing the competitive ability of firms.	Fombrun and Shanley, 1990
Intention to purchase a service.	Yoon *et al.* 1993
Contributing to the perception of performance differences between firms.	Rao, 1994
Enabling strong organizational identification by employees and inter-organizational cooperation or citizenship behaviour.	Dutton *et al.* 1994
Attitude of buyers to salespersons and products in the organization buying situation.	Brown, 1995
Premium prices, brand loyalty and performance. Employee retention, customer satisfaction and customer loyalty	Chun, 2005

TABELA 8 – Benefits of Reputation

Source: Adapted from Caruana (1997) and Chun (2005)

Lewellyn (2002) has argued that research on reputation needed to respond to three basic questions: reputation for what, reputation with whom and for what purpose.

Chun sees reputation as the relationships established between various stakeholders of an organization and their various influences. Chun (2005) considers that "corporate reputation affects the way in which various stakeholders behave towards an organization, influencing, for example, employee retention, customer satisfaction and customer loyalty" (2005,p.91). Fombrun emphasizes the need and relevance to consider reputation as a strategic asset: "The bottom-line effects of corporate reputations justify considering reputations as intangible economic assets that contribute to competitive advantage. " (2005, p.289). In order to assess the reputation of a company and manage its actual and potential benefits, one must start with the definition of the construct, and the existing measurement instruments that can capture it (Davies, Chun, Roper and da Silva, 2003).

1.1 DEFINING REPUTATION

Defining the construct of reputation has been widely considered as useful, but it has also been a controversial issue, due to the multidisciplinary approaches adopted, the confusion of semantics regarding the related concepts of image and identity and the need for additional stability in this field of research, rooted in several disciplines of science, and in the pursuit of a common agreement, both in content, and in language, to establish its conceptual frontiers. The need to define the construct of reputation links directly to the efficiency in measuring it in specific contexts, and to the possibility of capturing relevant information to use in better managing it. For Barnett, Jermier and Lafferty (2006, p.4) "It seems clear that without a unified approach to the concept itself, we cannot effectively or efficiently advance research on corporate reputation".

Several authors researched the concept of reputation, which involves multidisciplinary contributions coming from distinct fields namely strategy, economy, sociology, organizational behaviour, accounting and marketing (Fombrun, 1997). Several concepts of reputation arise (e. g. Fombrun, 1990, 1996; Herbig, 1995; Davies, Chun, Roper and Da Silva, 2003) not always consensual.

Researchers in the field of strategy (Hitt, Hireland and Hoskisson, 2005; Fombrun, 1997) tend to view reputation as an intangible asset that acts as a source of competitive advantage and has unique features, difficult to be imitated. Firms also have limited control over the perceptions formed by their stakeholders, and the reputation forming process is also affected by other sources of information and influence.

Reputations have also an inertial feature that provides them stability over time, in the minds of stakeholders. This inertia makes reputation a valuable asset (Fombrun, 1997). From a stakeholder approach (Freeman and McVea, 2005) reputation is seen as a multidimensional construct, built on the perceptions of each stakeholder, influenced by several sources of information, some of them controlled by the company and some of them independent from companies' direct intervention or management possibility. From a resource-based view perspective (Barney and Arikan, 2005), reputation can be considered a rare, non imitable resource that can contribute to increase above-average returns and so be seen as source of competitive advantage.

Fombrun agrees by saying that strategy researchers look at reputations as assets and as mobility barriers, in the sense that, on one hand, they configure internal features of the company that shape the firm's interactions with its constituents and also, because when reputations are positive, they prevent customers from initiating a new decision process and increase the possibility of preference, creating a barrier towards the entrance of the main competitors on the customer's choice menu.

Fombrun, from an economic perspective, states that: "Economists view corporate reputations as either traits or signals." (2005,p.290) and they have a functional role since they are responsible for generating stable "perceptions among employees, customers, investors, competitors, and the general public about what a company is, what it does, and what it stands for. These perceptions stabilize interactions between a firm and its publics" (2005, p.290)

Researchers from the organizational behaviour field (Dutton, Dukerich and Harquail, 1994) focus on developing models of organizational images and member identification, and emphasize the internal-external boundaries between employees, organization and other social structures via the concepts of culture, identity and image. Following this line of thought, organizational identity is influenced by opinions, and reputations are somewhat, but only to a degree independent of the direct sphere of influence of the organization.

Marketing looks at reputation under umbrella concepts such as brand, brand image and brand equity (e. g. Aaker, 1997; Erdem and Swait, 2004) and within the context of management expressing key messages to external audiences. The development of reputations involves a process that combines the attributions of features, characteristics or traits to a product or a service and giving it cognitive and affective meaning when perceived by the consumer. This depends on the level of involvement of the consumer and the intensity and nature of the effort of marketing communications (Fombrun, 1997).

Psychology has been a field of inspiration and development for the area of reputation, since it provides the basis of knowledge needed to comprehend the nature of both the human behaviour and its characteristics that apply to the consideration, assessment and relationship with human social entities like corporations. Authors like Grunig (1993), working on the field of reputation, seek theoretical support and research frameworks on cognitive and social psychology, recuperating the concepts of perception, cognition, memory, attitude, and schema. Other authors reinforce the idea of a coherent behavioural perspective of the company, assessed via the interaction with key stakeholders that withholds some predictability (Davies et al, 2003). Some authors (Dutton, Dukerich and Harquail, 1994; Fombrun, 1997; Caruana, 1997; Gotsi and Wilson, 2001; Berens and Van Riel, 2004; Barrett, Jernier and Lafferty, 2006; Chun, 2006) have also attempted to stabilize the construct by reviewing the existent literature on the subject, coming from different fields of knowledge and trying to find differences and similarities between a number of different definitions.

Fombrun proposes an integrative view of reputation, defined as collective but subjective assessments of firms, with seven particular characteristics that aggregate influences from the above mentioned fields of research: "(1) reputations are economic assets because they signal observers about the attractiveness of a company's offerings and initiatives; (2) reputations are derivative, second-order characteristics of a social system that crystallize the emergent status of firms in an institutional field of resource providers and institutional intermediaries; (3) reputations develop from firms' prior resource allocations and histories and constitute mobility barriers that constrain both firms' actions and rivals' reactions; (4) reputations are assessments of past performance by diverse evaluators who assess firms ability and potential to satisfy their own economic and social, selfish and altruistic criteria; (5) reputations reconcile the multiple external images of firms, and signal their overall attractiveness to employees, consumers, investors, and local communities; (6) reputations embody multiple judgments of firms effectiveness at delivering value to key resource providers; (7) reputations crystallize the strategic and expressive efforts companies make to communicate their core purpose and identity to their resource providers. "(2005, p. 293).

Although the richness of approaches to the construct has had the advantage of providing several lenses to assess it, it has also prevented the construct to stabilize in common frameworks and language.

1.2 DIFFICULTIES IN DEFINING REPUTATION

The numerous definitions of reputation make it harder to consolidate the construct. Barnett, Jermier and Lafferty, (2006, p.14) assert that "of the 49 separate sources (articles and books) identified and analyzed, 17 defined reputation exclusively using the language of assessment, 15 defined reputation exclusively using the language of awareness, 6 defined reputation exclusively using the language of assets, and 11 defined reputation using language that mixed two or more categories".

Another important difficulty in defining the scope of the reputation construct has to do with its often related concepts of identity and image, and the multitude of existing definitions for each of these concepts.

Authors like Chun, have noted that the definition of reputation is dependent on how the elements of identity and image are defined. Only by clarifying these constructs one can "test the relationships widely claimed by practitioners between corporate reputation and other variables such as commercial performance and employee and customer satisfaction" (2005, p.91). Moreover, only by considering identity and image as allied constructs of reputation one can stand for the influence of corporate reputations on the behaviour of key stakeholders towards the organizations, namely in what concerns employee satisfaction and retention, customer satisfaction and customer loyalty (Chun, 2005). The authors presuppose that reputation will then be an umbrella construct that aggregates the internal perceptions of employees regarding the firm, and the external perceptions the various stakeholders attributed to the firm. As a consequence one cannot really assess reputation without considering its internal "manifestation" (identity) and its external "manifestation" (image). Both concepts of identity and image have been the object of several approaches and definitions.

Dutton, Dukerich and Harquail (1994) develop a model of organizational images and member identification based on two types of image held by employees: one that the employee thinks is enduring, nuclear and different about the organization, the perceived organizational identity and another, corresponding to what an employee thinks outsiders believe about the organization, the construed external image. The authors propose a model that links these two images to the cognitive connection members develop with their organization and their subsequent behavior. Organizational identification occurs when a "person's self-concept contains the same attributes as those in the perceived organizational identity" (1994, p.239). There is also a distinction between construed external image and reputation: "The construed external image acts as a potentially powerful mirror, reflecting back to the members how the organization and the behavior of its members are likely being seen by outsiders. This ties in to the concept of the corporate image. (...) Organizational reputation refers to outsiders beliefs about what distinguishes an organization; construed external image captures internal members' own assessment of these beliefs "(1994, p.249).

Chun (2005) considers corporate reputation as an umbrella concept gathering both the identity of the firm, viewed as the internal perceptions of employees, and the image of the firm, the perceptions of one group of stakeholders of particular importance to the performance of the company, the customers. The author defends "corporate reputation as an umbrella construct, referring to the cumulative impressions of internal and external stakeholders" and argues that "it is useful to distinguish between the three in this way, as 'managing reputation' can then be seen to refer to the overall activity in an organization, image as to the external view and identity as to the internal view". Therefore, reputation is not only another word for image, but instead it begins with the views of the internal stakeholder, the perceptions employee's hold of their company. Their behaviour will affect the firm's image, particularly if we consider the customer facing employees, since external stakeholders will develop their perceptions of the firm also based on the customer-facing employees' perceptions and behaviour. As Chun (2005, p.98) argues "this will be true of many service businesses such as restaurant, hotel or education, where the customer encounters the organization providing the service".

If corporate reputation is to be validated as an increasingly important construct and as a strategic asset then it is only natural that researchers have been paying so much attention to its measurement.

2. MEASURING REPUTATION

Reputation management has much to gain with better measurement of reputation (Davies, *et al*, 2003). Measuring reputation is of great usefulness to assess the construct and also to plan, implement and evaluate the efforts of reputation management. It is useful as a diagnostic tool (Davies *et al*, 2003), to assess the relationship between company image and product preference and to study the links between reputation and other variables, such as employee satisfaction and retention, as well as customer satisfaction and loyalty (Chun, 2005).

Fombrun highlights the need to accurately measure corporate reputations "(...) if they are to be better understood and managed. Unfortunately, measures of corporate reputation now proliferate, encouraging chaos and confusion about a company's reputational assets (Fombrun, 1996)." Also, a close examination of the existing measures "indicates methodological deficiencies that inhibit systematic analysis. Some are arbitrarily performed by expert panels, and so are not replicable. Some are carried out with private information, and so are unverifiable. All rely on their own idiosyncratic attributes, and are devoid of theoretical rationale." (2005, p.301).

2.1 TYPES OF MEASUREMENTS AND THEIR LIMITATIONS

Many instruments have been developed like rankings of company reputations, some focused on the perceptions of one stakeholder and others assessing multiple stakeholders´ perceptions of companies.

GESTÃO ESTRATÉGICA

Scholars have also identified several limitations: (1) some question the adequacy of the conceptual links established between the constructs and the instruments they are supposed to measure, and therefore leave room for a less solid theoretical background; (2) others based on their assessment of the views of only one stakeholder, which diminishes the possibility to use the construct of reputation in a global and comparable way; (3) others question the specific stakeholder chosen to assess a firm's reputation, the process that led to the instrument generation and its lack of robust psychometric features. Table 9 drawing on the work of Chun (2005) presents examples of measures, their description and the limitations scholars overtime have identified.

Examples of Measures of Reputation		
Measure	Description	Limitations
Ranking Measures	Fortune's AMAC: 8 key attributes assessed: 1) Financial Soundness; 2) Long-term investment value; 3) Use of corporate assets; 4) Innovativeness 5) Quality of company management; 6) Quality of product and services; 7) Ability to attract, develop and keep talented people and 8) Acknowledgment of social responsibility. Financial Times World's Most Respected Companies: 1) Strong and well-thought-out strategy; 2) Maximising customer satisfaction and loyalty; 3) Business leader; 4) Quality of products and services; 5) Profit performance; 6) Robust and human corporate culture; 7) Successful change management and 8) Globalization of business.	Single stakeholder views. Financially focused criteria. Leave way to speculate on other important factors to assess corporate reputation.

REPUTATION AS A STRATEGIC ASSET

Measure	Description	Limitations
Brand Equity Scales	Keller and Aaker (1998) 3 dimensions of Corporate Credibility: Corporate Expertise, Trustworthiness and Likeability. Fortune/Yankelvich Partners (Gaines-Ross, 1997) Corporate Equity Score – 5 components of Reputation; 1) Awareness; 2) Familiarity; 3) Overall impression; 4) Perceptions; 5) Supportive behaviour. Caruana and Chircop (2004) Corporate Reputation Scale with 12 items based on the 5 elements of Aaker (1991) brand equity: 1) Quality of the product; 2) Advertising level; 3) Sponsoring activities; 4) Conduct factory tour; 5) Long-established traditions; 6) Highly regarded employment with the firm; 7) Well trained employees; 8) Well-known products; 9) Strong management; 10) Cost of advertisement; 11) Soundness of company and 12) Profitability.	Unclear conceptual link between brand equity, corporate credibility and reputation. Focus on the views of a single stakeholder group.
Image Measures	Hardy, 1970; Keller, 1998: Relationship between company image and product preference. Nguyen, 2001: 5 factors of Corporate Image 1) Corporate identity; 2) Reputation; 3) Service offering; 4) Physical environment; Contact personnel;	Focus on unidimensional scales in some cases.
Identity Measures	Gioia and Thomas (1996) Triangulation Method Van Rekom, 1997 Laddering technique. Balmer and Soenen, 1999 ACID (Actual, Communicated, Ideal, Desired, Identity) Test of Corporate Identity Management.	Some are limited to a small sample.
Multiple Stakeholder Measures	Fombrun et al, 2000; Reputation Quotient – 20 items, 6 dimensions. 1) Emotional appeal; 2) Product and services; 3) Vision and leadership; 4) Workplace environment; 5) Social and environmental responsibility; 6) Financial performance	Focus on directly involved stakeholders on company financial performance

TABELA 9 – Examples of Measures of Reputation

Source: Adapted from Chun (2005)

GESTÃO ESTRATÉGICA

Aside from the debate of the advantages and limitations of several types of reputation measurements Fombrun (2005) addresses the reputation formation in a three stage model composed of three social processes: (1) shaping process, (2) refraction process and (3) assessment process. The *shaping process*, is rooted in the firm's proactive efforts to shape and influence resource providers perceptions on the company, by leveraging, mostly through communications efforts, firm's values to customers, employees, investors, the media, local community and government. In terms of structure, the firm accommodates separate but desirably integrated specific departments to manage the continuum of interactions with these resource providers. In the *refraction process*, there is an amplification of the firm's messages, validated by credible and influent stakeholders such as specialized monitors (like financial analysts), business media and interfirm networks. This process can be represented by the interpretation and communication of these stakeholders with power to build but also question and even destroy a firm's reputation. The *assessment process* integrates judgments of firms and compares them to one another, raising the issue of ranking creations and the development of reputational markets. The *assessment process* withholds the framework for the development of the instrument developed by Fombrun, Gardberg and Sever (2000), the reputation quotient, and later renamed to reputation pulse. Comparisons of firms are made over six dimensions represented in the final scale by 20 items: Comparisons between companies are made on six dimensions: (1) emotional appeal; (2) products and services; (3) financial performance (4) vision and leadership; (5) workplace environment and (6) social responsibility. On the basis of the six previously presented dimensions the Reputaiton Quotient, a scale designed to assess corporate reputation was developed, as presented in Table 10.

Reputation Quotient

Emotional Appeal	Products & Services	Vision & Leadership	Workplace Environment	Financial Performance	Social Responsibility
Feel good about Admire and respect Trust	High Quality Innovative Value for Money Stands behind products/ service	Capitalize on market opportunities Excellent leadership Clear vision for the future	Well managed Appealing workplace Employee talent	Out-performs competitors Record of profitability Low risk investment Growth prospects	Supports good causes Environmental stewardship Treats people well

TABELA 10 – Reputation Quotient

Source: Fombrun (2005)

The possibility rendered by the instrument to assess and compare companies within industries has contributed to the success of the measure to the point of being validated in both American, Asian and European countries, via the Reputation Institute, an academic action research based institution that, partnering with a market research firm, annually publishes the list of the most and least reputed companies (Van Riel and Fombrun, 2002). The instrument presents good validity and reliability features and allows for the comparison of companies within industries even in a transnational way.

In terms of criticisms, the Reputation Quotient, for falling in the category of the multi-stakeholder instruments, suffers from the critic of assessing reputation by measuring the perceptions of some stakeholders directly implicated in the financial performance of the company, a feature that can trigger social desirable responses or an over estimation of the scores.

Today, the RepTrackSystem, evolving from the studies carried out on the premises of the Reputation Quotient, by the Repuation Institute, since 2000, is a "systematic tool for tracking and analyzing stakeholder perceptions that could help companies better manage their reputation and its effects on stakeholder behaviors" (Fombrun, Ponzy and Newburry, 2015, p.3). Table 11 presents the RepTrack® System.

GESTÃO ESTRATÉGICA

The RepTrack® System

Products & Services	Innovation	Workplace	Governance	Citizenship	Leadership	Performance
Offers high quality products and services Offers products and services that are a good value for the money Stands behind its products and services Meets customer needs	Is an innovative company Is generally the first company to go to market with new products and services Innovation Adapts quickly to change	Rewards its employees fairly Demonstrates concern for the health and well-being of its employees Offers equal opportunities in the workplace	Is open and transparent about the way the company operates Behaves ethically Is fair in the way it does business	Acts responsibly to protect the environment Supports good causes Has a positive influence on society	Has a strong and appealing leader Has a clear vision for its future Is a well-organized company Has excellent managers	Is a profitable company Delivers financial results that are better than expected Shows strong prospects for future growth

TABELA 11 – The RepTrack® System

Source: Foumbrun, Ponzy and Newburn (2015)

2.3 MEASURING REPUTATION VIA THE PERSONIFICATION METAPHOR

Metaphors have for long been used in the academic context and accomplish several purposes (Davies, 2001): metaphors can help understand a complex idea; they can stimulate new associations between ideas and trigger a reconceptualisation of given assessments and they "invite the reader to connect two ideas" (Davies *et al.* 2003, p.46).

However, if metaphors can help develop a creative approach of a given reality, one must also take extra care in being clear than a metaphor is in use and of its role: "as a marketing metaphor the word brand signifies a mark that both identifies and differentiates something" (Davies *et al*, 2003, p. 49). The authors that advise towards the care and clarity when using a metaphor, have proposed a framework that identifies the main metaphors presently in use in marketing, and have identified three associated with branding: brand as differentiating mark; brand as person; and brand as asset. Table 12 presents the root metaphors and the sub-metaphors that stem from them.

A Schema of Brand Metaphors

Root Metaphor	Associated Sub-Metaphor
Brand as Differentiating Mark	. A brand is a name . A brand is a logo/symbol . A brand is an emblem
Brand as Person	. A brand has a personality . We have relationships with brands . We are loyal to a brand . Brands have reputations . Brands have values
Brand as Asset	. Brands have financial value . Brands need protection . Brands are investments . Brands are bought, sold or rented . Brands are financial umbrellas . Brands are economic power

TABELA 12 – A Schema of Brand Metaphors

Source: Davies *et al*, 2001

One of the most promising areas of research in corporate reputation evolved from the influences of psychology and particularly the theories regarding human personality. 'Brand as person' is one of the most used metaphors in the branding literature and dates back to studies done around 1950 concerning the personality of retail stores, and the works of Spector (1961) that looked at companies as having human characteristics or traits of personality.

This line of research has gained a new scope with the works of Aaker (1997) and Davies *et al* (2004) and their scales to measure brand personality and corporate character. These authors address the potential for the personification metaphor (organization as person) to serve as a strategy in the assessment of both the internal and external views of reputation. Being able to establish existing gaps between internal identity and perceived image using the same measurement instrument provides for reliability and validity, and increases the possibility of forecasting, planning and managing the so called "reputation chain" that links both the rational and emotional attachments of the two most important stakeholder's of an organization, namely, customers and employees.

Authors, like Bromley (2001), consider that the attribution of psychological features to organizations stems from four factors, namely, personnel (because a corporate entity is a human organisation);

anthropomorphism (or the tendency human beings have to attribute human characteristics to non human entities); ordinary language (or the tendency to use familiar and simple forms of description and communication); and visual identity (also linked to the concept of human self-presentation). If a brand is considered to be "like" a person, then this implies that a brand can have emotions and personality traits, it can be distinctive of its competitors and it can inspire relationships. This consideration falls within the sub-metaphor category proposed by Davies *et al* (2003) of brand loyalty: "People we are involved with mean more to us. We are more interested in them, notice things about them more and react differently towards them when compared with those we feel we have little to do with. (...) A sub-metaphor that should fall within the root of brand as person is that of loyalty. Loyalty implies the human trait of being exclusively and enduring linked with another person, to be true and trustworthy in a relationship." (2003, p.52)

3. THE CORPORATE CHARACTER SCALE AND THE REPUTATION CHAIN

Following Aaker (1997), and her 42 items 'Brand Personality Scale', a reliable and valid scale developed to measure the five dimensions of brand personality, namely 'sincerity', 'excitement', 'competence', 'sophistication' and 'ruggedness', Davies *et al* (2004) developed the Corporate Character Scale, a scale designed to measure the internal views of employees (identity) and the external views of customers (image) via the assessment of seven dimensions namely 'agreeableness', 'enterprise', 'competence', 'chic', 'ruthlessness', 'machismo' and 'informality'.

This measurement instrument was inspired in the trait approach of the psychology personality theories developed in the 1930's, and of which the most prominent example is the Big Five model that reduced the large number of adjectives describing human personality to the Big- Five Factors of 'Extraversion', 'Agreeableness', 'Conscientiousness', 'Emotional Stability' and 'Openness' that are today a consensual framework to classify and organise the description of human personality (Wee, 2004).

In the Corporate Character Scale (Davies *et al*, 2004) employees and customers are asked to imagine that the company has come to life "as a person" and to describe it by expressing their agreement or disagreement, using a set of 49 provided items, in a five point Likert-scale, ranging from 1- strongly disagree to 5 – strongly agree.

The Corporate Character Scale is not a direct measure of reputation but an example of projective technique or an indirect measure (Davies, Chun, da Silva and Roper, 2004; 2003; 2001). The final scale, as presented in Table 5, consists of 49 items organized in 16 facets and distributed in seven dimensions: 'Agreeableness', 'Enterprise', 'Competence', 'Chic', 'Ruthlessness', 'Machismo' and 'Informality'. Companies tend to be seen as both *competent* and *agreeable*, or both *macho* and *ruthless*, or *chic, enterprising* and *informal*.

Chun (2005, p.103) highlights the merits of the instrument, because "the scale was validated using a large sample of over 4600 respondents, evenly split between customers and employees of 15 different organizations and a larger number of business units. Here, personality is used as a measurement tool that can assess a firm's reputation. One advantage of the Corporate Character Scale is that it is validated for the measurement of both image and identity, thus allowing for any interrelationship or gaps between the two to be measured". In the field of reputation, Davies and Chun (2006) have found links between dimensions of their 'Corporate Character Scale' and employee and customer satisfaction. This reinforces the need to promote the same dimensions to both customers and employees, in order to deliver a consistent positioning and positively affect the levels of satisfaction of both stakeholders, for example, the dimension 'Chic' was positively associated with both customer and employee satisfaction. Another dimension of the same scale that could be emphasized to promote both customer and employee satisfaction is the one the authors named 'Competence' and that links to the effectiveness of the organization. The 'Agreeableness' dimension includes trust, which is positively associated with both customer and employee satisfaction.

The Corporate Character Scale

Dimension	Facet	Item
Agreeableness	Warmth Empathy Integrity	Friendly, pleasant, open, straightforward. Concerned, reassuring, supportive, agreeable. Honest, sincere, trustworthy, socially responsible.
Enterprise	Modernity Adventure Boldness	Cool, trendy, young. Imaginative, up-to-date, exciting, innovative. Extrovert, daring.
Competence	Conscientiousness Drive Technocracy	Reliable, secure, hardworking. Ambitious, achievement oriented, leading. Technical, corporate
Chic	Elegance Prestige Snobbery	Charming, stylish, elegant. Prestigious, exclusive, refined. Snobby, elitist.
Ruthlessness	Egotism Dominance	Arrogant, aggressive, selfish. Inward-looking, authoritarian, controlling
Informality	None	Casual, simple, easy-going
Machismo	None	Masculine, tough, rugged

TABELA 13 – The Corporate Character Scale

Source: Davies *et al*, 2003

This instrument will best materialise the model of the 'Corporate Reputation Chain' that the authors foresee as the core of their reputation management paradigm. The authors argue that managers should harmonize identity and image by providing the necessary rational and emotional links to the respective stakeholders. The reputation chain will link the identity of a company to the satisfaction and loyalty of its employees, and the image of a company to the satisfaction and loyalty of its customers (Davies *et al*, 2006). Despite the potential advantages of assessing a company's reputation via the 'Corporate Character Scale', this instrument as well (as other existing brand corporate personality scales) is not exempt of criticisms and limitations.

3.1 LIMITATIONS OF THE CORPORATE CHARACTER SCALE

Scales intending to measure corporate or brand personality have been criticized by Azoulay and Kapferer (2003). These researchers argue that these scales do not measure brand personality but instead merge several dimensions of brand identity, personality being only one of them. The wide application of the concept may have as a consequence that instead of measuring specific brand personality dimensions one may end up measuring product performance items. The criticism deals with the issue of construct validity and the need to better clarify and restrain the concepts of brand personality to the applications proposed by their field of inspiration, psychology. Azoulay and Kapferer (2003) also present another objection, specific to Aaker's (1997) Brand Personality Scale' that has to do with the item generation process, specifically questioning the sources used for item generation. The lack of stabilized theoretical framework may also be seen as a downside of these scales that urge authors to opt for research questions in their studies instead of formal hypothesis (Chun, 2005).

CONCLUSIONS AND SUGGESTIONS FOR FUTURE RESEARCH

Discussing the importance of reputation as a strategic asset was the purpose of this paper.Corporate reputations are important strategic assets because they help the company create value and influence company performance and resource provider attraction. Corporate reputations can be defined as a stable system of stakeholders perceptions, formed via pro-active company actions, namely trough the creation of specific departments that manage stakeholder interactions with the firm. Companies with a good reputation become involved in a value creation cycle by being perceived as a good employer of choice, a provider of choice, a desirable neighbor and a responsible social actor: "reputations have intrinsic economic value because they affect a company's bottom-line performance" Fombrun (2005, p.307). As a consequence reputation management becomes a source of competitive advantage.

If corporate reputations are important strategic assets then it's important to be able to define the construct, which is not an easy task since its roots are multidisciplinary. This implies difficulties in stabilizing the construct from a content-validity standpoint and from a language perspective as well.

Fombrun (2005) adverts towards the need to consider three types of challenges to reputation that can constitute avenues for future research: (1) measuring reputation: (2) valuing reputation and (3) causality assessment. Measuring corporate reputations is still an enduring research endeavor, with several attempts to measure a multidimensional construct and often presenting conceptual or methodological criticisms. Nevertheless, two examples of highly validated and reliable instruments are promising paths to reputation measurement: the RepTrack® System (Fombrun, Ponzi and Newburry, 2015) and the Corporate Character Scale (Davies *et al*, 2003), both positioned from a multiple-stakeholder assessment perspective and opening ways to related constructs, such as customers and employee satisfaction and loyalty.

Valuing reputations represents the desire to assess the specific and unique contribution of reputation to the strategic value creating process. Fombrun (2005) identifies two particular cases where this value is salient, namely in (1) crisis situations that activate the positive (or negative) reputational capital a company withholds and can act as a bank of "goodwill" and also in the (2) financial analyses of the firm, specifically by trying to discover trough brand licensing the real value of corporate reputation.

Fombrun finally sustains that trying to find the causes and consequences of corporate reputation is sure to dominate the debates in reputation for the next coming years, particularly in four areas of research: (1) performance, profitability and risk; (2) identity, by asking "What is the relationship between a company's internal beliefs, sense of self, cultural practices, and the way it is perceived by resource-holders? (3) effects of corporate reputation in a companies' visibility and good-will creation from a citizenship perspective and (4) communications by answering to the questions "What is the relationship between corporate reputation and the communications and self-presentations that a company elects to make? Are a company's efforts to manipulate external images through advertising and public relations bound to fail when they are disconnected from a company's identity?" (2005, p.307).

Davies et al (2003) open other paths for research, from a different angle, that of the impacts of corporate reputation in employee and customer satisfaction and loyalty and also in the companies' specific reputations linked to such features as innovation or ethical character.

Finally, other suggestions for future research can include the ever increasing means stakeholders have to demand real-time engagement with companies, made possible via technological advances and behavioral trends such as the social networks phenomena, the brand communities and also the ability of every constituent of an organizations of acting as a producer and influencer of knowledge or noise creation about the firm.

BIBLIOGRAPHIC REFERENCES

Aaker, J. L. (1997). Dimensions of brand personality, *Journal of Marketing Research*, 34 (3), 347- 356.

Azoulay, A. and Kapferer, J., N. (2003), Do brand personality scales really measure brand personality? *Journal of Brand Management*, 11 (2), 143-156.

Balmer, J.M.T. and Soenen, G.B. (1999). The acid test of corporate identity management. *Journal of Marketing Management*, 15, 69–92.

Barnett, M. L., Jermier, J. M. and Lafferty, B. A. (2006). Corporate reputation: the definitional landscape, *Corporate Reputation Review*, 9 (1), 26-38.

Barney J. and Arikan, A. (2005). The resource-based view: origins and implications, in *The Blackwell Handbook of Strategic Management* 124-188. M. A. Hitt, R. E. Freeman and J.Harrison (eds); Malden (MA, USA): Blackwell.

Berens, G. and van Riel, C. B. (2004). Corporate associations in the academic literature: three main streams of thought in the reputation measurement literature, *Corporate Reputation Review*, 7 (2), 161-178.

Bromley, D. B. (2001). Relations between personal and corporate reputation, *European Journal of Marketing*, 35 (3-4), 316-334.

Brown, S. P. (1995), The Moderating Effects of Insuppliers/Outsuppliers Status on Organizational Buyer Attitudes, *Journal of the Academy of Marketing Science*, 23 (3), 170-81.

Caruana, A. (1997). Corporate reputation: concept and measurement, *Journal of Product & Brand Management*, 6 (2), 109-118.

Caruana, A. and Chircop, S. (2000). Measuring corporate reputation: a case example. *Corporate Reputation Review*, 3 (1), 43-57.

Chun, R. (2005). Corporate reputation: meaning and measurement, *International Journal of Management Reviews*, 7 (2), 91-109.

Davies, G., Chun, R., da Silva, R. V., R. and Roper, S. (2001). The personification metaphor as a measurement approach for corporate reputation, *Corporate Reputation Review*, 4 (2), 113-127.

Davies, G., Chun, R., Da Silva, R.V., Roper, S. (2003). *Corporate reputation and competitiveness*. London: Routledge.

Davies, G., Chun, R., da Silva, R. V., Roper, S. (2004). A corporate character scale to assess employee and customer views of organization reputation, *Corporate Reputation Review*, 7 (2), 125-146.

Dutton, J.E., Dukerich, J. M. and Harquail, C.V. (1994), Organizational Images and Member Identification, *Administrative Science Quarterly*, 39 (2), 239-264.

Erdem, T. and Swait, J. (2004). Brand credibility, brand consideration and choice, *Journal of Consumer Research*, 31 (1), 16-25.

Fombrun, C. and Shanley, M. (1990). What's in a name? Reputation building and corporate strategy, *Academy of Management Journal*, 33 (2), 233-58.

Fombrun, C. (1997). The reputational landscape, *Corporate Reputation Review*, 1 (1-2), 5-12.

Fombrun, C. J., Gardberg, N., and Sever,J. (2000). The reputation quotient: A multi-stakeholder measure of corporate reputation. *Joumal of Brand Management*, 7(4): 241-55.

Fombrun, C. (2005). Corporate reputations as economic assets, in *Blackwell Handbook of Strategic Management*, 289-312. M. A. Hitt, R. E. Freeman, and J. Harrison, (eds), Malden: Blackwell.

Fombrun, C., Ponzi, L., Newburry, W. (2015). Stakeholder Tracking and Analysis: The RepTrak® System for Measuring Corporate Reputation. *Corporate Reputation Review*, 18 (1), 3–24.

Freeman, R and McVea, J. (2005). A stakeholder approach to strategic management", in *Blackwell Handbook of Strategic Management*, 189-207, M. A. Hitt, R. E. Freeman, and J. Harrison, (eds), Malden: Blackwell.

Gains-Ross, L. (1997). Leveraging corporate equity. *Corporate Reputation Review*, 1 (1/2), 51–56.

Gioia, D.A. and Thomas, J.B. (1996). Identity, image and issue interpretation: sensemaking during strategic change in academia, *Administrative Science Quarterly*, 41 (3), 370–403.

Gotsi, M. and Wilson, A. M. (2001). Corporate reputation: seeking a definition, *Corporate Communications*, 6 (1), 24-30.

Grunig, J. E. (1993). Image and substance: from symbolic to behavioural relationships, *Public Relations Review*, 19 (2), 121-139.

Hardy, K.G. (1970). Whatever happened to image. *Business Quarterly*, 35 (Winter), 70–76.

Herbig, P.; Milewicz J. (1995). The relationship of reputation and credibility to brand success, *Journal of Consumer Marketing*, 12 (4), 1-5.

Hitt, M. A., Ireland, R. D. and Hoskisson, R. E. (2005). *Strategic Management*, Ohio: Thomson.

Keller, K.L. and Aaker, D.A. (1998). Corporate level marketing: the impact of credibility marketing on brand extensions. *Corporate Reputation Review*, 1(4), 356–378.

Lewellyn, P. (2002). Corporate Reputation: focusing the Zeitgeist, *Business & Society*, 41 (4), 446-455.

Rao, H. (1994), The Social Construction of Reputation: Certification Contests, Legitimation and the Survival of Organizations in the American Automobile Industry 1895-1912, *Strategic Management Journal*, 15 (Winter), 29-44.

R. J. Martinez, Norman, P. M. (2004). Whither reputation? The effects of different stakeholders, *Business Horizons*, 47 (5), 25-32.

Nguyen, N. and Leblanc, G. (2001). Corporate image and corporate reputation in customers' retention decisions in services, *Journal of Retailing and Consumer Services*, 8 (4), 227- 236.

Spector, A. J. (1961). Basic dimensions of the corporate image, *Journal of Marketing*, 25 (6), 47-52.

Wee, T. T. (2004). Extending human personality to brands: the stability factor, *Journal of Brand Management*, 11(4), 317-330.

Weigelt, K. and Camerer, C. (1988). Reputation and corporate strategy: a review of recent theory and applications, *Strategic Management Journal*, 9 (5), 443-454.

Van Rekom, J. (1997). Deriving an operational measure of corporate identity, *European Journal of Marketing*, 31 (5-6), 410-420.

Van Riel, C. B. and Balmer, J. M. 1997. Corporate identity: the concept, its measurement and management, *European Journal of Marketing*, 31(5-6), 340-353.

Van Riel, C. B. and Fombrun, C. 2002. Which company is most visible in your country? An introduction to the special issue on the global RQ project nominations, *Corporate Reputation Review*, 4 (4), 296-302.

Yoon, E., Guffey, H.J. and Kijewski, V. 1993. The effects of information and company reputation on intentions to buy a business service, *Journal of Business Research*, 27 (3), 215-28.

1.4 Flexibilidade Estratégica

HELGA NOVAIS

INTRODUÇÃO

A natureza da envolvente em que as organizações se enquadram, as exigências que lhes são impostas e as formas mais adequadas para lidar com essas exigências são tópicos que têm ocupado muitos investigadores, numa tentativa de perceber de que forma aquelas poderão desenvolver vantagens competitivas sustentáveis.

Constata-se, pois, que as organizações actuais operam em ambientes turbulentos, atendendo à sua dinâmica, diversidade e previsibilidade (Krijnen, 1985), debatendo-se por responder aos desafios colocados por cenários competitivos cada vez mais alargados e instáveis. Esta instabilidade é o resultado de uma densificação de relações por todo o mundo, de um processo de globalização crescente, "massivo em alcance, profundo em impacto" (Eisenhardt, 2002).

As regras do jogo alteraram-se. A ascensão de uma economia virtual, baseada no conhecimento, a crescente diversidade de mercados, o desenvolvimento de redes de ligações, no seio das quais coexistem relações de cooperação e competição, a abolição das fronteiras organizacionais, o crescente desenvolvimento tecnológico e a intensificação da concorrência são apenas alguns exemplos da realidade actual, na qual as organizações se movimentam (Hitt et al., 1998; Harrigan, 2005; Matthyssens et al., 2005; Volberda, 1996).

Esta realidade é profundamente marcada pela incerteza, a qual exacerba a necessidade das organizações encetarem acções de forma célere, no sentido de reverter posturas inadequadas. Desta forma, os conceitos de gestão tradicionais, aplicáveis a cenários estáveis e previsíveis e que outrora haviam conduzido as empresas ao sucesso, parecem não se coadunar com as exigências impostas pela actual conjuntura (Sanchez, 1997).

À capacidade detida pela organização de se adaptar às exigências e circunstâncias da sua envolvente dá-se o nome de flexibilidade estratégica (Golden e Powell, 2000). Não obstante, o conceito revela-se muito mais abrangente e complexo.

Pelo facto de se tratar de uma ferramenta importante no alcance de novas formas de vantagem competitiva (Upton, 1995), a flexibilidade estratégica tem sido alvo de vários estudos, levados a cabo nas mais diversas áreas.

Trata-se, portanto, de um conceito polimorfo e multidimensional (Evans, 1991; Suarez et al., 1991), associado à mudança (Harrigan, 2005) – mudança organizacional, em resposta a oportunidades e ameaças de mercado, e mudança ambiental, pelas influências exercidas pela organização no contexto em que opera (De Leeuw e Volberda, 1996).

Muito embora se revele uma abordagem de gestão recomendada, por permitir, de um modo geral, enfrentar os desafios actuais, alinhada com a Teoria da Contingência surge a ideia de que a sua implementação deverá atender às especificidades do contexto. Com efeito, contextos estáveis dispensam posturas demasiado flexíveis (Garg et al., 2003).

A cada contexto específico estão associadas diferentes áreas – dimensões – em que se poderá manifestar a capacidade de adaptação. Porque o desempenho da organização em cada dimensão é susceptível de ser medido, recorrendo-se para o efeito a um conjunto de grandezas, torna-se possível mensurar o seu nível de flexibilidade global (Golden e Powell, 2000).

Por outro lado, os aspectos do contexto considerado poderão contribuir positivamente para o desenvolvimento de flexibilidade, representando, por essa via, pilares ou capacidades necessárias à sua implementação, ou poderão afectá-lo negativamente, exercendo barreiras que inibem o exercício daquelas capacidades, materializando-se em barreiras estratégicas (Harrigan, 2005).

Para além da sua natureza polimorfa, alguns trabalhos de investigação referem, ainda, a sua natureza paradoxal, atendendo à qual a organização deverá imprimir à sua actuação um certo grau de estabilidade, evitando reacções excessivas e, consequentemente, desperdícios de recursos (Adler, 1988; Das e Elango, 1995; Volberda, 1996).

Ao longo deste trabalho tentar-se-á explorar estes aspectos da flexibilidade estratégica, partindo de uma reunião dos contributos de diversos investigadores, numa tentativa de fornecer uma visão global deste constructo.

Assim, começa-se por apresentar algumas das definições propostas para o conceito, seguindo-se uma exposição das suas principais vantagens e limitações. Nos pontos seguintes descrevem-se as suas dimensões e medidas, bem como as relações passíveis de estabelecer entre ambas. Os pilares para a implementação de flexibilidade estratégica e respectivas barreiras são ainda descritos, terminando-se com uma análise da natureza paradoxal do conceito.

1. O CONCEITO DE FLEXIBILIDADE ESTRATÉGICA

O conceito de flexibilidade estratégica há muito que vem sendo investigado por académicos de diferentes áreas (Evans, 1991), sendo um dos principais desafios a sua definição (Golden e Powell, 2000).

Várias têm sido as definições propostas, traduzindo uma natureza polimorfa e multidimensional do conceito (Evans, 1991; Suarez et al., 1991). Com efeito, a flexibilidade pode assumir diferentes formas no seio de uma organização (Upton, 1995), pelo que o seu significado e a sua relação com as diferentes funções organizacionais se revelam ambíguos (De Leeuw e Volberda, 1996). Contudo, uma ideia essencial parece dominar – a flexibilidade está associada à mudança (Harrigan, 2005).

De uma forma simplista, flexibilidade traduz capacidade de adaptação (Golden e Powell, 2000). Isto é, pressupõe a modificação de cursos de acção face ao originalmente planeado, em resposta a alterações operadas na envolvente externa à organização, caracterizada por condições de incerteza (Evans, 1991; Jones e Ostroy 1984). Da mesma forma, envolve a gestão desta incerteza, associada a posturas estratégicas não óptimas (Harrigan, 2005).

Trata-se de uma abordagem alternativa de gestão (Sanchez, 1997), que permite explorar novos produtos e segmentos de mercado de forma mais célere e eficiente (Das e Elango, 1995), revelando-se particularmente crítica em cenários altamente competitivos, marcados pela incerteza e em que a inovação é uma constante, ou seja, em contextos de elevada intensidade tecnológica (Evans, 1991).

Não obstante, a flexibilidade requer também capacidade de induzir ou responder a mudanças inesperadas no ambiente, relacionando-se com os conceitos de versatilidade e agilidade (Evans, 1991). Pode, assim, concluir-se que resulta de uma relação de controlo dual entre a organização e a envolvente em que se enquadra (De Leeuw e Volberda, 1996).

A flexibilidade estratégica pode, também, ser definida em termos da capacidade de gestão de riscos económicos e políticos, requerendo respostas atempadas, de uma forma proactiva ou reactiva, a oportunidades e ameaças de mercado (Grewal e Tansuhaj, 2001).

Harrigan (2005) refere, de igual modo, a necessidade de gerir os riscos associados aos elevados retornos que a empresa visa alcançar ao ajustar-se à mudança.

De acordo com De Leeuw e Volberda (1996) "a flexibilidade não é uma condição estática, mas sim um processo dinâmico". De facto, uma postura flexível pressupõe a possibilidade de rever posicionamentos, isto é, de prosseguir cursos de acção alternativos, o que implica a disponibilidade de um vasto conjunto de opções estratégicas (Evans, 1991; Jones e Ostroy, 1984). Estas opções, segundo Sanchez (1997), são desenvolvidas através do efeito combinado de dois tipos de flexibilidade a deter pela organização: de coordenação e de recursos. Por outro lado, o seu exercício deverá ser feito ao mínimo custo, o que requer a posse de activos líquidos (Jones e Ostroy, 1984). Os referidos activos conferem flexibilidade à organização graças à facilidade de reafectação dos mesmos em contextos voláteis, de forma célere e progressiva (Buckley e Casson, 1998), minimizando-se a exposição ao risco (Das e Elango, 1995).

Nesta linha de pensamento, Shimizu e Hitt (2004) definem flexibilidade estratégica como a capacidade da organização identificar mudanças significativas na sua envolvente externa, responder rapidamente às mesmas com os recursos necessários e, finalmente, reconhecer e agir atempadamente quando se revelar necessário alterar a afectação de recursos prosseguida.

Face ao exposto, resulta reforçada a ideia de que a flexibilidade estratégica encerra múltiplas definições, tratando-se, portanto, de um conceito complexo. Por isso mesmo, o seu alcance deverá pressupor um entendimento mais alargado e aprofundado do mesmo, que passe pelo conhecimento das suas vantagens, desvantagens, dimensões, medidas, pilares e barreiras. São estes os pontos que se passará a apresentar.

2. FLEXIBILIDADE ESTRATÉGICA: VANTAGENS E LIMITAÇÕES

Ao abrigo da Teoria da Contingência, não existe uma forma óptima de organização; aquela dependerá largamente da natureza da envolvente em que a organização se enquadra.

Segundo Suarez et al. (1991) uma ideia errada parece prevalecer em vários estudos de flexibilidade – "mais flexibilidade é sempre melhor". Não obstante, a flexibilidade estratégica poderá encerrar algumas desvantagens, não sendo uma solução para todos e quaisquer problemas. Deverá, portanto, adoptar-se uma abordagem de ponderação aquando da formulação de opções estratégicas (Das e Elango, 1995).

Importa, assim, conhecer quais as vantagens e desvantagens associadas à adopção de posturas flexíveis.

2.1 VANTAGENS DA FLEXIBILIDADE

Segundo Upton (1995), a flexibilidade dota a organização da capacidade de, por um lado, atender de forma célere aos desejos dos seus consumidores, fornecendo-lhes uma gama variada de produtos, e, por outro, ampliar a sua oferta com relativa facilidade. Volberda (1996) refere que a forma flexível permite enfrentar adequadamente os desafios colocados por contextos complexos e dinâmicos. Nesta óptica, Suarez et al. (1991) apresentam aspectos do cenário competitivo a que a flexibilidade permite dar resposta, representando circunstâncias em que se revela vantajosa. Expõem-se, seguidamente, alguns dos factores apontados pelos autores:

- desejo de prossecução de uma estratégia de customização e de actuação em múltiplos segmentos de mercado;
- procura heterogénea e volátil e valorização, por parte dos clientes, de produtos complementares;
- actuação em mercados de tecnologia intensiva, em que a inovação é uma constante e a procura ainda não está bem definida (em termos de preferências e comportamento) ou em indústrias na fase de maturidade, caracterizadas por descontinuidades tecnológicas;
- dificuldade de previsão da capacidade de produção dos concorrentes em contextos de elevado crescimento da procura;
- sensibilidade dos clientes ao factor tempo, em termos de prazos de entrega.

Das e Elango (1995) apontam como vantagens da flexibilidade a possibilidade da organização explorar de forma eficiente e célere novos segmentos de mercado e desenvolver novos produtos, sem incorrer em custos elevados, típicos das posturas tradicionais, bem como a redução da exposição ao risco, em virtude dos investimentos realizados não serem irreversíveis.

Swamidass e Newell (1987) concluem, a partir de uma análise empírica levada a cabo no sector industrial, que a flexibilidade é fonte de vantagem competitiva. Esta visão é partilhada por Johnson et al. (2003).

Face ao exposto, e indo ao encontro do que Das e Elango (1995) reiteram no seu trabalho, a flexibilidade estratégica pode representar uma "arma estratégica".

2.2 LIMITAÇÕES DA FLEXIBILIDADE

Contrariando a ideia errada de que a flexibilidade se revela sempre vantajosa, Suarez et al. (1991) alertam para o facto de uma aposta em sistemas flexíveis poder descredibilizar uma empresa, pela volatilidade de posições estratégicas que sugere e pela incapacidade da empresa transmitir ao mercado a ideia de que entrou para ficar.

Por sua vez, Das e Elango (1995) apontam três grandes desvantagens associadas à flexibilidade: custos acrescidos, aumento do stress e perda de focos. No primeiro caso, os autores defendem que uma postura flexível poderá resultar em perdas de eficiência e, por esta via, num aumento dos custos (ideia esta refutada por alguns autores). Por outro lado, transformações constantes tornam difícil a regularização de tarefas e criação de rotinas, o que poderá resultar em instabilidade nos trabalhadores, dos quais se exige aprendizagem constante. Finalmente, as organizações não deverão perder de vista as suas capacidades distintivas ao responderem aos desafios impostos por cenários turbulentos.

Adicionalmente, uma postura de flexibilidade total, decorrente de uma menor interdependência entre elementos de uma organização, poderá resultar numa perda do sentido de identidade e continuidade (Weick, 1991).

Segundo Rosenhead et al. (1972), ao alcance de flexibilidade está associado um custo. Este custo pode representar o custo de oportunidade do capital investido nos recursos necessários ao empreendimento de estratégias flexíveis. Por esse motivo, a empresa não deverá afectar recursos a cursos de acção alternativos em circunstâncias em que não se revele necessário, visto tal afectação poder conduzir a um impacto negativo no seu desempenho (McKee et al., 1989).

Johnson et al. (2003) alertam para o facto de, em contextos pouco turbulentos, a flexibilidade poder contribuir para ineficiências e aumentos de custos desnecessários, porquanto os recursos e capacidades devotados à mesma constituem uma margem (leia-se folga) abaixo do nível óptimo. Esta margem está longe de representar flexibilidade, representando, antes, um conjunto de recursos inutilizados, a partir dos quais não se perspectiva a criação de opções.

Garg et al. (2003), na sua análise dos domínios relevantes para a organização do dinamismo do seu ambiente externo, argumentam que em contextos estáveis, ou pouco dinâmicos, a flexibilidade estratégica se afigura supérflua e ineficiente. As razões apontadas são três e baseiam-se na investigação desenvolvida por Kessler e Chakrabarti (1996), respeitante à velocidade da inovação:

1) as pressões competitivas são reduzidas, pelo que inovações constantes poderão resultar numa anulação das vantagens competitivas angariadas;

2) sendo comedida a intensidade da inovação tecnológica, surgem com pouca frequência novas oportunidades susceptíveis de serem exploradas (*"exploration"*), devendo ser tirado o máximo partido das oportunidades existentes (*"exploitation"*);

3) dada a reduzida volatilidade da procura (em termos de preferências), o desenvolvimento de novos produtos e processos poderá conduzir a uma redução, indesejada, do ciclo de vida de produtos fortes.

Jones (2003), numa revisão da literatura acerca do papel do rápido desenvolvimento de produtos para o alcance de vantagens competitivas, alerta para o facto de que a constante introdução de novos produtos no mercado poderá canibalizar outros produtos da empresa, especialmente se se tratarem de substitutos perfeitos, afectando negativamente o seu desempenho.

3. DIMENSÕES DE FLEXIBILIDADE ESTRATÉGICA

A definição de flexibilidade estratégica só assume significado se enquadrada em contextos específicos. Estes contextos permitem identificar áreas, também designadas por dimensões, em que é possível evidenciar aquela capacidade (Golden e Powell, 2000), viabilizando, por essa via, a tipificação do conceito. O tipo de flexibilidade prosseguido por uma organização deverá, então, ser determinado pelo seu ambiente competitivo (Upton, 1995).

Evans (1991) começou por conceptualizar flexibilidade estratégica em termos de duas dimensões – temporal e de intenção. No seguimento do seu trabalho, Golden e Powell (2000) propuseram duas dimensões adicionais – alcance e focos. Esta sistematização afigura-se suficientemente abrangente, enquadrando os contributos de vários investigadores. De referir que estas áreas não são estanques, apresentando pontos de contacto e surgindo na literatura, frequentemente, associadas.

3.1 DIMENSÃO TEMPORAL

A dimensão temporal consiste no período de tempo necessário para uma organização se adaptar às alterações da sua envolvente externa (Golden e Powell, 2000).

Ao abrigo desta dimensão, os horizontes temporais considerados dividem-se tipicamente em longo prazo, médio prazo e curto prazo. Tal distinção envolve uma identificação das perspectivas temporais críticas, podendo ser feita em termos de tipologia das mudanças ocorridas, que pode ser separada em estratégica, táctica ou operacional (Gustavsson, 1984; Johnson et al., 2003).

As mudanças de natureza estratégica têm implícito um horizonte temporal de longo prazo, envolvendo decisões que pressuponham investimentos conducentes a transformações significativas no seio da organização (e.g. investimentos em equipamentos ou automação), sendo que as mudanças tácticas envolvem um horizonte de médio prazo, revelando-se moderado o nível de compromisso para com a mudança (e.g. mudanças a nível de desenho ou da taxa de produção). Os ajustamentos do quotidiano, de natureza operacional (e.g. revisão do plano de produção na sequência de uma avaria ou de uma falha de material), respeitam ao curto prazo.

Em síntese, é flexível a organização capaz de se adaptar à mudança num determinado período de tempo (Das e Elango, 1995).

3.2 DIMENSÃO DE INTENÇÃO

A dimensão de intenção diz respeito à postura da organização face à mudança, a qual poderá ser ofensiva (activa) ou defensiva (passiva) (Evans, 1991).

Ao adoptar uma postura ofensiva, a organização assume o papel de "órgão de controlo" (De Leeuw e Volberda, 1996), numa tentativa de influenciar a sua envolvente (Krijnen, 1985) e, por esta via, alcançar vantagens competitivas. Por outro lado, uma postura defensiva faz da organização um "sistema alvo" (De Leeuw e Volberda, 1996), que responde aos desafios do seu contexto competitivo, adaptando-se, com o intuito de minimizar impactos negativos.

Hitt et al. (1998) definem flexibilidade em termos de capacidade de acção (criação de novas oportunidades) ou resposta a condições competitivas flutuantes.

Enquanto Johnson et al. (2003) e Gerwin (1993) realçam a importância de considerar a componente proactiva da flexibilidade, Grewal e Tansuhaj (2001) propõem que a forma reactiva é mais adequada em situações de crise.

A organização flexível é, assim, aquela que consegue, por um lado, responder e, por outro lado, controlar as alterações da envolvente.

3.3 DIMENSÃO DE ALCANCE

A dimensão de alcance tem a ver com o grau de previsibilidade das alterações a que a organização tem que responder.

Das e Elango (1995) mencionam a importância de responder a alterações imprevistas.

Não obstante, uma organização poderá revelar capacidade de adaptação, por um lado, a circunstâncias ou eventos não acautelados ou imprevisíveis e, por outro lado, a mudanças antecipadas, recorrendo para o efeito à sua função de planeamento (Krijnen, 1985).

Sanchez (1997) refere, igualmente, no seu trabalho a possibilidade de conjugar o recurso ao planeamento, aplicável a circunstâncias de certa forma previsíveis, com a implementação de estratégias emergentes, nos casos de imprevisibilidade da mudança.

Evans (1991) refere que a capacidade de adaptação da organização pode ser accionada em resposta a alterações despoletadas por eventos que

GESTÃO ESTRATÉGICA

requeiram ajustamentos (*ex post*) ou em antecipação à ocorrência dos mesmos (*ex ante*). Esta distinção parece corresponder à dimensão de alcance aqui explicitada, embora o autor a associe à dimensão temporal.

3.4 DIMENSÃO DE FOCOS

A dimensão de focos relaciona-se com o contexto de criação de flexibilidade (Golden e Powell, 2000).

Suarez et al. (1991), a este propósito, alertam para a importância de pensar a flexibilidade em termos internos e externos à organização, propondo um conjunto de factores fonte de flexibilidade, os quais traduzem aquela focalização. Assim, são apresentados sete factores, estando os quatro primeiros claramente associados à componente interna de flexibilidade e os restantes à sua componente externa:

1) tecnologias de produção (factor relacionado com o nível de automação dos processos e respectiva natureza; podem ser especializadas ou flexíveis);

2) técnicas de gestão da produção (factor que permite avaliar se são ou não usadas técnicas potenciadoras de flexibilidade, que poderão incluir práticas de qualidade total, produção *just-in-time*, círculos de qualidade, rotação de pessoal, redução dos níveis hierárquicos e trabalho de equipa);

3) processos de desenvolvimento do produto (factor associado à aplicação de princípios facilitadores da produção flexível, que poderá assentar no recurso a um número reduzido de componentes, bem como a componentes modulares e padronizados e dotados de um desenho simples);

4) sistemas de informação e de gestão (factor de avaliação do grau de integração dos sistemas de informação e de gestão na estratégia global da organização, por forma a fornecer informação relevante e oportuna à tomada de decisão);

5) treino e competências da força de trabalho (factor que respeita ao nível de formação dos colaboradores e à natureza das suas competências, que poderá ser mais especializada ou mais abrangente);

6) políticas laborais (factor que possibilita aferir da facilidade em despedir e contratar, por um lado, e de alterar a estrutura e nível salarial da força de trabalho, por outro);

7) relacionamento com fornecedores e distribuidores (factor que capta o nível de cooperação e integração, ou proximidade, da empresa com os seus fornecedores e canais de distribuição, por meio, designadamente, da subcontratação, projectos de assistência técnica e rotação de pessoal).

Uma abordagem similar é feita por Das e Elango (1995), que propõem os mesmos dois tipos de flexibilidade, apontando seis factores com impacto no seu alcance. Os factores externos englobam:
1) redes de fornecedores, que permitem satisfazer necessidades da empresa em bens e serviços;
2) alianças, que facilitam o acesso a recursos adicionais em áreas seleccionadas;
3) operações a nível multinacional, através da integração de cadeias de valor sediadas em vários países, integração essa que possibilita a relocalização de actividades de valor acrescentado sempre que se revele vantajoso.

Os factores internos baseiam-se em:
1) operações, pela utilização optimizada de sistemas de produção e desenho e pela produção de componentes modulares;
2) mão-de-obra, sempre que for possível ajustar o número de colaboradores, atendendo a flutuações da procura;
3) estrutura organizacional, recorrendo para o efeito à departamentalização da organização e conferindo maior autonomia às suas divisões.

De Leeuw e Volberda (1996) referem, igualmente, no seu trabalho a existência de flexibilidade interna e externa, conforme a empresa se adapte internamente ou exerça alguma influência sobre seu o ambiente externo. Já Johnson et al. (2003) enfatizam a importância da flexibilidade externa, orientada para o mercado.

Face ao exposto, conclui-se que o alcance de flexibilidade estratégica não está confinado às fronteiras organizacionais (Golden e Powell, 2000), devendo representar um compromisso prosseguido pela organização.

4. MEDIDAS DE FLEXIBILIDADE ESTRATÉGICA

De acordo com Das e Elango (1995), a medição da flexibilidade é um aspecto crítico da sua gestão. Por se tratar de um conceito multidimensional, afigura-se difícil utilizar uma unidade de medida absoluta. Por outro lado, a escassez de estudos empíricos torna problemática a referida medição (Suarez et al., 1991). Além disso, atendendo às várias dimensões que encerra, a sua avaliação só faz sentido se enquadrada num determinado contexto (Golden e Powell, 2000).

Das e Elango (1995) propõem medição de flexibilidade em termos de rapidez, volume e custos de mudança; De Leeuw e Volberda (1996) realçam a questão temporal; Upton (1995) avalia a flexibilidade em termos de tempo e alcance. Seguindo o trabalho de Golden e Powell (2000), quatro medidas são apresentadas: eficiência, capacidade de resposta, versatilidade e robustez.

4.1. EFICIÊNCIA

Flexibilidade pressupõe não só capacidade de resposta à mudança, mas também eficiência na forma como essa resposta é accionada.

Volberda (1996) refere a eficiência como medida da resposta da organização a alterações do cenário competitivo. Esta eficiência pode traduzir-se na manutenção do nível de desempenho da organização, enquanto acomoda as alterações requeridas pela envolvente (Upton, 1995; Swamidass e Newell, 1987). Do mesmo modo, pode ser aferida em termos do custo e do tempo consumidos com as referidas alterações (Sanchez, 1997) ou, ainda, da forma como a empresa consegue explorar novos segmentos e produtos (Das e Elango, 1995).

Krijnen (1985) enquadra a eficiência no contexto da produção de bens e serviços e dos respectivos custos, sendo que Suarez et al. (1991) referem a eficiência inerente a sistemas de produção flexíveis.

Gustavsson (1984) alude, similarmente, à estrutura e desenho dos sistemas como condicionador da relação entre eficiência e flexibilidade. Browne et al. (1984) propõem medidas de eficiência aplicáveis a vários aspectos da produção (e.g. equipamentos, processos, produtos, volume), as quais permitem avaliar a sua flexibilidade.

Tratando-se a eficiência de uma medida susceptível de ser aplicada à flexibilidade, ainda que indirectamente, muita da teoria organizacional apresentava ambos os conceitos como antagónicos (Adler et al., 1999). O facto da eficiência surgir muitas vezes associada a uma estrutura organizacional burocrática, caracterizada por elevados níveis de padronização, formalização e especialização e por uma hierarquia bem definida, parecia não se coadunar com a fluidez e ajustamento típicos de organizações flexíveis, o que pressupõe um *tradeoff* entre ambos (Adler et al., 1999; Suarez et al., 1991). Não obstante, Adler et al. (1999), na sequência de uma revisão do trabalho de outros autores e de um estudo empírico centrado no Sistema de Produção da Toyota, constatam a inexistência de uma relação linear entre flexibilidade e eficiência, propondo alguns mecanismos para alterar aquele *tradeoff*.

Assim, porque a flexibilidade pressupõe capacidade de adaptação a vários níveis, cuja eficiência pode ser aferida, esta surge como uma das medidas propostas para avaliar aquela capacidade da organização (Golden e Powell, 2000).

4.2. CAPACIDADE DE RESPOSTA

As várias definições propostas pelos investigadores para o conceito de flexibilidade apresentam um elemento comum – capacidade de resposta (subentende-se atempada), o que traduz a relevância indubitável desta medida. Citando Das e Elango (1995): "a importância da resposta da empresa ser atempada é evidente".

Com efeito, a flexibilidade pode ser conceptualizada de duas formas (Roberts e Stockport, 2009), consistindo uma delas na rapidez com que uma organização altera os seus cursos de acção, atendendo à frequência e intervalo de tempo da mudança (Nadkarni e Narayanan, 2004).

Enquanto Evans (1991) realça este elemento na sua investigação em termos do curto espaço de tempo disponível para desenvolver uma resposta adequada, Kessler e Chakrabart (1996) endereçam a importância da rapidez da inovação na criação de vantagens competitivas sustentáveis em ambientes turbulentos. Já Matthyssens et al. (2005) apontam para a necessidade das organizações aprenderem e transformarem ideias em acções com rapidez.

Shimizu e Hitt (2004) integram na sua definição de flexibilidade a necessidade da rápida afectação de recursos a novos cursos de acção em resposta às alterações da envolvente, bem como o reconhecimento e acção atempados quando é altura de rever a posição assumida primordialmente.

Sanchez (1997) menciona a importância da flexibilidade estratégica enquanto capacidade de responder prontamente a oportunidades de mercado. Da mesma forma, Grewal e Tansuhaj (2001) referem a prontidão da resposta, seja ela proactiva ou reactiva, às oportunidades e ameaças de mercado. Também Lucas e Olson (1994) defendem a necessidade de rapidez na defesa contra ameaças e no aproveitamento de oportunidades.

Por seu lado, Harrigan (2005) alude à exigência de "lidar com o lado negro dos factores temporais da estratégia". Volberda (1996) também indica no seu trabalho a importância da rapidez da resposta para a flexibilidade.

Em síntese, a capacidade de resposta implícita no conceito de reacção à mudança e, portanto, de flexibilidade, pode ser avaliada, sendo-o em termos do tempo necessário à sua colocação em prática (Golden e Powell, 2000).

4.3 VERSATILIDADE

A versatilidade permite medir a gama (variedade) de actividades e opções planeadas pela organização em resposta a mudanças previstas (Golden e Powell, 2000).

No seguimento do que havia sido apontado anteriormente no que à conceptualização de flexibilidade diz respeito, a versatilidade enquadra-se na outra forma de conceptualizar aquele conceito, traduzindo a variação e diversidade de estratégias aplicáveis, no caso específico, a situações antecipadas pela organização (Roberts e Stockport, 2009).

À semelhança do que se constata relativamente à capacidade de resposta, também a versatilidade é apontada em vários trabalhos de investigação como uma característica inerente à flexibilidade.

Krijnen (1985) refere a este propósito a capacidade de planeamento da organização, que a torna capaz de antecipar a mudança e responder adequadamente. Evans (1991) menciona a liquidez e resiliência da empresa, que lhe conferem um conjunto de respostas possíveis a mudanças antecipadas, no seguimento de uma postura ofensiva ou defensiva. Estes conceitos são apresentados, portanto, com o significado imprimido por Golden e Powell (2000) à versatilidade.

Sanchez (1997) alude às abordagens de planeamento como uma forma adequada de responder a alterações previsíveis. Também no contexto industrial, se associa maior flexibilidade a uma maior variedade (Upton, 1995).

Em suma, versatilidade mede a capacidade da organização exercer um conjunto de opções estratégicas, com recurso à sua função de planeamento, na sequência da previsão de mudanças passíveis de acontecer. Importa, portanto, conhecer a dimensão daquele conjunto, por ser representativa do nível de flexibilidade detido pela organização.

4.4 ROBUSTEZ

Paralelamente à versatilidade, a robustez mede o conjunto de actividades ou opções detidos pela organização. Não obstante, difere daquela medida porquanto as actividades e opções mencionados deverão poder aplicar-se a situações não previstas pela organização.

Assim sendo, também se enquadra numa das conceptualizações de flexibilidade, em termos de variação e diversidade de estratégias, mencionadas por Roberts e Stockport (2009).

À luz deste conceito, Suarez et al. (1991) referem que o nível de flexibilidade da organização pode ser aferido pela sua capacidade de cooperar com vários tipos de incertezas, capacidade essa conferida pelos seus sistemas, sendo que Swamidass e Newell (1987) endereçam, igualmente, a utilidade da flexibilidade na preservação do desempenho da organização, mesmo em ambientes incertos.

Krijnen (1985) realça a habilidade de adaptação a circunstâncias ou eventos de forma alguma antecipados. Lucas e Olson (1994) incluem, do mesmo modo, na sua definição de flexibilidade a capacidade de adaptação a mudanças e incertezas de mercado.

Evans (1991) associa a robustez a uma postura defensiva, que torna a empresa capaz de acomodar mudanças não previstas, conservando a viabilidade da sua posição de mercado, pesem embora as alterações ocorridas. Essa robustez pode ser aferida pelo reportório de respostas desenvolvido.

Best et al. (1986) defendem a importância da robustez na manutenção de flexibilidade em condições de incerteza, acrescentando o seu contributo para a tomada de decisão, porquanto orienta os decisores para aquelas questões (incerteza e flexibilidade).

Sanchez (1997) menciona a necessidade de identificação de um conjunto de opções estratégicas para atenuar os efeitos de mudanças imprevisíveis. Rosenhead et al. (1972) desenvolvem o conceito de robustez a partir de uma abordagem empírica, apresentando-o como uma medida de flexibilidade aplicável em situações de incerteza.

Dado o nível de mudança, associada a incerteza, a que as organizações estão expostas, revela-se fulcral o desenvolvimento de um conjunto amplo de opções estratégicas que a tornem capaz de explorar oportunidades e contornar ameaças imprevisíveis. Quanto mais extenso for aquele conjunto, quer em termos de quantidade, quer de variedade, maior a robustez revelada pela organização.

5. RELAÇÃO ENTRE MEDIDAS E DIMENSÕES DE FLEXIBILIDADE

Uma vez sistematizado o conceito de flexibilidade em quatro dimensões e propostas quatro medidas para a sua medição, Golden e Powell (2000) prosseguem o seu trabalho, sugerindo uma relação entre ambas. Segundo os autores, as quatro medidas apresentadas – eficiência, capacidade de resposta, versatilidade e robustez – permitem medir duas das dimensões de flexibilidade – dimensão temporal e de alcance.

A eficiência e a capacidade de resposta permitem medir a dimensão temporal. Com efeito, retomando as respectivas definições, a eficiência traduz o nível de adaptação da organização às alterações do seu ambiente, dentro de um determinado intervalo de tempo pré-definido (restrição), sendo que a capacidade de resposta representa a rapidez com que essa adaptação é alcançada (extensão de tempo necessária à adaptação). Assim, o factor temporal é comum a estas medidas.

Quanto à versatilidade e robustez, ambas se aplicam à avaliação do alcance da flexibilidade. De facto, ambas respeitam à variação e diversidade de opções estratégicas de que a organização dispõe para fazer face à mudança. A diferença é que enquanto a versatilidade envolve opções planeadas em reposta a alterações previstas ou previsíveis (pondo à prova a função de planeamento da organização), a robustez implica uma capacidade de desenvolver cursos de acção alternativos, capazes de enfrentar situações imprevisíveis. Testa, portanto, a capacidade da empresa lidar com a incerteza.

Pese embora esta relação e operacionalização de conceitos, os autores chamam a atenção para o facto de que, tratando-se a flexibilidade de um conceito multidimensional, conforme já se teve a oportunidade de demonstrar, a aplicação das respectivas medidas deverá ajustar-se às variáveis a serem analisados. Concretizando, os autores referem, a título de exemplo, que a aferição da capacidade de resposta em áreas tão díspares como a produção e os recursos humanos será, inevitavelmente, distinta.

Por outro lado, será da determinação, a priori, da área, ou variável, a ser medida que resultará o contexto do qual surgirão as restantes dimensões – intenção e focos –, na medida em que, segundo os autores, ambas são atributos situacionais. De facto, defendem, será o contexto a definir se a organização assumiu uma posição proactiva ou reactiva relativamente à mudança (natureza da intenção) e se essa posição ultrapassou ou não as fronteiras organizacionais (focos interno ou externo).

6. PILARES PARA A IMPLEMENTAÇÃO DE FLEXIBILIDADE ESTRATÉGICA

O nível de flexibilidade estratégico detido pela organização, que torna possível o seu sucesso em contextos competitivos dinâmicos e incertos, dependerá de um conjunto de factores que a mesma deverá desenvolver, os quais, por este facto, aqui se designam por pilares, no sentido de capacidades, necessários à implementação de flexibilidade estratégica.

Fundamentando-se numa Visão Baseada nos Recursos, Sanchez (1997) defende que a flexibilidade estratégica envolve não só o acesso a recursos flexíveis, como também flexibilidade na coordenação dos mesmos. Segundo este autor, são flexíveis os recursos que apresentam uma gama variada de utilizações alternativas e cujo custo, dificuldade e tempo necessários à sua aplicação alternativa são mínimos (ou pelo menos menores).

Harrigan (1980, 2005) defende, também, a importância dos recursos flexíveis na atenuação de barreiras à saída. No que respeita à flexibilidade de coordenação, Sanchez (1997) apresenta três dimensões da mesma:

1) definição das utilizações a dar aos recursos (áreas em que serão aplicados);

2) identificação e estruturação do conjunto de recursos capazes de serem aplicados nas áreas definidas;

3) aplicação dos recursos nas áreas alvo, por meio de sistemas e processos organizacionais.

Johnson et al. (2003) enquadram, de forma similar, a flexibilidade na Visão Baseada nos Recursos, visto requerer disponibilidade e aplicação de combinações de recursos. A organização deverá, então, ser capaz de, por um lado, identificar, adquirir e aplicar aquelas combinações, potenciais criadoras de um conjunto de opções reais (baseadas em mecanismos de escolha subjacentes à estratégia) e, por outro, identificar as várias opções estratégicas à medida que surjam. Não obstante, por serem aplicadas em contextos turbulentos, as capacidades mencionadas deverão ser dinâmicas (Eisenhardt e Martin, 2000; Leonard-Barton, 1992; Teece et al. ,1997)

As capacidades dinâmicas envolvem a integração, reconfiguração, exploração e libertação de recursos, para responder ou induzir mudanças no mercado. Em suma, tratam-se de rotinas estratégicas a partir das quais se alcançam configurações de recursos renovadas, à medida que os mercados emergem, colidem, se separam, evoluem ou morrem (Eisenhardt e Martin, 2000).

Em linha com o conceito de capacidades dinâmicas, Zahra e George (2002) desenvolvem o seu trabalho em torno das capacidades de absorção, propondo uma distinção entre capacidades potenciais e capacidades realizadas e enfatizando a importância das primeiras no alcance de flexibilidade estratégica.

Desta forma, definem capacidade de absorção "como uma capacidade dinâmica dirigida à criação e utilização de conhecimento que potencia a habilidade da empresa adquirir e sustentar uma vantagem competitiva". Adicionalmente, avançam com quatro dimensões da mesma, interdisciplinares e susceptíveis de serem combinadas:

1) aquisição, baseada na capacidade de identificar e adquirir conhecimento gerado externamente, mas que se revela crítico para a organização; esta dimensão encerra três atributos: intensidade, velocidade e direcção;

2) assimilação, assente nas rotinas e processos empresariais que lhe permitem analisar, processar, interpretar e compreender a informação obtida externamente;

3) transformação, fundada no desenvolvimento e aperfeiçoamento de rotinas, facilitadoras da combinação entre o novo conhecimento adquirido e o já detido pela organização;

4) exploração, fundamentada em rotinas que permitem seleccionar, ampliar e alavancar competências ou, em alternativa, desenvolver

competências novas a partir do conhecimento adquirido, assimilado e transformado.

A aquisição e a assimilação enquadram-se, portanto, no âmbito das capacidades potenciais, sendo que a transformação e a exploração respeitam às capacidades realizadas.

Das e Elango (1995) referem a importância do contributo de uma estrutura organizacional adequada (ao nível do processo de tomada de decisão) para a capacidade da empresa responder de forma competitiva aos desafios impostos pelo mercado. Acrescentam, ainda, um conjunto de competências adicionais, como sejam:

1) as capacidades de gestão (necessidade de planear e tomar decisões tendo em conta horizontes temporais de longo e curto prazo, conjuntamente);
2) a confiança dos trabalhadores (graças à promoção tanto da cooperação entre trabalhadores de vários níveis organizacionais, como da sua participação na tomada de decisão);
3) as capacidades de aprendizagem da organização (consideração de experiências passadas, próprias e de outras empresas, aquando do exercício de opções estratégicas).

Krijnen (1985) trata, na mesma medida, a estrutura organizacional como factor de flexibilidade estratégica. A este propósito, refere a influência da tipologia do relacionamento entre departamentos (que deverá ser flexível) na capacidade da organização se aperceber da mudança e reagir à mesma. Assim, argumenta, uma estrutura flexível é aquela que:

1) promove eficiência, quer a nível da produção de bens e serviços, quer a nível do volume de produção;
2) facilita a mudança da composição de todas as combinações possíveis de produtos oferecidos e mercados servidos;
3) consegue modificar-se, com relativa facilidade, sempre que se revele necessário.

A propósito do processo de tomada de decisão, Shimizu e Hitt (2004) mencionam três capacidades, correspondentes a três níveis distintos do referido processo, necessárias ao alcance de flexibilidade estratégica:

1) capacidade de estar atento a reacções negativas (nível da atenção);

2) capacidade de recolher e avaliar objectivamente dados desfavoráveis (nível da avaliação);

3) capacidade de encetar e concluir mudanças atempadamente (nível da acção).

As duas primeiras capacidades parecem ir ao encontro do conceito de análise do ambiente interno e externo à organização preconizada por Garg et al. (2003), essencial à adopção de posturas adaptadas às circunstâncias e, consequentemente, à obtenção de um desempenho superior. Esta análise também se revela fulcral na capacidade de identificação das opções reais apresentada por Johnson et al. (2003).

Hitt et al. (1998) apontam a liderança estratégica (exercício de uma liderança visionária e transformacional) como factor preponderante da flexibilidade, acrescentando à mesma uma combinação de acções, designadamente:

1) desenvolvimento de competências nucleares dinâmicas, isto é, de um conjunto singular de recursos (competências ou capacidades), susceptível de criar vantagens competitivas, mas que não seja estático, podendo evoluir e desenvolver-se;

2) focalização e desenvolvimento do capital humano, ao abrigo dos quais a organização deverá focalizar os seus colaboradores para áreas críticas (em que possui competências nucleares), bem como investir no seu desenvolvimento. Tais práticas poderão pressupor o recurso à subcontratação em áreas secundárias (não nucleares), bem como à contratação de trabalhadores temporários, e envolver investimentos na aprendizagem contínua dos trabalhadores;

3) utilização eficaz de novas tecnologias, entre as quais se realçam as tecnologias de produção e de informação. As primeiras, que poderão englobar sistemas de produção flexíveis, produção integrada por computador, produção e desenho assistidos por computador, tornam possível a costumização de estratégias, pela produção de uma gama variada de produtos a custos reduzidos e, consequentemente, a obtenção de economias de alcance. As últimas, quer sejam verticais, quer horizontais, permitem uma maior rapidez e qualidade na tomada de decisões estratégicas e no desenvolvimento e introdução de novos produtos no mercado;

4) envolvimento em estratégias valiosas, como sejam a exploração de mercados globais, pela obtenção de sinergias e pelo acesso a um

conjunto mais alargado de oportunidades, potenciadoras da expansão do ciclo de vida dos produtos, a par da introdução de inovações e da obtenção de retornos mais elevados; e a cooperação, por meio de alianças estratégicas ou redes organizacionais, em que as primeiras tornam viável uma partilha de custos e de riscos e as segundas contribuem para uma alavancagem das competências individuais e para a obtenção de vantagens competitivas;

5) construção de novas estruturas organizacionais, a par de uma nova cultura, adequadas à prossecução das acções supra mencionadas. Realça-se a importância de adoptar estruturas horizontais e de apostar numa cultura de aprendizagem organizacional, bem como em recursos flexíveis.

As capacidades apresentadas deverão ser combinadas, devendo a organização equilibrar o seu alcance, na medida em que entraves ao desenvolvimento de qualquer uma delas podem comprometer os benefícios do conjunto (Volberda 1996).

6.1 BARREIRAS À FLEXIBILIDADE

De acordo com o exposto no ponto anterior, uma organização para ser flexível deverá deter um conjunto de capacidades, explorando-as de forma adequada. Ora, muitas vezes algumas barreiras se colocam ao desenvolvimento daquelas competências, comprometendo a resposta da organização às mudanças do mercado.

Segundo Harrigan (1980, 2005), as barreiras à flexibilidade resultam na irreversibilidade de posturas estratégicas assumidas pela empresa. Segundo a autora, tais barreiras poderão surgir pela relutância da organização em abdicar dos benefícios decorrentes de investimentos realizados em activos intangíveis, podendo traduzir-se no desejo de manter uma boa reputação, nos compromissos assumidos perante os clientes, na potencial perda de clientes e canais de distribuição, na existência de sinergias entre unidades de negócio ou, ainda, na partilha de infra-estruturas. Uma forte posição de mercado também poderá funcionar como barreira, bem como algumas formas de integração vertical. Outro aspecto a considerar prende-se com a existência de magros mercados para a revenda de activos de que a empresa já não necessite e que acabam por prendê-la a posições desfavoráveis.

Por outro lado, a concentração num número limitado de rotinas e capacidades (capacidades nucleares) e a aposta em recursos altamente especializados podem contribuir para uma redução da flexibilidade (Leonard--Barton, 1992). Volberda (1996) aponta, também, como inibidores da flexibilidade formas organizacionais verticais e burocráticas.

Shimizu e Hitt (2004), na sua investigação, complementam a análise das capacidades necessárias à manutenção de flexibilidade estratégica (mencionada no ponto anterior) com a identificação de algumas barreiras bloqueadoras do seu desenvolvimento e utilização. Trata-se de factores que também podem ser considerados no contexto das capacidades de absorção propostas por Zahra e George (2002). Estas barreiras podem estar associadas a aspectos da própria organização ou a posições assumidas pelos seus gestores, cujas percepções influenciam as acções da mesma (Thomas et al., 1993; Weick, 1991).

6.2 BARREIRAS À ATENÇÃO

A capacidade das organizações identificarem, atempadamente, sinais internos e externos negativos resulta, muitas vezes, comprometida, pelo facto de regerem as suas decisões e acções por um conjunto de princípios e regras fundamentados em práticas passadas, de certa forma normalizadas (Weick, 1991).

Assim, numa tentativa de replicarem sucessos passados, ignoram as exigências impostas pelo mercado, em constante evolução, o que se repercutirá negativamente na sua capacidade de adaptação (Audia et al., 2000).

Shimizu e Hitt (2004) propõem, então, a inércia organizacional como uma barreira à atenção. Por outro lado, referem também o papel dos gestores neste contexto, cujas decisões passadas, se bem-sucedidas, constituem um entrave à avaliação objectiva das contingências de mercado que possam requerer a adopção de estratégias inovadoras (McGrath, 1999).

6.3 BARREIRAS À AVALIAÇÃO

Ainda que a organização se mantenha atenta às tendências de mercado e se aperceba da necessidade de encetar novos cursos de acção, nem sempre responde adequadamente.

Com efeito, assiste-se muitas vezes a uma relutância por parte dos seus gestores em admitir erros, encarando os insucessos como temporários ou atribuindo-os a factores externos e aumentando, frequentemente, o nível de investimento em estratégias falhadas, numa tentativa de reverter a situação (especialmente se se tratar de grandes projectos).

As razões para tal postura pouco ou nada objectiva, na qual residem as barreiras à avaliação, estão muitas vezes relacionadas com o receio de represálias (penalizações ou limitações impostas na sua carreira profissional). Associada a esta problemática, impõe-se, igualmente, uma questão de governação.

De facto, a actuação dos gestores deverá ser controlada de forma a que não se assista a uma sobreposição dos seus interesses face aos da organização, prejudicando o seu desempenho (Chatterjee e Harrison, 2005). Por outro lado, a própria governação, na medida em que é conduzida, poderá ter um impacto negativo no nível de aceitação e posterior assumpção de estratégias inovadoras, fruto de uma heterogeneidade de preferências patente entre os proprietários (Hoskisson et al., 2002).

Outros factores apontados como sendo penalizadores daquela capacidade consistem na cultura organizacional e no ambiente institucional, porquanto influenciam a postura dos gestores perante o (in)sucesso. Sempre que o sucesso é sobrevalorizado, aumenta a sua renitência em reconhecer o erro, assistindo-se a um enviesamento da sua capacidade de avaliação, o qual poderá inviabilizar reposicionamentos urgentes (McGrath, 1999).

6.4 BARREIRAS À ACÇÃO

A incerteza típica de cenários que requerem posturas flexíveis conduz muitas vezes à inacção por parte da organização, ainda que tenham sido identificados os sinais de mercado negativos e se tenha procedido a uma avaliação objectiva dos mesmos.

A tomada de decisão em condições de incerteza requer a realização de projecções futuras, bem como a assumpção de alguns pressupostos relativamente ao contexto competitivo, dificultando a previsão de resultados, especialmente se a estratégia vier a resultar em perdas. Por outro lado, a razão de tais perdas, uma vez constatadas, também poderá ser difícil de identificar, visto poderem ter sido originadas logo na fase de formulação

GESTÃO ESTRATÉGICA

da estratégia, ou mais tarde aquando da sua implementação. Nas condições descritas, a que se acresce a dificuldade de determinar o tipo de mudanças requeridas, e a melhor altura para as implementar, os gestores tendem, uma vez mais, a oferecer resistência ao reposicionamento.

O montante de recursos financeiros detido pela organização exerce, ainda, uma influência na sua atitude face à mudança (Greve, 1998). A tendência aponta para que as empresas com mais recursos tenham mais facilidade em, por um lado, desenvolver flexibilidade e, por outro, aguardar por que o posicionamento adoptado dê resultados. Ademais, a resistência à mudança, pela eventual aversão dos gestores ao risco, constitui, de forma similar, uma barreira à acção, na medida em que diante de potenciais ameaças há uma tendência para a inacção (Chattopadhyay et al., 2001; Greve 1998).

Como seria de esperar estas barreiras produzem um efeito combinado no alcance de flexibilidade estratégica, interagindo entre si. Para traduzir esta relação, Shimizu e Hitt (2004) propõem a sua representação num formato que designam por "Ciclo Vicioso da Flexibilidade Estratégica" e que a seguir se apresenta.

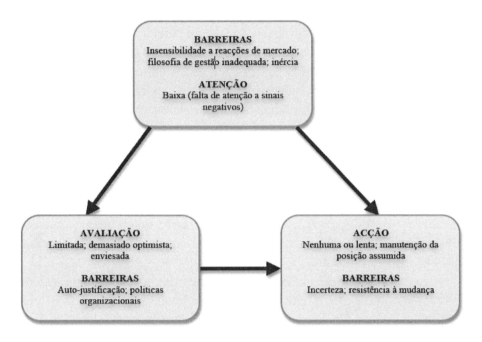

Fonte: Shimizu e Hitt (2004; p.49)

FIGURA 14 – Ciclo Vicioso da Rigidez Estratégica

7. FLEXIBILIDADE ESTRATÉGICA: UM CONCEITO PARADOXAL

"A flexibilidade estratégica é, por inerência, paradoxal, exigindo um confronto constante entre mudança e preservação" (Volberda 1996).

Com efeito, embora a conceptualização de flexibilidade seja feita em termos de capacidade de adaptação e resposta atempada a alterações do ambiente, a organização flexível deverá preservar um certo nível de estabilidade e compromisso para com posições assumidas. Até porque, como já se teve oportunidade de apontar, nem sempre mais flexibilidade se revela melhor.

Por forma a evitar situações de instabilidade no seio de uma organização, o desenvolvimento de flexibilidade deverá ser alcançado a um nível intermédio entre dois opostos – rigidez e reacção excessiva –, alcançando-se uma conjugação adequada entre ambas (Adler, 1988).

As organizações deverão ser capazes de conseguir um equilíbrio, a que Sanchez (1997) chama de "balanço estratégico", entre o desenvolvimento de novas competências, criadoras de opções estratégicas, e a alavancagem das competências já detidas, pelo exercício das opções estratégicas existentes. Do mesmo modo, deverão aprender novas formas de gestão e, ao mesmo tempo, gerir os investimentos em recursos feitos no passado. É, assim, essencial que saibam gerir a resposta à mudança, não reagindo demasiado cedo, visto poder vir a revelar-se desnecessário, em termos de dispêndio de recursos, nem demasiado tarde, acabando por perder vantagem competitiva (Das e Elango, 1995; Volberda, 1996).

Tal como Shimizu e Hitt (2004) referem, é imprescindível manter um determinado nível de compromisso relativamente a posições assumidas e estratégias prosseguidas, pese embora a importância crescente da organização estar apta a identificar e se adaptar à mudança num curto espaço de tempo. Só assim, argumentam, conseguirá arrecadar os resultados de tais iniciativas, pela exploração do seu potencial, evitando desperdícios de recursos. Não obstante, um nível de compromisso excessivo gera inflexibilidade e, por conseguinte, deterioração do desempenho.

O dinamismo implícito em mercados turbulentos, caracterizado pela busca constante de novas vantagens que confiram uma posição competitiva vantajosa, exige da organização capacidade de, por um lado, desenvolver novas oportunidades de forma eficaz e, por outro, explorar essas oportunidades de forma eficiente (Volberda, 1996).

GESTÃO ESTRATÉGICA

A este propósito, importa, pois, realçar a necessidade de equilibrar desenvolvimento ("*exploration*") e exploração ("*exploitation*"), cuja concorrência por recursos comuns, e escassos, exige da organização uma escolha, implícita ou explícita, entre ambos. O facto é que tanto a procura de novas ideias, mercados e relacionamentos, ou seja, a busca de novos conhecimentos, como o aperfeiçoamento de formas, rotinas e práticas, isto é, o uso dos conhecimentos adquiridos, são essenciais à sobrevivência de uma organização (March 1991).

O paradoxo em análise pode, ainda, ser analisado à luz da Teoria do Controlo (De Leeuw e Volberda, 1996). Neste contexto, em que a flexibilidade é conceptualizada em termos de uma relação de controlo dual e relativo entre a organização e a sua envolvente, assiste-se a uma interacção entre a capacidade de resposta da organização a alterações operadas na envolvente e a sua capacidade de induzir mudança nessa envolvente. Há que equilibrar o nível de controlo exercido sobre e pela organização, ao funcionar como um "sistema alvo" ou um "órgão de controlo", respectivamente, uma vez que a flexibilidade total é determinada pelo elemento menos desenvolvido daquela relação. Por outro lado, a organização deve assumir uma atitude ponderada no contexto de cada capacidade individualmente considerada. Isto é, deverá ser capaz de se adaptar em resposta a novas tendências do mercado sem, contudo, se deixar absorver pelas mesmas, perdendo as suas competências distintivas. Adicionalmente, deverá conseguir influenciar o próprio mercado, criando desequilíbrios, não perdendo de vista a necessidade de gerir no futuro as exigências colocadas pelo novo cenário competitivo, em resultado das reacções dos seus concorrentes às mudanças induzidos.

Assim sendo, a constante capacidade de adaptação associada à flexibilidade não deverá ser confundida com ausência de rumo, pelo que a organização deverá, por um lado, ponderar antes de reagir e, por outro, preservar a sua identidade.

CONCLUSÃO

Vários têm sido os trabalhos de investigação desenvolvidos em torno do conceito de flexibilidade estratégica, numa tentativa de a compreender e perceber de que forma pode ser gerida estrategicamente.

Da revisão de literatura realizada ao longo deste trabalho, conclui-se que, embora analisando o conceito no âmbito de diferentes contextos, os autores acabam por focar aspectos comuns nas suas abordagens. Não obstante, as respectivas análises revelam-se muitas vezes dispersas, não reunindo os vários elementos que no seu conjunto contribuem para uma compreensão global e sistematização do conceito.

Assim sendo, os vários trabalhos de investigação reforçam a ideia avançada por Evans (1991) de que a flexibilidade é um conceito polimorfo. Com efeito, várias são as definições propostas, em virtude da natureza do contexto ou variável em análise, apresentando, contudo, um denominador comum – necessidade de cooperação com a mudança.

De uma reunião dos vários contributos, resulta que a flexibilidade é a capacidade de adaptação por meio da resposta atempada a desafios colocados por mercados dinâmicos, marcados por condições de incerteza, a qual requer uma combinação de recursos e capacidades, susceptíveis de prover a organização de um conjunto de opções (opções reais) que poderá exercer na tentativa de reverter posições estratégicas desfavoráveis.

Embora constitua uma ferramenta importante, por permitir à organização responder, de forma ímpar, às exigências crescentes de mercados turbulentos (instáveis e com elevados níveis de incerteza) e, por esta via, desenvolver vantagens competitivas (Johnson et al., 2003), conclui-se que mais flexibilidade nem sempre é sinónimo de melhor desempenho (Suarez et al., 1991). De facto, envolve custos (Rosenhead et al., 1972), muitas vezes desnecessários, como no caso da afectação de recursos a estratégias flexíveis em ambientes estáveis (Garg et al., 2003). Por outro lado, a forma flexível assumida pela organização poderá comprometer a sua identidade e a sua imagem de mercado (Weick, 1991).

A conceptualização de flexibilidade poderá ser feita em torno de quatro dimensões, balizadoras do contexto em que poderá ser desenvolvida – dimensão temporal, de alcance, de intenção e de focos (Golden e Powell, 2000). Uma vez definido o contexto, afigura-se possível medir aquela capacidade. De realçar que não existe uma medida universal de flexibilidade, dada a sua natureza multidimensional (Das e Elango, 1995).

As medidas propostas por Golden e Powell (2000) são a eficiência, capacidade de resposta, versatilidade e robustez. De um paralelismo entre dimensões e medidas, resulta que a eficiência e a capacidade de resposta se aplicam às dimensões de tempo e alcance, sendo que as restantes dimensões são situacionais, pelo que a sua extensão só poderá ser aferida depois de determinadas as variáveis a analisar.

Um aspecto que importa reter é de que o desenvolvimento da capacidade de adaptação típico de posturas flexíveis exige da organização um conjunto de atributos, os quais vão desde atributos organizacionais a competências de gestão, e que deverão ser combinados no sentido de optimizar a capacidade mencionada. Enquadrados por diferentes teorias, as propostas dos autores incluem, designadamente, a posse de recursos e respectiva coordenação (Harrigan 1980, 2005; Johnson et al., 2003; Sanchez, 1997), aspectos da estrutura organizacional (Krijnen, 1985) ou ainda a detenção de capacidades dinâmicas e de absorção (Eisenhardt e Martin, 2000; Leonard-Barton, 1992; Teece et al., 1997; Zahra e George, 2002).

Complementarmente, revela-se fulcral a consideração das barreiras que limitam o uso daquelas capacidades. Também neste âmbito vários são os factores apresentados, revelando-se particularmente interessante a representação oferecida por Shimizu e Hitt (2004), baseada no que designam por "Ciclo Vicioso da Rigidez Estratégica", onde se expõem um conjunto de limitações às capacidades por si sugeridas enquanto pilares de implementação da flexibilidade. As barreiras sugeridas podem também aplicar--se às capacidades de absorção preconizadas por Zahra e George (2002).

Finalmente, de uma análise do conceito de flexibilidade e respectivas vantagens e desvantagens, constata-se a existência de uma relação paradoxal entre flexibilidade e preservação. A organização deverá, assim, conseguir equilibrar flexibilidade e preservação (Adler, 1988), flexibilidade e nível de compromisso (Shimizu e Hitt, 2004) e, ainda, capacidade de resposta e capacidade de controlo (De Leeuw e Volberda, 1996), impedindo que o contexto competitivo exerça sobre si uma influência desmesurada e ao mesmo tempo não se deixando ultrapassar na corrida competitiva, conseguindo tirar partido de oportunidades e evitar ameaças de forma atempada e única e, consequentemente, desenvolver vantagens competitivas.

Por tudo isto resulta evidente que a flexibilidade, se gerida convenientemente e em conformidade com outros princípios de gestão estratégica, representa uma arma estratégica poderosa. Saliente-se, contudo, a limitação encontrada pela escassez de trabalhos empíricos que atestem os vários conceitos apresentados.

REFERÊNCIAS BIBLIOGRÁFICAS

Adler, P. (1988). Managing flexible automation. *California Management Review*, 30 (3), 34–57.

Adler, P., Goldoftas, B. and Levine, D. (1999). Flexibility vs efficiency? A case study of model changeovers in the Toyota production system. *Organizations Science*, 10 (1), 43–68.

Audia, P., Locke, E. and Smith, K. (2000). The paradox of success: An archival and laboratory study of strategic persistence following radical environmental change. *Academy of Management Journal*, 43 (5), 837–853.

Best, G., Parston, G. and Rosenhead, J. (1986). Robustness in practice – the regional planning of health services. *Journal of the Operational Research Society*, 37 (5), 463–478.

Browne, J., Dubois, D., Rathmill, K., Sethi, S. and Stecke, K. (1984). Types of flexibilities and classification of flexible manufacturing systems. *Graduate School of Business Administration, The University of Michigan*, Working Paper no. 367.

Buckley, P. and Casson, M. (1998). Models of the multinational enterprise. *Journal of International Business Studies*, 29 (1), 21–44

Chatterjee, S. and Harrison, J. (2005). Corporate Governance. In *The Blackwell Handbook of Strategic Management*, 543-563. M. A. Hitt, R. E. Freeman, and J. Harrison (eds), Malden (MA, USA): Blackwell.

Chattopadhyay, P., Glick, W. and Huber, G. (2001). Organizational actions in response to threats and ppportunities. *Academy of Management Journal*, 44 (5), 937–955.

Das, T. and Elango, B. (1995). Managing strategic flexibility: Key to effective performance. *Journal of General Management*, 20 (3), 60–75.

De Leeuw, A. and Volberda H. (1996). On the concept of flexibility: A dual control perspective. *OMEGA-International Journal of Management Science*. 24.(2), 121–139.

Eisenhardt, K. (2002). Has strategy changed? *MIT Sloan Management Review*, 43 (2), 88–91.

Eisenhardt, K. and Martin, J. (2000). Dynamic capabilities: What are they? *Strategic Management Journal*, 21 (10) , 1105–1121.

Evans, J. (1991). Strategic flexibility for high technology manoeuvres: A conceptual framework. *Journal of Management Studies*, 28 (1), 69–91.

Garg, V., Walters, B. and Priem R. (2003). Chief executive scanning emphases, environmental dynamism, and manufacturing firm performance. *Strategic Management Journal*, 24 (8), 725–744.

Golden W. and Powell, P. (2000). Towards a definition of flexibility: In search of the Holy Grail? *The International Journal of Management Science*, 28 (4), 373–384.

Gerwin, D. (1993). Manufacturing flexibility: A strategic perspective. *Management Science*, 39 (4), 395–410.

Greve, H. (1998). Performance, aspirations, and risky organizational change. *Administrative Science Quarterly*, 43 (1), 58–86.

Grewal, R. and Tansuhaj, P. (2001). Building organizational capabilities for managing economic crisis: The role of market orientation and strategic flexibility. *Journal of Marketing*, 65 (2), 61–80.

Gustavsson, S. (1984). Flexibility and productivity in complex production processes. *International Journal of Production Research*, 22 (5), 801–808.

Harrigan, K. (1980). The effect of exit barriers upon strategic flexibility. *Strategic Management Journal*, 1 (2), 165–176.

Harrigan, K. (2005). Strategic flexibility in the old and new economies. In *The Blackwell Handbook of Strategic Management*, 97-123. M. A. Hitt, R. E. Freeman, and J. Harrison (eds), Malden (MA, USA): Blackwell.

Hitt, M., Keats, B. and DeMarie, S. (1998). Navigating in the new competitive landscape: Building strategic flexibility and competitive advantage in the 21st century. *Academy of Management Executive*, 12 (4), 22–42.

Hoskisson, R., Hitt, M., Johnson, R. and Grossman, W. (2002). Conflicting voices: The effect of institutional ownership heterogeneity and internal governance on corporate innovation strategies. *Academy of Management Journal*, 45 (4), 697–716.

Johnson, J., Lee, R., Saini, A. and Grohmann B. (2003). Market-focused strategic flexibility: Conceptual advances and an integrative model. *Journal of the Academy of Marketing Science*, 31 (1), 77–84.

Jones, N. (2003). Competing after radical technological change: The significance of product line management strategy. *Strategic Management Journal*, 24 (13), 1265–1287.

Jones, R. and Ostroy, J. (1984). Flexibility and uncertainty. *The Review of Economic Studies*, 51 (1), 13–32.

Kessler, E. and Chakrabarti, A. (1996). Innovation speed: A conceptual model of context, antecedents, and outcomes. *Academy of Management Review*, 21 (4), 1143–1191.

Krijnen, H. (1985). The flexible firm. *International Studies of Management & Organization*, 14 (4), 64–90.

Leonard-Barton, D. (1992). Core capabilities and core rigidities: A paradox in managing new product development. *Strategic Management Journal*, 13 (1), 111–125.

Lucas, H. and Olson M. (1994). The impact of information technology on organizational flexibility. *Journal of Organizational Computing*, 4 (2), 155–176.

MacGrath, R. (1999). Falling forward: Real options reasoning and entrepreneurial failure. *Academy of Management Review*, 24, (1), 13–30.

March, J. (1991). Exploration and exploitation in organizational learning. *Organization Science*, 2 (1), 71–87.

Matthyssens, P., Pauwels, P. and Vandenbempt, K. (2005). Strategic flexibility, rigidity and barriers to the development of absorptive capacity in business markets: Themes and research perspectives. *Industrial Marketing Management*, 34 (6), 547–554

McKee, D., Varadarajan, P. and Pride, W. (1989). Strategic adaptability and firm performance: A market-contingent perspective. *The Journal of Marketing*, 53 (3), 21–35.

Nadkarni, S. and Narayanan, V. (2007). Strategic schemas, strategic flexibility, and firm performance: The moderating role of industry clockspeed. *Strategic Management Journal*, 28 (3), 243–270.

Roberts, N. and Stockport, G. (2009). Defining strategic flexibility. *Global Journal of Flexible Systems Management*, 10 (1), 27–32.

Rosenhead, J., Elton, M. and Gupta, S. (1972). Robustness and optimality as criteria for strategic decisions. *Operational Research Quarterly*, 23 (4), 413–431.

Sanchez, R. (1997). Preparing for an uncertain future. Managing organizations for strategic flexibility. *International Studies of Management & Organization*, 27 (2), 71–94.

Shimizu, K. and Hitt, M. (2004). Strategic flexibility: Organizational preparedness to reverse ineffective strategic decisions. *Academy of Management Executive*, 18 (4), 44–61.

Suarez, F., Cusumano, M. and Fine, C. (1991). Flexibility and performance: A literature critique and strategic framework. Massachusetts Institute of Technology Sloan School of Management Working Paper 3298-91-BPS.

Swamidass, P and Newell, W. (1987). Manufacturing strategy, environmental uncertainty and performance: A path analytic model. *Management Science*, 33 (4), 509–524.

Teece, D., Pisano, G. and Shuen, A. (1997). Dynamic capabilitities and strategic management. *Strategic Management Journal*, 18 (7), 509–533.

Thomas, J., Clark, S. and Gioia, D. (1993). Strategic sensemaking and organizational performance: Linkages among scanning, interpretation, action, and outcomes. *Academy of Management Journal*, 36 (2), 239–270.

Upton, D. (1995). What really makes factories flexible? *Harvard Business Review*, 73 (4), 74–84.

Volberda, H. (1996). Toward the flexible form: How to remain vital in hyperconpetitive environments. *Organization Science*, 7 (4), 359–374.

Weick, K. (1991). The nontraditional quality of organizational learning. *Organization Science*, 2 (1), 116–125.

Zhara, S. and George, G. (2002). Absorptive capacity: A review, reconceptualization, and extension. *Academy of Management Review*, 27 (2), 185–203.

Parte 2
Análise Contingencial da Acção Estratégica

2.1 A Gestão Estratégica Internacional da Empresa: o Papel das Diferenças Culturais

CÁTIA CRESPO

INTRODUÇÃO

A acentuada tendência de globalização dos mercados e das actividades económicas tem aumentado a complexificação do tecido económico, ao mesmo tempo que introduz um novo dinamismo aos processos de internacionalização das relações económicas. Este processo correntemente referido como "globalização" tem subjacente a transição para um novo paradigma económico-social e técnico-organizacional, comportando um alargado conjunto de características, entre as quais se incluem uma crescente interligação e sincronização entre as diversas economias, uma liberalização crescente dos mercados, o aparecimento e aprofundamento de diversas experiências de integração regional, um comportamento cada vez mais inter-relacionado e de mútua dependência entre os fluxos internacionais de comércio e de investimento directo, um progresso tecnológico cada vez mais acelerado e uma redução do ciclo de vida dos produtos, uma proliferação de mecanismos de integração e inter-relação entre as empresas nas várias fases da cadeia de valor, a ascensão de novas formas de organização da produção e do trabalho, entre múltiplos outros aspectos.

A globalização dos mercados e das actividades económicas confere, assim, um novo dinamismo aos processos de internacionalização das relações económicas e de multinacionalização dos agentes, contribuindo para tornar a internacionalização de muitas empresas um processo inelutável.

A especialização de cada espaço económico passa a desenhar-se cada vez mais ao nível dos produtos e não ao nível dos sectores, as empresas surgem crescentemente como redes integradas de actividades internas e externas, contribuindo estas alterações estruturais desenhadas ao nível dos mercados e das empresas, em virtude do processo de "globalização", para tornar obsoletos e pouco aderentes à realidade muitas das teorias, modelos e conceitos comuns algumas décadas atrás.

Em contrapartida, perante um processo de internacionalização, cada vez mais intenso e acelerado, novas variáveis emergiram, sendo a ascenção na sua importância relativa capturada por novos conceitos e teorias. Foi o caso das noções de cultura, designadamente a cultura organizacional e a distância cultural e o relativo abandono da ênfase nas teorias de análise comparativa entre países ou regiões, em favor de uma perspectiva centrada nas organizações que procuram explorar sinergias decorrentes da presença em localizações diferenciadas, atravessando fronteiras com o desafio de articular, integrar e arbitrar saberes diferenciados, a fim de beneficiar com este processo de criação e transferência de conhecimento.

O objectivo deste trabalho é rever a literatura relevante que nos permita caracterizar as principais alterações desenhadas no campo da gestão estratégica internacional da empresa, nomeadamente no que respeita ao papel das diferenças culturais no contexto da gestão internacional, tendo em conta os desafios e exigências colocados pela decorrente necessidade de saber gerir e ultrapassar de forma eficiente as tensões culturais patentes entre os múltiplos actores que compõem a vasta rede de relações de uma empresa internacional.

Este trabalho encontra-se organizado da seguinte forma: após esta primeira secção introdutória, na segunda secção procura-se definir o que se entende por uma estratégia global, bem como quais os seus componentes e determinantes. Na terceira secção apresenta-se uma retrospectiva das principais teorias do campo da estratégia internacional, procurando reter-se os principais contributos destas formulações teóricas para a compreensão dos desafios colocados às organizações perante os elementos estruturantes do novo enquadramento competitivo internacional.

Na quarta secção abordam-se as questões culturais intrínsecas aos processos de internacionalização empresariais, acentuando-se a sua importância recente e as suas consequências para o entendimento e para a prática da gestão internacional. Para este efeito, nesta secção começa-se por definir o que se entende por cultura nacional e por cultura organizacional e qual a natureza da relação entre estas duas variáveis, abordando-se seguidamente duas das mais influentes tipologias teóricas de classificação das dimensões da cultura nacional. Em seguida, tendo em conta a acentuada emergência relativa da importância da variável distância cultural, procede-se a uma análise deste conceito, tendo designadamente em mente a sua forte influência na moldagem e na complexificação da relação entre as diferentes unidades de uma empresa internacional. Por último, a quarta secção analisa o papel determinante da cultura enquanto variável condicionadora do balanço estratégico entre a integração e coordenação global das diferentes unidades de uma empresa internacional e a resposta às pressões de adaptação às especificidades locais.

Na quinta e última secção apresentam-se as conclusões do presente trabalho.

1. DEFINIÇÃO DE UMA ESTRATÉGIA PARA O MERCADO GLOBAL: OS SEUS COMPONENTES E DETERMINANTES

A Gestão Estratégica Internacional refere-se à aplicação da gestão estratégica em mercados globais (Tallman, 2005). O ambiente externo desempenha um papel bastante mais saliente na definição de uma estratégia à escala global do que na definição da estratégia para um só mercado doméstico, tendo em conta a presença de inúmeras diferenças ao nível cultural, político, legal e económico.

No actual contexto de mercados fortemente globalizados, o processo de internacionalização é concebido como inevitável: *"internationalization is not just na option that firms can choose to follow, but a sine qua non-condition for survival and success"* (Majocchi, Bacchiocchi & Mayrhofer, 2005: 720).

A definição de uma estratégia para o mercado global remete para a tipologia de estratégias definidas por Bartlett & Ghoshal (1989): **estratégia global**, **multidoméstica, internacional** e **transnacional**. A *estratégia global* foi definida como visando a maximização da eficiência à escala global através de uma estratégia de "integração" dos mercados nacionais, fornecendo bens standardizados à escala global de forma a explorar economias de escala. A *estratégia multidoméstica* concede a ênfase à flexibilidade externa, à descentralização das decisões estratégicas e consequentemente à necessidade de adaptação das subsidiárias às condições locais. A *estratégia internacional* coloca o foco na inovaão como forma de redução de custos e aumento de receitas. A **estratégia transnacional**, *"the new global strategy"*, foi definida por Bartlett & Ghoshal (1989) como o resultado de proceder ao desenvolvimento conjunto de forças de coordenação a nível global e de mecanismos de adaptação à envolvente local.

Neste contexto a gestão estratégica global pensa nos mercados à escala global, destaca a necessidade de explorar as melhores localizações para cada actividade, de uma distribuição eficiente e de um serviço ao cliente adaptado às necessidades locais (Tallman, 2005). Como tal, exige competências organizacionais de destaque à escala global, de forma a permitir coordenar globalmente de forma eficiente as operações numa rede de elementos bastante diferenciados e a explorar as sinergias de acesso a recursos em diversas localizações. O processo de gestão estratégica global permite uma alavancagem contínua da base de conhecimento de cada subsidiária, através da qual as empresas multinacionais coordenam atividades internacionalmente dispersas e centralizam a tomada de decisão, mantendo simultaneamente a sua sensibilidade aos mercados locais (Keupp, Palmié & Gassmann, 2011).

A integração das actividades conduzidas pelas diferentes unidades internacionais de uma empresa tem sido frequentemente considerada como uma exigência estratégica chave (Doz & Prahalad, 1984, Fletcher, Harris & Richey, 2013, Porter 1986, Prahalad & Doz, 1981). Em simultâneo, as pressões para adaptação aos mercados locais de forma a responder ajustadamente às preferências dos consumidores e às condições específicas dos mercados locais são também advogadas como de enorme relevância estratégica (Prahalad & Doz, 1981, Bartlett & Ghoshal, 1989). Neste sentido, as pressões simultâneas para prosseguir forças de integração global e de diferenciação local, colocam a necessidade de uma elevada capacidade de coordenação nas redes internas das empresas que implementam uma estratégia internacional (Ghoshal & Bartlett, 1990, Martinez & Jarillo, 1991).

Tallman (2005) salienta duas componentes de uma estratégia global: a **expansão internacional** e a **integração global**. A *expansão internacional* relaciona-se com o processo de expandir as operações em localizações externas – o que Porter (1986) apelidou de configuração internacional. Este processo permite explorar economias de gama e de escala, aceder a novos consumidores, entrar em mercados menos competitivos, aumentar o poder de mercado e aceder a novos activos e competências. A *integração global* refere-se ao processo de integrar actividades à escala global numa estratégia única através de uma rede integrada, apesar de diferenciada, de subsidiárias, alianças e associações. Porter (1986) considera que a integração global resulta de uma configuração descentralizada e de elevados níveis de coordenação entre as várias unidades de forma explorar as capacidades da empresa nos diferentes mercados. Numa perspectiva de procura global de activos, a integração global pode auxiliar a disseminar as novas competências pela empresa à escala global, combinando as competências existentes com a exploração de novas competências.

No conjunto de factores impulsionadores de uma estratégia global salientam-se a procura de novos mercados, a obtenção de novos recursos, a melhoria da eficiência produtiva, a procura de nova tecnologia, a diminuição do risco e a entrada em mercados com menor concorrência (Tallman, 2005).

Com efeito, a prossecução de uma estratégia global propicia ganhos de eficiência e exploração de economias de escala – ao possibilitar a produção para mercados globais – e de economias de gama – através da partilha de recursos físicos como instalações, de tecnologias, de relações externas como o reconhecimento do cliente, do conhecimento dos produtos, de canais de distribuição etc.

Acresce que a realização de um investimento como forma de obtenção de novos recursos já não é vista apenas como a exploração de vantagens comparativas decorrentes da localização e do acesso a determinados recursos naturais, sendo vista como a possibilidade de aceder a novas fontes de competências e conhecimento, incorporada no modelo de *"created advantage in national clusters"* (Tallman, 2005).

A diversidade de ambientes, nos quais as subsidiárias de uma empresa multinacional operam, fornece uma oportunidade única de acesso a competências e capacidades diferenciadas. Esta heterogeneidade de competências entre subsidiárias de uma empresa multinacional alavanca a performance global da empresa multinacional por via da transferência e partilha de competências entre as suas unidades internas. À medida que a competição nas empresas globais se torna mais intensiva em conhecimento, a capacidade das empresas multinacionais para transferirem as suas competências entre as suas subsidiárias internacionalmente dispersas constitui uma oportunidade para o estabelecimento de vantagens competitivas (Crespo, Griffith & Lages, 2014).

Assim sendo, a empresa que opera em mercados globais é vista como um mecanismo de transmissão de conhecimento e a diversidade de ambientes onde opera propicia-lhe o acesso a activos, aptidões e conhecimentos únicos.

2. DESENVOLVIMENTOS TEÓRICOS NO CAMPO DA ESTRATÉGIA INTERNACIONAL

A estratégia, como força condutora das empresas, não era reconhecida pelos modelos iniciais de gestão internacional, nos quais o foco era colocado na internacionalização e não na integração (Tallman, 2005).

As teorias de comércio construídas em torno dos conceitos de vantagens comparativas exerceram bastante influência nos modelos macroeconómicos das trocas internacionais.

A teoria neoclássica explica o princípio das vantagens comparativas e da especialização dos países tendo como base as dotações factoriais, tal como é explicitado pelo modelo Heckscher-Ohlin. Neste modelo, o estabelecimento das trocas comerciais é estimulado pela verificação de uma abundância relativa de um factor de produção, o que gera a vantagem comparativa, sendo assumida a hipótese de inexistência de mobilidade factorial entre os países.

Os modelos de comércio internacional desta natureza ignoravam o papel individual da empresa, tendo o investimento directo no exterior passado a ser uma variável a ter em consideração aquando da eliminação da hipótese de imobilidade à circulação de factores (Tallman, 2005).

Os *modelos de organização industrial* propuseram as características da indústria como uma das forças condutoras de uma estratégia global (Tallman, 2005). Stephen Hymer em 1960 considerou que os padrões de comércio e investimento reflectem a rivalidade oligopolística além fronteiras entre as grandes empresas multinacionais (Pearce & Papanastassiou, 2006; Tallman, 2005). Esta abordagem às empresas multinacionais assumia a utilização de "*strategic maneuvering*" para explorar os constrangimentos estruturais da indústria e obter performances superiores (Tallman, 2005). Ciclos de vida de produto internacionais (Vernon, 1966) e padrões de investimento do tipo "*follow-the -leader*" enfatizados por Knickerbocker (Buckley e Casson, 1998) suportam a modelização dos mercados internacionais dominados por um número reduzido de grandes empresas multinacionais, com poder para influenciar as decisões de negócio internacionais.

Prahalad desenvolveu um modelo que conjuga duas dimensões para definir a estratégia de uma empresa multinacional: integração à escala global – *"global integration"* – e as forças de responsabilização local – *"local responsiveness"* (Prahalad & Doz, 1981; Hamel & Prahalad, 1983). Neste modelo as pressões sectoriais para a busca de eficiência encorajavam as empresas multinacionais a integrar globalmente a produção, enquanto as pressões dos mercados locais incentivavam a produção local em resposta a procuras diferenciadas. Bartlett & Ghoshal (1989) adicionaram a dimensão de *"organizational learning"* no seu modelo da empresa transnacional, sendo actualmente ainda um modelo bastante influente de estratégia global. Porter (1986) propôs duas dimensões alternativas: a *configuração internacional* e a *coordenação internacional* das actividades, cuja importância era determinada pelas características da indústria.

Estes *modelos de organização industrial* concedem bastante importância à estrutura da indústria, considerando que o sucesso na performance de uma empresa é definido pelo grau de ajustamento da estratégia da empresa a características pré-determinadas da indústria (Tallman 2005).

Nos anos 70 a ênfase dos modelos de gestão internacional da empresa começou a afastar-se da interacção oligopolística em favor da eficiência das transacções, surgindo deste modo os *modelos de internalização*, como é o exemplo do modelo de Buckley & Casson desenvolvido em 1976 (Buckley & Casson, 1998). Os modelos de internalização assumiam que casos de elevadas barreiras ao comércio, de riscos de desapropriação de conhecimento, de elevadas assimetrias de informação entre vendedores e potenciais compradores, ou quaisquer outras condições que contribuam para elevar os custos de transacção, incentivam as empresas multinacionais a internalizar operações e o conhecimento especializado (Tallman 2005).

O modelo OLI de John Dunning – Paradigma Ecléctico – enquadra-se nesta linha de orientação. Dunning (1988) descreve três factores essenciais a considerar para definir a expansão internacional: *vantagens específicas, factores de localização* e *factores de Internalização*.

As *"ownership advantages" (vantagens específicas)* dizem respeito à detenção de recursos, competências e capacidades únicas, desenvolvidas no mercado doméstico que permitem à empresa competir de forma bem sucedida nos mercados externos. Os *"ownership factors"* introduzidos por Dunning aproximam-se do conceito de recursos, aptidões e competências dos modelos estratégicos *"resource-based"* (Tallman 2005).

Os *factores de localização* incluem as vantagens de localização no mercado externo, como por exemplo, mão-de-obra mais barata, processos de produção superiores, abolição de elevados custos de transporte, imagem local, entre outros. Os *factores de internalização* (relacionados com os custos de transacção) transmitem a ideia da presença em mercados internacionais por via de investimentos directos no exterior representar uma resposta à existência de elevados custos de transacção por parte de empresas que detêm activos/capacidades únicas que lhe acrescentam valor quando exploradas num mercado externo (Dunning, 1988; Teece, Pisano & Shuen, 1997).

Neste sentido, a análise das acções empresariais evoluiu da teoria neoclássica microeconómica para teorias de organização industrial e em seguida para teorias de custos de transacção (Tallman, 2005).

Assim sendo, a perspectiva evolucionista justifica o crescimento das operações internacionais com base na abordagem dos custos de transacção de Oliver Williamson, 1985 (Whittington, 1993). Nesta perspectiva a internalização de actividades em diversas localizações externas assume-se como uma resposta eficiente às falhas dos mercados internacionais. Rugman (1980) refere que a internalização é a resposta ao reconhecimento de imperfeições no mercado que actuam como obstáculos ao estabelecimento de trocas internacionais eficientes. Teece (2006) acrescenta que alguns activos como a I&D são particularmente difíceis de avaliar ou negociar, pelo que os sectores intensivos em conhecimento são incentivados a internalizarem as suas operações externas.

Na perspectiva da internalização as empresas multinacionais movimentam-se em busca da eficiência, internalizando actividades em mercados diferentes consoante o equilíbrio ditado pelos custos de transacção (Whittington, 1993). Deste modo, a internacionalização reflecte uma lógica de diversificação, sendo a integração das actividades feita de modo a maximizar a eficiência pelo que, nesta perspectiva, a estratégia internacional se resume à manutenção de vantagens de custo.

Em contraste, na visão clássica, a procura da eficiência interna tem menos importância comparativamente com a luta contra os concorrentes oligopolistas, pelo que os movimentos internacionais se destinam a impedir que os concorrentes atinjam vantagens competitivas ameaçadoras, podendo a eficiência ser sacrificada para manter a capacidade e credibilidade de retaliação (Whittington, 1993). Nesta visão, com raízes nas teorias económicas de concorrência oligopolística, e designadamente nas teorias dos jogos, a internacionalização é explicada por decisões de defesa ou expansão de poder de mercado. Por seu turno, a perspectiva sistémica focaliza-se nas diferenças entre os rivais internacionais, ao nível dos seus recursos e objectivos, criticando as expansões internacionais, cujas empresas têm o Estado como suporte, mudando as regras do jogo (Whittington, 1993). Os sistémicos revelam-se mais cépticos acerca da procura de eficiência nos processos de internacionalização, evidenciando motivos imperialistas e alertam para a utilização de regras distintas por parte de alguns participantes no "jogo" da estratégia internacional (Whittington, 1993).

O estudo da estratégia começou a focalizar-se nas características individuais das empresas nos modelos *"resource-based"* e *"capability-based"*, passando o foco da estratégia multinacional a ser a detenção e exploração de *"unique firm assets"*. As estratégias das empresas nos mercados internacionais começam a ser vistas como estando relacionadas com a detenção de *"strategic advance factors"* (Tallman, 2005).

Nos *modelos de gestão estratégica global*, o foco passou a ser os recursos estratégicos da empresa e o seu papel ao nível da determinação da estratégia e da performance (Barney, 1991). A *perspectiva resource-based view* propõe que a vantagem competitiva sustentada e a obtenção de uma performance superior dependem de recursos específicos da empresa e particularmente de conjuntos tácitos de acções bastante complexos, os quais incluem rotinas organizacionais, capacidades técnicas da organização e competências organizacionais distintivas (Nelson & Winter, 1982; Teece et. al., 1997).

Os modelos *resource based-view* sugerem a existência de duas dimensões estratégicas chave relevantes para o estudo da evolução das estratégias multinacionais: *"capability leverage"* ou *"exploitation"* e *"capability building"* ou *"creation"* (Tallman, 2005). A estratégia de *"exploitation"* de conhecimento assenta na transferência e difusão do conhecimento no seio da organização, através da refinação das competências já existentes. A estratégia de *"exploration"* de conhecimento promove a inovação e a criação de novo conhecimento (March, 1991).

Os modelos *resource-based* ou *capability-based* consideram que a expansão internacional propicia um alargamento do âmbito de exploração dos activos e aptidões existentes, podendo a empresa competir com mais sucesso com os seus concorrentes locais e internacionais (Tallman, 2005).

As *"exploitative strategies"* ou *"capability leverage"* coadunam-se com as expectativas dos modelos de organização industrial e dos custos de transacção, no sentido das empresas operarem com vista a passarem a explorar as vantagens competitivas que detinham no mercado doméstico em mercados internacionais. Os mercados domésticos são vistos como as fontes de vantagem, pretendendo as empresas explorar e proteger essas vantagens competitivas em mercados externos (Tallman, 2005). Neste sentido, as empresas que detêm *"profit-making internal capabilities"* (*"ownership factors"*) vão procurar explorar essas competências em mercados externos. Caso essas capacidades estejam imbuídas na estrutura empresarial, a expansão internacional é feita através da internalização das operações, realizando um investimento directo no exterior, de forma a proteger a exploração dessas capacidades (Dunning, 1988; Buckley & Casson, 1998).

A importância da *"exploitation"* de recursos e competências já existentes é salientada por diversos autores (e.g. Barney, 1986; Kay, 1993). Kay (1993) considera que as empresas deveriam procurar definir e identificar competências distintivas em vez de as criarem. Apesar de ser possível criar novas competências distintivas, Kay (1993) defende que o sucesso é frequentemente o resultado da *"exploitation"* das competências que a empresa já detém. A estratégia passa assim por compreender e identificar quais são estas competências distintivas. Barney (1986) considera que as empresas que ao definirem as suas estratégias não procuram internamente a *"exploitation"* de recursos que já controlam, não podem esperar obter recursos sobre-normais nos seus esforços de "strategizing".

Por outro lado, a expansão internacional e a integração global podem ser vistas como formas de construir novas competências, ao criarem novas oportunidades através da presença em novos mercados, da internalização de novos conceitos, da captação de práticas de novas culturas, acesso a novos recursos e da exposição a novos concorrentes (Tallman, 2005). Assim sendo, as oportunidades internacionais podem contribuir para gerar *"organizational learning"* e para a construção de novas capacidades (*"capability building* ou *creation"*) que podem ser aplicadas quer às novas localizações, quer à localização de partida, adaptando-se à evolução da configuração estratégica da empresa.

A construção de novas competências torna as vantagens dinâmicas, e pode implicar o recurso a joint-ventures, alianças estratégicas e a aquisições que permitam explorar novo conhecimento ao contrário do foco da *"ownership to protect old knowledge"* (Tallman, 2005). É através da integração global que as empresas parecem conseguir desenvolver novos recursos de conhecimento e construir novas capacidades nos mercados internacionais. A empresa global integrada consegue encontrar *know-how* nas localizações externas que não conseguiria encontrar caso se mantivesse exclusivamente no mercado doméstico, incorporando-o internamente de forma a construir novas competências organizacionais.

A eficiência e eficácia associada à transferência e partilha interna de conhecimento no interior da empresa global constituem um desafio diário. As sinergias e benefícios que decorrem dos múltiplos centros internos de conhecimento de uma empresa global podem ser postos em causa sem uma identificação clara dos fatores susceptíveis de suportar ou inibir este crucial processo de alavancagem interna de conhecimento (Crespo et al., 2014).

A construção de novas competências através da presença em mercados globais é simultaneamente um processo criativo e cumulativo. A simples recolha de conhecimento em diversas localizações permite acrescentar valor à empresa, contudo, a criação sustentada de valor provém da capacidade de conseguir combinar este novo conhecimento com o conhecimento já existente (Tallman, 2005). Neste sentido, a combinação de "*capability exploitation*" com "*capability building*" nos mercados globais é vista como um importante marco na estratégia global moderna.

Bartlett & Ghoshal (1989) descrevem esta empresa global integrada como a empresa "transnacional", salientando a importância de integrar as competências já existentes entre as subsidiárias e desenvolver novas competências na gestão da organização global integrada. No modelo da empresa transnacional a globalização coloca imperativos de integração estratégica em busca de eficiência global, adaptação aos mercados locais e exploração de capacidades tecnológicas distintivas nos diferentes mercados nacionais. A vantagem da empresa global, que encontra suporte na perspectiva da heterarquia multinacional de Hedlund (1986) e da rede diferenciada de Nohria & Ghoshal (1994) advém do facto de ser capaz de descentralizar as responsabilidades operacionais nas diferentes subsidiárias suportando, contudo, uma forte integração das diversas operações.

Estas perspectivas afastaram-se significativamente da visão da indústria como um determinante da estratégia multinacional passando a identificar os processos internos como sendo críticos para o desenvolvimento de vantagens "transnacionais". Deste modo, passa-se de um modelo "*industry--driven set of similar organizations*" para um modelo "*resource or competence based*", no qual apesar das características das indústrias poderem favorecer o aparecimento de determinadas competências, a vantagem competitiva é cada vez mais vista como dependendo de *"unique firm-level skills"* do que de *"industry-standard practices"* (Tallman, 2005).

Nas abordagens da teoria dos custos de transacção e da teoria "resource based view", as empresas conseguem desenvolver a actividade internacional após a construção de estruturas de governância específicas ou após o desenvolvimento de recursos e competências específicas (Majocchi et. al., 2005). Com excepção das empresas de grande dimensão que têm capacidade para "encurtar" o processo de aquisição de activos e recursos específicos, o processo de construção de recursos pode tornar-se bastante demorado. Com efeito, segundo Majocchi et. al. (2005) as empresas de pequena e média dimensão têm escassez de recursos financeiros e organizacionais que lhes permitem adquirir serviços externos e construir o conhecimento específico necessário para desenvolverem o seu processo de internacionalização. Como consequência, a acumulação da experiência de gestão das transacções internacionais e das condições culturais e económicas em mercados externos pode ser um longo processo. Barney (1991) defende que as vantagens competitivas nos negócios internacionais resultam da capacidade de fazer um ajustamento entre as competências distintivas da empresa e os factores-chave de sucesso associados aos mercados nacionais onde a empresa compete. Neste sentido, uma empresa pode explorar vantagens comparativas nacionais para reforçar as suas próprias vantagens competitivas ou para contrabalançar as suas desvantagens competitivas. Tendo em conta que as vantagens comparativas de cada nação são necessariamente diferentes, uma empresa que esteja a competir em diversos mercados nacionais tem um espectro mais vasto para o desenvolvimento de acções proactivas e de respostas competitivas comparativamente com uma empresa cuja acção se restinge a um único mercado nacional (Karnani & Wernerfelt, 1985). Neste contexto, Carpano et. al. (1994) defendem que a natureza interactiva das vantagens comparativas e competitivas é um elemento central na definição da estratégia internacional.

A natureza da competição a nível global, comparada com outros níveis, designadamente se a capacidade de sucesso e a sobrevivência a nível global difere das mesmas a nível nacional ou regional é uma questão considerada pertinente por alguns autores (e.g.. Rumelt, Schendel & Teece, 1994). Com efeito, Rumelt et. al. (1994) salientam que importa apurar se as empresas bem sucedidas a nível global são realmente mais "eficientes" que os seus concorrentes ou se existem outros mecanismos a exercer a sua influência.

O crescente processo de globalização da economia mundial incentivou o estudo do processo de internacionalização e do modo como as empresas multinacionais dirigem e coordenam os seus múltiplos recursos, actividades e competências. Bartlett & Ghoshal (1989) e Prahalad & Doz (1981) forneceram importantes contributos sobre a estrutura e o processo de internacionalização que desafiaram os ensinamentos tradicionais.

Particularmente alertou-se para a necessidade de considerar múltiplas bases para a especialização das actividades: funcional, por produto e geográfica, o que descredibilizou a velha dicotomia produto/função (Rumelt et. al., 1994). A estrutura conceptual resultante mostra que é necessário manter diferenciação em algumas actividades para obter ganhos de especialização, autonomia administrativa ou integração estrita noutras áreas. Adicionalmente a gestão é vista como o processo de gerir activamente um sistema complexo de ligações entre actividades, de forma a obter a necessária coordenação interna e a facilitar a aprendizagem organizacional.

Os modelos de gestão estratégica das empresas multinacionais relacionam o sucesso com a existência de um ajustamento apropriado entre recursos e competências, estratégia, estrutura e a envolvente. Nestes modelos, dada a pressuposta dependência de percurso da perspectiva *resource based*, as competências relacionadas com sucessos estratégicos passados tenderão a sugerir as estratégias de entrada mais prováveis no novo mercado (Tallman, 2005). A incerteza quanto ao futuro tenderá a ser suavizada através da aplicação dos recursos e das competências que suportaram estratégias similares no passado. Assim sendo, uma empresa que tenha experiência ao nível de aquisições tenderá a preferir o recurso a aquisições ao invés de, por exemplo, alianças estratégicas. Deste modo, apesar da decisão de entrar num novo mercado ser essencialmente uma manifestação de empreendedorismo, esta "audácia" em termos estratégicos é apaziguada pelo recurso à imitação por precaução. No entanto, esta abordagem pode frequentemente diminuir o desempenho empresarial uma vez que o novo contexto é diferente das experiências passadas. Assim, a maximização do desempenho e a minimização da incerteza nem sempre são objectivos compatíveis.

Nos últimos anos tem sido frequente o tratamento das empresas multinacionais como uma rede interorganizacional (Fletcher, et al., 2013; Ghoshal & Bartlett, 1990; Noorderhaven & Harzing, 2009), concedendo ênfase às relações que as subsidiárias desenvolvem com outros actores no seio da sua rede organizacional.

Bartlett & Ghoshal (1989) reconhecem que as subsidiárias podem desempenhar diferentes papéis estratégicos. Actualmente, o desenvolvimento de competências, de inovação, capacidades, recursos e produtos tem vindo a ser conduzido por um número cada vez mais acentuado de subsidiárias.

Neste contexto, o antigo papel de liderança estratégica da casa-mãe tem sido gradualmente esbatido com o aumento de peso estratégico das subsidiárias. As relações deixam de ser vistas apenas como de carácter vertical (casa-mãe – subsidiária) passando a ser consideradas em rede. A subsidiária é vista como uma parte integrante de uma rede de relações, e não como uma mera parte de uma relação diádica subsidiária – casa-mãe, sendo cada vez mais reconhecida na literatura como uma fonte crítica de recursos estratégicos (Crespo, Griffith & Lages, 2014; Michailova & Mustaffa, 2012; Tippmann, Scott & Mangematin, 2012).

A revisão da literatura do relacionamento das subsidiárias com a casa-mãe revela uma crescente ligação entre as configurações de carácter mais heterárquico, as perspectivas mais focalizadas nas subsidiárias e as percepções de autonomia (Paterson & Brock, 2002). A relação da casa-mãe com as suas subsidiárias está longe de ser simplista (Nohria & Ghoshal, 1994), tendo em conta que os interesses e as percepções de ambas as partes não estão frequentemente alinhados. Neste sentido, os objectivos de autonomia por parte das subsidiárias são frequentemente contrapostos pela implementação de mecanismos de controlo por parte da casa-mãe, os esforços de empreendedorismo dos gestores das subsidiárias podem ser vistos como actos de oportunismo pelos gestores na casa-mãe e as acções das subsidiárias destinadas a satisfazer interesses locais podem ser contraditórias face aos objectivos de rentabilidade global da casa-mãe.

Numa empresa com presença em mercados externos, a casa-mãe e as subsidiárias frequentemente evidenciam diferentes percepções acerca do papel estratégico da subsidiária, exercendo estas divergências, importantes implicações na gestão da relação entre ambas as partes (Birkinshaw, Holm, Thilenius & Arvidsson, 2000). Estas divergências podem contribuir para o surgimento de *"perception gaps"*, ou seja, a existência de um hiato entre as percepções e atitudes da casa-mãe e das subsidiárias, decorrente das diferenças existentes ao nível das experiências, pontos de referência e visões do conjunto de ambas as partes.

Birkinshaw et al. (2000) consideram três conjuntos de factores susceptíveis de fomentar a existência de *gaps* entre as percepções estratégicas da casa-mãe e das subsidiárias. Em primeiro lugar, a existência de diferentes *backgrounds* de experiências por parte da casa-mãe e das subsidiárias. As subsidiárias ao longo do tempo constroem uma rede de relações na sua envolvente local, e como a partilha desta rede de relações com a casa-mãe é limitada, o processo de adaptação da subsidiária na sua envolvente local não é completamente compreendido e absorvido por parte dos gestores da casa-mãe.

O segundo aspecto diz respeito aos fluxos de informação imperfeitos no interior da empresa multinacional, nomeadamente às imperfeições no processo de partilha de experiências, cruzamento de aprendizagens e transferência de conhecimentos. As operações das subsidiárias são diferenciadas, de acordo com as necessidades dos seus mercados locais específicos, e assim sendo, estas estão frequentemente integradas de forma imperfeita na rede intra-organizacional da empresa multinacional. Sendo o conhecimento um *"sticky asset"* que não flui facilmente entre localizações, tendo os recursos humanos racionalidade limitada e tendendo as empresas com presença em mercados externos a ser extremamente complexas e geograficamente dispersas, o conceito de empresa multinacional holográfica desenvolvido por Hedlund será apenas um ideal distante da realidade.

O terceiro factor subjacente à formação de *gaps* de percepções relaciona-se com a diminuição da dependência das subsidiárias face à casa-mãe. À medida que as subsidiárias desenvolvem os seus próprios recursos, a sua dependência face à casa-mãe diminui, aumentando os seus graus de liberdade para o desenvolvimento de iniciativas autónomas Prahalad & Doz (1981).

Nohria & Ghoshal (1994) enfatizam a necessidade de reconhecer que uma empresa com presença em mercados externos não é apenas uma rede de relações intra-organizacionais e que o ambiente de cada uma das unidades da empresa é uma rede de interacções com outras organizações, designadamente clientes, fornecedores, concorrentes etc. Neste sentido, esta última rede de relações é vista como o que constitui *"the difference in the differentiated MNC"*, ou seja, as divergências entre as subsidiárias de uma mesma empresa encontram-se fortemente dependentes das divergências existentes ao nível da sua rede de relações locais.

Com efeito, a capacidade uma subsidiária identificar novas fontes de conhecimento na sua envolvente local, a sua propensão para assimilar esse conhecimento e para o transferir e partilhar no seio da empresa mãe depende da proximidade das suas relações díadicas com os seus diferentes parceiros negociais (Andersson et. al., 2005). Uma questão relevante que se coloca a este nível é como devem as empresas internacionais implementar os mecanismos de controlo, e em simultâneo proteger o seu interesse de estimular a capacidade de integração das subsidiárias na sua envolvente local, a fim de estimular o seu processo de criação e transferência de conhecimento.

Neste contexto, um assunto de importância crucial diz respeito ao processo de alavancagem e de transferência do conhecimento que se encontra na realidade disperso por diferentes unidades, ou seja, como transferir as *"best practices"*, de forma a potenciar as vantagens da "multinacionalidade". Sendo o conhecimento um activo cujo processo de transferência é complexo e não linear, importa, em primeiro lugar, aferir qual o conhecimento que é considerado como "apropriado" para partilhar no interior da empresa multinacional. Como a casa-mãe e as subsidiárias têm frequentemente diferentes percepções sobre as capacidades da subsidiária, o processo de identificação das denominadas *"best practices"* está longe de ser simples. Com efeito Birkinshaw et. al. (2000) sustentam a ideia da existência de percepções pouco precisas por parte dos gestores na casa-mãe sobre o relacionamento com as subsidiárias poder conduzir, na realidade, à transferência não das designadas ***"best practices"***, mas de ***"medíocre practices"***. Esta situação coloca em causa a transferência e a partilha eficiente de conhecimento no interior da empresa internacional, tendo em conta que as restrições colocadas à identificação e assimilação partilhada do conhecimento de maior valor acrescentado, limitam todo o processo de alavancagem e transferência de conhecimento.

Deste modo, por um lado, a casa-mãe utiliza diferentes mecanismos de controlo com vista a integrar as suas subsidiárias na estratégia global da empresa. Por outro lado, as subsidiárias encontram-se inseridas numa rede de relações que inclui actores internos e externos à empresa mãe, sendo o papel das subsidiárias nesta rede fundamentalmente moldado pelas suas interacções com esses actores, ao invés de por uma decisão específica da casa-mãe (Andersson & Forsgren, 1996). A tensão existente entre o papel que a subsidiária deve desempenhar ao nível da estratégia organizacional e o seu papel ao nível do controlo de recursos na rede de relações onde está inserida pode ser considerável e, inclusive, ser interpretada de forma diferente por parte da casa-mãe e da subsidiária. Neste sentido, os objectivos de coordenação globais definidos por parte da casa-mãe podem não ser facilmente enquadráveis com o envolvimento das subsidiárias na sua rede de relações, podendo ainda ser dificultados pela influência exercida pela distância cultural nacional no relacionamento entre a casa-mãe e as sub-sidiárias (Paterson & Brock, 2002), tendo em consideração que a cultura desafia a capacidade dos gestores para generalizarem estratégias e con-clusões e é responsável por criar enviesamentos nas próprias ferramentas de análise.

3. O PAPEL DAS DIFERENÇAS CULTURAIS NO CONTEXTO DA GESTÃO INTERNACIONAL

No actual processo de internacionalização intensa e acelerada, as organi-zações incorporam uma natureza multi-cultural cada vez mais complexa, a qual pode resultar quer na criação de sinergias, quer na origem de tensões entre as diferentes unidades da empresa internacional.

Deste modo, após a revisão das principais alterações desenhadas no campo da gestão estratégica internacional da empresa, e do reconhe-cimento do processo de internacionalização como inevitável para uma parte substancial de empresas, procede-se no presente ponto à análise do papel das diferenças culturais no contexto da gestão internacional, tendo em conta os múltiplos desafios e exigências que a gestão das mesmas coloca.

Com efeito, para as empresas internacionais, o desafio de coordenar operações em ambientes muito diversos e de gerir uma força de trabalho multi-cultural, procurando extrair benefícios das especificidades locais, mas salvaguardando simultaneamente a consistência global, apresenta cada vez mais uma complexidade acrescida.

4. A CULTURA NACIONAL E A CULTURA ORGANIZACIONAL

No processo de implementação simultânea, de duas forças por vezes con-traditórias, a flexibilidade local e a integração global, os gestores no país de origem e no país de destino da empresa internacionalizada defrontam-se com a pertinente questão *"Who says what's right?"* (Brock, Barry & Thomas, 2000). A resposta a tal questão está intrinsecamente ligada com diferen-ças culturais, sendo a ***cultura nacional*** definida como o conjunto de valo-res, atitudes, crenças e comportamentos partilhados por uma determinada sociedade que determina o modo como os seus membros compreendem e reagem ao ambiente onde se encontram inseridos (Hofstede, 1994).

Deste modo, a cultura nacional pode ser conceptualizada como "*a collective programming of the mind*" (Hofstede, 1993), "*it is strongly embedded in everyday life and resistant to change*" (Newman & Nollen, 1996) "*and has appeared to be a relatively stable component of countries*" (Schuler & Rogovsky, 1998).

"*Culture is the collective programming of the mind which distinguishes one group or category of people from another. (...) Culture is a construct that means it is not directly accessible to observation but inferable from verbal statements and other behaviors and useful in predicting still other observable and measurable verbal and nonverbal behavior*" (Hofstede, 1993: 89).

A cultura nacional e a cultura definida ao nível organizacional – "*corporate culture*" devem ser considerados dois fenómenos distintos (Hofstede, 1993). As culturas nacionais são muito resistentes e impermeáveis à mudança, enquanto as culturas organizacionais podem ser conscientemente modificadas, apesar deste processo poder ser complexo. Hofstede (1993) considera que a diferença entre estes dois tipos de cultura são o "segredo" das empresas com presença em mercados externos que integram recursos humanos com culturas nacionais extremamente diversas e que são de alguma forma aproximados através de uma cultura organizacional baseada em práticas comuns.

A introdução da cultura no campo das teorias organizacionais é geralmente atribuida a Pettigrew em 1979 (Detert, Schroeder & Mauriel, 2000). Barney (1986a) define a ***cultura organizacional*** como um conjunto complexo de valores, crenças, pressupostos e símbolos que condicionam e moldam o modo como a empresa conduz o seu negócio.

Para Barney (1986a) a cultura organizacional pode ser uma fonte de vantagem competitiva caso reuna três importantes características, designadamente ser capaz de criar valor, ser rara e incapaz de ser imitada.

Uma cultura organizacional pode ser considerada forte, segundo Sorensen (2002), quando as normas e os valores são amplamente e intensivamente partilhados na organização. Uma cultura organizacional forte aumenta a consistência comportamental entre os indivíduos de uma empresa actuando, deste modo, como um mecanismo de controlo social. Acresce que a existência de uma estreita ligação entre a cultura organizacional e a aprendizagem organizacional (Sorensen, 2002) sugere que a cultura reflecte o esforço colectivo para competir e aprender, influenciando como tal os processos de aprendizagem (Schein, 1993).

A existência de uma forte cultura organizacional é associada por alguns autores (e.g. Kotter & Heskett, 1992), à redução da heterogeneidade de crenças e valores, aumentando a consistência interna e o desempenho organizacional. Contudo, Sorensen (2002) salienta que a existência de uma forte cultura organizacional pode actuar como um obstáculo à capacidade que a empresa tem para se adaptar e responder às mudanças da envolvente externa.

Acresce que a existência de múltiplas e por vezes contraditórias subculturas no interior de uma empresa, pode tornar os processos de gestão internos problemáticos (Gregory, 1983), tendo em conta que algumas culturas organizacionais resistem às mudanças planeadas (Barney, 1986a).

Tendo em conta a complexidade acrescida das organizações e a mudança acelerada da envolvente onde operam, é cada vez mais frequente que uma organização se estruture em torno de diversas subunidades organizacionais, as quais tendem a possuir as suas próprias subculturas que reflectem as suas diferentes experiências de aprendizagem (Schein, 1993). Deste modo, a eficiência e aprendizagem organizacional encontram-se cada vez mais dependentes da comunicação integrada entre as diferentes subculturas organizacionais (Schein, 1993).

À medida que as organizações se diferenciam ao nível do que alguns autores apelidaram de *"communities of practice"* (Brown & Duguid, 1991), passam a ter que ser consideradas práticas de referência comuns, linguagens e pressupostos comuns, os quais contribuem para a formação de subculturas genuínas que necessitam de ser integradas entre si para que a organização funcione de forma eficiente (Schein, 1993). Deste modo, o problema de coordenação e integração da organização assume-se fundamentalmente como um problema de "entrosamento" de subculturas.

A aprendizagem organizacional e o potencial de inovação organizacional são fomentados pelo reconhecimento e legitimação das *"communities of practice"*, as quais vão interagindo com a envolvente da organização (Brown & Duguid, 1991). A própria compreensão da forma como a informação é construída e disseminada numa organização requer a compreensão prévia das *"communities of practice"* existentes. Importa também colocar particular ênfase na compreensão e investigação da ligação existente entre as *"subcultures"* organizacionais, cuja existência pode, contudo, suportar a implementação de novas iniciativas e as *"countercultures"*, que se opõem activamente contra as iniciativas definidas à escala organizacional, de forma a perceber porque alguns conflitos culturais conseguem ser superados levando às mudanças pretendidas, enquanto outros funcionam como obstáculos incontornáveis (Detert, Schroeder & Mauriel, 2000).

Paralelamente, Detert et. al. (2000) salientam a importância da investigação futura possibilitar a melhor compreensão dos *"gaps"* existentes entre a cultura que é advogada por alguns membros organizacionais e aquela que realmente se encontra subjacente aos comportamentos visíveis na organização.

A cultura transmite a capacidade da organização para responder aos problemas de adaptação externa e integração interna (Schein, 1993; Snell, Shadur & Wright, 2005).

Neste contexto, Denison & Mishra (1995) admitem que as culturas excessivamente orientadas para a consistência tendem a focar-se demasiado no ajustamento interno em detrimento da flexibilidade externa.

Apesar da cultura organizacional poder alterar as dinâmicas intrinsecas à distância cultural nacional, não se pode necessariamente inferir que a cultura organizacional reduz o impacto da cultura nacional (Shenkar, 2001). A este propósito Schneider (1988: 243) refere que *"national culture may play a stronger role in the face of a strong corporate culture. The pressures to conform may create the need to reassert autonomy and identity, creating a national mosaic rather than a melting pot"*.

Perante a complexidade estratégica de responder simultaneamente a pressões de integração global e a forças de adaptação local, Laurent (1986) constata que as empresas internacionais têm vindo a ficar cada vez mais seduzidas pela ideia de "construir" uma cultura organizacional que incorpore as suas desejadas políticas de gestão internacional dos recursos. Neste sentido, a cultura organizacional funcionaria como uma *"supracultura"*, capaz de suplantar as especificidades "indesejáveis" das diferentes culturas nacionais.

Contudo, pode ser uma ilusão esperar que as organizações consigam moldar um conjunto de valores e pressupostos básicos dos seus membros, os quais lhe foram incutidos em resultado de um longo processo de socialização. Laurent (1986) salienta que a evidência empírica aponta para a incapacidade da cultura organizacional conseguir reduzir as divergências nacionais nos pressupostos básicos de gestão das diferentes subsidiárias.

Neste sentido, Laurent (1986) sugere que ao invés de colocar as raízes das culturas organizacionais nos pressupostos e valores básicos dos seus membros, uma alternativa mais realista consiste em restringir o conceito de cultura organizacional a camadas mais superficiais de sistemas de normas e expectivas constantemente reforçadas pelas manifestações comportamentais dos membros no interior da organização. Nesta perspectiva, os membros de uma organização podem ajustar-se superficialmente às exigências comportamentais das culturas organizacionais sem que estas estejam necessariamente imbutidas nos pilares ideológicos comportamentais inerentes às suas culturas nacionais.

3.1 DIMENSÕES DA CULTURA NACIONAL: TIPOLOGIAS TEÓRICAS DE CLASSIFICAÇÃO

Hofstede definiu, em 1980, quatro dimensões para explicar as diferenças ao nível de atitudes e valores que se reflectem nas estruturas organizacionais em diferentes culturas nacionais (Hofstede, 1993, 2005), com base num inquérito conduzido entre 1967 e 1973 a trabalhadores da IBM, abrangendo 50 países e 3 regiões. As quatro dimensões designadas por *"distância ao poder"*, *"aversão à incerteza"*, *"individualismo"* e *"masculinidade"* foram classificadas numa escala de 0 a 100 para cada país inquirido.

A *"distância ao poder"* pode ser definida como o nível de desigualdade entre os membros das organizações e instituições que é aceite e expectável como normal, evidenciando alguns países situações de reduzida distância ao poder, enquanto outros demonstram graus de distância ao poder extremamente acentuados (Hofstede, 1993, 2005). Em países de reduzida distância ao poder, a participação dos empregados na tomada de decisão é uma prática de gestão frequentemente aplicada, enquanto os métodos de gestão mais autoritários e menos participativos se tornam mais comuns nas culturas com maior distância ao poder (Schuler & Rogovsky, 1998).

Empresas em países com elevada distância ao poder, como países do Leste Asiático ou da América Latina, tendem a evidenciar maiores níveis de centralização e a exibir menores graus de participação dos trabalhadores na tomada de decisão (Newman & Nollen, 1996), tendendo os trabalhadores a aceitar níveis mais acentuados de formalização e comunicações top-down (Hofstede, 2001).

O *"indivualismo"* traduz a propensão que um indivíduo tem para agir segundo os seus próprios interesses, contrastando com o *"colectivismo"*, segundo o qual o indivíduo actua predominantemente como membro de um grupo ou de uma organização (Hofstede, 1993, 2005). O individualismo é percebido numa organização como o desejo de autonomia, com a implementação de práticas de gestão de responsabilização e recompensação individual pelos resultados enquanto, por oposição, as práticas de gestão colectivistas enfatizam a responsabilização do grupo e as recompensas colectivas (Newman & Nollen, 1996; Schuler & Rogovsky, 1998). Morris, Davis & Allen (1994) concluiram que as atitudes empreeendedoras tendem a aumentar nas sociedades mais individualistas, como nos EUA, enquanto o oposto foi detectado em Portugal, uma sociedade mais colectivista. Earley's (1994) detectou que a formação ao nível individual contribuiu para gerar aumentos de performance nos gestores americanos, enquanto a formação orientada para o grupo obteve melhores resultados na performance dos gestores chineses.

A *"masculinidade" versus "feminilidade"* refere-se à ênfase colocada em valores tradicionalmente associados ao género masculino ou feminino, no sentido das culturas masculinas se pautarem pela competição, determinação, performance, sucesso, ambição e acumulação de bens materiais, e das culturas femininas colocarem maior relevo no estabelecimento de relações entre as pessoas e na qualidade de vida (Hofstede, 1993, 2005). Schuler & Rogovsky (1998) consideram que nas sociedades mais "masculinas" as recompensas indexadas à performance e ao mérito e as práticas de gestão por objectivos são encaradas com naturalidade (e.g. EUA), enquanto nas sociedades mais "femininas" a valorização das relações inter-pessoais e da qualidade de vida são privilegiadas (e.g. empresas escandinavas).

A *"aversão à incerteza"* traduz a tolerância de uma sociedade face à incerteza e ambiguidade, indicando a facilidade e apetência que os seus membros têm para enfrentarem situações desconhecidas e inesperadas (Hofstede, 1993, 2005). Em sociedades com elevado grau de aversão à incerteza, a implementação de regras, procedimentos claros e directivas revestem-se de um carácter mais premente, tendo em conta que os trabalhadores revelam pouca facilidade para encararem situações pouco estruturadas ou arriscadas (Newman & Nollen, 1996; Schuler & Rogovsky, 1998).

Hofstede adicionou uma quinta dimensão, *"Orientação para o Longo Prazo vs Orientação para o curto prazo"*, na sequência de um inquérito aplicado a 23 países. As sociedades orientadas para o longo prazo enfatizam valores orientados para o futuro, como a perseverança e a poupança, enquanto as sociedades orientadas para o curto prazo acentuam valores relacionados com o passado e com o presente, como o respeito pelas tradições e pelo cumprimento das obrigações sociais. A dimensão orientação para o longo prazo tende a evidenciar-se na adopção de práticas de gestão que enfatizam a estabilidade no emprego e o planeamento a longo prazo.

Ao longo do tempo, diversos estudos consideraram que as dimensões culturais de Hofstede constituem o suporte teórico mais apropriado para descrever as diferenças culturais, sugerindo que as mesmas podem ser aplicadas para categorizar os países de acordo com as suas culturas nacionais e para apurar níveis de distância cultural (Brock et. al., 2000; Drogendijk & Slangen, 2006). A validade das dimensões culturais propostas por Hofstede tem sido testada e confirmada por numerosos estudos (e.g. Brock et. al. 2000; Drogendijk & Slangen, 2006; Sondergaard, 1994; Van Oudenhoven, 2001).

Apesar do trabalho pioneiro de Hofstede ter contribuido significativamente para sistematizar e aumentar o conhecimento sobre as culturas nacionais, a sua *framework* é também alvo de algumas críticas (e.g. Brett & Okumura, 1998; Brock et. al, 2000; Schwartz, 1999; Shenkar, 2001; Steenkamp, 2001).

As críticas dirigidas às dimensões culturais propostas por Hofstede incluem aspectos como não-exaustividade e recolha de dados numa única empresa (Shenkar, 2001) e incapacidade de capturar o papel que a linguagem desempenha ao nível da sustentação e transmissão cultural (Brock et. al, 2000).

Uma outra tipologia teórica de classificação de valores culturais foi proposta por Schwartz, que identificou sete categorias de valores designados por *"inserção"*, *"autonomia intelectual"*, *"autonomia emocional"*, *"hierarquia"*, *"igualdade"*, *"domínio"* e *"harmonia"* (Schwartz 1999).

A *"inserção"* traduz a importância que uma cultura coloca na restrição de acções que possam desfazer a solidariedade de um grupo ou a ordem tradicional. A *"autonomia intelectual"* e a *"autonomia afectiva"* indicam os graus de liberdade individuais para defender ideias e direcções intelectuais, e os desejos afectivos, respectivamente. A *"hierarquia"* traduz a legitimidade associada à distribuição desigual de poder, papéis e recursos. A *"igualdade"* evidencia o desejo de promover o bem-estar colectivo, em detrimento dos interesses individuais. O *"domínio"* enfatiza a valorização de valores como ambição, succsso, audácia e competência e a *"harmonia"* representa o objectivo de adaptação harmoniosa face à envolvente contextual, tendendo as culturas com elevados níveis de harmonia a aceitar e a preservar as condições que as rodeiam ao invés de pretenderem alterá-las.

Apesar da tipologia de classificação teórica de valores culturais de Schwartz permitir ultrapassar muitas das aparentes limitações apontadas a Hofstede (Drogendijk & Slangen, 2006), a classificação teórica de Schwartz carece ainda de testes de validação empírica. Num esforço de verificação empírica do poder explicativo da distância cultural medida com base nas dimensões da cultura nacional quer de Schwartz, que de Hosftede, Drogendijk & Slangen (2006) concluíram que ambas as tipologias teóricas são válidas e que ainda é muito prematuro considerar a classificação teórica de Hofstede como sendo incapaz de capturar correctamente as dimensões reais das culturas nacionais.

3.2 DISTÂNCIA CULTURAL

Nas empresas com presença em mercados externos importa distinguir entre duas importantes fontes de influência cultural: o país de origem e o país de destino, as quais condicionam o relacionamento interno e a selecção dos procedimentos organizacionais (Brock et. al., 2000). Para determinar as potenciais tensões existentes entre as diferentes unidades de uma empresa internacional importa abordar o seu grau de distância cultural e a forma como as diferentes culturas se inter-relacionam (Shenkar, 2001).

A *distância cultural nacional* pode ser definida como o grau de divergência entre países ao nível de normas e valores partilhados pelos seus membros representando, como tal, o grau de afastamento e as divergências entre as culturas do país de origem e do país de destino (Chen & Hu, 2002; Drogendijk & Slangen, 2006; Gong, 2003; Hofstede, 2001; Kogut & Singh, 1988).

Johanson & Vahlne (1977,1990) designaram por distância cultural o grau de divergência entre as características culturais da casa-mãe e das subsidiárias. Gomez-Mejia & Palich (1997) reforçaram a ideia de aumentos na distância cultural dificultarem a capacidade de coordenação das subsidiárias por parte da casa-mãe.

A *teoria da agência* analisa a relação entre o principal e o agente, a qual consiste na delegação de trabalho aos agentes por parte do principal. Contudo, como é expectável que os principais e os agentes possuam diferentes interesses, é fundamental a existência de um mecanismo de controlo que restrinja os agentes a actuarem segundo os interesses do principal (Eisenhardt, 1989).

A relação da casa-mãe com as subsidiárias pode ser visualizada segundo a estrutura principal-agente (Roth & O'Donnell, 1996). Por um lado, a casa-mãe encontra-se dependente do conhecimento único das subsidiárias, contudo, por outro lado, necessita de garantir o alinhamento das acções da subsidiária quando define as suas práticas organizacionais e as suas estratégias de controlo (Gong, 2003).

Mejia & Palich (1995) reforçaram a ideia de aumentos na distância cultural dificultarem a capacidade de coordenação das subsidiárias por parte da casa-mãe.

A distância cultural tem sido considerada como um factor crucial ao condicionar o problema da agência na relação casa-mãe – subsidiária, no sentido dos custos de agência aumentarem em função da distância cultural (Roth & O'Donnell, 1996). Neste contexto, à medida que a distância cultural aumenta, a relação entre a casa-mãe e a subsidiária torna-se mais assimétrica ao nível da transferência e partilha de informação. Em condições de acentuada distância cultural, o conhecimento da casa-mãe em relação à envolvente e acções da subsidiária é mais difícil de obter e as actividades da subsidiária tornam-se de mais complexa compreensão, dificultando, deste modo, o controlo das acções por parte da casa-mãe (Gong, 2003) e acentuando os desafios inerentes ao sistema de controlo organizacional.

Neste sentido, à medida que a distância cultural aumenta, a casa-mãe torna-se mais dependente das subsidiárias para recolher informação que não é de fácil e directo acesso para a casa-mãe (Gomez-Mejia & Palich, 1997). Deste modo, a distância cultural é responsável pelo aumento na assimetria de informação que enfatiza o problema da agência na relação casa-mãe – subsidiária.

A distância cultural assume-se, deste modo, como uma variável contextual que afecta inclusivé as orientações em termos de gestão internacional de recursos humanos (Gong, 2003), influenciando a definição de práticas de recursos humanos e as características dos gestores de topo e dos empregados seleccionados.

As tensões internas numa empresa com presença em mercados externos surgem, deste modo, pelo facto das divergências culturais tenderem a definir o grau de accitação dos processos organizacionais, influenciando a definição das políticas organizacionais e dos processos de tomada de decisão (Lachman, Nedd & Hinings, 1994). Esta ideia dos processos de gestão entre a casa-mãe e as subsidiárias serem tipicamente complexificados pela distância e pelas diferenças culturais, originando como resultado, relações frequentemente tensas e difíceis é sustentada por diversos autores (e.g. Brock et. al., 2000; Gomez-Mejia & Palich, 1997; Gong, 2003; Lachman et. al., 1994).

3.3 A CULTURA E O BALANÇO ESTRATÉGICO DE INTEGRAÇÃO GLOBAL E ADAPTAÇÃO LOCAL

As diferenças culturais exercem um importante impacto na relação entre as subsidiárias e a casa-mãe, acentuando o grau de complexificação intrínseco ao processo de gestão da rede de relações latente no interior da empresa multinacional e condicionando a resolução estratégica do balanço efectuado pela empresa entre os objectivos de integração global e as necessidades de adaptação local.

Neste contexto, a gestão em mercados globais transcende o processo de adaptação eficiente das práticas de uma cultura para outra, envolvendo também a exploração sinérgica de diferentes fontes de conhecimento, designadamente ao nível do processo de gestão de recursos humanos em unidades com diferentes localizações (Jackson, 2002).

A cultura desafia a capacidade dos gestores para generalizarem estratégias e conclusões e é responsável por criar enviesamentos nas próprias ferramentas de análise, sendo fortemente enganador ignorar as divergências culturais internas (Paterson & Brock, 2002). Por exemplo, considerando o grau de aversão à incerteza proposto por Hofstede (1994) será expectável que uma empresa internacional japonesa evidencie um considerável peso de recursos humanos dedicados ao desenvolvimento de processos de planeamento na casa-mãe, com características de programação a longo-prazo e aplicação *top-down*. Por oposição, os processos de planeamento de uma cultura mais associada a uma menor aversão ao risco, como a Suécia, poderão tender a ser mais flexíveis e orientados para o curto-prazo. Neste sentido, uma empresa com uma casa-mãe pautada por elevada aversão ao risco e uma subsidiária com menor aversão podem deparar-se com relacionamentos mais tensos, decorrentes da tentativa de imposição por parte da casa-mãe de sistemas de planeamento mais estruturados e de uma subsidiária mais relutante para adoptar sistemas de planeamento dessa natureza (Brock et. al., 2000).

A abordagem comportamental na gestão *cross-cultural* pretende explorar as diferenças nos comportamentos organizacionais em função das influências culturais (Negandhi & Robey 1977). O pressuposto fundamental desta abordagem é que as atitudes, crenças, sistemas de valores e hierarquias de necessidades são determinadas culturalmente, pelo que, neste contexto, as práticas de gestão mais apropriadas e os respectivos sucessos e falhas variam de cultura para cultura.

A cultura nacional influencia fortemente a abordagem dos trabalhadores face ao seu trabalho, definindo o modo como os mesmos esperam ser tratados. Neste contexto, Newman & Nollen (1996) defendem que as práticas de gestão de recursos humanos que são congruentes com os valores intrínsecos à cultura nacional dos trabalhadores tendem a ser consistentes com as expectativas comportamentais formadas e com as rotinas que transcendem o local de trabalho, tendendo a gerar comportamentos mais previsíveis e melhores performances. Deste modo, é expectável que a cultura nacional exerça uma considerável influência, não apenas na escolha, mas também na eficácia das políticas e práticas de gestão de recursos humanos (Schuler & Rogovsky, 1998). Assim sendo, as diferenças culturais desempenham o papel de forças condutoras fundamentais ao nível do processo de selecção das práticas de gestão que podem ser globalmente aplicadas e as que necessitam de ser localmente adaptadas (Janssens, 2001).

O papel crucial da cultura nacional ao nível da explicação das práticas de gestão de recursos humanos utilizadas em diferentes culturas é suportado por diversos estudos (e.g. Fischer et. al., 2005; Laurent, 1986; Luthans, Welsh, & Rosenkrantz, 1993; Newman & Nollen, 1996; Schuler & Rogovsky, 1998), os quais sugerem que as práticas de gestão de recursos humanos variam em função da cultura nacional.

As empresas com presença em mercados externos visam obter a máxima eficiência na gestão dos seus recursos humanos devido à ligação crucial entre as actividades de gestão dos recursos humanos e os objectivos estratégicos organizacionais (Schuler, Fulkerson & Dowling, 1991). Neste contexto de reconhecimento da importância crítica da gestão destes recursos na implementação da estratégia da empresa internacional, a gestão estratégica internacional de recursos humanos pode ser definida como *"all those activities affecting behaviors of individuals in their efforts to formulate and implemente the strategic needs of the international business operation"* (Schuler et. al., 1991: 366) As empresas com presença em mercados externos, para satisfazerem os imperativos de controlo e coordenação global definem regras e procedimentos específicos para os trabalhadores e frequentemente concebem práticas para "socializar" os empregados, de modo a que estes sigam o comportamento dos gestores expatriados. Este processo de socialização, segundo Schuler et. al. (1991), tende a reflectir os valores culturais e as normas da casa-mãe.

Tendo em consideração que o processo de gestão internacional dos recursos humanos por parte da casa-mãe tende a reflectir parte dos pressupostos e valores da cultura do país de origem, Laurent (1986) advoga que tal pode originar conflitos internos, dado que as subsidiárias podem ter ideias bastantes divergentes ao nível da gestão local dos seus recursos. Neste sentido, o processo de gestão internacional dos recursos humanos enfrenta o desafio de encontrar solução para "*a multi-dimensional puzzle located at the crossroad of national and organizational cultures*" (Laurent, 1986: 101).

Apesar das empresas multinacionais enfrentarem inevitavelmente o desafio da interacção de diferentes culturas, Adler & Bartholomew (1992) consideram que as mesmas optam frequentemente por minimizar as diferenças culturais, em vez de explorarem sinergias e de potenciarem as vantagens da sua utilização. O reduzido número de estratégias e políticas direccionadas para a adaptação às culturas nacionais das subsidiárias, utilizadas por parte das empresas multinacionais, é salientado por diversos autores (e.g. Schuler & Rogovsky,1998; Newman & Nollen, 1996), evidenciando esta situação que algumas empresas desconhecem as diferenças culturais entre o país de origem e o país de destino, enquanto outras, apesar de capturarem essas divergências, optam por ignorá-las.

A reduzida compreensão das divergências entre culturas e a fraca propensão para ajustar práticas específicas ao ambiente local podem ser explicadas segundo Schuler & Rogovsky (1998) por diversos factores, designadamente: i) as empresas multinacionais receiam que a criação de práticas de recursos humanos adaptadas às diferentes culturas nacionais possa originar problemas de comunicação e coordenação interna; ii) as empresas multinacionais negligenciam por vezes a importância de desenvolver um ambiente de trabalho congruente face às culturas locais, justificando as ineficiências dos resultados obtidos com base em factores não relacionados com a incapacidade de gerir as diferenças entre as culturas; iii) as empresas multinacionais assumem frequentemente que os trabalhadores locais se devem ajustar à cultura da casa-mãe, ignorando possíveis tensões e conflitos com as culturas locais; iv) apesar das empresas multinacionais poderem reconhecer a importância do desenvolvimento de práticas adaptadas às culturas locais, frequentemente desconhecem qual a melhor forma de ultrapassar os obstáculos culturais e como implementar essas práticas específicas.

Acresce que as empresas multinacionais frequentemente evidenciam alguma resistência a ajustamentos locais devido, quer ao facto dos programas de gestão de recursos humanos diferenciados envolverem custos consideráveis em termos da sua concepção, implementação, coordenação e ajustamentos *on-going*, quer ao facto da informação relativa a quais as práticas de gestão de recursos humanos que permitem obter melhores resultados consoante particulares condições culturais, ser extremamente difícil de obter (Gomez-Mejia & Palich, 1997).

A forte influência da cultura nacional na definição de práticas organizacionais foi suportada empiricamente por Laurent (1986). O autor desenvolveu um inquérito sobre os pressupostos ao nível da gestão e dos processos organizacionais a sucessivos grupos de gestores que participavam em programas dirigidos a executivos no INSEAD – The European Institute of Business Administration – tendo inquirido mais de 1700 gestores provenientes de diversas empresas e países. A análise dos resultados evidenciou que o determinante mais expressivo dos pressupostos dos gestores era a sua nacionalidade.

Laurent (1986) concluiu que a nacionalidade exercia cerca de três vezes mais de influência no padrão de pressupostos de gestão e processos organizacionais evidenciados pelos gestores do que qualquer outra característica dos inquiridos como a educação, a função, idade, características da empresa, etc. Os resultados demonstraram que as divergências culturais ao nível dos pressupostos de gestão não foram atenuadas pelo facto dos gestores trabalharem para a mesma empresa multinacional. Deste modo, Laurent (1986) sustenta que os pressupostos de gestão dos recursos são fortemente moldados pelas culturas nacionais, sendo o processo de gestão internacional dos recursos humanos uma tarefa organizacional extremamente desafiante numa empresa com presença em diferentes localizações.

Nos mercados internacionais, a linguagem é também considerada como sendo de importância crucial para o funcionamento organizacional, o que é suportado pelo crescente número de estudos conduzidos por investigadores organizacionais que utilizam abordagens linguísticas para descrever e explicar importantes fenómenos organizacionais (Brock et. al., 2000).

Neste contexto, Marschan-Piekkari, Welch & Welch (1999) conduziram um estudo focalizado na linguagem numa empresa finlandesa (Kone Elevator), sugerindo que nos relacionamentos internos numa empresa multinacional, a linguagem desempenha um papel fundamental na capacidade de obtenção de recursos críticos e na determinação do poder organizacional, contribuindo para a criação do que os autores designam por *"organizational shadow structures"*.

No seu estudo empírico Marschan-Piekkari, Welch & Welch (1999) verificaram que alguns países escandinavos, como a Finlândia, possuem um vocabulário que é composto por menos de um quarto das palavras que compõem a língua inglesa. Desta situação decorre que as palavras e as frases utilizadas pelos recursos humanos em subsidiárias finlandesas têm uma forte carga de múltiplos significados e de *nuances* subentendidas.

Na sua análise sobre os padrões de influência no interior da empresa finlandesa, os autores verificaram que as subsidiárias e os empregados fluentes em finlandês tinham melhores possibilidades de obtenção de recursos críticos, enquanto os recursos humanos e as subsidiárias menos familiarizadas com a mesma linguagem tinham acesso a redes de contactos organizacionais bastante mais limitadas. Deste modo, o grau de fluência em finlandês era responsável pela criação de uma *"dinâmica de insider-outsider"* na empresa multinacional finlandesa, afectando os recursos humanos que não estão familiarizados com a mesma linguagem.

Estas dinâmicas de *"insider-outsider"* podem colocar-se inclusive mesmo quando os recursos humanos falam a mesma língua (Brock et. al., 2000), por exemplo, mesmo entre subsidiárias inglesas e americanas a forma como a linguagem é utilizada para construir humor pode ser alvo de interpretações muito díspares. Brock et. al. (2000) acrescentam que em muitos países asiáticos a insistência americana na *"straight talk"* é frequentemente considerada completamente despropositada, tendendo estas divergências a originar conflitos na delineação das políticas organizacionais. Bartlett, Ghoshal & Birkinshaw (2005: 367) destacam a este propósito uma citação de um gestor da Matsushita *"Even if a local manager speaks Japanese, he would not have the long experience that is needed to build relationships and understand our management processes"*.

Acresce que a mesma prática organizacional pode ser percebida de forma bastante diferente por diferentes culturas, exemplificando Laurent (1986) a este propósito que numa subsidiária italiana a implementação de um sistema de gestão por objectivos pode ser percebida pelos empregados locais como *"We used to be rewarded for our accomplishments and punished for our failures. Why should we now sign our own punishment even before trying?"*.

Laurent (1986) exemplifica que um gestor francês que trabalhe numa subsidiária francesa de uma empresa multinacional americana que exija a implementação de uma *"open door policy"* pode seguir os procedimentos internos e manter a porta do seu gabinete aberta, evidenciando um aparente ajustamento face às exigências comportamentais da cultura organizacional, sem que, contudo, exista qualquer alteração face à sua concepção fundamental da estrutura de autoridade nos processos de gestão.

A dificuldade das práticas organizacionais para modificarem e moldarem os valores culturais básicos intrínsecos aos seus membros é reforçada por Laurent (1986) com base na evidência empírica recolhida numa subsidiária francesa de uma empresa sueca, cujos valores organizacionais se pautavam por uma elevada informalidade. Na subsidiária francesa, os trabalhadores franceses eram observados a dirigirem-se aos seus superiores pelo seu primeiro nome e a utilizar a forma de tratamento informal *"tu"* no interior da empresa, contudo, as mesmas pessoas abandonavam espontaneamente esta forma de tratamento informal, passando a dirigir-se ao seu superior como *"Monsieur le Directeur"* e utilizando a forma mais formal *"vous"* sempre que se encontravam fora da empresa.

Neste contexto, Laurent (1986: 98-99) constata que *"Similarly the degree of ingeniosity and creativity that can be observed in order to recreate private space and status out of open space offices probably expresses some of the same dynamics whereby organizational members may very well play the expected game without abdicating their own personal values."* Deste modo, o ajustamento comportamental por parte dos trabalhadores das subsidiárias face às práticas organizacionais definidas pela casa-mãe pode ocorrer apenas a um nível superficial, transmitindo à casa-mãe a ilusão de pleno ajustamento e satisfação dos trabalhadores. Este ajustamento superficial às práticas organizacionais pode colocar em causa os resultados esperados.

Deste modo, a gestão estratégica internacional enfrenta o complexo desafio de determinar quais os pressupostos culturais intrínsecos nas práticas de gestão dos recursos humanos, a fim de aferir o seu potencial impacto em diferentes envolventes culturais, de modo a determinar quais as práticas a serem implementadas à escala global e quais os ajustamentos necessários a nível local (Janssens, 2001).

CONCLUSÃO

No contexto das aceleradas alterações no campo da gestão estratégica internacional da empresa, as diferenças culturais assumem-se cada vez mais como uma variável de relevância acrescida, ao colocarem importantes e complexos desafios ao nível da capacidade para saber gerir de forma eficiente as tensões culturais patentes no seio da vasta gama de agentes que formam a complexa rede de relações de uma empresa internacional.

No actual processo de internacionalização intenso e acelerado, é crescente o número de organizações que passam a incorporar uma natureza multi-cultural complexa, a qual pode ser quer uma fonte de exploração de sinergias ao nível de conhecimentos diferenciados, quer uma fonte de tensões internas entre as diferentes unidades da organização.

As aceleradas transformações institucionais, políticas e tecnológicas das últimas décadas contribuíram para tornar pouco aderentes à realidade muitas teorias e conceitos comuns na gestão internacional, tendo emergido novos conceitos e variáveis. Neste contexto, no campo dos desenvolvimentos teóricos da estratégia internacional as perspectivas afastaram-se da visão da indústria como um determinante da estratégia, passando a identificar os processos internos como sendo críticos para o desenvolvimento de vantagens "transnacionais". Deste modo, colocou-se o foco nos modelos *"resource or competence based"*, nos quais apesar das características das indústrias poderem favorecer o aparecimento de determinadas competências, a vantagem competitiva passa a ser vista como a detenção e exploração de *"unique firm assets"*.

Os modelos *"resource-based"* e *"capability-based"* colocaram o estudo da estratégia nas características individuais, enfatizando a importância da detenção de *"strategic advance factors"* e sugerindo a existência de duas dimensões estratégicas chave relevantes para o estudo da evolução das estratégias internacionais: *"capability leverage"* ou *"exploitation"* e *"capability building"* ou *"creation"*.

A criação sustentada de valor para a empresa internacional passa a ser vista nos modelos recentes como provindo da capacidade de conseguir combinar o novo conhecimento que a empresa recolhe em diferentes localizações, com o conhecimento já existente. Esta empresa "transnacional", enfrenta imperativos de integração estratégica em busca de eficiência global, adaptação aos mercados locais e exploração de fontes de conhecimento distintivas nos diferentes mercados nacionais.

Nos últimos anos tem sido cada vez mais frequente o tratamento das empresas multinacionais como uma rede inter-organizacional, concedendo ênfase à rede de relações que as subsidiárias desenvolvem no seu meio envolvente. Assim sendo, a relação da casa-mãe com as suas subsidiárias está longe de ser simplista, tendo em conta que os interesses e as percepções de ambas as partes não estão frequentemente alinhados, gerando *perceptions gaps*. Neste contexto, o processo de coordenação intraorganizacional da empresa multinacional, designadamente no que concerne à definição de mecanismos de controlo e coordenação por parte da casa-mãe face às suas subsidiárias, detém um grau de complexidade acrescida.

Tendo a casa-mãe e as subsidiárias frequentemente diferentes percepções sobre as capacidades das subsidiárias, o processo de identificação das denominadas "*best practices*" reveste-se um carácter ambíguo. Com efeito, a existência de percepções pouco precisas por parte dos gestores na casa-mãe sobre o relacionamento com as subsidiárias, pode limitar o processo de transferência do conhecimento que se encontra disperso por diferentes unidades da empresa internacional a um processo de transferência de "*medíocre practices*".

Entrando em linha de conta com o equilíbrio de forças resultante das pressões de integração global *vs* adaptação local, importa reconhecer que a empresa multinacional não é apenas uma rede de relações intra-organizacionais e que o ambiente de cada uma das suas unidades é uma rede de interacções com outras organizações, o que está na origem da criação de fortes divergências internas.

Acresce que, considerando a integração de uma subsidiária na rede de relações da sua envolvente local como sendo fundamental para estimular a sua propensão para identificar novas fontes de conhecimento e para o transferir no interior da empresa multinacional, um aspecto crucial ao nível dos relacionamentos entre a casa-mãe e as subsidiárias, e de complexa resolução, diz respeito aos modos como devem as empresas multinacionais implementar os mecanismos de coordenação e controlo, e em simultâneo proteger o seu interesse de estimular a capacidade de integração das subsidiárias na sua envolvente local, a fim de incentivar o seu processo de criação e transferência de conhecimento.

Neste contexto, o reconhecimento do processo de internacionalização como inevitável para uma parte substancial de empresas e a consequente importância acrescida do papel das diferenças culturais, coloca às empresas multinacionais o desafio de coordenar e integrar operações em ambientes muito diferenciados e de gerir uma força de trabalho multi-cultural. Assim sendo, tendo em conta a complexidade acrescida das organizações, é cada vez mais frequente que uma organização se estruture em torno de diversas subunidades organizacionais, as quais tendem a possuir as suas próprias subculturas, que tendem necessariamente a influenciar a eficiência e a aprendizagem organizacional.

Neste novo contexto de mudanças aceleradas, a cultura assume-se, assim, como uma variável chave que transmite a capacidade da organização para responder aos problemas de adaptação externa e integração interna.

A cultura desafia a capacidade dos gestores para generalizarem estratégias e conclusões, sendo expectável que a cultura nacional exerça uma considerável influência, não apenas na escolha, mas também na eficácia das políticas e práticas de gestão de recursos humanos. Sendo os pressupostos de gestão dos recursos fortemente moldados pelas culturas nacionais, o processo de gestão internacional dos recursos torna-se uma tarefa organizacional extremamente desafiante numa empresa com presença em diferentes localizações.

Por outro lado, tendo em conta a dificuldade das práticas organizacionais para modificarem e moldarem os valores culturais básicos intrínsecos aos seus membros, a gestão estratégica internacional enfrenta o difícil desafio de determinar quais os pressupostos culturais inerentes às diferentes práticas de gestão dos recursos humanos, de modo a determinar o seu impacto potencial em diferentes envolventes culturais.

Deste modo, na gestão internacional dos dias de hoje, não é possível negligenciar o papel que variáveis como a distância cultural desempenham ao nível da acentuação do grau de assimetria na transferência e partilha de informação no interior de uma empresa multinacional e enquanto foco de potenciais tensões entre as diferentes unidades organizacionais, acentuando os desafios inerentes ao sistema de controlo e coordenação interna organizacional.

A gestão em mercados globais envolve, assim, a exploração sinérgica de diferentes fontes de conhecimento, designadamente ao nível do processo de gestão de recursos humanos em unidades com diferentes localizações e depara-se com um grau de complexificação acrescido ao nível da resolução estratégica do balanço efectuado pela empresa entre os objectivos de integração global e as necessidades de adaptação local.

REFERÊNCIAS BIBLIOGRÁFICAS

Adler, N. and Bartholomew, S. (1992). Academic and professional communities of disclosure: generating knowledge on transnational human resource management. *Journal of International Business Studies*, 3rd Quarter, 23 (3) 551-569.

Andersson, U., Björkman, I. and Forsgren, M. (2005). Managing subsidiary knowledge creation: The effect of control mechanisms on subsidiary local embeddedness, *International Business Review*, 14 (5) 521-538.

Andersson, U. and Forsgren, M. (1996). Subsidiary embeddedness and control in the multinational corporation, *International Business Review*, 5 (5), 487-508.

Barney, J. (1991). Firm Resources and Sustained Competitive Advantage. *Journal of Management* 17 (1), 99-120.

Barney, J. (1986). Strategic factor markets: expectations, luck and business strategy, *Management Science*, 32 (10), 1231-1241.

Barney, J. (1986a). Organizational Culture: Can it be a Source of Sustained Competitive Advantage? *Academy of Management Review*, 11 (3), 656-65.

Bartlett, C. A., and Ghoshal, S. (1989). *Managing across borders: the transnational solution*. Cambridge, MA: Harvard Business School Press.

Barlett, A. C., Ghoshal, S. and Birkinshaw, J. (2005). *Transnational Management: text, cases and readings in cross- border management*. Singapore: McGrawHill.

Birkinshaw, J., Holm, U., Thilenius, P and Arvidsson, N. (2000). Consequences of perception gaps in the headquarters-subsidiary relationship, *International Business Review*, 9 (3), 321-344.

Brett, J. M., and Okumura, T. (1998). Inter- and intracultural negotiation: US and Japanese negotiators. *Academy of Management Journal*, 41 (5), 495–510.

Brock, D., Barry, D. and Thomas, D. (2000). Your forward is our reverse, your right, our wrong: rethinking multinational planning processes in light of national culture, *International Business Review*, 9 (6), 687-701.

Brown, J. S. and Duguid, P. (1991). Organizational learning and communities-ofpractice: toward a unified view of working, learning and innovation. *Organization Science*, 2 (1), 40-57.

Buckley, P. J. and Casson, M. C. (1998). Analyzing Foreign Market Entry Strategies: Extending the Internalization Approach, *Journal of International Business Studies*, 29 (3), 539-561.

Carpano, C., Chrisman, J., and Roth, K., (1994). International strategy and environment: an assessment of the performance relationship. *Journal of International Business Studies*, 25 (3), 639-656.

Chen, H., and Hu, M. Y. (2002). An analysis of determinants of entry mode and its impact on performance. *International Business Review*, 11 (2), 193–210.

Crespo, Catia Fernandes, David Griffith and Luis Filipe Lages (2014). The performance effects of vertical and horizontal subsidiary knowledge outflows in multinational corporations, *International Business Review*, 23 (5), 993-1007.

Denison, D. R. and Mishra, A. K. (1995). Toward a Theory of Organizational Culture and Effectiveness. *Organization Science*, 6 (2), 204-223.

Detert, J., Schroeder, R. and Mauriel, J. (2000). A framework for linking culture and improvement initiatives in organizations, *Academy of Management Review*, 25 (4), 850 -863.

Doz, Y. and Prahalad, C. K. (1984). Patterns of Strategic Control Within Multinational Corporations, *Journal of International Business Studies*, 15 (2), 55-72.

Drogendijk, R. and Slangen, A. (2006). Hofstede, Schwartz, or managerial perceptions? The effects of different cultural distance measures on establishment mode choices by multinational enterprises. *International Business Review*, 15 (4), 361–380.

Dunning (1988). The Eclectic Paradigm of International Production: a restatement and some possible extensions, *Journal of International Business Studies*, 19 (1), 1-31.

Earley, P. C. (1994). Self or group? Cultural effects of training on self-efficacy and performance. *Administrative Science Quarterly*, 39 (1), 89-117.

Eisenhardt, K. M. (1989). Agency theory: An assessment and review. *Academy of Management Review*, 14 (1), 57–74.

Fletcher, M., Harris, S., and Richey, R. G. J. (2013). Internationalization knowledge: What, why, where, and when? *Journal of International Marketing*, 21 (3), 47-71.

Fischer, R., Ferreira, M., Assmar, E., Redford, P., and Harb, C. (2005). Organizational behavior across cultures: theoretical and methodological issues for developing multi-level frameworks involving culture. *International Journal of Cross-Cultural Management.* 5 (1), 27-48.

Ghoshal, S., and Bartlett, C. A. (1990). The multinational corporation as an interorganizational network, *Academy of Management Review*, 15 (4) 603–625.

Gomez-Mejia, L., Palich, L. (1997). Cultural diversity and the performance of multinational firms. *Journal of International Business Studies*, 28 (2), 309-335.

Gong, Y. (2003). Subsidiary Staffing in multinational enterprises: agency, resources and performance, *Academy of Management Journal*, 46 (5), 728-739.

Gregory, K. (1983). Native-View Paradigms: Multiple Cultures and Culture Conflicts in Organizations, *Administrative Science Quarterly*, 28 (3), 359 -376.

Hamel, G. and Prahalad, C. K. (1983). Managing Strategic Responsibility in the MNC, *Strategic Management Journal*, 4, 341 -351.

Hedlund, Gunnar. (1986). The Hypermodern MNC—A Heterarchy? *Human Resource Management*, Spring86, 25 (1), 9-35.

Hofstede, G. (2005). *Cultures and Organizations: software of the mind.* McGraw- Hill.

Hofstede, G. (2001). *Culture's consequences: Comparing values, behaviors, institutions and organizations across nations* (2nd ed.). Thousand Oaks: Sage Publications.

Hofstede, G. (1994). The business of international business is culture, *International Business Review*, 3, 1-14.

Hofstede, G. (1993). Cultural Constraints in Management Theories. Academy of Management Executive, 7 (1), 81-94.

Jackson, T. (2002). The management of people across cultures: valuing people differently. *Human Resource Management*, 41 (4), 455-475.

Janssens, M. (2001). Developing a culturally synergistic approach to international human resource management. *Journal of World Business*, 36 (4), 429-450.

Johanson, Jan and Jan-Erik Vahlne. (1990). The mechanism of internationalization. *International Marketing Review*, 7 (4), 11-24.

Johanson, Jan and Jan-Erik Vahlne. (1977). The internationalization process of the firm A model of knowledge development and increasing foreign market commitment. *Journal of International Business Studies*, 8 (1), 23-32.

Karnani, A. and Wernerfelt, B. (1985). Multiple point competition. *Strategic Management Journal*, 6, 87-96.

Kay, J. (1993). Structure of Strategy, *Business Strategy Review*, 4 (2), 17-37.

Keupp, M. M., Palmié, M., and Gassmann, O. (2011). Achieving subsidiary integration in international innovation by managerial tools. *Management International Review (MIR)*, 51 (2), 213-239.

Kogut, B., and Singh, H. (1988). The effect of national culture on the choice of entry mode. *Journal of International Business Studies*, 19 (3), 411–432.

Lachman, R., Nedd, A., and Hinings, C. R. (1994). Analyzing cross-national management and organizations:a theoretical framework. *Management Science*, 40 (1), 40–55.

Laurent, A. (1986). The Cross-Cultural Puzzle of International Human Resource Management. *Human Resource Management.* 25 (1), 91-102.

Luthans, F., Welsh, D. and Rosenkrantz, S. (1993). What do Russian managers really do? An observational study with comparisons to U.S. managers. *Journal of International Business Studies*, 24 (4), 741-61.

Majocchi, A., Bacchiocchi, E. and Mayrhofer, U. (2005). Firm size, business experience and export intensity in SMEs: A longitudinal approach to complex relationships. *International Business Review*, 14, 719–738.

March, J. (1991). Exploration and Exploitation in organizational learning, *Organization Science*, 2 (1) 71-87.

Marschan-Piekkari, R., Welch, D., and Welch, L. (1999). In the shadow: the impact of language on structure, power and communication in the multinational. *International Business Review*, 8, 421–440.

Martinez, J. and Jarillo, J. (1991). Coordination demands of international strategies, *Journal of International Business Studies*, 22 (3), 429-444.

Michailova, S., and Mustaffa, Z. (2012). Subsidiary knowledge flows in multinational corporations: Research accomplishments, gaps, and opportunities. *Journal of World Business*, 47 (3), 383–396.

Negandhi, A. and Robey, D. (1977). Understanding Organizational Behavior In Multinational and Multicultural Settings. *Human Resource Management*, 16 (1) 16-23.

Nelson, R and Winter, S (1982). *Organizational Capabilities and Behavior, An Evolutionary Theory of Economic Change*. Belknap Press.

Newman, K. and Nollen, S. (1996). Culture and congruence: The fit between management practices and national culture. *Journal of International Business Studies*, 27 (4), 753-78.

Nohria, N. and Ghoshal, S. (1994). Differentiated fit and shared values: alternatives for managing headquarters subsidiary relations. *Strategic Management Journal*, 15 (6) 491-502.

Noorderhaven, N. and Harzing, A.-W. (2009). Knowledge-sharing and social interaction within MNEs. *Journal of International Business Studies*, 40 (5), 719-741.

Paterson, S. and Brock, D. (2002), The development of subsidiary-management research: review and theoretical analysis, *International Business Review*, 11 (2) 139-163.

Pearce, R. and Papanastassiou, M. (2006). To 'almost see the world': Hierarchy and strategy in Hymer's view of the multinational, *International Business Review*, 15 (2), 151-156.

Porter, M. (1986). Changing patterns of international competition. *California Management Review*, 28 (2), 9-40.

Prahalad, C., and Doz, Y. (1981). An approach to Strategic Control in MNC, *Sloan Management Review*, 22(4), 5–13.

Rumelt, R, Schendel D. and Teece D. (1994). *Fundamental Issues in Strategy in Fundamental Issues in Strategy – a Research Agenda*, Harvard Business School Press.

Roth, K., and O'Donnell, S. (1996). Foreign subsidiary compensation strategy: An agency theory perspective. *Academy of Management Journal*, 39 (3), 678–703.

Rugman, A. M. (1980). Internalization Theory and Corporate International Finance. *California Management Review*, 23 (2), 73-79.

Schuler, R. and Rogovsky, N. (1998). Understanding Compensation Practice Variations Across Firms: The Impact of National Culture. *Journal of International Business Studies*, 29 (1), 159-177.

Schuler. R and Fulkerson, J. and Dowling, P. (1991). Strategic Performance Measurement and Management in Multinational Corporations. *Human Resource Management*. 30 (3), 365-392.

Schwartz, S. H. (1999). A theory of cultural values and some implications for work. *Applied Psychology: An International Review*, 48 (1), 12–47.

Schein, E. (1993). On Dialogue, Culture, and Organizational Learning. *Organizational Dynamics*, 22 (2), 40-51.

Schneider, S. (1988). National vs. Corporate Culture: Implications for Human Resource Management, *Human Resource Management*, 27, 231-246.

Shenkar, O. (2001). Cultural distance revisited: Towards a more rigorous conceptualization and measurement of cultural differences. *Journal of International Business Studies*, 32, 519–535.

Snell, S., Shadur, M. and Wright, P. (2005), Human Resources Strategy: The Era of Our Ways. In *Blackwell Handbook of Strategic Management*, 627-649, Michael Hitt, R. E. Freeman and J. Harrison (eds); Malden (MA, USA): Blackwell.

Sondergaard, M. (1994). Research note: Hofstede's consequences — a study of reviews, citations, and replications. *Organization Studies*, 15 (3), 447–456.

Sorensen, J. (2002). The strength of corporate culture and the reliability of firm performance, *Administrative Science Quarterly*, 47, 70 -91.

Steenkamp, J. B. (2001). The role of national culture in international marketing research. *International Marketing Review*, 18 (1), 30–44.

Tallman, S. (2005). Global Strategic Management, In *Blackwell Handbook of Strategic Management*. 464-490, Michael Hitt, R. E. Freeman and J. Harrison (eds); Malden (MA, USA): Blackwell.

Teece, D. (2006). Reflections on Profiting from Innovation, *Research Policy*, 35 (8), 1131-1146.

Teece, D., Pisano, G., Shuen, A. (1987). Dynamic capabilities and strategic management, *Strategic Management Journal*, 18 (7), 509-533.

Tippmann, E., Scott, P. S., and Mangematin, V. (2012). Problem solving in MNCs: How local and global solutions are (and are not) created. *Journal of International Business Studies*, 43 (8), 746-771.

Van Oudenhoven, J. P. (2001). Do organizations reflect national cultures? A 10- nation study. *Internal Journal of Intercultural Relations*, 25, 89–107.

Vernon, R. (1966). International Trade and International Investment in the Product Life Cycle. *Quarterly Journal of Economics*, May, 80 (2), 190-207.

Whittington, R. (1993). *What is Strategy – and does it matter?*, Routledge.

2.2 Alianças Internacionais e Empreendorismo Internacional: duas novas abordagens para a internacionalização de PME

NUNO FERNANDES CRESPO

INTRODUÇÃO

A globalização foi uma das maiores transformações à escala mundial que ocorreu a partir da década de 90. As alterações competitivas decorrentes daquela tendência reflectem-se na forma como as empresas passaram a encarar o mercado doméstico e os mercados internacionais.

Se antes as empresas se sentiam "protegidas" pelas fronteiras nacionais dos seus países, depois do processo de globalização as empresas passaram a ser confrontadas com duas faces de uma mesma moeda: uma crescente concorrência internacional e a exploração de oportunidades em mercados externos. Enquanto no início do século XIX apenas 1% de todos os bens manufacturados era comercializado nos mercados internacionais, na década de 90 essa percentagem ascendia a 15%, com um ritmo de crescimento de 8% ao ano, valor bastante acima da taxa de crescimento económico de 3,7% (Kirby e Kaiser, 2003).

Contudo é importante ter em consideração que esta evolução não resulta de crescimentos similares nas empresas de grande dimensão e nas pequenas e médias empresas (PME). As principais responsáveis pelo crescimento do comércio internacional mundial são, sobretudo as grandes empresas, nomeadamente multinacionais, que têm níveis de actividades internacional cada vez maior e mais diversificado (Kirby e Kaiser, 2003; Barkema et al., 1996).

As PME registam maiores constrangimentos no seu processo de internacionalização e a probabilidade de se internacionalizarem é menor, uma vez que essa decisão tem para elas riscos muito superiores aos que tem para as grandes empresas. Os recursos são bastante mais limitados e pode não haver capacidade para uma segunda oportunidade. Ainda assim, existem PME que, segundo Acs, Morck, Shaver e Yeung (1997), desempenham um papel relevante no processo 'Shumpeteriano' de destruição criativa, ao difundirem as suas inovações para os mercados internacionais, acedendo a esses mercados através de processos de internacionalização por via do empreendedorismo ou da constituição de alianças estratégicas internacionais, e destruindo assim as posições estagnadas das empresas de maior dimensão. Existem cada vez mais casos de pequenas empresas (designadas como *born internationals*, *born globals* ou *international new ventures*) que actuam no mercado global desde o momento da sua constituição, (Kirby e Kaiser, 2003).

Vários autores têm concluído que quando as PME se internacionalizam preferem sobretudo a internacionalização através da exportação (Kirby e Kaiser, 2003). Ainda assim, e por via da internacionalização através de formas de acesso aos mercados exteriores menos tradicionais (empreendedorismo internacional ou alianças estratégicas), têm surgido algumas PME a investir uma parte significativa dos seus recursos financeiros em filiais estrangeiras (Prasad, 1999). Ainda que a exportação seja o modo de internacionalização mais utilizado, as PME têm aumentado o seu envolvimento em operações no estrangeiro, nomeadamente explorando actividades de distribuição, produção, I&D, ou marketing (Hollenstein, 2005). Daí que nos últimos anos o interesse da investigação tenha passado da relação entre as PME e a exportação para este novo fenómeno (Coviello e MCAuley, 1999).

Os objectivos deste trabalho passam por: i) entender que nenhuma das escolas tradicionais de internacionalização consegue explicar autonomamente o processo de internacionalização das PME; ii) apresentar as teorias alternativas de internacionalização que nos últimos anos têm surgido e que veêm nas PME as suas principais aplicações – o empreendedorismo internacional e a constituição de alianças estratégicas internacionais; e iii) fazer uma breve análise destas teorias de internacionalização e da sua adequação às PME.

Após este primeiro ponto de introdução, o restante trabalho está organizado em cinco capítulos. No primeiro apresenta-se uma definição de internacionalização e explicitam-se as principais abordagens teóricas tradicionais que sustentam os processos de internacionalização das empresas. No segundo capítulo analisa-se-se a relevância da variável dimensão no contexto da internacionalização, identificando-se as principais diferenças entre a internacionalização por parte de PME e por parte de grandes empresas. Posteriormente, no terceiro capítulo, procura-se enquadrar os processos de internacionalização das PME nas abordagens teóricas inicialmente apresentadas. No capítulo seguinte, apresenta-se o conceito de alianças estratégicas e diversas noções relacionadas com as alianças estratégicas, terminando este capítulo com a relevância que esta forma de internacionalização tem para as PME. No capítulo 5, reproduz-se o esquema do capítulo anterior, mas desta vez para o caso do empreendedorismo internacional, e sua aplicação às PME. Por último apresentam-se as conclusões deste trabalho.

1. INTERNACIONALIZAÇÃO: DEFINIÇÃO E PRINCIPAIS ABORDAGENS TEÓRICAS

O termo "internacionalização" tem sido trabalhado na óptica de diferentes corpos teóricos, não existindo uma definição universalmente aceite. Uma das definições mais comuns, desenvolvida pela Escola de Uppsala, passa pelo entendimento da internacionalização como um processo de evolução contínua, em que as empresas aumentam o seu envolvimento internacional em função do maior conhecimento que vão tendo dos mercados internacionais e aumentando, assim, o nível de compromisso internacional (Johanson e Vahlne, 1977; Luostarinen, 1989). Posteriormente, Luostarinen (1994) concretizou esta interpretação, definindo-o como um processo "passo-a-passo, de desenvolvimento das operações internacionais, pelo qual a empresa se envolve e empenha cada vez mais nos negócios internacionais, como resultado da introdução de produtos em mercados específicos" (Luostarinen, 1994, p. 1).

Outra perspectiva teórica, baseada, sobretudo, nas teorias do IDE, apresenta a internacionalização como sendo um padrão de investimento em mercados internacionais explicado por uma análise económica racional de vantagens específicas, de internalização e de localização (Dunning, 1988). Uma terceira visão (Welch e Luostarinen, 1988, 1993), retoma a perspectiva da internacionalização como um processo de evolução contínua, mas clarifica, por um lado, que a internacionalização nem sempre segue o mesmo padrão de desenvolvimento, e por outro, que a expansão internacional pode incluir tanto movimentos *"outward"* (ou seja de saída do mercado doméstico) como *"inward"* (entrada no mercado doméstico). Outra perspectiva, ainda mais eclética, define internacionalização como sendo o processo pelo qual as empresas se consciencializam da influência directa e indirecta que as transacções internacionais podem ter no seu futuro, por um lado, e estabelecem voluntariamente transacções com outros países (Beamish, 1990).

A última definição é uma interpretação mais holística e integradora dos conceitos anteriores, uma vez que relaciona o conceito de aprendizagem interna da organização com o conceito de processo de internacionalização e reconhece que a internacionalização é um processo que articula uma componente comportamental com uma componente económica. Nesta definição, a internacionalização é um processo dinâmico e evolutivo, sendo previsível que as relações estabelecidas com os parceiros comerciais durante o processo de internacionalização possam ter influência no desenvolvimento das empresas e na expansão para outros mercados. Adicionalmente, também se pode constatar que nesta definição a internacionalização não é apenas um processo *outward*, podendo o mesmo iniciar-se numa lógica *inward*, ou seja, a internacionalização não se inicia no momento em que se ultrapassa voluntariamente a fronteira, pode iniciar-se no mercado nacional, por exemplo através de acções de importação.

Tomando como base a definição holística de internacionalização, identificam-se, tradicionalmente, três escolas de investigação principais que têm apresentado um conjunto de argumentos com o objectivo de entender o processo de internacionalização das empresas e as razões que levam as empresas a seleccionar determinados modos de internacionalização em detrimento de outros (Coviello e McAuley, 1999): i) a escola das teorias do investimento directo no estrangeiro (IDE); ii) a escola do modelo das etapas e iii) a escola do modelo das redes.

1.1 TEORIAS DO IDE

Estas teorias têm como principal foco a justificação dos fluxos de IDE, surgindo no seguimento das teorias explicativas do comércio internacional tendo, assim, um foco claramente económico. Um dos primeiros defensores destas teorias (Hymer, 1960) defendia que, pelo facto dos mercados serem imperfeitos, as empresas constituem filiais em mercados exteriores apesar das empresas domésticas desses mercados terem vantagens relacionadas com o conhecimento privilegiado dos mesmos. A entrada em mercados externos por parte de algumas empresas era, assim, explicada pelas características diferenciadoras dessas empresas em relação às restantes, nomeadamente em comparação com as empresas domésticas dos países de destino, sendo ultrapassada a barreira do menor conhecimento do mercado. Segundo esta teoria, o facto das vantagens específicas poderem ser facilmente transferidas dentro das empresas, independentemente da distância geográfica, facilita o processo de internacionalização, devendo aliás essas vantagens da empresa ser exploradas o mais rapidamente possível, uma vez que são temporárias. Segundo este modelo, e uma vez que o objectivo principal passa pela manutenção do controlo sobre a totalidade das actividades, as empresas internacionalizam-se autónoma e individualmente, sem terem em consideração o conhecimento ou outros recursos de parceiros.

Associadas às vantagens específicas, existem também vantagens de localização que levam as empresas a deslocalizar-se em vez de produzirem domesticamente e depois exportarem, ou a venderem sob licença de exploração a parceiros nos países de destino.

Segundo Hood e Young (1979), a justificação para a localização no exterior pode passar por (i) aceder a *inputs* a custos inferiores, (ii) ultrapassar aspectos específicos associados ao marketing, nomeadamente em termos de características de cada mercado, (iii) ultrapassar barreiras comerciais impostas por esses países e (iv) responder a políticas governamentais dos países de destino (e.g. política fiscal ou monetária).

Adicionalmente, desenvolveu-se outra teoria segundo a qual as empresas optam pelo IDE quando os benefícios associados ao controlo interno das actividades localizadas em mercados externos, são superiores aos que o mercado proporcionaria à empresa se as transacções fossem feitas pelos mecanismos de mercado (Buckley e Casson, 1993). Associado às vantagens de localização e de internalização está o argumento de que as empresas definem a sua forma organizacional e seleccionam a localização através de uma análise de custos de transacção, optando pelas soluções que minimizam esses custos (Hood e Young, 1979; Buckley e Casson, 1993).

GESTÃO ESTRATÉGICA

Posteriormente, Dunning (1977, 1981, 1988) integrou no seu Paradigma Eclético ou Paradigma OLI as justificações que estão na origem da empresa fazer IDE. Segundo Dunning (1977, 1981, 1988), para que as empresas se internacionalizem através de IDE: (i) têm que dispor de vantagens específicas em exclusividade, ainda que temporárias ou imateriais (O – *ownership advantages*); (ii) têm interesse em desenvolver essas vantagens no seio da sua estrutura em alternativa a transmiti-las a outros (I – *internalization advantages*); e (iii) a sua exploração é mais vantajosa fora do país de origem (L – *location advantages*).

Esta teoria, para além de justificar a opção pela internacionalização através da constituição de filiais no estrangeiro (quando as empresas têm as três tipologias de vantagens), permite entender a opção por outros modos de internacionalização. Por exemplo, se as empresas não identificarem vantagens de localização nos mercados de destino, deverão optar pela exportação, e se não tiver vantagens de internalização, poderão celebrar contratos de licenciamento com empresas do país de destino.

1.2 MODELO DAS ETAPAS

Este modelo é desenvolvido pela escola de Uppsala, e apresenta a internacionalização como um processo de crescimento contínuo em etapas incrementais (Johanson e Wiedersheim-Paul, 1975; Johanson e Vahlne, 1977 e 1990), sendo suportado pelas teorias do crescimento, comportamento e aprendizagem organizacionais. Partindo de um estudo sobre o processo de internacionalização de 4 empresas suecas, Johanson e Wiedersheim-Paul (1975) concluíram que as empresas apresentavam um percurso similar na forma como as suas operações internacionais se desenvolveram.

Tal como é referido por Thomas e Araújo (1985), existem diversas tipologias de etapas associadas ao modelo de Uppsala, mas o primeiro e o mais significativo foi o que resulta do estudo de Johanson e Wiedersheim--Paul (1975). De acordo com aqueles autores, o processo de internacionalização das empresas segue uma lógica incremental, com diversas etapas sequenciais, em que as empresas passam de uma situação em que o nível de internacionalização é nulo ou marginal, para fases de grande envolvimento internacional. As 4 fases apresentadas por Johanson e Wiedersheim--Paul (1975) são: (i) exportação sem regularidade; (ii) exportação através de agentes; (iii) constituição de filial comercial e (iv) constituição de filial produtiva. Nas etapas iniciais do processo de internacionalização, o desconhecimento dos mercados internacionais, bem como a falta de experiência, são mais acentuados, optando-se por formas de internacionalização menos arriscadas (como a exportação). Ao longo das etapas seguintes o conhecimento dos mercados internacionais e o crescente envolvimento internacional influenciam as decisões de maior investimento de recursos e a opção por modos de internacionalização mais exigentes. Por outro lado, o risco da internacionalização também é controlado pela entrada inicial em mercados geográfica e psicologicamente mais próximos.

Assim, o conhecimento e a experiência incrementais sobre os mercados e as operações internacionais, obtidos ao longo das primeiras etapas do processo de internacionalização, permitem às empresas desenvolver aptidões de actuação internacional, aumentando o investimento de recursos e o compromisso com mercados cada vez mais arriscados e "distantes" (Johanson e Wiedersheim-Paul, 1975). Apesar da evolução do compromisso com um determinado mercado do processo de internacionalização ser feito em pequenos passos numa lógica incremental, estão previstas algumas situações em que o processo de internacionalização não segue rigorosamente os passos previstos, dando as empresas "saltos" e "queimando" etapas intermédias. Por exemplo, no caso de empresas de grande dimensão que têm muitos recursos, as mesmas podem adquirir empresas já instaladas em mercados externos, passando assim as fases iniciais de internacionalização (Johanson e Vahlne, 1977).

1.3 MODELO DAS REDES

Em alternativa à teoria do IDE (foco mais económico) e ao modelo das etapas (foco mais comportamental), o modelo das redes foca-se em sistemas não-hierárquicos onde as decisões de internacionalização não se centram unicamente na própria empresa. Segundo as duas primeiras escolas de investigação, as empresas apresentam comportamentos de tomada de decisões estratégicas associados ao processo de internacionalização, sendo o foco de tomada de decisão o núcleo da empresa (Coviello e McAuley, 1999). Pelo contrário, baseado nas teorias de *"social exchange"* e dependência dos recursos, o modelo das redes foca o comportamento das empresas no contexto de redes interorganizacionais e interpessoais, havendo uma preocupação das empresas em reforçar e monitorizar a posição que ocupam em redes internacionais (Johanson e Mattson, 1988 e 1992). Ao contrário do modelo das etapas, segundo o qual a necessidade de recursos para investir nos mercados externos vai aumentando à medida que se avança no processo de internacionalização, o modelo das redes refere que a inexistência de recursos não trava o processo de internacionalização.

Quando as empresas não têm os recursos necessários para implementar o seu processo de internacionalização, podem estabelecer relações de complementaridade com outros agentes do mercado pertencentes a uma rede de negócios (Johanson e Mattson, 1988). Segundo esta perspectiva, o processo de internacionalização de uma empresa está menos dependente das suas vantagens específicas e dos recursos a que a mesma tem acesso, do que da organização das relações estabelecidas nas redes de negócios a que pertence (incluindo clientes, fornecedores, concorrentes, distribuidores, agências de apoio públicas e privadas, família, amigos, etc.), bem como da posição que a empresa ocupa nessas redes. Aliás, não se exige à empresa que se pretende internacionalizar que tenha quaisquer vantagens específicas sobre as restantes empresas, uma vez que existe a partilha das vantagens competitivas com as empresas pertencentes às redes de negócios que integra. Segundo este modelo, as empresas diminuem a sua independência e partilham os resultados em troca dum acesso mais rápido aos mercados internacionais, uma vez que a cooperação inter-empresarial permite às empresas aceder a recursos partilhados pela rede, nomeadamente o conhecimento sobre determinados mercados internacionais. Ultrapassa-se a necessidade inicial de desenvolver conhecimento sobre o mercado, estabelecendo uma parceria com empresas que têm esse conhecimento do mercado de destino, nomeadamente empresas locais (Coviello e McAuley, 1999).

Neste contexto, a confiança é um elemento fulcral para que a rede seja proveitosa (Johanson e Mattson, 1988; Madsen e Servais, 1997, Coviello e McAuley, 1999; Chetty e Holm, 2000). Por outro lado, o nível de internacionalização de uma empresa, bem como todo o processo de internacionalização, não são variáveis totalmente controladas pela empresa. Dependem em grande parte do desenvolvimento das próprias redes de negócios a que a empresa pertence e do nível de internacionalização do seu próprio sector (entendido verticalmente), resultando o processo de internacionalização de relações multilaterais (Madsen e Servais, 1997, Coviello e McAuley, 1999).

2. RELEVÂNCIA DA DIMENSÃO NO ESTUDO DA INTERNACIONALIZAÇÃO

Os modelos teóricos apresentados atrás, assim como toda a literatura sobre internacionalização, tendem a utilizar como unidade tradicional de análise as empresas multinacionais, apesar das PME serem igualmente activas nos mercados internacionais.

Poderão assim colocar-se duas questões de análise:
- Permitirão estas abordagens teóricas explicar o processo de internacionalização das PME?
- Qual a perspectiva teórica mais adequada ao entendimento da internacionalização das PME?

Torna-se relevante analisar as PME na medida em que estas diferem das grandes empresas em termos de estilos e aptidões de gestão, grau de independência, propriedade, escala e âmbito das operações (O'Farrell et al., 1988; Coviello e McAuley, 1999). As PME têm ainda diferenças face às empresas de grande dimensão no que se refere aos processos de gestão (Smith et al., 1988) e às estruturas menos rígidas, sofisticadas e complexas (Julien, 1993).

Desde há muito que a relação entre dimensão das empresas e a internacionalização é um tema de interesse para os investigadores de estratégia internacional, sendo essa relação fundamentada em diferentes abordagens teóricas. Tanto a teoria da *resource based view* (Kogut e Zander, 1993; Dhanaraj e Beamish, 2003), como a teoria dos custos de transacção (Verwaal e Donkers, 2002), defendem a existência de uma relação positiva entre a dimensão da empresa e o nível de internacionalização, em termos gerais. A dimensão empresarial pode ser entendida como uma *proxy* da maior disponibilidade de recursos financeiros e recursos humanos, com maiores aptidões e conhecimentos de gestão, reforçando a capacidade das empresas transferirem esses conhecimentos para além do país de origem, facilitando a entrada em novos mercados internacionais (Wagner, 2001) e influenciando positivamente o nível de internacionalização (Dhanaraj e Beamish, 2003; Kogut e Zander, 1993).

Já no que se referc à relação entre a variável dimensão empresarial e o nível de intensidade exportadora, as conclusões não são tão claras, uma vez que existem estudos que estabelecem uma relação positiva entre as variáveis (Whitley, 1980; Katsikeas, 1994; Simões, 1997; Prince e Dijken, 1998;

Majocchi et al., 2005; Alonso e Danozo, 1996, Fernandes, 1999; Wagner, 2001; Wagner, 1995; Dhanaraj e Beamish, 2003) e outros em que essa relação não se identifica (Bonaccorsi, 1992; Verwaal e Donkers, 2003; Wolff e Pett, 2000; Ali e Swiercz, 1993). Também a teoria eclética de Dunning (1981, 1988) postula que a escassez de recursos limita a capacidade das empresas de menor dimensão para atingirem níveis de internacionalização mais avançados. Segundo esta teoria, a variável dimensão da empresa poderá traduzir-se, ela própria, numa vantagem específica da empresa, podendo assim facilitar ou dificultar o seu processo de internacionalização. Adicionalmente, as conclusões de vários estudos empíricos (Hollenstein, 2005; Simões e Crespo, 2002; Pan et al., 1999) têm confirmado esta influência positiva da dimensão da empresa no envolvimento internacional. Por exemplo, Pan et al. (1999) concluíram que a dimensão da empresa estava relacionada positivamente com elevadas quotas de mercado no estrangeiro.

Em oposição à linha de pensamento apresentada atrás, a recente investigação sobre as *born-globals* tem demonstrado que existem várias empresas que são internacionais desde a sua constituição (Oviatt e McDougall, 1995; Madsen e Servais, 1997; Moen and Servais, 2002; Rialp et al. 2002), pondo, assim, em causa a relação entre a dimensão e o nível de internacionalização das empresas. O facto das PME não serem meras reduções simétricas das grandes empresas é indiscutível. Nos negócios internacionais, a proporção de PME que exportam e que têm filiais no estrangeiro é bastante inferior à percentagem apresentada pelas grandes empresas (Acs et al., 1997). As operações de internacionalização, nomeadamente as que vão para além da exportação, necessitam de uma dimensão crítica mínima. Não seria assim de esperar, por exemplo, que o peso de PME e grandes empresas com filias no estrangeiro fosse o mesmo, dado que não é possível constituir filiais proporcionais ao tamanho das empresas: as filiais têm uma necessidade mínima de investimento, independentemente da dimensão das casas-mãe.

Como forma de reduzir alguns dos constrangimentos colocados ao seu processo de internacionalização, as empresas de menor dimensão preferem implementar formas de internacionalização menos arriscadas e que exigem menor envolvimento, ou seja, formas mais de internacionalização "*soft*" (Hollenstein, 2005). Por outro lado, quando abrem filiais no estrangeiro, as PME preferem ficar com quotas minoritárias do que com a totalidade da propriedade, situação que é contrária às opções das empresas de maior dimensão (Mutinelli e Piscitello, 1998). Não obstante, existem casos de PME que escolhem o modo do IDE com propriedade total, nomeadamente quando exploram determinados nichos de mercado *"high tech"* (Buckley, 1989).

Outro aspecto relevante no confronto entre PME e grandes empresas é o facto das expansões internacionais efectuadas por empresas de menor dimensão terem maior probabilidade de insucesso do que se forem efectuadas por grandes empresas (Acs et al., 1997; Hollenstein, 2005). A explicação para a menor taxa de sucesso no processo de internacionalização das PME pode estar na própria dimensão das empresas, variável que, por si só, coloca dificuldades adicionais no processo internacional. Existem diferentes tipos de barreiras à entrada em novos mercados, quer naturais (como as imperfeições do mercado de capitais, as diferenças nos sistemas legais, na cultura ou na língua), quer barreiras deliberadas, cujo principal intuito é a prevenção contra a entrada de novos operadores nos mercados (Acs et al., 1997). São alguns destes constrangimentos que passaremos a apresentar de seguida.

2.1 INFORMAÇÃO IMPERFEITA

Uma das principais barreiras colocadas às PME, e que as afectam tanto no mercado doméstico como nos mercados internacionais, está relacionada com a sua falta de informação sobre os mercados, nomeadamente no que se refere ao mercado de trabalho, matérias-primas ou distribuição. Para além desta falta de informação no mercado doméstico poder afectar a performance das empresas, também pode constituir uma verdadeira força de bloqueio quando se fala em expansão para mercados internacionais, uma vez que a falta de informação pode levar as empresas a tomar decisões erradas. Contrariamente às grandes empresas, as PME não têm espaço de erro, têm oportunidades únicas de abordagem de mercados internacionais e cada decisão pode colocar em causa a sobrevivência da empresa (Acs et al., 1997).

Numa outra perspectiva, a falta de junto dos agentes nos mercados de destino sobre a PME que se está a internacionalizar, também pode penalizar a credibilidade da empresa no mercado e assim, também, a capacidade de efectuar negócios (com clientes e fornecedores), a capacidade de contratar novos recursos ou, ainda, a capacidade de organizar uma rede de distribuição.

GESTÃO ESTRATÉGICA

2.2 PROBLEMAS FINANCEIROS

Os problemas financeiros que se colocam às PME no seu processo de internacionalização são muito abrangentes, considerando tanto as dificuldades financeiras de aceder a capital para concretizar as operações de internacionalização propriamente ditas, como a impossibilidade financeira de ter executivos especializados em operações, marketing ou mercados internacionais e de ter uma equipa hierárquica de gestão através da qual se podem tomar decisões mais complexas (Buckley, 1989; Acs et al., 1997).

No que se refere à angariação de capital para os novos projectos de internacionalização, é difícil angariar recursos financeiros sem desvendar as vantagens competitivas da empresa. Esta dificuldade em aceder a capital poderá colocar problemas adicionais em termos de escala de produção e de ritmo dado ao processo de internacionalização, podendo limitar os rendimentos que conseguem retirar das suas inovações. Pelo contrário, as grandes empresas multinacionais conseguem colocar quase instantaneamente as suas inovações em todo o mundo, atingindo resultados mais elevados e de forma mais rápida que as PME em inovações similares.

Desta forma, a solução que muitas vezes é encontrada passa pela realização de *joint-ventures*, sem que os pressupostos base de realização deste tipo de contrato sejam verificados (nomeadamente no que se refere à equidade entre ambas as partes). Esta solução aparece frequentemente como sendo uma necessidade para aceder a recursos financeiros adicionais, levando ao aparecimento de problemas adicionais em momentos posteriores. Desta forma as empresas de menor dimensão, têm que confiar na sua capacidade de geração interna de recursos, o que nem sempre é compatível com a necessidade de aproveitar a vantagem momentânea associada a uma inovação desenvolvida pela PME (Buckley, 1989).

2.3 BARREIRAS À ENTRADA

As barreiras à entrada podem ser colocadas pelas empresas instaladas nos mercados de destino, ou pelos próprios governos. Relativamente às primeiras, o objectivo é dissuadir potenciais entrantes. A tipologia de barreiras mais comum refere-se à combinação de preços efectuado pelas empresas instaladas, de forma a elevar os mesmos num primeiro momento, para conseguir obter uma "almofada financeira" que lhes permita eliminar os novos operadores através de preços predatórios, num momento posterior (Acs et al., 1997).

As barreiras colocadas pelos governos, são as que mais afectam a internacionalização das PME. As restrições legais, a regulamentação, os impostos sobre o comércio ou sobre as importações, as exigências logísticas e até mesmo a corrupção, poderão aumentar de forma exponencial os custos de instalação duma nova empresa num mercado estrangeiro. Ainda que estas barreiras nos países mais desenvolvidos sejam mais subtis, podendo passar por procedimentos de inspecção, normas de segurança, normas ambientais ou outros aspectos burocráticos, as mesmas escondem práticas de barreiras à entrada que protegem interesses instalados (Acs et al., 1997).

Todas as barreiras referidas anteriormente são ultrapassadas com maior facilidade por empresas de maior dimensão, uma vez que têm mais recursos e, assim, podem suportar mais atrasos, podem contratar especialistas e têm uma rede de contactos mais abrangente (Acs et al., 1997). Estas barreiras tornam a internacionalização por parte das pequenas empresas um processo bastante mais arriscado.

3. PERSPECTIVA TEÓRICA NA INTERNACIONALIZAÇÃO DAS PME

O estudo desenvolvido por Coviello e McAuley (1999) analisou um conjunto de dezasseis estudos empíricos publicados entre 1989 e 1998, que tinham como foco o processo de internacionalização de PME. Os objectivos deste estudo passavam pela identificação do estado da investigação e pela avaliação do nível de integração da literatura sobre internacionalização das PME. A análise desse conjunto de estudos permitiu ainda entender que das três escolas tradicionais de investigação sobre internacionalização (teoria do IDE; modelo das etapas e modelo das redes), a maioria dos estudos tem por base o modelo das etapas, individualmente ou associado a outro corpo teórico.

Dos cinco estudos empíricos que tinham como quadro teórico de base o modelo das etapas, houve um grupo que confirmou que o processo de internacionalização nas PME apresentava evidência de ser um processo gradual, incremental e *outward* (Chetty e Hamilton, 1996; Dalli, 1994). O último estudo referido também concluiu que havia evidência que algumas empresas saltavam algumas etapas e outras paravam o processo de internacionalização antes de chegarem às fases de elevado comprometimento. Um outro estudo que aliás tinha sido considerado por Coviello e McAuley (Bell, 1995) teve resultados opostos, uma vez que na amostra de empresas de *software* sobre a qual foi efectuado o estudo, não se confirma que o processo de internacionalização seja feito de forma incremental e que os primeiros mercados a abordar são os geográfica e psicologicamente mais próximos. Este autor conclui que a análise do processo de internacionalização das PME não deve tomar como quadro teórico explicativo apenas o modelo das etapas, sugerindo que no caso das empresas de alta tecnologia a rede de relações dessas empresas influencia o seu processo de internacionalização (Bell, 1995).

Aliás, os estudos considerados em Coviello e McAuley (1999) que têm por base, simultaneamente, o modelo das etapas e o modelo das redes, (Bodur e Madsen, 1993; Korhonen et al., 1996; Bjorkman e Kock, 1997; Coviello e Munro, 1997; Fontes e Coombs; 1997; *cit.* por Coviello e McAuley, 1999) encontraram suporte para ambos os modelos teóricos, demonstrando que as abordagens integradas do estudo do processo de internacionalização são benéficas para entender o conceito global do processo de internacionalização. O estudo de Coviello e Munro (1997) conclui, adicionalmente, que embora o modelo das etapas seja identificado, é importante notar que estas etapas foram encurtadas e são ultrapassadas de forma mais rápida, por via do acesso às redes de relações. Essa é uma das conclusões dos estudos que apenas têm por quadro teórico a perspectiva das redes (Coviello e Munro, 1995; Holmlund e Kock, 1998). Nestes estudos, confirma-se que a presença das empresas em redes domésticas, de negócios ou sociais, formais ou informais, tem um impacto positivo na sua internacionalização, não se traduzindo esse impacto apenas no acesso a mercados internacionais mas, também, na rapidez com que esse acesso é efectuado, ou seja, a rapidez do próprio processo de internacionalização.

Dos estudos que tomam como base teórica a perspectiva do IDE, apenas Lau (1992) conclui que o processo de internacionalização das PME reflecte para além dum compromisso incremental, a internalização das actividades no seio da empresa. Por último, o único estudo que afere a contribuição das três escolas de investigação para explicar o processo de internacionalização das PME (Zafarullah et al., 1998), não encontra suporte empírico para a abordagem das etapas incrementais, encontra uma ligeira evidência para uma análise dos custos de transacção e bastante evidência da importância das redes de relações.

Mais recentemente, um estudo similar ao desenvolvido por Zafarullah el al. (1998) foi efectuado por Coviello e Martin (1999). Utilizando a metodologia de estudo de caso sobre quatro PME do sector da consultoria em engenharia, os autores procuravam fazer uma análise igualmente holística, com o objectivo de aferir de que forma é que a teoria do IDE, o modelo das etapas e o modelo das redes, contribuíam para a decisão de internacionalizar, para a evolução do processo de internacionalização, para a selecção dos mercados de destino e para os modos de entrada nesses mercados. As conclusões permitem classificar as decisões de internacionalização como sendo extremamente complexas, tendo sido identificados conceitos associados a todas as perspectivas teóricas consideradas. Aquele estudo permitiu concluir que nenhuma das perspectivas teóricas consegue, autonomamente, justificar todos os vectores de análise do processo de internacionalização das empresas.

A internacionalização das empresas de menor dimensão reflecte as características estruturais, de gestão e de recursos das PME, pelo que assume contornos completamente distintos dos que são apresentados pelas empresas de grande dimensão (Coviello e Martin, 1999). Tal como no estudo desenvolvido por Zafarullah et al. (1998), em que se tinha concluído que independentemente do sector, a internacionalização das PME era influenciada pela rede de relações, neste estudo, identificou-se igualmente suporte da perspectiva das redes quer em termos globais, quer nos aspectos específicos da escolha inicial do mercado de destino e da selecção do modo de entrada (Coviello e Martin, 1999). As redes de relações formais ou informais (nomeadamente com clientes, fornecedores, concorrentes colegas, amigos, etc) tendem a influenciar as dimensões iniciais do processo de internacionalização das empresas de serviços. Contudo, o processo de internacionalização das empresas de serviços parece ser mais complexo que o das empresas industriais, uma vez que para além de ser encontrada evidência da influência da rede de relações no processo de internacionalização, também foram identificados conceitos associados aos outros quadros teóricos considerados (Coviello e Martin, 1999).

Encontrou-se evidência para o modelo das etapas pelo facto das mudanças de atitude em termos de compromisso serem crescentes ao longo do tempo e pelas distâncias psicológica e geográfica serem reconhecidas. Ainda assim, a primeira é ultrapassada através do conhecimento recebido da rede de relações ou pelo recrutamento de especialistas em mercados

GESTÃO ESTRATÉGICA

psicologicamente distantes. Por último, os aspectos de IDE são evidenciados pela necessidade das empresas se internacionalizarem de forma a maximizar o controlo, minimizar os custos e os riscos e internalizar os activos específicos da empresa. Adicionalmente, as vantagens específicas de localização surgem a partir das redes de relações.

Após este exercício de identificação da escola teórica que melhor justifica o processo de internacionalização das PME parece ter ficado claro, que não existe uma única perspectiva que consiga justificar individualmente o processo de internacionalização das PME. As empresas podem, assim, orientar o seu processo de internacionalização utilizando modelos alternativos:

- As empresas podem seguir uma sequência de etapas, de uma perspectiva *inward* para uma orientação *outward*, durante as quais o nível de conhecimento e envolvimento internacional aumentam, havendo uma ponderação sobre as actividades que pretendem internalizar e externalizar, aumentando assim o grau de internacionalização;
- A internacionalização pode surgir numa perspectiva *outward* ou *inward* enquanto membro de uma rede, sendo o processo de internacionalização despoletado pelas relações existentes nessa rede, independentemente de ser voluntária ou não;
- A internacionalização pode ainda ser sustentada pela necessidade das empresas internalizarem actividades quando estiverem a seleccionar o mercado para onde se pretendem internacionalizar e o modo de entrada nesses mercados.

Tal como foi referido por Coviello e McAuley (1999), a investigação sobre a internacionalização das PME mais do que identificar qual das teorias suporta o processo estratégico de abordagem de mercados internacionais, deverá entender o "como" e o "quando" é que os padrões de internacionalização das empresas reflectem um conjunto de etapas, se relacionam com um conjunto de relações na envolvente (como na teoria das redes), ou apresentam uma localização preferencial de actividades no estrangeiro. Contudo, os processos de internacionalização das PME, quando comparados com os das grandes empresas, apresentam algumas características que necessitam de maior reflexão, nomeadamente: o menor grau de internacionalização em termos de actividades internacionalizadas; a utilização de formas contratuais como modo de internacionalização e o frequente início de internacionalização com o recurso a uma rede de relações.

Existe cada vez mais investigação que identifica inconsistências entre o modelo teórico mais difundido, o modelo das etapas, e a realidade empírica do crescente número de empresas orientadas pelo empreendedorismo, que tendem a orientar-se para o mercado global desde o início da sua criação (Etemad e Wright, 2003). Por outro lado, as empresas de menor dimensão estão em situação de desvantagem face às empresas de maior dimensão no que se refere, entre outros aspectos, aos custos fixos de aprendizagem sobre os mercados externos, comunicação a longa distância e negociação com governos nacionais. Estas desvantagens travavam, até à pouco tempo a possibilidade das PME investirem em filiais no exterior (Gomes-Casseres, 1997). Mais recentemente as alianças estratégicas parecem ser uma solução viável para as PME conseguirem implementar estratégias de internacionalização mais ousadas, contando com os seus parceiros de maior dimensão para obter a escala, ou mesmo os recursos necessários para actuar nos mercados estrangeiros (Gomes-Casseres, 1997; Acs et al., 1997). Tendo por base estas considerações, optou-se por se analisar nos capítulos seguintes a internacionalização através da constituição de alianças estratégicas e a internacionalização numa perspectiva de empreendedorismo internacional, com o objectivo de verificar se estes novos corpos teóricos estão mais adequados aos processos de internacionalização das PME.

4. ALIANÇAS ESTRATÉGICAS INTERNACIONAIS

Em termos gerais, as alianças estratégicas podem ser definidas como acordos de colaboração organizacional que usam os recursos e ou as estruturas de governância de mais de uma empresa existente (Inkpen, 2005). Contudo, uma vez que existem diferentes formas de alianças estratégicas (como por exemplo, *joint ventures* de capital, acordos de licenciamento, projectos de desenvolvimento partilhado de produtos, participações de capital minoritárias ou acordos de compra e produção partilhada) a definição não é suficiente para definir as fronteiras do que se entende no conceito de aliança estratégica. Torna-se, assim, necessário considerar que após a realização de uma aliança estratégica, as empresas parceiras se têm que manter independentes, deverá existir interdependência e vulnerabilidade de cada um dos parceiros face aos restantes e incerteza quanto à actuação de cada um dos parceiros (Inkpen, 2005; Freeman et al., 2006).

Com o crescente aumento da incerteza e da complexidade das actividades de diversos sectores, tem aumentado o número de alianças estratégicas formadas no mercado, como forma organizacional alternativa à concorrência independente. O recurso às alianças estratégicas permite aos parceiros obter, de forma rápida, um conjunto de benefícios, como o acesso a novas tecnologias ou a competências complementares, economias de escala ou redução do risco (Inkpen, 2005).

Uma vez que as alianças estratégicas incluem, frequentemente, a troca de conhecimentos entre os parceiros, estando esses mesmos conhecimentos associados às suas competências específicas (*skills*, tecnologias, conhecimento de mercados, projectos futuros, etc), e que existe sempre o risco de apropriação (lícita ou indevida) desse conhecimento por parte dos parceiros, as empresas podem optar por manter a aliança apenas fixada em relações de confiança, ou podem tentar proteger-se através da utilização de contratos de aliança (Inkpen, 2005). Contudo, uma vez que é impossível antecipar-se no momento do contrato todos os condicionalismos possíveis, a confiança tem um papel de absoluta relevância neste tipo de relações.

4.1 MOTIVAÇÕES À REALIZAÇÃO DE ALIANÇAS ESTRATÉGICAS

As motivações que sustentam a criação de alianças estratégicas têm que justificar, por um lado, a necessidade de cooperação entre a empresa e o(s) outro(s) parceiro(s), e por outro lado, a selecção das alianças estratégicas como forma de colaboração (Inkpen, 2005).

Na base da decisão pela constituição de uma aliança estratégica deverá estar sempre uma perspectiva de criação positiva de valor, ou seja, a partilha de capacidades e recursos entre os parceiros para executar uma tarefa em conjunto, deverá conseguir criar mais valor que a soma dos valores criados pela sua actuação individual (Freeman et al., 2006). Apesar do valor apercebido por cada parceiro não ter que ser o mesmo, cada parceiro deverá conseguir obter ganhos significativos com a aliança, de forma a justificar esta opção e a garantir um comprometimento com a mesma.

As principais razões que justificam a opção pelas alianças estratégicas são as seguintes: rapidez na implementação da estratégia; rapidez de acesso aos recursos do parceiro (nomeadamente, tecnologia, conhecimento do mercado ou competências complementares); exploração de economias de escala em diferentes actividades da cadeia de valor; diminuição do risco tecnológico e de mercado e promoção de estabilidade; obtenção de legitimidade e acesso à reputação dos parceiros; aceder ao conhecimento ou à capacidade de execução de actividades específicas, quando existe assimetria entre os parceiros; ultrapassar imposições governamentais que excluam a entrada no mercado através da criação de filiais totalmente detidas pela casa-mãe; quase-integração vertical; e colocar obstáculos à restante concorrência (Inkpen, 2005).

A justificação da decisão pelas alianças estratégicas face a outras formas organizacionais de actuação no mercado, tem por base a teoria dos custos de transacção, uma vez que as alianças estratégicas permitem diminuir os custos de transacção e de coordenação face à actuação independente no mercado. Comparativamente à estratégia de aquisição, a opção pela constituição de uma aliança estratégica poderá ser uma solução mais adequada, por exemplo se a aquisição significar o acesso a activos inicialmente indesejados (Inkpen, 2005).

Grande parte da investigação sobre alianças estratégicas, tem analisado as alianças estratégicas aplicadas aos processos de internacionalização, colocando as alianças estratégicas como alternativa à criação de filiais no exterior. As alianças estratégicas são preferíveis às filiais de multinacional sempre que existam dificuldades transacionais associadas ao oportunismo, racionalidade limitada ou incerteza (Inkpen, 2005; Donga e Glaisterb, 2006).

No que se refere às alianças estratégicas internacionais, as principais motivações que levam as empresas a optar por este modelo de organização como forma de internacionalização são (Donga e Glaisterb, 2006): acesso a recursos com menor custo, manutenção da posição nos mercados actuais, expansão para mercados internacionais, diminuição do risco e dos custos, reforço do poder de mercado e diversificação e partilha de tecnologia.

4.2 SELECÇÃO DE PARCEIROS

A investigação tem sugerido que a escolha dos parceiros da aliança estratégica é uma variável que influencia bastante a performance da aliança, independentemente da mesma ser nacional ou internacional, uma vez que influencia o mix de competências e recursos disponíveis para a aliança, e assim a capacidade da aliança atingir os seus objectivos estratégicos (Geringer, 1991). Cada parceiro da aliança deverá ter conhecimento que seja considerado valioso para os restantes parceiros. A selecção de parceiros pode basear-se em diversas tipologias de critérios (Geringer, 1991):

- Relacionados com as tarefas – associados aos recursos estratégicos e competências que a empresa necessita para o seu sucesso, ou seja, está preocupado com a complementaridade entre parceiros;
- Relacionados com os parceiros – próximo da noção de como é que as empresas da parceria podem trabalhar em conjunto de forma eficiente, ou seja, com um foco no *fit* organizacional. A compatibilidade de culturas nacionais e organizacionais toma uma maior importância, bem como a confiança.

O número de parceiros da aliança, assim como o sector das empresas participantes na aliança estratégica, são variáveis relevantes para a performance da mesma (Canal e Lorda, 2007). Assim, no caso de uma aliança múltipla entre parceiros do mesmo sector, o principal objectivo prende-se com a exploração de economias de escala, quer pelo número de parceiros, quer pelo próprio facto de serem do mesmo sector. Neste caso, o facto de se pertencer a uma aliança estratégica pode funcionar como uma vantagem competitiva face a *players* do sector que não pertençam à aliança, nomeadamente se as competências resultantes da aliança não forem replicáveis. Por outro lado, nestas situações os comportamentos oportunísticos podem ser mais limitados, uma vez que a monitorização dos parceiros é mais fácil (por via dos parceiros deterem recursos e competências similares) e a amplitude das oportunidades de aprendizagem é marginal (Dussauge et al., 2000).

Se, por oposição, estivermos perante uma aliança estratégica múltipla entre parceiros de sectores diferentes, o objectivo já não estará na exploração de economias de escala mas antes na complementaridade de recursos (Dussauge et al., 2000). Contudo, nestas situações poderão existir mais comportamentos oportunísticos, os custos de monitorização são superiores e será mais fácil replicar a vantagem competitiva associada a esta parceria.

A compatibilidade entre os parceiros de uma aliança estratégica, bem como a congruência nos factores culturais dos parceiros são frequentemente citados como aspectos críticos do sucesso das alianças. Esta compatibilidade é multi-dimensional, podendo incluir (Osborn e Hagedoorn, 1997): o *fit* organizacional, a simetria estratégica, a complementaridade de recursos e de factores associados à distribuição de tarefas na aliança.

A selecção de parceiros e as ligações estabelecidas nas alianças podem resultar de laços individuais ou estruturais que reflectem um historial anterior (Seabright, Leventhal e Fichman, 1992). Se as empresas trabalharam juntas no passado, elas terão um entendimento básico sobre as competências e capacidades de cada uma em relações futuras. Aliás, é frequente as empresas formarem alianças com empresas com quem já tiveram transacções no passado (Heide e Miner, 1992).

4.3 PERFORMANCE DAS ALIANÇAS ESTRATÉGICAS

É frequente as alianças estratégicas serem descritas como formas organizacionais instáveis propícias ao insucesso (Inkpen, 2005). Os factores mais comuns referidos como causa do insucesso das alianças estratégicas são sobretudo a falta de flexibilidade na gestão das alianças, as quebras de confiança, os problemas relacionados com a troca de informação, o conflito excessivo entre parceiros, a falta de continuidade na gestão e as diferentes expectativas dos parceiros (Anderson, 199). Não obstante, a própria avaliação da performance das alianças estratégicas é uma tarefa difícil, uma vez que as mesmas são formadas com diversos objectivos e a sua realidade é complexa e multidimensional. As perspectivas mais comuns na avaliação da performance passam por (Inkpen, 2005):

- Avaliar apenas os resultados mútuos, ou seja, avaliar os resultados que são comuns e afectam a totalidade dos parceiros;
- Aferir os resultados individuais, ou seja, os ganhos monetários e competitivos individuais dos parceiros, uma vez que cada parceiro tem objectivos e capacidades distintas de apropriação dos benefícios das alianças;
- Avaliar as alianças estratégicas como entidades individuais que tentam maximizar a sua própria performance e não a performance dos parceiros;
- Analisar os efeitos da aliança na sobrevivência dos parceiros;
- Analisar os indicadores a longevidade e sobrevivência da própria aliança.

No caso específico das alianças estratégicas internacionais (Nielsen, 2007), os factores que influenciam a performance das alianças podem ser diferenciados entre os factores à formação da aliança e os factores posteriores à formação da aliança. Exemplos do primeiro caso são a experiência de relações anteriores com o parceiro, a reputação do parceiro, nomeadamente em termos de comportamento em relações anteriores em redes e o risco do país. Relativamente aos fatores posteriores ao momento da formação, são exemplo: a existência de *know-how* colaborativo, ou seja, o estabelecimento de laços que traduzam mecanismos de acumulação, transferência, interpretação e difusão de conhecimento; as relações de confiança entre os parceiros; a existência de mecanismos de protecção contra comportamentos oportunísticos e restrições à partilha de conhecimento; a lógica de complementaridade, ou seja, coincidência entre as competências dos parceiros de forma a facilitar o processo de transferência e absorção do conhecimento; a distância cultural.

Em alternativa ao conceito de performance, por vezes apresenta-se o conceito de estabilidade, cuja operacionalização é mais fácil, como uma forma de avaliar o sucesso de uma aliança estratégica. Neste caso, uma aliança instável é uma aliança com insucesso. É frequente associar instabilidade ao final inesperado de uma aliança, quer pela via da dissolução da aliança, quer pela aquisição do negócio por um dos parceiros.

Outro aspecto relevante na avaliação da estabilidade e performance de uma aliança estratégica é a análise do poder de negociação. De facto, a posse e o controlo de recursos chave por um dos parceiros da aliança, pode fazer com que os outros parceiros dependam desse parceiro. O parceiro usa esse recurso importante como forma de negociação, aumentando o seu poder de negociação (Inkpen, 2005).

Em termos gerais, a vantagem no poder de negociação nas alianças resulta da importância da cooperação para os parceiros, da disponibilidade de recursos, dos compromissos, da existência de outras opções, e das forças e fraquezas de cada parceiro (Schelling, 1956). Os recursos e as competências comprometidos pelos parceiros às alianças são a maior fonte de poder de negociação. A aquisição de conhecimento substancial por um dos parceiros da aliança estratégica, bem como a aprendizagem através da aliança estratégica pode alterar o valor do conhecimento de outro parceiro, alterando assim o poder de negociação entre os parceiros. Esta situação poderá permitir que uma empresa elimine a sua dependência do seu parceiro, ou melhor, dos conhecimentos e competências desse parceiro (Hamel, 1991).

Relativamente às alianças estratégicas internacionais, o conhecimento local (nas áreas de *sourcing*, rede de distribuição ou gestão de pessoal) ou os recursos e conhecimentos específicos, são os principais objectos de negociação (Yan e Gray, 1994).

4.4 ALIANÇAS ESTRATÉGICAS – FORMA DE INTERNACIONALIZAÇÃO PRIVELIGIADA PARA PME

Quando num dos pontos anteriores se apresentaram as especificidades das PME, no que se refere ao processo de internacionalização, ficou claro que o principal formatador dessas especificidades se encontrava relacionado com a escassez de recursos a que estas empresas têm acesso. Contudo, mais do que aferir tendências genéricas é importante notar que existem diferentes tipos de alianças associadas à internacionalização de PME.

Welch (1992) identificou quatro tipologias principais: (i) alianças de PME domésticas; (ii) alianças de PME de países diferentes, (iii) alianças de PME com uma grande empresa e (iv) alianças nos mercados externos.

Alianças de PME Domésticas

Neste caso, a aliança é formada por um conjunto de PME de um determinado país, do mesmo sector ou sectores distintos. No caso de serem empresas concorrentes directas, as empresas colocam a rivalidade interna de lado por um dado período de tempo, passando a ter como objectivo a abordagem de um ou vários mercados externos, utilizando os mesmos meios de abordagem. Muitas vezes esta forma de alianças decorre de oportunidades criadas por instituições públicas que pretendem promover o comércio com um determinado mercado, pelo que, neste caso, é frequente existir um facilitador externo.

Alianças de PME de Países Diferentes

Neste caso, existe uma aliança entre uma ou mais PME de um determinado país de origem com uma PME de um determinado país de destino. Neste caso o objectivo da aliança não passa pela obtenção de dimensão, mas antes conhecimento sobre o mercado de destino e, eventualmente, o acesso a uma rede de contactos ou uma rede de distribuição (Welch e Luostarinen, 1991).

Em ambos os casos, a utilização das alianças estratégicas como forma de internacionalização não é óbvia. Alguns estudos (Gomes-Casseres, 1996; Gomes-Casseres, 1997) parecem concluir que a utilização das alianças estratégicas por parte das PME apresenta uma distribuição bimodal, na medida em que existem determinadas situações em que as alianças estratégicas internacionais são a solução preferencial e outras em que são uma solução de último recurso. Deste modo, quando se fala em PME é necessário distinguir diferentes grupos de PME, para se aferir a sua propenção ao estabelecimento de alianças internacionais. Identificam-se assim duas características relevantes:

- A dimensão das PME face aos seus concorrentes – na medida em que uma PME poderá ter uma dimensão superior à dimensão média do seu sector, ou ao contrário ser bastante mais pequena que a média do sector;
- A relação da dimensão da empresa face ao seu nicho de actuação – isto porque uma pequena empresa poderá ser um grande *player* no nicho de mercado em que actua.

Da relação destas duas características parece identificar-se uma dualidade relevante. As PME que ocupam uma posição dominante no seu sector, evitam a utilização das alianças estratégicas para aceder a mercados internacionais, enquanto que as empresas seguidoras (independentemente do seu tamanho) procuram utilizar essa forma de internacionalização. No que se refere à dimensão, a lógica é similar, na medida em que as empresas que em escala absoluta tem uma dimensão inferior preferem a utilização de alianças para aceder a mercados internacionais e as empresas de maior dimensão (sendo ainda PME) evitam utilizá-las.

Aliança entre PME e Grande Empresa

Neste caso, é estabelecida uma aliança entre uma ou mais PME e uma empresa de grande dimensão, frequentemente uma empresa multinacional com uma infraestrutura de marketing internacional estabelecida, que servirá como suporte de distribuição dos produtos ou serviços das pequenas empresas. Neste caso, obviamente as PME acedem à dimensão, ao conhecimento dos mercados externos e à estrutura de distribuição (Welch, 1992).

O interesse da grande empresa (ou multinacional) poderá estar nos produtos ou serviços únicos desenvolvidos pela PME. Segundo Acs et al. (1997), a utilização das alianças internacionais e, especificamente, a intermediação por multinacionais, permite ultrapassar a maioria dos constrangimentos que se colocam às empresas de menor dimensão. As multinacionais, tendo elevada dimensão e estando já implantadas em diversos mercados internacionais servem de veículo facilitador e catalizador da expansão internacional das empresas de menor dimensão.

A competição global faz com que as empresas de grande dimensão prestem grande atenção às inovações que vão sendo efectuadas, nomeadamente por pequenas empresas, para as adquirir e aplicar. As grandes multinacionais servem frequentemente de condutores de inovações desenvolvidas pelas pequenas empresas, sem que para isso seja necessário desenvolver a aliança estratégica. Quando uma multinacional adquire como *input* uma inovação elaborada por uma PME inovadora num determinado país e a usa nas suas operações internacionais, está a aplicar a inovação da empresa fornecedora globalmente. O produto do fornecedor internacionalizou-se sem que o mesmo tenha tido necessidade de entrar nos mercados externos directamente.

O papel das multinacionais enquanto facilitadores não tem que ser confinado a relações verticais, podendo uma PME independente desenvolver um produto final que pode internacionalizar utilizando as empresas multinacionais como agente de marketing global, sendo mais interessante do que abordar directamente os mercados externos. Uma vez que as multinacionais já têm uma rede global de filiais, uma estrutura de distribuição internacional montada e de aptidões de marketing estabelecidas, conseguem-se obter ganhos do tipo *win/win* para as PME e para as multinacionais.

Alianças no Mercado de Destino

Esta situação traduz-se na constituição, por parte de uma PME e outra empresa, de uma empresa no mercado de destino, por exemplo uma *joint--venture,* com o objectivo de colocar no mercado os produtos da PME (Welch, 1992).

Nas duas últimas tipologias de alianças, é notório que a utilização das alianças estratégicas pretende ultrapassar a falta de recursos associada às

GESTÃO ESTRATÉGICA

PME (Gomes-Casseres, 1997; Kirby e Kaiser, 2003). O recurso à utilização de alianças estratégicas não é mais do que uma forma de ultrapassar a falta de escala, sendo assim uma forma "intermediada" das PME desenvolverem o seu processo de internacionalização (Acs et al., 1997; Gomes-Casseres, 1997), ainda que a mesma passe por confiar em empresas de muito maior dimensão. Contudo, a dimensão é um factor crucial no processo de internacionalização (Katsikeas, 1994; Simões, 1997; Prince e Dijken, 1998; Majocchi et al., 2005; Alonso e Danozo, 1996; Wagner, 2001; Dhanaraj e Beamish, 2003), pelo que o acesso a essa dimensão poderá justificar o recurso às alianças internacionais. Não obstante, também existem PME que se recusam a efectuar alianças internacionais como forma de se internacionalizarem, recusando partilhar as suas tecnologias com terceiros, e optando por se internacionalizar sozinhas (Gomes-Casseres, 19997).

A utilização de alianças estratégicas para aceder a mercados internacionais parece ser particularmente relevante como forma de aceder a conhecimentos sobre os mercados internacionais ou, como é referido por Kirby e Kaiser (2003), como forma de ultrapassar barreiras governamentais à entrada em determinados mercados – como o mercado da China. Apesar da utilização desta forma de abordagem dos mercados internacionais não estar isenta de problemas, parece ter bons resultados aos olhos das empresas que a implementam, sobretudo por considerarem que existe complementaridade entre as motivações dos parceiros (Kirby e Kaiser, 2003).

Por outro lado, segundo referem diversos autores (Lane e Beamish, 1990; Geringer, 1991; Welch, 1992), independentemente da dimensão das empresas, a tarefa mais crítica no estabelecimento de uma aliança estratégica é o processo de selecção dos parceiros. No caso de PME com recursos e conhecimento dos mercados limitados, essa tarefa é particularmente difícil (Kirby e Kaiser, 2003).

5. EMPREENDEDORISMO INTERNACIONAL

Antes de abordar especificamente o conceito de empreendedorismo internacional, é necessário clarificar o próprio conceito de empreendedorismo. Shane e Venkataraman (2000) definem empreendedorismo como sendo uma actividade que envolve a descoberta, avaliação e exploração de oportunidades para introduzir novos bens e serviços, modos de organização, mercados, processos e matérias-primas, através de esforços de organização que não existiam anteriormente. Outros autores (Hitt et al., 2001; Venkataraman e Sarasvathy, 2005), explicitam que o empreendedorismo se traduz na identificação e exploração de oportunidades que até então se encontravam inexploradas. Aliás, Venkataraman e Sarasvathy (2005) referem mesmo que o empreendedorismo consiste na adequação dos produtos da imaginação humana às aspirações humanas para criar mercados de produtos e serviços que não existiam antes do acto empreendedor.

O empreendedorismo internacional é uma área de investigação mais recente que tem sido considerada por muitos autores como uma área de investigação futura associada aos negócios internacionais, ao empreendedorismo e à gestão estratégica (Wright e Ricks, 1994; Zahra et al., 2000; Hitt e Ireland, 2000). A investigação sobre o empreendedorismo internacional tem crescido de forma exponencial nos últimos anos, mas ainda assim está na sua infância, necessitando de definição de delimitar fronteiras de actuação.

De acordo com Zahra e George (2002), o termo empreendedorismo internacional ("international entrepreneurship") surgiu pela primeira vez num trabalho de Morrow (1988), em que o autor destacava os avanços tecnológicos e o conhecimento cultural como forma de novas empresas de pequena dimensão abordarem mercados estrangeiros.

Posteriormente (McDougall, 1989), foi desenvolvido um estudo empírico que comparava o desenvolvimento de novas empresas domésticas e internacionais, facilitando o estudo académico da nova área de empreendedorismo internacional. Passou a associar-se o empreendedorismo internacional ao surgimento de novas empresas com cariz internacional, ou seja, empresas "que, desde o início da sua actividade, procuram explorar a sua vantagem competitiva a partir do uso de recursos e venda de produtos em múltiplos mercados" (McDougall, 1989, p. 49).

Sendo uma área de investigação bastante abrangente, tem uma natureza multidisciplinar, permitindo, assim, aos investigadores, o desenvolvimento de teorias e *frameworks* associadas a negócios internacionais, empreendedorismo, antropologia, economia, psicologia, finanças, marketing e sociologia (Oviatt e McDougall, 2005). A importância desta área de investigação é confirmada pelo surgimento de números especiais dedicados à mesma em diversos jornais, como o *Entrepreneurship: Theory & Practice* em 1996 e o *Academy of Management Journal,* em 2000. Vários artigos são publicados no

Journal of Business Venturing, e o *Journal of International Business Studies* desenvolveu uma área editorial dedicada ao empreendedorismo internacional. Foi ainda criado, em 2003, o *Journal of Internacional Entrepreneurship*.

5.1 DEFINIÇÃO DE EMPREENDEDORISMO INTERNACIONAL

Sendo uma área recente, a área de empreendedorismo internacional desde cedo deixou claro que é uma área que se relaciona com (Wright e Ricks, 1994): (i) a comparação do comportamento empreendedor em diferentes países e culturas e (ii) o comportamento organizacional que se estende para além das fronteiras nacionais e é empreendedor.

Ainda que inicialmente o empreendedorismo internacional tenha sido analisado como estando exclusivamente associado ao nascimento de novas empresas (McDougall, 1989), na realidade é um processo mais abrangente, podendo ser desenvolvido por empresas já estabelecidas no mercado (Zahra, 1993; Oviatt e McDougall, 1999), na sua relação com o mercado, com a incerteza e com os comportamentos que promove e assume.

Uma das possíveis definições, passa por apresentar o empreendedorismo internacional como a combinação de comportamentos inovadores, pró-activos e que assumem o risco, que cruzam as fronteiras geográficas dos países e que têm como objectivo primordial a criação de valor nas organizações (McDougall e Oviatt, 2000). Releva destacar que nesta definição podem ser considerados os níveis de comportamento individual, de grupo e organizacional.

Zahra e George (2002) apresentam o empreendedorismo internacional como sendo um processo de descoberta e exploração criativa de oportunidades que se encontram fora do mercado doméstico, com o intuito de atingir a vantagem competitiva. Para estes autores, o mais relevante, é assim, o processo de descoberta da própria oportunidade.

Ambas as definições têm semelhanças com a definição de empreendedorismo apresentada por Shane e Venkataraman (2000), coincidindo em três princípios fundamentais: (i) a exploração de oportunidades existentes, como âmbito distintivo do próprio processo empreendedor; (ii) a identificação e/ou exploração dessa oportunidade em mercados internacionais; e (iii) para se conseguir obter valor acrescentado, têm que se assumir riscos e ter capacidade de inovação no processo de procura e exploração das oportunidades.

Não obstante, é relevante referir que a definição de empreendedorismo desenvolvida por Shane e Venkataraman (2000) foi sujeita a críticas, nomeadamente pelo facto de aqueles autores descreverem as oportunidades como sendo um fenómeno objectivo, que não necessita de criação subjectiva por parte dos empreendedores, influenciados pelo meio social em que actuam (Baker, Gedajlovic e Lubatkin, 2003). É aliás por isso que a definição de Oviatt e McDougall (2005) é mais ampla que a definição de empreendedorismo desenvolvida por Shane e Venkataraman (2000), na medida em que: (i) se foca nas oportunidades; (ii) permite a formação de novas organizações, sem que seja exigência; (iii) considera o empreendedorismo organizacional; (iv) torna desnecessário o debate sobre quantas dimensões as orientações empreendedoras incluem e (v) destaca a actividade empreendedora que ultrapassa as fronteiras nacionais.

Deste modo, pode-se definir o empreendedorismo internacional como "a descoberta, activação, avaliação e exploração de oportunidades – para além das fronteiras nacionais – para criar produtos e serviços futuros" (Oviatt e McDougall, 2005, p. 540). A principal distinção desta definição com a que tinha sido apresentada por Zahra e George (2002), prende-se com a referência explícita ao processo de activação das oportunidades, ou seja, não basta descobrir a oportunidade é necessário aproveitar essa mesma oportunidade, um nível mais avançado no processo de empreendedorismo. Por outro lado, as oportunidades podem ser descobertas, mas também podem resultar da criação dos empreendedores ou de terceiros.

Os actores, sejam eles organizações, grupos ou indivíduos, que descobrem, activam, avaliam e exploram oportunidades para criar produtos e serviços futuros e que ultrapassam as fronteiras nacionais, têm que ser considerados como empreendedores internacionais, pelo que o seu estudo se enquadra na área de empreendedorismo internacional. Contudo, quando o foco de análise da investigação se traduz na comparação de sistemas domésticos de empreendedorismo, culturas e comportamentos entre diferentes países, também se está no âmbito do empreendedorismo internacional (Oviatt e McDougall, 2005). Todavia, o âmbito deste trabalho foca apenas o primeiro eixo de investigação, ou seja, a abordagem de mercados externos por parte de actores que descobrem, activam, avaliam e exploram oportunidades, através da criação de produtos e serviços futuros.

5.2 TEORIA DE REDES E EMPREENDEDORISMO INTERNACIONAL

Tal como foi apresentado num dos pontos iniciais, o facto de uma empresa ter ligação a redes interorganizacionais e interpessoais, reforça a sua capacidade de internacionalização, nomeadamente no que se refere à necessidade de acesso a um *stock* inicial de recursos para poder iniciar o processo de internacionalização (Johanson e Mattsson, 1992; Andresson, 2000; Johanson e Vahlne, 1977). No que se refere ao empreendedorismo internacional, a inclusão numa rede interorganizacional ou interpessoal tem igualmente uma posição de destaque enquanto facilitador do próprio processo de internacionalização. A rede de relações poderá incluir desde relações de trabalho, relações familiares ou relações de amizade, ou seja é uma rede de contactos do empreendedor ou da empresa, constituindo um dos elementos que formam a visão empreendedora (Filion, 1991).

O facto de um indivíduo ou empresa pertencer a uma qualquer rede interorganizacional ou interpessoal, em que os restantes membros têm acesso a outros contactos, nomeadamente internacionais, pode funcionar como um elemento de desenvolvimento do número de oportunidades a que um indivíduo ou uma organização poderão ter acesso (Georgiou, Freeman e Edwards, 2005; Oviatt e McDougall, 2005; McDougall et al., 1994). Os empreendedores, tendo acesso a conhecimentos de contactos externos, combinados com os conhecimentos dos contactos que os empreendedores já possuiam, podem criar novos conhecimentos.

Adicionalmente, o facto de se pertencer a uma determinada rede interorganizacional ou interpessoal potencia o processo de internacionalização das empresas, não só pelo facto de se aumentar a possibilidade de descoberta de oportunidades, mas também pelo facto de se estabelecerem relações de credibilidadee entre os participantes da rede, podendo aliás dar origem ao estabelecimento de alianças estratégicas internacionais (Georgiou et al., 2005; Oviatt e McDougall, 2005).

Deste modo a rede de relações funciona como facilitador do próprio processo de internacionalização. Após um empreendedor descobrir ou activar uma determinada oportunidade empreendedora, e dominar a tecnologia que permitirá a sua internacionalização, utiliza a rede de relações estabelecida para ultrapassar as fronteiras e explorar a oprtunidade no maior número de destinos e da forma mais rápida possível (Oviatt e McDougall, 2005).

5.3 EMPREENDEDORISMO INTERNACIONAL E INTERNACIONALIZAÇÃO

Existem vários estudos efectuados sobre a área de empreendedorismo internacional em que se discute a sua relação com o processo de internacionalização (Chandra, 2004; McDougall e Oviatt, 2000; Zahra e George, 2002;Cox, 1997), sendo referido por alguns autores que falta integração entre estudos em empreendedorismo e estudos em negócios internacionais (Yeung, 2002). Não obstante, identificam-se diversas ligações entre as teorias do processo de internacionalização e o empreendedorismo internacional.

Segundo Zahara e George (2002), a maioria dos trabalhos desenvolvidos sobre empreendedorismo internacional focam sobretudo três dimensões principais:
- O grau de internacionalização das empresas;
- A rapidez da abordagem de mercados externos; e
- A dispersão geográfica das actividades, nomeadamente no que se refere à quantidade de países para os quais as empresas conseguem vender.

Ainda assim, os mesmos autores desenvolveram um modelo integrado de análise para o fenómeno do empreendedorismo internacional, o qual distingue vários tipos de factores influenciadores da existência de empreendedorismo internacional, que correspondem a diferentes dimensões de análise do empreendedorismo, e os quais contribuem para o processo de criação de vantagem competitiva no próprio processo de internacionalização. Os factores são:
- *Factores Organizacionais* – os quais se relacionam quer com as características da equipa de gestão, quer com os recursos a que as empresas têm acesso, ou ainda a idade e a dimensão das empresas;
- *Factores Ambientais* – consideram as forças competitivas, a indústria, a possibilidade de exploração de economias de escala, cultura nacional e ambiente institucional;
- *Factores Estratégicos* – compreendem as competências, as estratégias genéricas e funcionais e os modos de entrada nos mercados.

Factores Organizacionais no Empreendedorismo Internacional

Em termos globais, os factores organizacionais, ou seja, as características internas das empresas parecem ser relevantes na explicação do nível e do próprio processo de internacionalização das mesmas (Simões e Crespo, 2002; Evans, Treadgold e Mavondo, 2000). No que se refere especificamente aos estudos de empreendedorismo internacional, os factores organizacionais também têm sido identificados como de grande importância, por exemplo através da identificação de uma relação positiva entre a cultura organizacional e o próprio empreendedorismo (Zahra e George, 2002; McDougall e Oviatt, 2000). Deste modo, o nível de aversão ao risco das empresas/indivíduos funciona como inibidor ou, em alternativa, potenciador da capacidade de inovação das empresas e, assim, da sua orientação pró-activa (Zahra e George, 2002; McDougall e Oviatt, 2000). Esta relação pode ainda ser complementada com a análise de outros factores internos das empresas, que influenciam igualmente o empreendedorismo internacional (Georgiou et al., 2005).

Outros factores organizacionais têm sido analisados, nomeadamente: características da equipa de gestão, recursos da empresa e características internas da empresa (Zahra e George, 2002). No que se refere, especificamente, às características subjectivas da equipa de gestão, as mesmas consideram a personalidade, as atitudes face à exportação, as percepções e as crenças (Voerman, 2003), ou ainda a experiência de viver no exterior, a postura empreendedora, a motivação para a exportação, o conhecimento de línguas estrangeiras. Estas características afectam, em termos gerais, as escolhas estratégicas das empresas, logo o seu processo de internacionalização, e em termos específicos o processo de empreendedorismo internacional (Zahra e George, 2002; Leonidou, Katsikeas e Piercy, 1998; Zou e Stan, 1998).

Numa outra perspectiva, e no seguimento do que tinha sido referido atrás sobre a internacionalização em termos globais, os recursos das empresas têm servido de justificação à tomada de várias decisões estratégicas por parte das empresas, nomeadamente no que se refere às decisões ao nível dos modos de internacionalização.

Deste modo, também se identifica uma relação entre os recursos à disposição das empresas e/ou empreendedores e o processo de empreendedorismo internacional (Zahra e George, 2002; Zou e Stan, 1998).

A investigação também tem analisado a influência de outros factores como a dimensão da empresa ou a idade da mesma. Tal como já atrás foi analisado, a dimensão da empresa pode funcionar enquanto facilitador do processo de internacionalização das empresas, uma vez que as empresas de maior dimensão tem capacidade de efectuar investimentos cujo retorno se concretiza a longo prazo, enquanto as PME não têm essa possibilidade (Evans, Treadgold e Mavondo, 2000). Relativamente à idade das empresas, existem diversos estudos que apresentam resultados contraditórios quanto à relevância desse factor no processo de internacionalização das empresas (Zahra e George, 2002; Voerman, 2003).

Factores Ambientais no Empreendedorismo Internacional

Desde há muito que o ambiente externo tem sido considerado como relevante nas escolhas estratégicas das empresas (Zahra e George, 2002), pelo que é óbvia a sua relevância para o empreendedorismo internacional. McDougall (1989) concluiu que a intensidade competitiva no mercado interno, a existência de políticas governamentais restritivas, as economias de escala e as retaliações da indústria não apresentam grandes diferenças no caso dos processos de empreendedorismo nacional e internacional. Não obstante, o reduzido crescimento do mercado interno, a intensidade da concorrência internacional, a cultura do país de destino, o sector, o envolvimento institucional e a rendibilidade, são factores que afectam o empreendedorismo internacional (McDougall, 1989; Zahra e George, 2002).

Por outro, existem estudos que demonstram que as características do próprio sector de actuação influenciam a relação entre o empreendedorismo internacional e a performance financeira associada ao processo de internacionalização. Por exemplo, Voerma (2003) conclui no seu estudo que as empresas que se internacionalizam com produtos de elevado nível de inovação ou complexidade técnica, registam maior grau de sucesso nos mercados externos.

Factores Estratégicos no Empreendedorismo Internacional

As opções estratégicas das empresas também influenciam, em termos gerais o processo e o nível de internacionalização das empresas (Hitt, Hoskisson e Kim, 1997). Deste modo, é possível considerar que existe uma relação entre os efeitos da estratégia de internacionalização e a envolvente do empreendedorismo internacional (Zahra e George, 2002). Segundo estes autores, os factores estratégicos que influenciam o processo de internacionalização no âmbito do empreendedorismo internacional podem ser classificados em estratégias genéricas, estratégias funcionais e estratégias de entrada.

No que se refere às estratégias genéricas, existe evidência de que a implementação de uma estratégia de diferenciação e de qualidade do produto influenciam positivamente o nível de internacionalização das empresas (Oviatt e McDougall, 1995). Em termos de estratégias funcionais, os trabalhos de investigação têm sugerido que as empresas a operar em mercados internacionais dão menor relevância às estratégias de distribuição e de marketing do que as empresas que actuam exclusivamente no mercado doméstico (McDougall, 1989). Por outro lado, o facto das empresas apresentarem uma vantagem competitiva ao nível da produção poderá facilitar o próprio processo de internacionalização da empresa (Holmlund e Kock, 1998).

5.4 EMPREENDEDORISMO INTERNACIONAL E PERFORMANCE

Existem diversos estudos que mostram a existência de ligação entre a exportação e a performance. Kim, et al. (2002), por exemplo, num estudo sobre grandes empresas, concluíram que a diversificação de mercados de actuação internacional promove uma melhor performance. Por outro lado, Georgiou, Freemann e Edwards (2005), também mostram que as pequenas empresas, mesmo com recursos financeiros e humanos mais limitados, apresentam uma ligação positiva entre a diversificação internacional e a performance financeira, ainda que esta performance seja altamente influenciada pelo modo de entrada escolhido.

No que se refere especificamente ao empreendedorismo internacional, os resultados dos estudos empíricos que relacionam empreendedorismo internacional e performance exportadora têm sido contraditórios (Zahra e George, 2002). Por exemplo, um estudo sobre *born-globals* (Knight e Cavusgil, 2004), concluiu que uma orientação empreendedora internacional influencia a adopção de estratégias que promovem uma melhor performance internacional. Zahra e Garvis (2000), por outro lado, não encontraram o mesmo resultado no caso das empresas já estabelecidas. Outros estudos (Georgiou et al., 2005; Zahra e George, 2002) utilizaram modelos de quantificação de performance, que consideram indicadores financeiros e não financeiros, tendo concluído que o empreendedorismo internacional tem uma relação positiva com a performance, quer financeira, quer sobretudo não financeira.

5.5 EMPREENDEDORISMO INTERNACIONAL – FORMA DE INTERNACIONALIZAÇÃO PRIVILEGIADA PARA PME

Em termos gerais parece existir alguma incoerência entre o modelo das etapas desenvolvido pela escola de Uppsala, e a realidade existente, nomeadamente ao nível das empresas de menor dimensão (Etemad e Wright, 2001). Os investigadores da área do empreendedorismo têm demonstrado que existe inconsistência entre a teoria das etapas e a realidade empírica de um crescente número de empresas empreendedoras que tendem a adoptar um foco global desde o momento da sua constituição. Assim, estas empresas não passam por um processo de internacionalização gradual, na medida em que são sobretudo PME, com fracos recursos e experiência a operar em mercados extrememente voláteis (Etemad e Wright, 2001).

Embora a área de empreendedorismo internacional não seja exclusiva das PME, na realidade é uma área de excelência de actuação de PME, sendo utilizada como justificação para o processo de internacionalização das empresas designadas como *bornglobals* (Oviatt e McDougall, 1995; Madsen e Servais, 1997; Moen and Servais, 2002; Rialp et al. 2002; Kirby e Kaiser, 2003; Knight e Cavusgil, 2004), *micromultinationals* (Ibeh et al., 2004; Dimitratos et al., 2003), *International New Ventures* (Madougall et al., 1994; Oviatt e McDougall, 1994, 1995), ou *Global Startups* (Oviatt e McDougall, 1995).

De acordo com esta literatura, diversos factores, como os avanços nos processos de produção, transportes, tecnologias de comunicação, diminuição da distância psicológica entre os países e ainda a disponibilidade no mercado de trabalho de executivos com experiência internacional, melhoraram dramaticamente os recursos e capacidades disponíveis e acessíveis às PME (Oviatt e McDougall, 1995; Knight e Cavusgil, 2004).

GESTÃO ESTRATÉGICA

Deste modo, as PME podem ser mais "sofisticadas" e ambiciosas na apreciação que fazem dos mercados internacionais e à forma de abordagem e desenvolvimento que têm à sua disposição (Ibeh et al., 004). Num estudo desenvolvido por Ibeh et al. (2004) sobre um conjunto de PME Escocesas, conclui-se inclusive que essa forma de internacionalização não é exclusiva de sectores *high-tech* ou sectores intensivos em conhecimento, como havia sido referido por outros autores (McDougall, et al., 1994; Oviatt e McDougall, 1995). Na realidade 80% das empresas analisadas, e que foram classificadas como micromultinacionais, pertenciam a sectores de baixa tecnologia.

Por outro lado, é frequente estas empresas abordarem os mercados internacionais através de formas de internacionalização mais avançadas, como por exemplo o IDE, e decidirem os mercados a abordar através de outras lógicas distintas da proximidade psicológica/física (Ibeh et al., 2004). Deixam assim de lado, todas as lógicas associadas ao modelo das etapas.

CONCLUSÃO

Pela análise apresentada nos pontos anteriores parece ter ficado claro que das três escolas teóricas analisadas (teoria o IDE, modelo das etapas e modelo das redes), nenhuma conseguia justificar individualmente as particularidades do processo de internacionalização das empresas de menor dimensão. Concluiu-se que as empresas poderiam orientar o seu processo de internacionalização utilizando os vários modelos de forma alternativa:
- Seguindo uma sequência de etapas, durante as quais o nível de conhecimento e envolvimento internacional aumentam;
- Utilizando a participação numa rede de relações como forma de sustentação do processo de internacionalização, independentemente do início do processo ser voluntário ou não;
- Sustentada pela necessidade das empresas internalizarem actividades quando estiverem a seleccionar o mercado para onde se pretendem internacionalizar e o modo de entrada nesses mercados.

Optou-se então por analisar outras linhas de investigação que têm vindo a ser utilizadas para justificar a internacionalização das PME – as alianças internacionais e o empreendedorismo internacional. Na realidade, aqueles eixos de investigação estão relacionados com o Modelo das Redes, mas a formatação é um pouco distinta, na medida em que o modelo das redes apenas serve como suporte teórico sobre o qual se desenvolvem estas linhas de investigação.

Este trabalho permitiu concluir que ambas as linhas de investigação parecer entender de forma mais aprofundada as especificidades das PME. As alianças internacionais surgem como uma forma das empresas acederem a dimensão (no caso de estabelecerem alianças com empresas de maior dimensão), a conhecimento dos mercados externos (caso a aliança seja efectuada com empresas do mercado de destino), a redes de distribuição e marketing (no caso da aliança ser efectuada com empresa do mercado doméstico que já opera no exterior, ou com multinacional que difundem os produtos ou serviços da PME). Ainda assim, para que esta forma de internacionalização seja viável, por um lado a PME terá que ter um activo distintivo, que seja considerado uma mais-valia por parte dos parceiros. Por outro lado, a selecção do parceiro terá que ser rigorosa de modo a que o activo distintivo não seja absorvido, perdendo-se a necessidade da existência da aliança estratégica internacional, um problema mais comum nas relações entre empresas de dimensão muito desproporcional.

O empreendedorismo internacional parece enquadrar de forma bastante ajustada as particularidades das PME que desde o seu processo de criação, se posicionam automaticamente no campo de actuação mundial, ou pelo menos internacional. Esta linha de investigação é sobretudo relevante para analisar a internacionalização precoce das PME, identificando o carácter empreendedor das mesmas e, deste modo, a justificação do seu processo de internacionalização pela exploração de uma nova oportunidade que terá que ser explorada da forma mais rápida possível, dada a volatilidade dos mercados em que estas empresas normalmente actuam.

REFERÊNCIAS BIBLIOGRÁFICAS

Acs, Z. J., Morck, R., Shaver, J. M. e Yeung, B. (1997), The internationalization of small and medium-sized enterprises: A policy perspective, *Small Business Economics*, 9 (1), 7-20.

Ali, A. e Swiercz, P. M. (1991), Firm size and export behavior: lessons from the midwest, *Journal of Small Business Management*, 29 (2), 71-78.

Alonso, J.A. e Donozo, V. (1996), Obstáculos a la internacionalizacion y politicas públicas de promocion: el caso de España, *Papeles de Economia Española*, 66, 124-143.

Anderson, E. (1990), Two firms, one frontier: On assessing joint venture performance, *Sloan Management Review*, 31 (2), 19-30.

Baker, T., Gedajlovic, E. & Lubatkin, M. (2003), *The global entrepreneurship mosaic: A framework for fitting the piece together*. Unpublished Manuscript.

Barkema, H. G., J. H. J. Bell and J. M. Pennings, 1996, Foreign entry, cultural barriers and learning, *Strategic Management Journal*, 17 (2), 151–166.

Beamish, P.W. e Banks, J.C. (1988), Equity joint ventures and the theory of the multinational enterprise, *Journal of International Business Studies*, 18 (2), 1-16.

Beamish, P.W. (1990), The internationalization process for smaller Ontario firms: A research agenda, In *Research in global strategic management – International business research for the twenty-first century: Canada's new research agenda*, 77-92. Rugman, A.M. (ed.), Greenwich: JAI Press.

Bell, J. (1995), The internationalization of small computer software firms – A further challenge to "Stage" theories, *European Journal of Marketing*, 29 (8), 60-75.

Blodgett, L.L. (1992), Research notes and communications factors in the instability of international joint ventures: an event history analysis, *Strategic Management Journal*, 13 (6), 475-481.

Bonaccorsi, A. (1992). On the relationship between firm size and export intensity. *Journal of International Business Studies*, 23 (4), 605–635.

Buckley, P.J. (1989), Foreign direct investment by small- and medium-sized enterprises: The theoretical background, *Small Business Economics*, 1 (2), 89-100.

Buckley, Peter J. e Casson, Mark (1976), *The future of multinational enterprise*, Londres: MacMillan.

Buckley, P.J. e Casson, M. (1993), Theory of international operations, in *The internationalization of the firm – A reader*, 45-50. Buckley, P. e Gauri, P. (eds.), Londres: Academic Press.

Calof, J.L. (1993). The impact of size on internationalization. *Journal of Small Business Management*, 31 (4), 60–69.

Canal, E.G. e Lorda, P.S. (2007), One more only if it is one of us. The number of partners and the stock market reaction to domestic and international alliance formationin EU telecom firms, *International Business Review*, 16 (1),83-108.

Chandra, Y. (2004), Internationalization as an entrepreneurial activity: An exploratory study, Australian and New Zealand Marketing Academy Conference 2004, Wellington: ANZMAC.

Chetty, S. e Hamilton, R. (1996), The process of exporting in owner-controlled firms, *International Small Business Journal*, 14 (2), 12-25.

Chetty, S. e Holm, D. B. (2000), Internationalization of small to medium-sized manufacturing firms: a network approach, *International Business Review*, 9 (1), 77-93.

Coviello, N. and Munro, H. (1995), Growing the entrepreneurial firm: networking for international market development. *European Journal of Marketing*, 29 (7), 49–61.

Coviello, N. and Munro, H. (1997), Network relationships and the internationalisation process of small software firms, *International Business Review*, 6 (4), 361-386.

Coviello, N. e Martin K. (1999), Internationalisation of service SMEs: An integrated perspective from the engineering consulting sector, *Journal of International Marketing*, 7 (4), 42-66.

Coviello, N. e McAuley A. (1999), Internationalisation and smaller firm: A review of contemporary empirical research, *Management International Review*, 39 (3): 223-256.

Cox, L. (1997). *International Entrepreneurship: A Literature Review*. 42º International Council for Small Business (ICSB) Conference, Washington: ICSB.

Dalli, Daniele. 1994. The 'exporting' process: The evolution of small and medium sized firms toward internationalization?', In *Advances in International Marketing*. Cavusgil, S.T. e Axinn, C., New York: JAI.

Das, T.K. e Teng, B.S. (1998), Between trust and control: Developing confidence in partner coopertion in alliances, *Academy of Management Review*, 23 (3), 491-512.

Dhanaraj, C., e Beamish, P.W. (2003). A resource-based approach to the study of export performance. *Journal of Small Business Management*, 41 (3), 242–261.

Dimitratos, P., Johnson, J., Slow, J. e Young, S. (2003), Micromultinationals: New types of firms for the global competitive landscape, *European Management Journal*, 21 (2), 164-174.

Donga, L., e Glaisterb, K. (2006), Motives and partner selection criteria in international strategic alliances: Perspectives of Chinese firms, *International Business Review*, 15 (6), 577-600.

Doz, Y. (1996), The evolution of cooperation in strategic alliances: initial conditions or learning processes?, *Strategic Management Journal*, 17 (1), 55-84.

Dunning, J. H. (1981), *International Production and the Multinational Enterprise*, Londres: Allen & Unwin.

Dunning, J. H. (1988), The eclectic paradigm of international production: a restatement and some possible extensions, *Journal of International Business Studies*, 19 (1),1-31.

Dunning, John H. (1977), Trade Location of Economic Activity and the Multinational Enterprise: A search for an Eclectic Approach, In *The International Allocation of Economic Activity*. Ohlin, B., Hesselborn, P. O. e Wijkman, P. M. (eds.), Londres: Macmillan.

Dussauge, P., Garrette, B., e Mitchell, W. (2000), Learning from competing partners: Outcomes and durations of scale and lick alliances in Europe, North America and Asia, *Strategic Management Journal*, 21 (2), 99–126.

Dyer, J. H. (1997), Effective interfirm collaboration: how firms minimize transaction costs and maximize trasaction value, *Strategic Management Journal*, 18 (7), 535-556.

Etemad, H. e Wright, R.W. (1999), Internationalization of SMEs: Management responses to a changing environment, *Journal of International Marketing*, 7 (4), 4-10.

Etemad, H. e Wright, R.W. (2003), Internationalization of SMEs: Toward a new paradigm, *Small Business Economics*, 20 (1), 1-4.

Evans, J., Treadgold, A. e Mavondo, F. (2000), Psychic distance and the performance of international retailers – A suggested theoretical framework. *International Marketing Review*, 17 (4), 373-387.

Fernandes, R. (1999), *O Processo de Internacionalização da Indústria Cerâmica Portuguesa*, Tese de Mestrado, ISEG, Lisboa.

Filion, L.J. (1991), O planejamento de seu sistema de aprendizagem empresarial: identifique uma visão e avalie o seu sistema de relações. *Revista de Administração de Empresas*, 31 (3), 63-71.

Fontes, M. e Coombs, R. (1997), The coincidence of technology and market objectives in internationalisation of new technology-based firms, *International Small Business Journal*, 16 (1), 14-35.

Freeman, S., Edwards, R. e Schroder, B. (2006) How smaller born-global firms use networks and alliances to overcome constraints to rapid internationalization, *Journal of International Marketing*, 14 (3), 33-63.

Georgiou, M., Freeman, S. e Edwards, R. (2005), *International Entrepreneurship: antecedents and outcomes, Working Paper*. Victoria: Nonash University.

Geringer, J.M. (1991). Strategic determinants of partner selection criteria in international joint ventures. *Journal of International Business Studies*, 22 (1), 41–61.

Geringer, J.M. e Hebert, L. (1989), Control and performance of international joint ventures, *Journal of International Business Studies*, 20 (2), 235-254.

Gomes-Casseres, B. (1996), Joint venture cycles: The evolution of ownership strategies of U.S. MNEs: 1945- 1975, In *Cooperative Strategies in International Business*, 111-128. Contractor, F. e Lorange, P. (eds.), , Lexington, MA: Lexington Books.

Gomes-Casseres, B. (1997), Alliance strategies of small firms, *Small Business Economics*, 9 (1), 33-44.

Hitt M. e Ireland, R. (2000), The intersection of entrepreneurship and strategic management research, In *Handbook of Entrepreneurship*, 45-63. Sexton, D.L. e Landstrom, H.A. (eds.). Oxford: Blackwell.

Hitt, M., Hoskisson, R. e Kim, H. (1997), International diversification: Effects on innovation and firm performance in product-diversified firms, *Academy of Management Journal*, 40 (4), 767-798.

Hitt, M.; Ireland, D. e Hoskisson, R. (2001); *Strategic Management: competitiveness and globalization.* Cincinnati: South-Western College.

Hollenstein, H. (2005), Determinant of international activities: Are SMEs different?, *Small Business Economics*, 24 (5), 431-450.

Holmlund, M. e Kock, S. (1998), Relationships and the internationalisation of Finnish small and medium-sized companies, *International Small Business Journal*, 16 (4), 46-63.

Hood, N. e Young, S. (1979), The economics of multinational enterprise, Londres: Macmillan.

Hymer, S. (1960), *The international operations of national firms. A study of direct investment*, Tese de Doutoramento, MIT.

Ibeh, K., Johnson, J., Dimitratos, P. e Slow, J. (2004), Micromultinationals: Some preliminary evidence on an emergent 'star' of the international entrepreneurship field, *Journal of International Entrepreneurship*, 2 (4), 289-303.

Inkpen, A. (2005), Strategic Alliances, In *Blackwell Handbook of Strategic Management*, 409-432. Hitt, M., Freeman, R.E. e Harrison, J. (eds); Malden (MA, USA): Blackwell.

Inkpen, A.C. e Beamish, P.W. (1997) Knowledge, bargaining power, and the instability of international joint ventures, *Academy of Management Review*, 22 (1), 177-202.

Inkpen, A. C. e Currall, S. C. (1998), The nature, antecedents and consequences of joint venture trust, *Journal of International* Management, 4 (1), 1-20.

Inkpen, A. C. e Dinur, A. (1998), Knowledge management processes and international joint ventures, *Organization Science*, 9 (4), 454-468.

Johanson, J. e Vahlne, J. (1977), The mechanism of internationalization, *International Marketing Review*, 7 (4), 11-24.

Johanson, J. e Wiedersheim-Paul, F. (1975); The internationalization of the firm – Four Swedish cases, *Journal of Management Studies*, 12 (3), 305-322.

Johanson, Jan e Mattson, L. G. (1988), Internationalization in industrial systems – A network approach, In *The Internationalization of the Firm – A Reader,* 111-132. Buckley, P. e Gauri, P. (eds.), Londres: Academic Press.

Johanson, Jan e Mattson, L. G. (1992), Network Positions and Strategic Action – An Analytical Framework, In *Industrial Networks: A New View of Reality,* 205-217. Axelsson, B. e Easton, G. (eds.), Londres: Routledge.

Johanson, J.e Vahlne, J.E. (1977), The internationalization process of the firm, *Journal of International Business Studies*, 8 (1), 23-32.

Julien, P. (1993), Small business as a research subject: Some reflections on knowledge of small business and its effects on economic theory, *Small Business Economics*, 5 (2), 157-166.

Katsikeas, C. S. (1994), Export competitive advantages: The relevance of firm characteristics, *International Marketing Review*, 11 (3), 33-53.

Kim, B.; Kim, H. e Lee, Y. (2002), Modes of foreign market entry by Korean SI firms, *Asia Pacific Journal of Marketing and Logistics*, 14 (4), 13-35.

Kirby, D. e Kaiser, S. (2003), Joint ventures as an internationsalization strategy for SMEs, *Small Business Economics*, 21 (3), 229-242.

Knight, G. e Cavusgil, T. (2004), Innovation, organizational capabilities, and the born-global firm, *Journal of International Business Studies*, 35 (2), 124-141.

Kogut, B. e Zander, U. (1993), Knowledge of the firm and the evolutionary theory of the multinational corporation, *Journal of International Business Studies*, 24 (4), 625-645.

Lane, H. e Beamish, P. (1990), Cross-cultural cooperative behaviour in joint ventures in LDCs, *Managemente International Review*, 30 (SI), 87-102.

Lau, H. F. (1992), Internationalization, internalization, or a new theory for small, low-technology multinational enterprise?, *European Journal of Marketing*, 26 (10), 17-31.

Leonidou, L.; Katsikeas, C. e Piercy, N. (1998), Identifying Managerial Influences on Exporting: Past Research and Future Directions, *Journal of International Marketing*, 6 (2), 74-102.

Luostarinen, Reijo (1989), *Internationalization of the Firm*, Helsinki School of Economics, Helsínquia.

Luostarinen, Reijo (1994), Internationalization of the Firms and their Response to Global Challenges, UNU/WIDER, Helsínquia.

Madhok, A. (1995), Revisiting multinational firms' tolerance for joint ventures: a trust-based approach, *Journal of International Business Studies*, 26 (1), 117-138.

Madsen, T. K. e Servais, P. (1997), The internationalization of born globals: an evolutionary process?, *International Business Review*, 6 (6), 561-583.

Majocchi, A., Bacchiocchi, E. e Mayrhofer, U. (2005), Firm size, business experience and export intensity in SMEs: A longitudinal approach to complex relationships, *International Business Review*, 14 (6), 719-738.

Mayer, R., Davis, J. e Schoorman, F. (1995), An integrative model of organizational trust, *Academy of Managemente Review*, 20 (3), 709-734.

McDougall e Oviatt (2000), International entrepreneurship: The intersection of two paths. Guest Editor's Introduction, *Academy of Management Journal*, 43 (5), 902-908.

McDougall, P. (1989), International versus domestic entrepreneurship: new venture strategic behavior and industry structure, *Journal of Business Venturing*, 4 (2), 387-400.

Mittelstaedt, J.D., Harben, G.N., e Ward, W.A. (2003). How small is too small? Firm size as a barrier to exporting from the United States. *Journal of Small Business Management*, 41 (1), 68–84.

Moen, O. e Servais, P. (2002), Born global or gradual global? Examining the export behavior of small and medium size enterprises, *Journal of International Marketing*, 10 (3), 49-72.

Morrow, J.F. (1988), International entrepreneurship: A new growth opportunity, *New Management*, 3 (5), 59-61.

Mutinelli, M. e Piscitello, L. (1998), The influence of firm's size and international experience on the ownership structure of Italian FDI in manufacturing', *Small Business Economics*, 11(1), 43–56.

Nielsen, B. (2007), Determining international strategic alliance performance: A multidimensional approach, *International Business Review*, 16 (3), 337-361.

O'Farrell, P. N. e Hitchins, D. W. (1988), Alternative theories of small firm growth: A critical review, *Environment and Planning A*, 20 (10), 1365-1383.

Oviatt, B. e McDougall, P. (1995), Global start-ups: Entrepreneurs on a worldwide stage, *Academy of Management Executive*, 9 (2), 30-43.

Oviatt, B. e McDougall, P. (1999), A framework for understanding accelerated international entrepreneurship. In *Research in Global Strategic Management*, 23-40. Wright, R. (Ed.), Stanford, CT: JAI Press.

Oviatt, B. e McDougall, P. (2005), Defining international entrepreneurship and modeling the speed of internationalization, *Entrepreneurship Theory & Practice*, 29 (5), 537-553.

Oviatt, B.e McDougall, P. (1997), Challenges for internationalization process theory: The case of international new ventures, *Management International Review*, 37 (2), 85-99.

Pan, Y., Li, S. e Tse, D. (1999), The impact of order and mode of market entry on profitability and market share, *Journal of International Business Studies*, 30 (1), 81-103.

Pla-Barber, J. e Alegre, J. (2007). Analysing the link between export intensity, innovation and firm size in a science-based industry, *International Business Review*. 16 (3), 275–293.

Prasad, S.B. (1999), Globalization of smaller firms: Field notes on processes, S*mall Business Economics*, 13 (1), 1-7.

Prince, Y. e Dijken, K. A. (1998), Export Orientation – An econometric analysis, In The Internationalization os SMEs, 126-135, Haahti, A., Hall, G. e Donckels, R. (eds), Londres: Routledge.

Rao, B. e Reddy, S. (1995), A dynamic approach to the analysis of strategic alliances, *International Business Review*, 4 (4), 499-518.

Rialp-Criado, A., Rialp-Criado, J. e Knight, G. (2002), *The Phenomenon of International New Ventures, Global Startups, and Born-Globals: What do we Know after a Decade (1993–2002) of Exhaustive Scientific Inquiry?*, Paper apresentado na 28º Conferência Anual da EIBA (European International Business Academy), Atenas, 8-10 Dezembro.

Shane, S. e Venkataraman, S. (2000), The promise of entrepreneurship as a field of research, *Academy of Management Review*, 25 (1), 217-226.

Simões, V.C. (1997), Inovação e Gestão em PME, GEPE – Gabinete de Estudos e Prospectiva Económica, Ministério da Economia, Lisboa.

Simões, V.C. e Crespo, N. (2002), The Internationalisation Pattern of Medium Sized Firms: In Search of Explanatory Factors, Paper apresentado na 28º Conferência Anual da EIBA (European International Business Academy), Atenas, 8-10 Dezembro.

Sitkin, K. e Pablo, A. (1992), Reconceptualizing the determinants of risk behavior, *Academy of Managemente Review*, 17 (1), 9-38.

Smith, K. G., Gannon, M. J., Grimm, C. e Mitchell, T. R. (1988), Decision-making in smaller entrepreneurial and larger professionally managed firms, *Journal of Business Venturing*, 3 (3), 223-232.

Thomas, M. J. e Araújo, L. (1985), Theories of export behavior: A critical analysis, *European Journal of Marketing*, 19 (2), 42-52.

Venkataraman, S, Sarasvathy, S. (2005), Strategy and Entrepreneurship: Outlines of an Untold Story In *Blackwell Handbook of Strategic Management* 650-668. Hitt, M., Freeman, R.E. e Harrison, J. (eds); Malden (MA, USA): Blackwell.

Verwaal, E., & Donkers, B. (2002). Firm size and export intensity: Solving an empirical puzzle. *Journal of International Business Studies*, 33(3), 603–613.

Voerman, L. (2003), *The export performance of Europeans SMEs*, Alblasserdam: Labirint Publications.

Wagner, J. (1995), Exports, Firm Size, and Firm Dynamics, *Small Business Economics*, 7 (1), 29-39.

Wagner, J. (2001). A note on the firm size – export relationship. *Small Business Economics*, 17 (4), 229-237.

Welch, L. (1992), The use of alliances by small firms in achieving internationalization, *Scandinavian International Business Review*, 9 (2), 21-37.

Welch, Lawrence e Luostarinen, Reijo (1988), Internationalisation: Evolution of a Concept, *Journal of General Management*, 14 (2), 34-55.

Welch, Lawrence e Luostarinen, Reijo (1993), Inward-Outward Connections in Internationalization, *Journal of International Marketing*, 9 (1), 44-56.

Whitley, J.J. (1980), Differences between exporters and nonexporters: Some hypotheses concerning small manufacturing business, *American Journal of Small Business*, 4 (3), 29-37.

Wilkinson, T. e Brouthers, L. (2006) Trade promotion and SME export performance, *International Business Review*, 15 (3), 233–252.

Wolff, J. A. e Pett, T. L. (2000), Internationalization of small firms: An examination of export competitive patterns, firm size and export performance, *Journal of Small Business Management*, 38 (2), 34-47.

Wright, R. e Ricks, D. (1994). Trends in international business research: Twenty-five years later, *Journal of International Business Studies*, 25 (4), 687-701.

Yan, A. e Gray, B. (1994), Bergaining power, management control and performance in United States – China joint ventures: a comparative case study, *Academy of Management Journal*, 37 (6), 1478-1517.

Yeung, H. (2002), Entrepreneurship in international business: An institutional perspective, *Asia Pacific Journal of Management*, 19 (1), 29-61.

Zafarullah, M., Ali, M. e Young, S. (1992), The internationalisation of the small firm in developing countries: Exploratory research from Pakistan, *Journal of Global Marketing*, 11(3), 21-40.

Zahra, S. e Garvis, D. (2000), International corporate entrepreneurship and company performance: The moderating effect of international environmental hostility, *Journal of Business Venturing*, 15 (5/6), 469-492.

Zahra, S. e George, G. (2002), International entrepreneurship: The current status of the field and future research agenda. In *Strategic entrepreneurship: Creating a new mindset*, 255-288. M.A. Hitt, R.D. Ireland, S.M. Camp, e D.L. Sexton (eds.), Oxford, UK: Blackwell Publishers.

Zahra, S., Ireland, R., e Hitt, M. (2000), International expansion by new venture firms: International diversity, mode of market entry, technological learning and performance, *Academy of Management Journal*, 43 (5), 925-950.

Zou, S. e Stan, S. (1998), The determinants of export performance: A review of the empirical literature between 1987 and 1997. *International Marketing Review*, 15 (5), 333-356.

2.3 Factores de *Empowerment* da Força de Vendas

CARMINDO LOPES

Resumo: Para fazer face a uma nova conjuntura socioeconómica, as organizações têm optado por práticas de empowerment da força de vendas de forma a responder mais eficazmente aos novos processos de compra. Mas esta mudança pode não ser aceite por todas as hierarquias da estrutura organizacional, nomeadamente a supervisão de vendas. O objetivo deste artigo é desenvolver um enquadramento conceptual das forças internas e externas inerentes à implementação do empowerment. Propõe-se, também, um modelo conceptual que contribua para a investigação científica no campo organizacional. Concluo com uma discussão sobre as aplicações e direções para futura pesquisa.

INTRODUÇÃO

A satisfação da força de vendas é extremamente importante num ambiente interno e externo em mudança, em que esta pode ser a única vantagem competitiva num mercado cada vez mais agressivo e indiferenciado (Mouriño-Ruiz, 2010), sendo que a gestão da relação entre o supervisor de vendas e os seus colaboradores é a questão que se coloca na atualidade, dado que num ambiente em mudança, este relacionamento saudável e de partilha do conhecimento poderá ser crucial para o sucesso da organização.

Numa época de crise social e económica, existem inúmeras mudanças que estão a ocorrer nos departamentos comerciais das empresas. Com base nestas mudanças e através de uma comunicação eficaz, o papel da direção de vendas deve consistir na criação de um ambiente de trabalho envolvente com a sua equipa de trabalho, desenvolvendo relações positivas, que, por sua vez, levem à satisfação dos seus colaboradores. Buciuniene e Skudiene (2009) afirmam que as "forças de vendas motivadas e comprometidas podem tornar-se, a longo-prazo, uma vantagem competitiva das organizações em tempo de crise. A ausência destes fatores é uma das consequências principais que influenciam negativamente a produtividade, a rentabilidade, a fidelização de clientes e despesas imprevisíveis". Ora esta afirmação é tanto mais verdadeira quando se observa, em pesquisas recentes, que quase ¾ de todos os colaboradores das organizações consideram a saída da organização num prazo de dois anos, e a grande maioria desses são representantes de vendas. A retenção dos colaboradores que trabalham no setor das vendas é crucial para as empresas, dado que gerem informações e contatos muito importantes para a organização, e que poderiam ser facilmente transferidos para a concorrência (Doyle e Shapiro, 1980). Ou seja, os vendedores motivados e comprometidos podem tornar-se, a longo prazo, a única vantagem competitiva para a organização, dado que a lealdade do colaborador é reconhecida como sendo um fator importante na fidelização de clientes e, finalmente, no sucesso da organização.

Muitas empresas começam a utilizar o empowerment como uma forma para alcançar a motivação, criatividade e fidelização da força de vendas. Através do empowerment, as companhias também procuram achatar a pirâmide hierárquica da organização (Tran e Kleiner, 2005) para uma mais eficaz tomada de decisão. Dar mais autoridade e responsabilidade à equipa de vendas é um passo lógico nas organizações que visam a sustentabilidade a longo prazo. É, pois, importante capacitar as equipas de vendas para a eficiência, criatividade e inovação, tornando-se, definitivamente, vantagens competitivas para as organizações.

O desenvolvimento destas novas tendências cria oportunidades que exigem adaptação e novas abordagens por parte das organizações e de investigadores académicos, que terão de desenhar novos modelos de negócio, nomeadamente na estratégia de campo.

Conger (1988) afirma que o empowerment pode ser visto como um constructo motivacional que habilita, e não delega somente, criando condições ao vendedor para um melhor desempenho e eficácia na realização de tarefas. Segundo o mesmo autor, empowerment é um ato de construção, desenvolvimento e incremento do poder através da cooperação, partilha e trabalho em equipa. É um processo interativo com base no pressuposto

FACTORES DE *EMPOWERMENT* DA FORÇA DE VENDAS

que o processo sinérgico de empowerment amplia o poder em detrimento de simplesmente redistribuí-lo. Empowerment é, assim, um processo para capacitar os colaboradores a definir os seus próprios objetivos relacionados com o trabalho, tomar decisões e resolver problemas dentro da sua esfera de responsabilidade e autoridade. Ongori e Shunda (2008) sugerem que um indivíduo é habilitado através da confiança, comunicação e participação, que, por sua vez, traz comprometimento com as pessoas, instituições, projetos e experiências. Empowerment pode ser simples e complicado na sua implementação prática. No entanto, existem, ainda, barreiras para implementar o empowerment da força de vendas, como irei analisar mais à frente.

A tendência de reorganizar a estrutura de vendas de campo para aumentar as receitas e a produtividade tem sido uma realidade na generalidade das organizações. Farrand (1998) observa que há duas necessidades prementes das organizações: 1) Identificar os clientes que oferecem crescimento rentável e sustentável exigido pelos *stakeholders*; 2) Servir os clientes ao nível das suas expetativas. Embora pareça um ponto de vista objetivo e lógico, nem sempre é bem traduzido no campo profissional, isto porque, segundo Tran e Kleiner (2005), o custo inicial desta alteração das práticas de trabalho é relativamente elevado, incluindo: resistência à mudança e possíveis despedimentos da liderança intermédia. A crença entre os supervisores que capacitando os seus vendedores é o mesmo que perder o seu próprio poder é uma realidade. Mais adiante, irei observar, mais em detalhe, os fatores causais deste tema.

Jones, Brown, Zoltners e Weitz (2005) afirmaram que "a melhor força de vendas não só se adapta rápida e eficazmente aos acontecimentos externos, mas também implementa estratégias de novos clientes, inova no processo de vendas e procura uma constante melhoria da *performance*". Estas forças de mudança interna dividem-se em duas categorias interligadas: mudanças na estratégia da empresa e a procura por uma maior produtividade da força de vendas.

O objetivo principal deste artigo é resumir o que vejo como alterações importantes no ambiente organizacional que podem afetar o desempenho dos representantes de vendas no ambiente externo. Este artigo começa por discutir os aspetos inerentes às mudanças no campo organizacional que afetam as forças de vendas, bem como as barreiras internas à prática do empowerment da força de vendas que põem em causa a mudança estratégica organizacional no ambiente de vendas, sendo que irei focar-me exclusivamente nas relações entre o supervisor de vendas e os seus colaboradores. Gerir mudanças organizacionais significa, em última instância, mudança de comportamentos e cultura, que está bem documentada na literatura (Beer, 1987). Por fim, proponho um modelo teórico que possa contribuir para a compreensão e investigação futura dos fatores que podem condicionar a implementação do empowerment na estratégia de vendas das empresas. Pressupõe-se que a supervisão de vendas é um elemento importante da estrutura organizacional e que afeta, diretamente, o sucesso das políticas de empowerment da força de vendas. Uma suposição adicional refere-se à autoeficácia e adaptabilidade do representante de vendas como atributos-chave que afetam o desempenho do trabalho da força de vendas.

Em suma, este artigo pretende resumir o que vejo como mudanças críticas no ambiente organizacional que afetam a força de vendas e a supervisão destas equipas. Os desenvolvimentos e tendências dos mercados geram oportunidades que requerem uma adaptação estratégica empresarial através de aproximações diferenciadas aos clientes, sendo importante para os investigadores académicos criar conhecimento teórico que se entenda como uma base para a aplicabilidade no campo organizacional, permitindo às organizações aprenderem a gerir conflitos internos inevitáveis face à mudança organizacional. A mudança implica desafios, e é extremamente importante para a pesquisa científica abordar as implicações de tais tomadas de decisão no campo organizacional.

1. EMPOWERMENT DA FORÇA DE VENDAS

Dado o aumento da pressão financeira, restrições legais e mudanças no comportamento do consumidor, as organizações debatem-se perante um novo paradigma – a otimização da sua equipa comercial – para fazer face uma nova conjuntura socioeconómica (Davenport e Fisher, 2006). Rackham e DeVicentis (1999) referem que "as forças de vendas são apanhadas no meio. Por um lado, os seus clientes mudaram dramaticamente a sua forma de comprar e as suas expectativas. Por outro lado, as suas próprias organizações mudaram, reduzindo os seus quadros, reestruturando-se e diminuindo custos".

É com base nestes argumentos que as organizações começam a aperceber-se que devem encorajar as suas forças de vendas para serem criativas

FACTORES DE *EMPOWERMENT* DA FORÇA DE VENDAS

(Shalley & Gilson, 2004). Amabile (1993) evidenciou que a criatividade da força de vendas contribui, decididamente, para a inovação organizacional, efetividade e, acima de tudo, para a sua sobrevivência.

Um dos principais ingredientes nesta atual transformação é denominado de "empowerment" (Forrester, 2000). O novo paradigma está focado na desburocratização, na descentralização, na flexibilização e na inovação. O *downsizing* que se verifica nas organizações (Davenport, Fisher e Galaty, 2008; McGuire, 2007) exige que a organização seja mais rápida e ágil do que antes, para que o relacionamento burocrático, entre os vários níveis hierárquicos, se transforme. Neste contexto o empowerment é inevitável para alocar os sobreviventes na nova organização (Wilkinson, 1998).

Para o desenvolvimento deste artigo aceita-se a interpretação de Aherane, Mathieu e Rapp (2005) que definem empowerment como "uma prática, ou conjunto de práticas, envolvidas na delegação de responsabilidades ao longo da hierarquia como forma de dar aos colaboradores maior poder de decisão, no que diz respeito à execução das suas principais tarefas de trabalho". Normalmente, capacitando a força de vendas, atribui--se-lhes mais autoridade e responsabilidade pelo seu trabalho do que teriam num desenho tradicional organizacional (Conger e Kanungo, 1988).

O estudo de Ruzicic e Danner (2007) observou que as organizações devem, ativamente, experimentar e inovar nos modelos de vendas para assegurar vantagens competitivas face à concorrência. Uma abordagem possível poderá incluir a intensificação de investimentos em funções relacionadas com o acompanhamento de *stakeholders* realmente importantes. Isto pode significar uma alteração das competências da força de vendas para a gestão de grandes contas e, porventura, uma redefinição das caraterísticas da função (Jones et al., 2005). Lin (1998) concluiu na sua pesquisa de campo que capacitando e delegando responsabilidades em representantes de vendas aumenta-se o grau de compromisso com a organização, as suas competências e uma atitude positiva perante a aprendizagem contínua. Estes fatores poderão, de alguma forma, expressar-se significativamente perante a nova abordagem que se pretende ao mercado.

Obviamente que esta descentralização de poderes pelos vários níveis hierárquicos da organização implica uma maior motivação e responsabilidade por parte dos trabalhadores, nomeadamente da força de vendas. A organização baseada em compromisso encoraja os indivíduos a assumir riscos e iniciativa (Beer, 1987). A organização saudável é aquela que se adapta, é aquela cuja estrutura, sistemas, estilo pessoal, habilidades e valores compartilhados são voltadas para a flexibilidade e não para a estabilidade. A informação é empurrada de cima para baixo, até ao nível inferior, e as pessoas estão habilitadas pela estrutura, sistemas e estilos de gestão para tomar decisões baseadas em informações que, anteriormente, não tinham.

Empowerment é pensado para desencadear o potencial do trabalhador, aumentar a sua motivação, permitir que estes sejam mais adaptáveis e receptivos ao seu ambiente, e minimizar entraves burocráticos que atrasam a resposta aos clientes (Forrester, 2000). Isto significa que os vendedores têm mais flexibilidade e podem, mais facilmente, adaptar as suas estratégias de vendas, em tempo real, às circunstâncias. Além do mais, colaboradores de vendas que se sintam apoiados para tomar decisões têm uma maior probabilidade em apresentar boas sugestões, porque sentem que fazem parte dos resultados da organização (Messmer, 2001). Esta medida irá implicar uma total reorientação da força de vendas para novas funções, em detrimento da simples promoção de produto perante clientes.

Ahearne, Mathieu e Rapp (2005) definem como principais atributos do empowerment a autoeficácia e a adaptabilidade:

1.1 AUTOEFICÁCIA

Bandura & Locke (2003) definem autoeficácia como a crença na própria capacidade para organizar e executar as ações necessárias para produzir realizações.

A importância da autoeficácia reside na capacidade de aumentar o desempenho dos vendedores, esforçando-se mais, tornando-se mais persistentes e aprendendo a lidar com os obstáculos relacionados com as tarefas (Chebat e Kollias, 2000). Estudos qualitativos realizados por Bitner (1990) demonstraram que os clientes ficam normalmente mais satisfeitos com o vendedor, quando este possui a capacidade, vontade e competência para resolver problemas. Conger e Kanungo (1988) referem que quando os vendedores executam tarefas complexas ou têm mais responsabilidades nos seus trabalhos, têm a oportunidade de testar a sua eficácia. As experiências iniciais de sucesso (através de um incremento moderado da complexidade das tarefas e responsabilidades, juntamente com treino para adquirir novas competências) fazem-no sentir mais eficaz, e, desta forma, mais capacitado.

O impacto da autoeficácia no desempenho do trabalho tem sido investigado e medido por diversos autores (Barling e Beattie, 1983; Lee e Gillen, 1989). No estudo dos representantes de vendas de companhias de seguros, Barling e Beattie (1983) determinaram que a autoeficácia tem uma forte correlação com o desempenho do profissional. Os efeitos da autoeficácia no desempenho podem ser medidos por outras variáveis no contexto de venda, como a adaptabilidade dos indivíduos (Ahearne et al., 2005).

1.2 ADAPTABILIDADE

Hartilne e Ferrel (1996) definiram adaptabilidade como a capacidade do vendedor ajustar os seus comportamentos aos clientes. A pesquisa reforça que os vendedores que adaptarem o seu comportamento durante a interação com o cliente são mais suscetíveis de satisfazer as necessidades e solicitações deste, e, assim, aumentar a perceção de qualidade do serviço (Humphrey e Ashforth, 1994). Delvecchio e Bonthrone (2003) concluíram que pode ser especialmente importante a liberdade de decisão por parte do representante de vendas, quando a tarefa exige comportamentos adaptativos de venda.

Em suma, a adaptabilidade permite que o vendedor esteja mais confortável em usar técnicas de venda que, normalmente, não podem ser utilizadas, ou seja, estará mais disposto a inovar e a experimentar diferentes abordagens. Além disso, correlações positivas e significativas foram encontradas entre a autoeficácia e a adaptabilidade (Jones, 1986). Estes dois atributos serão fulcrais para a definição do modelo teórico. Interessa, agora, compreender o estilo e comportamento do supervisor de vendas perante a implementação do empowerment nos seus colaboradores, e de que forma poderá influenciar, através do seu comportamento, a alavancagem de competências e responsabilidades da sua força de vendas e o sucesso das práticas de empowerment que se exigem para a implementação das novas políticas organizacionais.

Embora haja estudos que correlacionem empowerment da força de vendas com a estrutura social da organização (Spreitzer, 1996), é reafirmada a necessidade de fazer mais pesquisa que correlacione os efeitos de empowerment da força de vendas com cada uma das características da estrutura social da organização. Este artigo irá focar-se no estilo de liderança e de comportamento da supervisão de vendas e a sua relação com o empowerment dos seus subordinados, em cada uma das dimensões acima descritas.

A interação entre os vários níveis da estrutura hierárquica social podem, finalmente, fornecer o maior poder explanatório para a compreensão do empowerment e o seu impacto na estrutura organizacional.

Apesar do reconhecido papel do empowerment na teoria e prática da gestão, o conhecimento do constructo é limitado e muitas vezes confuso. Por exemplo, a maioria dos teóricos de gestão lidam com o empowerment como um conjunto de técnicas de gestão, e não prestam atenção suficiente à natureza dos processos organizacionais (Conger e Kanungo, 1988).

Em muitos casos, os académicos assumem que empowerment é o mesmo que delegar poder nos subordinados e que não necessita de mais análise conceptual além do conceito de poder. Existe pouca pesquisa empírica académica acerca deste constructo, e, segundo Conger e Kanungo (1988), dever-se-á pesquisar, mais aprofundadamente, a relação entre as práticas de empowerment e de liderança. A pesquisa de campo dirigida a este objetivo poderá contribuir, significativamente, para a compreensão de uma supervisão de vendas eficaz.

2. AS DIMENSÕES DA MUDANÇA EXTERNA

Os esforços das organizações para se adaptarem às mudanças no exterior resultam em alterações nas estruturas e processos internos que têm implicações diretas na estrutura comercial, nomeadamente ao nível da gestão da equipa de vendas (Dyer e Singh, 1998). As dimensões das mudanças ambientais externas que afetam as vendas, podem ser observadas a partir de quatro categorias de influências: clientes, concorrentes, tecnologia e questões éticas de regulação do campo organizacional. Coletivamente, estas alterações são um desafio para as forças de vendas e para a capacidade dos executivos para se adaptarem aos novos padrões exigidos pelo mercado.

2.1 CONSUMIDORES

As expectativas dos consumidores e a sua relação com a qualidade percebida dos serviços têm vindo a afetar, fortemente, os processos internos nas organizações. Esta evidência é suportada por Jones, Brown, Zoltners e Weitz (2005) ao concluírem que, ao mesmo tempo que as organizações investem fortunas em processos de melhoria de gestão de relacionamento com os clientes (e.g. CRM), continua a aumentar o nível de insatisfação dos clientes perante muitas organizações. Isto pode ser visto, em particular, porque as expectativas dos clientes estão a aumentar velozmente em relação à capacidade e rapidez de resposta da empresa vendedora, à largura e profundidade de comunicação/informação e, também, à customização de ofertas de produtos e serviços por parte das organizações.

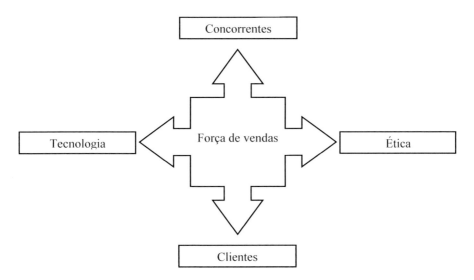

FIGURA 15 – Influências externas que condicionam a força de vendas

Na verdade, as mudanças nas expectativas dos clientes são, muitas vezes, mais rápidas do que a capacidade da organização em dar resposta a essas alterações de comportamento. Colletti e Chonko (1997) afirmam que "a falta de adaptação e de resposta por parte das empresas às expectativas dos clientes é suscetível de conduzir à obsolescência da força de vendas", ou seja, as organizações que responderem mais eficazmente à turbulência do mercado tendem a construir uma vantagem competitiva sobre os que não o fazem tão eficazmente. Dada a sua posição privilegiada, a força de vendas tem a melhor perspetiva para monitorizar e responder a esta turbulência e informar a organização sobre as ocorrências no campo organizacional. No entanto, segundo LeBon e Merunka (2004), são, ainda, poucas as organizações que alavancam todo o potencial dos seus colaboradores no terreno.

2.2 CONCORRENTES

Os típicos mercados, hoje, podem ser descritos como hipercompetitivos (Schultz, 1997). Ao mesmo tempo, o estreitamento entre as receitas e lucros esperados e o custo para servir os clientes, coloca grande pressão na força de vendas para produzir sobre intensa competição. Dado o declínio da duração do ciclo de vida do produto e as empresas em constante mutação de produtos para melhor responderem à procura de mercado, as forças de venda têm de, continuamente, atualizar os seus conhecimentos de mercado (e.g. produtos e concorrentes), exacerbando a carga, aparentemente, cada vez mais cognitiva dos produtos e/ou serviços. O número de contingências para as quais devem ser capazes de se adaptar continua a expandir-se a um ritmo acelerado. Jones Reinartz & Kumar (2000) defendem uma melhor definição das estratégias de mercado alocando recursos para segmentos de clientes de forma a melhorar a rentabilidade e eficiência dos seus recursos humanos. Não sendo inovador, implica, naturalmente, uma estratégia de gestores de conta procurando uma melhoria das relações de venda com os seus principais clientes estratégicos e potenciá-los de forma a ter o retorno expectável e a fidelização do cliente, procurando um inter-relacionamento que comprometa ambas as organizações. Cabe a esse gestor de conta assumir responsabilidades, não só de venda, mas de gestão do cliente, o que implica o assumir de novas responsabilidades.

2.3 TECNOLOGIA

A necessidade das forças de vendas em comunicarem com as organizações em tempo real é, cada vez, maior. A facilitação tecnológica, nomeadamente a Internet, permitiu aos vendedores comunicarem mais eficazmente com os clientes, bem como com as suas próprias organizações. Ao mesmo tempo, porém, o avanço dos sistemas de informação trouxe um incremento nas expectativas dos clientes em relação ao tempo de resposta às suas solicitações.

Dada a capacidade atual de uma comunicação rápida e eficaz, os clientes esperam que os vendedores sejam lestos a resolver os seus problemas.

O cliente exige uma resposta rápida do vendedor, devendo este ter a capacidade para, em tempo útil, apresentar as soluções devidas ao cliente (Brown, Jones e Leigh, 2005).

No entanto, muitas das vezes, os vendedores não estão habilitados pela organização para tomar decisões, "arrastando-se" o processo interminavelmente, não correspondendo, de todo, às expectativas dos clientes. Ora, num mercado competitivo como o nosso, estas falhas são inadmissíveis e urge tomar medidas para evitar este tipo de situações. Para melhor servir as necessidades dos clientes, os vendedores devem tornar-se "orquestradores" dos recursos organizacionais. Estes devem ser capazes de atrair e coordenar esforços de técnicos e executivos nas suas organizações para ajudar nos esforços de venda e prestação de serviços aos clientes, o que potenciará a possível fidelização do cliente (Jones, Chonko e Roberts, 2004).

Para que os vendedores respondam mais eficazmente às rápidas mudanças nas expectativas dos clientes, estes devem ter mais conhecimentos e adquiri-los mais rapidamente. A tecnologia permite aos vendedores armazenar, recuperar, analisar os dados dos clientes e formular recomendações específicas de soluções personalizadas para a viabilização de negócios de longo-prazo. A tecnologia também ajuda os vendedores a gerir informações importantes durante os ciclos de vendas. A tecnologia permitiu o desenvolvimento das práticas de venda e a manutenção de relacionamentos interorganizacionais de muitas formas, mas também criou encargos substanciais para as forças de vendas.

Como já mencionado, a mais rápida e facilitada comunicação entre vendedores e clientes, aumentou a procura destes pelo fornecimento de informações e serviços em tempo real. Além disso, a adoção de práticas de *Customer Relationship Management* e de automação das forças de vendas exige que os vendedores incorporem nas suas rotinas de trabalho novas tecnologias e procedimentos nas suas rotinas já extremamente sobrecarregadas com as suas responsabilidades primárias de venda.

3. QUESTÕES ÉTICAS DE REGULAÇÃO DO CAMPO ORGANIZACIONAL

O ambiente jurídico e ético nas organizações pode restringir a capacidade da sua força de vendas.

A prevalência de escândalos corporativos, (e.g. ENRON) aumentou o foco em políticas organizacionais de ética e, especialmente, sobre as práticas comerciais. Os *stakeholders* exigem agora maior transparência e rigor nas operações das empresas e, principalmente, mais ética, bem como uma liderança de topo mais eficaz. As questões éticas, atualmente, são enfrentadas por quase todas as funções na vida das empresas, incluindo a contabilidade, finanças, logística, comerciais. Os supervisores de vendas têm, agora, a responsabilidade de assegurar que as suas equipas sejam mais conscientes e vigilantes no que diz respeito às suas interações com os clientes.

Mas, como a força de vendas trabalha "isolada" no terreno, sem supervisão próxima e estão, geralmente, sob grande pressão para produzir resultados, estão mais suscetíveis a situações de dilemas éticos (Weeks e Nantel, 1992). Assim, em situações de venda altamente competitivas, os vendedores devem ser particularmente sensíveis aos argumentos que utilizam e aos incentivos que oferecem, na tentativa de fechar vendas. A investigação mostra que as organizações de vendas estão debaixo de análise de práticas antiéticas (Ramsey et al., 2007) e que os vendedores são muitas vezes percebidos pelo público em geral como tendo baixos padrões éticos (Chonko et al., 1996).

No mercado global os vendedores têm de lidar com questões sensíveis comportamentais do que é "correto" e "apropriado" ao lidar com os clientes. A pressão para atingir objetivos ou quotas de mercado pode levar os vendedores a participar em comportamentos antiéticos. Num ambiente de vendas competitivo, e com as crescentes exigências dos clientes, a necessidade de produzir resultados pode explicar porque alguns vendedores são tentados a entrar em comportamentos não admissíveis, ou, pelo menos, a ultrapassar as fronteiras éticas ao interagir com os clientes (Mulki, Jaramillo e Locander, 2008).

4. A SUPERVISÃO DE VENDAS

Para a criatividade ocorrer os gestores precisam de apoio da hierarquia mais próxima da força de vendas, dada a sua influência na performance dos vendedores (Shalley e Gilson, 2004).

Assumindo que a iniciativa de mudança é patrocinada pela gestão de topo, há um certo grau de fidelidade por parte da estrutura hierárquica da organização. No entanto esta mudança é muito mais fácil de pregar do que implementar.

FACTORES DE *EMPOWERMENT* DA FORÇA DE VENDAS

Como a relação profissional mais importante da força de vendas é com o seu supervisor, quando muitos vendedores falam acerca da "companhia", significa, mais propriamente, o seu supervisor mais direto (Kanter, 1980). Assim, o comportamento do supervisor é um importante determinante da relação dos vendedores com o trabalho, e uma conexão crítica na cadeia de produção.

Considerando que as forças externas tais como a evolução do cliente, as mudanças ambientais e éticas, os avanços tecnológicos e a intensidade competitiva, as forças internas também afetam as organizações (Jones et al., 2005). Estas duas forças de mudança dividem-se em duas categorias interligadas: mudanças na estratégia da organização e a procura por uma maior produtividade através da gestão dos desafios de desempenho.

Os gestores de nível superior veem a mudança como uma oportunidade para fortalecer o negócio alinhando as operações com a estratégia, para assumir novos desafios profissionais e para progressão de carreiras. A ênfase está na integração de funções interdependentes envolvidas no processo de criação de valor. A literatura alega que fatores contextuais contribuem para a redução do empowerment da força de vendas (Conger, 1988). Kanter (1980) descreve como os estilos de supervisão burocráticos e autoritários encorajam a impotência, fomentando dependência, a negação da auto expressão e formas negativas de manipulação. Importa, portanto, compreender qual o comportamento e estilo de liderança do supervisor e até que ponto poderá comprometer a mudança que se pretende na organização.

4.1 ESTILO E COMPORTAMENTO DA SUPERVISÃO DE VENDAS

Spurgeon (2009) refere que a liderança é o "processo de inspirar os outros a trabalhar arduamente para cumprir tarefas importantes". Durante muito tempo, tem-se reconhecido que alguns indivíduos apresentam melhor desempenho como líderes do que outros. Enquanto certos traços podem ajudar os líderes a tomar medidas eficazes ou a desenvolver habilidades úteis, a mera posse desses traços não é garantia do sucesso de liderança (Pheng e May, 1997). Os líderes intermediários, ou supervisores, são peças fundamentais na estrutura de uma organização. Estes são responsáveis por implementar a estratégia emanada pela gestão de topo e controlar a *performance* de vendas, além de fornecerem liderança de apoio que promova uma visão partilhada e novos comportamentos. Devem, também, garantir, que as mudanças são institucionalizadas no quotidiano das práticas sociais da organização.

A liderança de sucesso depende das ações tomadas e dos resultados alcançados. Nos últimos anos tem havido um interesse renovado na abordagem às caraterísticas da liderança. Estas caraterísticas incluem a motivação, honestidade, integridade, autoconfiança, capacidade cognitiva, o conhecimento do negócio e, também, o carisma.

Bass, Jung, Avolio e Berson (2003) defendem que a liderança do supervisor de vendas deve ser analisada sob duas óticas distintas:

- A liderança transacional – o supervisor influencia os seus colaboradores, principalmente, através de recompensas em troca de desempenho. Especificamente, um líder transacional esclarece os papéis e as expetativas acerca das tarefas a cumprir, incluindo as recompensas materiais ou psicológicas que o colaborador receberá quando as determinadas expetativas forem alcançadas.
- A liderança transformacional – o supervisor influencia os seus colaboradores, principalmente, inspirando-os a superar os seus próprios interesses imediatos e focando-os na necessidade de ajudar a equipa e os seus membros. Os componentes comportamentais da liderança transformacional incluem a estimulação intelectual, a motivação inspiradora e a influência idealizada.

A liderança transformacional e transacional são dois estilos de liderança ativos e uma combinação de ambos é, muitas vezes considerado como crítico para atingir o sucesso. Ou seja, tanto a liderança transformacional como a liderança transacional podem melhorar o desempenho da força de vendas, embora por caminhos diferentes.

A liderança transacional pode estimular diretamente a coesão da tarefa através da clarificação dos objetivos e das contingências das recompensas, reduzindo a incerteza dos membros da equipa sobre o que se espera deles e constrói a expetativa de que um determinado tipo e nível de esforço irá ajudá-los a atingir as metas determinadas e a receber a adequada recompensa (Kahai, Sosik e Avolio, 2003)

Já a liderança transformacional ajuda os colaboradores a superar os seus interesses individuais e a estarem compenetrados com a missão e a visão da equipa, enfatizando o poder e a identidade do coletivo, motivando os seus colaboradores a superar os seus próprios limites, procurando soluções criativas e estimulantes para atingir os objetivos propostos (Bass et al., 2003), criando uma atmosfera cooperativa dentro da equipa. Cabe, portanto, ao supervisor adotar medidas de equilíbrio que permitam à força de vendas adotar um comportamento focado no negócio, sentindo que tem por detrás uma organização que lhe dá todo o apoio, e permite a sua autorrealização, tanto a nível pessoal como profissional.

Uma boa liderança depende de uma relação dinâmica entre o supervisor, a equipa de vendas, a tarefa e a sua operacionalização. Um bom supervisor sabe o comportamento a adotar para coincidir com as circunstâncias. Deve entender que quando a tarefa não é de rotina, deve ser flexível e encorajar a participação do grupo.

O supervisor também sabe que há alturas em que o grupo espera que ele tome uma liderança firme.

4.2 DEVERES DO SUPERVISOR DE VENDAS

Segundo Klein (2001) o papel do supervisor contempla nove tarefas principais:

- Compromisso – os supervisores devem promover o trabalho de equipa e transmitir um interesse e apoio genuíno para o conceito. Devem encorajar a cooperação e desenvolver as competências da sua equipa de vendas;
- Comunicação – os supervisores são a ligação principal nas comunicações entre as chefias de topo e a força de vendas. Devem aprender a retransmitir instruções diárias para a força de vendas;
- Treino – os supervisores encontram-se numa posição ótima para avaliar as necessidades de treino dos vendedores. São responsáveis por identificar, coordenar e, quando possível, conduzir o treino necessário;
- Relações Humanas – dado que a supervisão é a chave para manter as atitudes positivas e a moral elevada da força de vendas, devem desenvolver bons conhecimentos de relações humanas, demonstrando uma sincera preocupação pelo bem-estar do vendedor;
- Motivação – os supervisores devem aprender a ser motivadores, não só disciplinadores. Podem motivar os vendedores dando-lhes responsabilidade e um sentido de contribuição;

- Delegação – isto permite aos supervisores assumir funções adicionais passando à força de vendas muitas das rotinas diárias com que podem lidar eficientemente. Delegar ajuda a apoiar tanto a moral individual como de equipa dando a oportunidade a todos de partilhar responsabilidades e recompensas;
- Tomada de Decisão – o desempenho dos supervisores depende, em última análise, dos resultados das decisões. Pode ser permitido à força de vendas tomar decisões, mas os supervisores devem estabelecer prioridades e explicar o porquê de algumas delas terem primazia em relação a outras;
- Disciplina – os supervisores devem sempre recordar à força de vendas que são parte integrante de um grupo. Grande parte dos vendedores responderá às técnicas destinadas à sua motivação, mas alguns não. Nesses casos, o supervisor deve administrar disciplina;
- Retorno – há ocasiões em que toda a força de vendas precisa de orientação, apoio e reforço. Tanto o retorno oral como escrito é necessário para tornar os indivíduos e as equipas conscientes dos seus pontos fortes e fracos.

Tará, Carr, Gregory e Dwyer (2005) concluíram que os líderes mais próximos das forças de vendas podem influenciar as suas perceções, e, consequentemente, as suas atitudes e comportamentos. Espera-se que os supervisores preparem e acompanhem as suas equipas através da mudança.

Gerir a mudança implica, em última análise, as mudanças no comportamento e da cultura ao longo do tempo (Beer, 1987). Messmer (2001) afirma que cabe ao líder ser recetivo a sugestões feitas pelos seus colaboradores. Obviamente que esta recetividade envolve uma mente aberta e considerar mesmo as ideias mais incomuns.

As pessoas devem sentir-se confortáveis para falar e apresentar sugestões, sem receio de observações criticistas por parte dos superiores hierárquicos. Por vezes, mesmo a ideia mais implausível pode levar a que alguém pense a solução perfeita para um desafio. Isto leva a que exista uma abertura, por parte da liderança de equipas, de partilha de conhecimento, para uma maior robustez e dinâmica de grupo.

É, portanto, imperioso existir apoio e consideração da hierarquia mais próxima para o sucesso das alterações estratégicas. A investigação de Ramaswani (1993) sobre a motivação das equipas de vendas demonstrou que o apoio psicológico através do supervisor desempenha um papel crítico sobre o compromisso e a relação dos vendedores com a organização, ou seja, a relação positiva entre vendedores e supervisor contribui para a melhoria da motivação e, consequentemente, a sua performance.

Assim sendo, o supervisor imediato tem o papel crítico de facilitar a criação de condições que tenham impactos e atitudes positivas em relação à organização, de modo a que a força de vendas "vista a camisola" mesmo em alturas de maior desânimo, dados os constrangimentos de mercado. Jaworski e Kohli (1991) enfatizam o *feedback* da liderança como um fator-chave que influencia os vendedores, motivando-os e comprometendo-os com a organização. Boyle (1997) determina a satisfação no trabalho dos vendedores como um dos principais componentes do comprometimento deste com a organização, sendo que esta satisfação está dependente do apoio que recebe por parte do supervisor.

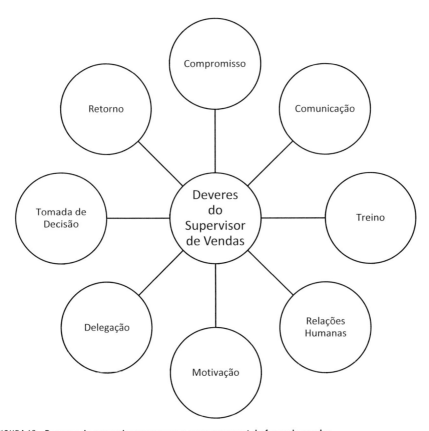

FIGURA 16 – Deveres do supervisor para com o empowerment da força de vendas

Os resultados do estudo de Buciuniene e Skudiene (2008) revelam que o estilo de liderança transformacional tem uma associação positiva com o comprometimento e satisfação dos vendedores com a organização. Tais resultados exemplificam, claramente, o papel importante da relação vendedor-supervisor, o que leva a um reforço do relacionamento com a organização.

5. A EQUIPA DE VENDAS

As exigências do século XXI exigem organizações empresariais que usem o talento dos colaboradores para criar, compartilhar e utilizar a informação como parte da estratégia competitiva da empresa (Buciuniene e Skudiene, 2009). A meta principal na transição para uma estrutura de equipa de vendas é reunir pessoas com habilidades diferentes que podem, coletivamente, agir para fazer avançar a missão de vendas da organização (Perry, Pearce e Sims, 1999). No entanto, isso só acontecerá se a equipa tiver poderes para agir e sentir-se capaz de fazê-lo de forma eficaz. Como O empowerment e os comportamentos de liderança da supervisão de vendas podem aumentar a crença de uma equipa que pode atingir os resultados propostos pela organização de diversas maneiras (Conger e Kanungo, 1988). Mas se existirem bloqueios administrativos a impedir a interação e o fornecimento de soluções para com os clientes, os membros da equipa vão-se sentir incapacitados e desmotivados e, muito dificilmente, alcançam os objetivos desejados. Estimular a autonomia pode libertar os membros da equipa para se adaptarem ao seu ambiente de vendas. Coerente com esta afirmação, a autonomia do trabalho foi encontrada como estando positivamente correlacionada com a perceção de autoeficácia e do desempenho das equipas (Sethi, Smith e Park, 2001).

Também a promoção da participação na tomada de decisão pode eliminar a privação e impotência de um estilo autoritário (Conger e Kanungo, 1988). Por exemplo, a obtenção de contribuições dos membros das equipas para a tomada de decisão é suscetível de aumentar o seu sentido de "propriedade" e empenho para com o objetivo proposto. Sem isso, os membros das equipas são menos propensos a acreditar que têm o poder de controlar os aspetos importantes do seu trabalho e podem ser menos comprometidos com as decisões tomadas por outros.

Os supervisores podem, também, criar uma sensação de potência coletiva expressando a confiança que a equipa possa executar o que lhe é proposto e tenha capacidades para superar as dificuldades e obstáculos que, eventualmente, surjam.

Bennis e Nanus (1989) notaram que os líderes eficazes, muitas vezes, inspiram os seus seguidores a elevados níveis de desempenho, mostrando-lhes como o seu trabalho contribui para acrescentar valor à organização. É um recurso emocional a algumas das necessidades mais fundamentais – a necessidade de ser importante, de fazer a diferença – para se sentir a fazer parte de uma empresa bem sucedida e útil. Assim, reforçando o significado de trabalho, compete aos supervisores fomentarem essa sensação de forma a elevarem o potencial da equipa.

Outro fator que poderá estar relacionado com o sentido de equipa é o seu clima interpessoal, ou seja, quão bem os membros da equipa são capazes de trabalhar juntos. Isso é importante porque a finalidade de ter pessoas de vendas a trabalhar em conjunto é criar sinergias entre os membros da equipa com diferentes níveis de habilidades e experiências. Um clima "pesado" poderia prejudicar essa sinergia.

Marks, Mathieu e Zaccaro (2001) definem clima interpessoal como "padrões distintos de crenças coletivas sobre os processos interpessoais, que incluem a gestão de conflitos e que afetam a motivação e a confiança grupal".

A gestão de conflitos tem uma componente preferencial que envolve o estabelecimento de condições para prevenir, controlar ou de guiar conflitos nas equipas antes que realmente ocorram, para assim prevenir desentendimentos interpessoais que envolvam os trabalhos por tarefa e comprometam o desempenho do grupo. A gestão do afeto consiste na capacidade da equipa para regular as emoções dos membros (e.g. excitação, frustração, desapontamento) ocorridos durante a realização da tarefa. A construção da motivação e da confiança tem a ver com a capacidade da equipa em manter um sentido coletivo de coesão com a finalidade da realização das tarefas.

Embora, normalmente, se espere um grau de consenso entre os membros da equipa relativamente às variáveis apresentadas, Marks, Mathieu e Zacaro (2001) preveem que variáveis de processo, tais como o clima interpessoal, podem ter efeitos adicionais de moderação. Mais especificamente, estes autores notam que os processos das equipas são "os meios pelos quais os membros trabalham de forma interdependente para utilizar diversos recursos, tais como perícia, equipamentos e dinheiro, para produzir resultados significativos": Isso implica que as variáveis de processo podem moderar o impacto de outros *inputs* no desempenho das equipas em estados emergentes. Quando os membros da equipa não diferem muito uns dos outros nas suas perceções no que toca ao clima interpessoal, estes são suscetíveis de desenvolver expectativas uniformes e normas sobre o comportamento mais adequado para resolver as questões interpessoais. Por conseguinte, eles vão lidar com conflitos internos, gerir o seu afeto e envolverem-se em redes partilhadas de uma forma consistente. Além disso, porque o clima interpessoal estabelece as bases para os processos da equipa (e.g. estabelecimento de metas, formulação da estratégia), as equipas habilitadas a perceberem o clima interpessoal da mesma forma são mais propensas a elevar a sua performance a um nível superior.

O empowerment dos membros das equipas, com um consenso forte em relação ao clima interpessoal, será capaz de alavancar a autonomia, a tomada de decisões, o clima de confiança e participação, a gestão do trabalho no seu sentido de plenitude, sempre estimulado pelos seus líderes.

6. TREINO E FORMAÇÃO DAS FORÇAS DE VENDAS

Krishnamoorthy, Misra e Prasad (2005) concluem, nos resultados da sua investigação, que o treino aumenta a produtividade da força de vendas, dando aos vendedores as competências necessárias para realizar eficazmente as suas funções. Já Martin e Collins (1991), após uma pesquisa no terreno, comprovaram a eficácia da formação num aumento das vendas em 50%. Obviamente, havendo um aumento das vendas, as receitas também aumentam, mesmo tendo em conta os custos de formação.

É estritamente necessário para a organização manter a vantagem competitiva face à forte concorrência, e as atividades de treino são particularmente estimulantes para corrigir situações menos corretas, tanto do ponto de vista processual como ético.

Os clientes de hoje esperam que os vendedores tenham conhecimento profundo do produto e que prestem um serviço customizado e de excelência. As ações de coaching, ou treino, têm como função melhorar as operações com vista a uma maior eficiência de resultados. As empresas, portanto, devem treinar regularmente os seus vendedores e aperfeiçoar os conhecimentos específicos dos produtos, técnicas de venda, habilidades de negociação, comportamento do consumidor, tendências da indústria e as condições de mercado.

No entanto, os benefícios do treino implicam custos e estes têm crescido continuamente ao longo dos anos (O'Connel, 1988). Essas despesas incluem material didático, despesas de transporte, recrutamento de formadores, cursos e seminários externos, gestão de tempo gasto com o vendedor e, principalmente, o custo de oportunidade das vendas perdidas. Dada a magnitude dos custos de formação, é importante que as empresas otimizem estas ações, para assim se tirar a maior rendibilidade de cada euro investido.

Um custo adicional implícito da formação refere-se à compensação da força de vendas treinada a um nível superior, de forma a corresponder à sua mais-valia no mercado de trabalho. A este respeito, é útil classificar a formação como sendo especificamente para produtos da empresa e para transmitir conhecimentos gerais e habilidades de venda. Desde a formação geral que constitui, necessariamente, uma fração do total de formação, até à retenção dos melhores valores na empresa, a compensação deve aumentar com o treino.

No entanto, a totalidade, ou parte desse aumento, pode ser coberto por comissões mais elevadas para que o vendedor seja mais produtivo e, logo, ganhe uma remuneração superior. Assim, torna-se claro que a deliberação de formação não é independente da decisão do plano de compensação, e vice-versa. A ter em conta, também, a estabilidade do emprego do vendedor, ou seja, a duração prevista do tempo em que o vendedor irá ficar na empresa. A formação só se irá traduzir em lucro se o vendedor ficar na empresa (Darmon, 2004). Se, em vez disso, ele desiste depois de receber o treino, a empresa está a perder o seu investimento em capital humano.

Uma vez que tanto a compensação como o valor de mercado do vendedor aumenta com a sua formação (Barron, Berger e Black, 1999), é natural questionar se a formação deveria ser patrocinada pelo próprio vendedor. A solução poderá ser, segundo Krishnamoorthy et al. (2005) o patrocínio do custo de formação (e.g. MBA, Conferências externas à empresa) em que a empresa paga parte dos custos e o vendedor a outra parte.

7. A GESTÃO DO CONHECIMENTO E APRENDIZAGEM NA ORGANIZAÇÃO

A perspetiva da gestão do conhecimento enfatiza que "a informação e a comunicação são os principais meios pelos quais a partilha de conhecimentos é reforçada" (Davenport, Eccles e Prusak, 1992). Esta perspetiva é caracterizada por termos como "repositórios de conhecimento" (e.g. Intranet). Os seus proponentes concebem o conhecimento como constituindo um elemento tácito, bem como um elemento explícito. O elemento explícito do conhecimento é o que eles veem como facilmente articulado através de um repositório do conhecimento. Fundamentalmente, eles também entendem o conhecimento tácito como passível de articulação através de um repositório do conhecimento. As suas crenças na informação e tecnologias de comunicação também significam que pouca atenção é dada aos fatores sociais organizacionais (Davenport e Prusak, 1992). Especificamente, as políticas e as práticas de recursos humanos geralmente permanecem inalteradas (Hunter, Beaumont e Lee, 2002).

A perspetiva da organização de aprendizagem destaca as tradicionais estruturas que inibem a partilha de aprendizagem entre diferentes funções. Isto sugere que as organizações adotem estruturas laterais tais como grupos de projeto, para garantir a eficácia na partilha do conhecimento.

No entanto, alterar a estrutura organizacional também pode conviver, inadequadamente, com o problema de partilha de conhecimento. Primeiro, os vendedores podem não estar dispostos a compartilhar conhecimentos com os outros, especialmente se sentirem que pode ser prejudicial para as suas carreiras (Mueller e Dyerson, 1999). Este sentimento pode ser agravado quando a partilha é incongruente com outros aspetos da infraestrutura, tais como a cultura e sistemas de recompensa (Nonaka, 1991). Assim, pode haver necessidade de mudanças significativas nas práticas de recursos humanos para tornar efetivas as mudanças estruturais.

Em segundo lugar, os vendedores podem ser incapazes de compartilhar conhecimentos com outras pessoas facilmente, porque falham em apreciar os pressupostos tácitos e valores nos quais o conhecimento dos outros é baseado e desenvolvem uma compreensão de ideias diferentes das suas. Aliado a tudo isto, a necessária confiança entre os vendedores é um ingrediente-chave na partilha efetiva de conhecimentos (Davenport e Prusak, 1998).

Em resumo, as mudanças estruturais devem ter em conta a indisponibilidade e incapacidade dos vendedores para compartilhar aprendizagem com os restantes colegas. Em contrapartida, a perspetiva de aprendizagem organizacional analisa mais aprofundadamente este problema, reconhecendo a natureza do conhecimento tácito realizado pelas forças de vendas.

A perspetiva de aprendizagem organizacional tem sido descrita como reflexo das preocupações dos académicos, ao invés dos profissionais. Como

FACTORES DE *EMPOWERMENT* DA FORÇA DE VENDAS

resultado, é mais analítica do que prescritiva. Este, por sua vez, assume uma postura mais crítica da análise da gestão do conhecimento dentro das organizações do que as perspetivas da organização acerca da gestão do conhecimento ou aprendizagem (Easterby-Smith, Snell e Gherardi, 1998). Especificamente, a perspetiva organizacional da aprendizagem sublinha que o conhecimento é tácito e relacional. Isto enfatiza que o conhecimento não pode estar divorciado do seu contexto (Tsoukas, 1996). A implicação de tal visão, quando avaliada a contribuição da prática da gestão dos recursos humanos na gestão do conhecimento, é que partilhar o conhecimento pode ser incorporado em melhores práticas de trabalho.

Em termos de aprendizagem organizacional o conhecimento é partilhado nas interações quando os problemas surgem e as soluções são discutidas. Este processo ocorre através de "práticas da comunidade", isto é, o produto de grupos sociais informais que se formam no trabalho.

8. RESISTÊNCIA À MUDANÇA

Considerando que as forças externas já referidas anteriormente (a evolução dos clientes, as mudanças no ambiente ético, os avanços tecnológicos e a intensidade competitiva) aumentam os desafios das forças de vendas, as forças internas não ficam atrás. Normalmente, a melhor força de vendas não só se quer adaptar rápida e eficazmente aos acontecimentos externos, como também implementar estratégias de novos clientes, lançar novos produtos, inovar no processo de vendas e procurar uma melhoria constante da sua performance. Mas, por vezes, as "ganas" de vencer são, surpreendentemente, arrefecidas.

Kotter e Schlesinger (1979) argumentam que os esforços de mudança organizacional colidem, muitas vezes, em alguma forma de resistência humana. Embora os líderes experientes estejam cientes desse facto, surpreendentemente são poucos os que agem no sentido de avaliar quem poderá resistir à iniciativa de mudança e por que razões. Em vez disso, usando experiências passadas, tais como directrizes, os líderes muitas vezes, aplicam um simples conjunto de crenças baseadas em suposições genéricas vagas (Self e Schraeder 2009). Ainda segundo Kotter e Schlesinger (1979) esta abordagem limitada pode criar problemas graves, dadas as diferentes formas como os indivíduos poderão reagir a tais iniciativas.

A resistência à mudança é, principalmente, um esforço para manter o status quo (Agboola e Salawu 2011). Estes pesquisadores alegam que a resistência à mudança é, geralmente, uma reacção aos métodos utilizados na execução de uma mudança, ignorando as características humanas inerentes, em que as pessoas tendem a resistir a mudanças que não fazem sentido para eles ou que são forçados contra a sua vontade. Esta tese é suportada por Self e Schraeder (2009) que afirmam que aqueles que sofrem mais directamente o impacto da mudança podem ter uma maior tendência a resisti-la.

O estudo de Klein (2001) é elucidativo da problemática que pode ser a implementação de políticas de empowerment nas organizações. Este estudo revelou que 72% dos supervisores veem estes programas como uma mais-valia para a organização, 60% vê-os como bons para os colaboradores, e 31% vê-os como benéficos para eles próprios. Ou seja, menos de $^1/_3$ dos supervisores acreditam que iriam retirar dividendos com esta prática. Claro que esta perceção revela-se contraproducente para a viabilidade do empowerment da força de vendas, mas os receios dos supervisores têm uma justificação.

Tal como acontece com os vendedores, o mesmo problema se passa na hierarquia superior, ou seja, o supervisor pode não estar disposto a compartilhar conhecimento com a força de vendas, especialmente se estes também sentirem que pode ser prejudicial para as suas próprias carreiras (Currie e Kerrin, 2003). Um dos motivos desta sensação é explicado por Kanter (1980) que define o cargo como "virtualmente morto", ou seja, um fim nas suas carreiras. Mesmo em empresas onde era comum este cargo ser um trampolim para um nível superior hierárquico deixou de o ser, estando as empresas a recrutar pós-graduados do exterior para essas posições superiores. Isto significa que é um posto onde a progressão de carreira não existe, e, do ponto de vista pessoal, é compreensível que este defenda acerrimamente o que tem, confrontando qualquer política que ameace a sua estabilidade profissional.

Em segundo lugar, os supervisores podem ser incapazes de compartilhar conhecimentos com a sua força de vendas porque podem falhar na apreciação dos pressupostos tácitos e valores sobre os quais o conhecimento dos outros é baseado e desenvolver uma compreensão de ideias e de diferentes quadros das suas próprias ideias (Boland & Tenkansi, 1995). Ou seja, em nada difere do comportamento do vendedor, mas, neste caso, a responsabilidade é outra.

FACTORES DE *EMPOWERMENT* DA FORÇA DE VENDAS

Aliado a isso, a inexistência da necessária confiança para com a força de vendas é vista como um fator chave para a não partilha efetiva de conhecimentos (Davenport, Eccles & Prusak, 1992).

Klein (2001) explicou que, do ponto de vista da supervisão, os estilos de gestão autoritários podem "afastar" a descrição dos subordinados e, por sua vez, dar-lhes um sentido de poder. Debaixo de um líder autoritário, os subordinados, inevitavelmente, acreditam que têm pouco controlo, e que tanto eles como as suas carreiras estão sujeitos a exigências e caprichos do seu supervisor. O problema torna-se agudo quando os subordinados começam a atribuir a sua impotência a fatores internos, tais como a sua própria competência, ao invés de fatores externos, como a natureza e temperamento do seu supervisor.

Consistente ao longo da teoria, a mudança no ambiente exige mudanças internas nas modalidades e processos de gestão das organizações. Em último caso, gerir as transformações das empresas significa a mudança de comportamento e de estilos de liderança (Beer, 1987). As mudanças normalmente significam perda de poder, como explicado anteriormente, dado que a responsabilidade e responsabilização passam a ser partilhadas. As perdas nas relações como novos padrões de interação são exigidas pela nova abordagem da gestão.

Strebel (1996) afirma que para muitos funcionários, incluindo supervisores de vendas, a mudança não é bem-vinda. Esta é perturbadora e intrusiva, ou seja, ameaça o equilíbrio. É realmente uma frustrante realidade pensar que aqueles que se encontram em posições para suportar a mudança sejam os que mais resistam. Mas esta realidade tem uma explicação. Segundo Mann (2000) quando alguém assume um papel de liderança, impõe-se perante uma expectativa irrealista de omnisciência, racionalmente ou não. A mudança põe em campo uma série de fatores que tornam impossível para os líderes viver na expectativa irrealista que mantém perante os seus subordinados, tornando-os permeáveis e inseguros. Não é de estranhar, portanto, que os supervisores frequentemente manifestem comportamentos aversos ao empowerment dos seus subordinados.

Já Kanter (1980) sugere que uma grande parte do problema se encontra na posição em si, que cria, quase universalmente, impotência. Os supervisores são "as pessoas no meio" e que têm sido vistos como a fonte de muitos dos problemas de práticas de empowerment dos vendedores. Mas reconhecendo que os supervisores são "apanhados" entre a gestão de topo e a força de vendas, só agora se começa a roçar a superfície do problema.

A pesquisa empírica de Hackam, Oldham, Janson e Purdy (1975) destacou nos seus resultados o facto de ter de existir uma atenção apropriada direcionada para a liderança intermédia (supervisão), de tal modo que o enriquecimento do trabalho da força de vendas não crie um clima de insatisfação, o que poderia potenciar o fracasso das políticas de mudança organizacional. Klein (2001) realçou, entre outras, duas preocupações que podem influenciar a mudança organizacional por parte da liderança intermédia – segurança no trabalho e ambiguidade de papéis. O estudo de Klein (2001) realçou a falta de motivação da supervisão para com a mudança, principalmente pelos dois fatores acima referidos.

Esta visão pode ainda ser agravada quando a partilha é incongruente com outros aspetos da organização, tais como a cultura e sistemas de recompensa.

Ultrapassar a resistência à mudança é um processo complexo cujo desfecho depende dos interesses de ambas as partes, que pode neutralizar a sua implementação.

Em termos gerais e simplistas, a organização pode ser sintetizada da seguinte forma: a gestão de topo planeia, a liderança intermédia (e.g. supervisão) implementa e a força de vendas executa. Mas se cabe à liderança intermédia implementar as diretrizes da gestão de topo, aparentemente, está-se perante um conflito estrutural. O apoio dos supervisores é essencial quando estão em marcha mudanças significativas no local de trabalho. Klein (2001) avisa que se os supervisores apreciarem os programas de empowerment da força de vendas como prejudiciais para eles próprios irão reter o seu apoio, possivelmente condenando a iniciativa.

A comunicação aberta é um fator importante na gestão da resistência à mudança e ultrapassar problemas de informação e controlo durante o período de transação não é fácil. Os supervisores reconhecem, tipicamente, as incertezas e ambiguidades que surgem durante este período, manifestando-se, principalmente, ao nível da comunicação. Na ausência de informações partilhadas, o processo de mudança pode ser posto em causa, e compete à gestão de topo evitar que tal suceda. A gestão de topo deve ser sempre sensível aos efeitos da incerteza que afetam os supervisores, especialmente neste período de mudança, onde qualquer notícia, mesmo más notícias, parecem ser melhores do que a ausência delas.

Na pesquisa de Hayes e Walsham (2000) concluiu-se que a liderança intermédia não tem interesse em partilhar conhecimento com a força de vendas quando se apercebe que poderá ser prejudicial para o seu futuro na organização. Esta questão enfatiza as preocupações da atividade de supervisão como suscetível de criar barreiras à implementação de uma nova estratégia organizacional. Os programas de empowerment da força de vendas estão a mudar e a desafiar a atividade de supervisão. Assim o desenvolvimento de um conhecimento empírico que correlacione empowerment com o comportamento e estilos de liderança dos supervisores torna-se uma prioridade importante para académicos e uma habilidade importante para as práticas da gestão de topo (Beer, 1987).

7.1 ESTARÁ O PAPEL DO SUPERVISOR EM EXTINÇÃO?

O apoio adequado de uma hierarquia em qualquer fase de desenvolvimento é necessário, mas os supervisores devem estar cientes do progresso que está a ser feito. Estes devem ser capazes de assumir o empowerment da força de vendas e deixá-los trabalhar de forma independente, não colocando barreiras ao sucesso da equipa (Mills & Ungson, 2003). Ao mesmo tempo, Sinclair (1992) argumentou que a atenção deve ser dada ao sentimento da equipa de vendas sentir-se abandonada. Este comentário suporta a ideia que a atividade de supervisão é necessária para a vigilância da força de vendas.

O empowerment, como dito anteriormente, é usado como um meio de redução de hierarquias, transferindo funções e permitindo uma maior responsabilidade e autonomia aos vendedores. Então é aceitável que os receios dos supervisores sejam reais, dado poderem sentir-se "encobertos" dentro das equipas. Mas será que não caberá à atividade de supervisão adaptar-se à nova realidade e circunstâncias? De facto, as equipas têm sido vistas como um meio de ampliação das suas funções, enriquecendo o trabalho, permitindo feedback por meio da interação, com rotação de trabalho e proporcionando sensações de trabalho abrangentes, estimulantes e objetivos comuns. Esses elementos referem-se a sentimentos de satisfação no trabalho e, em parte, à interação em grupos e equipas (Bacon & Blyton, 2005).

Sentimentos de trabalho partilhado e objetivos comuns podem, no entanto, também causar sentimentos de frustração e de não reconhecimento do mérito individual. Ou seja, se as equipas de vendas forem mal implementadas, há incerteza sobre deveres e responsabilidades a vários níveis. Assim, se a estrutura de equipa é uma escolha estratégica numa organização, que resultado terá uma transferência de responsabilidades dos supervisores para os membros das equipas? Essas mudanças incluem algum tipo de orientação quanto às habilidades necessárias em diferentes níveis e lugares de uma organização (Van Amelsvoort & Benders, 1996).

Morgan (1989) argumenta que "toda a noção de enriquecimento do trabalho, provavelmente, foi um pouco exagerado". É interessante notar os diferentes pontos de vista sobre as equipas de trabalho. Uma visão geral da estratégia de equipas de vendas inclui muitas suposições, expectativas e resultados, que se encaixam com a discussão acerca dos substitutos para o cargo de supervisão.

Tanto os elementos conflituantes descritos anteriormente como as definições do planeamento e execução do trabalho em equipa constituem a base para a ideia de abordar a questão de um cargo de substituição à atividade de supervisão. Assim, sentimentos de controlo interno e de feedback, de trabalhar em direção a um objetivo comum, a satisfação pessoal e a sensação de ser deixado de lado, devem ser tidos em consideração.

O planeamento e a implementação de processos de mudança devem fornecer aos membros da equipa os meios e os recursos suficientes para lidar com tarefas de ampliação (Huusko, 2007). A definição de uma equipa adequada, descrita acima, envolve uma suposição de que o uso de equipas resulta em mudanças claras na organização do trabalho.

Reorganizar significa esclarecer tanto as responsabilidades de ser deslocado para novas responsabilidades e funções, como as habilidades necessárias para novas posições. As mudanças nas posições entre os atores dependem da profundidade das alterações na estrutura de decisão e como a gestão de topo vê e quer ver as equipas e a sua autoridade (Huusko, 2007). Assim, uma equipa adequada representa um conceito muito exigente, e não pode ser tomada nenhuma decisão da gestão de topo de ânimo leve, sem ter em conta todos os cenários possíveis de tal decisão.

No entanto, a gestão de topo deve ter em conta os resultados da pesquisa de Huusko (2007). A sua análise revelou a necessidade de alguém, chame-se supervisor ou não, principalmente em organizações com longas hierarquias verticais distantes, dar feedback às forças de vendas e incentivos. Essa necessidade é real e terá de haver sempre alguém que assuma esse papel, para que ninguém se sinta sozinho e abandonado pela empresa, o que resultaria num total desleixamento profissional. Estes aspetos parecem ser muito importantes aquando das mudanças estratégicas organizacionais no ambiente de vendas.

9. MODELO CONCEPTUAL

Os esforços da organização para se adaptar ao ambiente externo resultam na mudança de estruturas e processos internos (Eisenhardt, 2002).

Os teóricos da gestão alegam que fatores contextuais contribuem para a redução de Autoeficácia e Adaptabilidade entre membros da organização (Conger, 1989). Conger e Kanungo (1988) referem, também, que a interação entre práticas de empowerment e de supervisão devem ser estudadas mais aprofundadamente. Rank, Nelson, Allen e Xu (2009) mencionaram que durante décadas, os pesquisadores de liderança têm tentado identificar as características que podem moderar as relações entre os comportamentos de supervisão e o desempenho dos subordinados.

No entanto, estudos empíricos têm falhado frequentemente, levando a resultados inconclusivos (Blank, Weitzel e Green, 1990). A pesquisa de campo dirigida a este objetivo poderá contribuir significativamente para a compreensão de uma liderança eficaz e de melhores resultados no desempenho do trabalho.

Embora, conceptualmente, me tenha centrado sobre os efeitos positivos do empowerment da força de vendas, é concebível que os receios dos supervisores relativamente ao empowerment da força de vendas afetem a implementação deste nas organizações. Então se existe a necessidade de mudança dado os fatores externos, de que forma as empresas poderão capacitar a sua força de vendas para uma maior eficácia e adaptabilidade no seu desempenho, face a uma supervisão que se pressupõe oferecer resistência à mudança?

GESTÃO ESTRATÉGICA

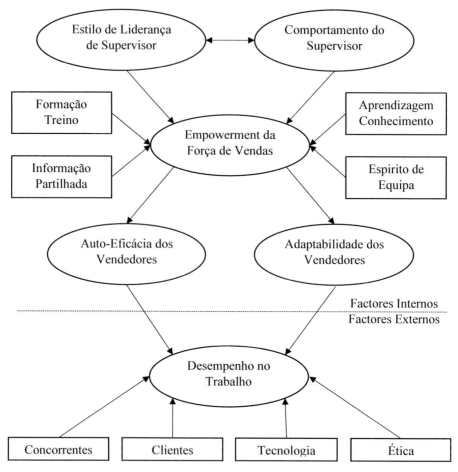

FIGURA 17 – Modelo conceptual do empowerment da força de vendas

Com base nas conceções acima descritas, apresento um modelo teórico para futura investigação. Pretende-se operacionalizar interações entre a supervisão e o empowerment da força de vendas, em relação à autoeficácia e adaptabilidade, variáveis dependentes consideradas fulcrais no desempenho dos representantes de vendas perante os fatores externos à empresa.

10. CONTRIBUIÇÕES DA PESQUISA E LIMITAÇÕES DO ESTUDO

Embora o empowerment e o seu impacto nas organizações já tenha sido estudado por vários investigadores da gestão (Ahearne et al, 2005; Conger,

FACTORES DE *EMPOWERMENT* DA FORÇA DE VENDAS

1989; Lin, 1998; Wilkinson, 1998) pouco trabalho empírico foi realizado. Para Ahearne el al. (2005) o tema continua a receber atenção considerável, tanto no campo académico como profissional e discutido a nível teórico, mas, até agora, pouco testado nas organizações. Claramente, o estudo empírico do empowerment nas empresas ainda está numa fase embrionária. Isto pode ser devido a uma conceção inadequada do processo.

Este artigo pretendeu lançar as bases de investigação sobre o efeito do empowerment das forças de vendas no desempenho do seu trabalho no campo organizacional, com base na autoeficácia e adaptabilidade dos vendedores, face ao comportamento e estilo de liderança do supervisor de vendas. O enquadramento efetuado neste artigo poderá fornecer algumas direções importantes para pesquisadores que pretendam compreender melhor o efeito do empowerment em alguns comportamentos específicos, nomeadamente nas práticas das atividades de supervisão.

Tal como em qualquer modelo conceptual, a validação das relações chave entre constructos será essencial para a compreensão das implicações reais no seio das organizações. Espera-se que este modelo seja o ponto de partida para incentivar mais pesquisadores das organizações a enveredar por investigação de fundo, abordando toda a dinâmica associada a esta temática. A pesquisa de campo voltada para esse objetivo poderá contribuir significativamente para uma melhor compreensão de uma supervisão eficaz através de um processo de empowerment de subordinados.

A natureza restrita deste artigo ao empowerment da força de vendas poderá ser uma limitação ao estudo em outros departamentos da organização.

Outra limitação diz respeito aos potenciais mediadores adicionais de influências de autoeficácia. Considerando que se encontra apoio para a adaptabilidade como mediador da influência da autoeficácia sobre o desempenho no trabalho, certamente outras variáveis intervenientes estarão, também, operacionais. Por outras palavras, o efeito direto da autoeficácia no desempenho do trabalho é suscetível de ser mediado por fatores como a quantidade de esforço exercido pelos vendedores, bem como pela sua persistência face dos desafios. Incluir estas variáveis em pesquisas futuras ajudaria a compreender os processos subjacentes que ligam a autoeficácia com os resultados do trabalho. Dado o papel crucial de ligação que a autoeficácia desempenha na interação com o empowerment da força de vendas, esta parece ser uma área pronta para futuras pesquisas.

Pesquisas sobre outras consequências comportamentais e organizacionais do empowerment (e.g. compromisso, gestão da qualidade total) devem ser conduzidas para ampliar, ainda mais, a rede nomológica de empowerment. Variáveis contextuais adicionais para a pesquisa futura incluindo a estrutura dos processos, valores culturais da empresa, poderão facilitar o desenvolvimento da teoria no desenho da organização e o empowerment das forças de vendas nas organizações contemporâneas.

Metodologicamente, a pesquisa longitudinal poderá ser uma melhor ferramenta para avaliar as questões de causalidade, bem como a intensidade e a duração da relação entre os fenómenos em estudo, embora seja bastante difícil de colocar em prática, dadas as contingências organizacionais.

REFERÊNCIAS BIBLIOGRÁFICAS

Agboola, A. and Salawu, O. (2011). Managing Deviant Behavior and Resistance to Change. International *Journal of Business and Management*, 6 (1), 235–243.

Amabile, T. (1993). Motivational synergy: Toward new conceptualizations of intrinsic and extrinsic motivation in the workplace. *Human Resource Management Review*, 3 (1), 185–201.

Ahearne, M., Mathieu, J., and Rapp, A. (2005). To empower or not to empower your sales force? An empirical examination of the influence of leadership empowerment behavior on customer satisfaction and performance. *Journal of Applied Psychology*, 90 (5), 945–955.

Bacon, N. and Blyton, O. (2005). Worker responses to teamworking: exploring employee attributions of managerial motives. *International Journal of Human Resource Management*, 16 (2), 238–55.

Bandura, A. and Locke, E. (2003). Negative self-efficacy and goal effects revisited. *Journal of Applied Psychology*, 88 (1), 87–99.

Barling, J. and Beattie, R. (1983). Self-efficacy beliefs and sales performance. *Journal of Organizational Behavior Management*, 1 (1), 41–52.

Barron, J., Berger, M., and Black, D. (1999). Do workers pay for on-the-job training? *Journal of Human Resources*, 34, 235–252.

Bass, B., Avolio, B., Jung, D., and Berson, Y. (2003). Predicting unit performance by assessing transformational and transactional leadership. *Journal of Applied Psychology*, 88 (2), 207–218.

Beer, M. (1987). Revitalizing organizations: change process and emergent model. *Academy of Management Executive*, 1 (1), 51–55.

Bennis, W. and Nanus, B. (1989). *Leaders: The Strategies for Taking Charge*. NewYork: Harper & Row

Bitner, M. (1990). Evaluating service encounters: the effect of physical surroundings and employee responses. *Journal of Marketing*, 54 (2): 69–82.

Blank, W., Weitzel, J. and Green, S. (1990). A test of the situational leadership theory. *Personnel Psychology*, 43 (3), 579–597.

Boland, R. and Tenkasi, R. (1995). Perspective Making and Perspective Taking in Communities of Knowing. *Organisation Science*, 6 (4), 350–63.

Boyle, T. (1997). *Towards a theoretical base for educational multimedia design*. Technology Research Institute.

Brown, S., Jones, E. and Thomas, L. (2005). Moderated Mediation in the High Performance Cycle: Interference of Role Overload. *Journal of Applied Psychology*, 90 (5).

Buciuniene, I. and Skudiene, V. (2008). Impact of leadership styles on employees' organizational commitment in Lithuanian manufacturing companies. *Journal of Economics and Business*, 3 (2), 57–65.

Buciuniene, I. and Skudiene, V. (2009). Factors Influencing Salespeople Motivation and Relationship with the Organization in b2b Sector. *Engineering Economics*, 4 (4), 78–85.

Chebat, J. and Kollias, P. (2000). The impact of empowerment on customer contact employees' roles in service organizations. *Journal of Services Research*, 3 (1), 66–81.

Chonko, L., Tanner, J. and Weeks, W. (1996). Ethics in Salesperson Decision Making: A Synthesis of Research Approaches and an Extension of the Scenario Method. *Journal of Personal Selling & Sales Management*, 16, 35–52.

Colletti, J. and Chonko, L. (1997). Change Management Initiatives: Moving Sales Organizations from Obsolescence to High Performance. *Journal of Personal Selling & Sales Management*, 17 (2), 30–59.

Conger, J. (1988). Leadership: the art of empowering others. *Academy of Management Executive*, 3 (1), 17–24.

Conger, J. and Kanungo, R. (1988). The empowerment process: integrating theory and practice. *Academy of Management Review*, 13 (3), 471–482.

Currie, G. and Kerrin, M. (2003). Human resource management and knowledge management: enhancing knowledge sharing in a pharmaceutical company. *International Journal of Human Resource Management*, 14 (6), 1027–1045.

Darmon, R. (2004). Controlling sales force turnover costs through optimal recruiting and training policies. *European Journal of Operational Research*, 1 (1), 291–303.

Davenport, B. and Fisher, C. (2006). Setting sales for the future. *Pharmaceutical Executive*, 26 (1), 62–69.

Davenport, B., Fisher, C. and Galaty, D. (2008). Tightening the belt. *Pharmaceutical Executive*, 28 (1), 56–64.

Davenport, T. and Prusak, L. (1998). *Working Knowledge*. Boston, Mass: Harvard Business School Press.

Davenport, T., Eccles, R. and Prusak, L. (1998). Information Politics. *Sloan Management*, 16, 67–81.

DelVecchio, G. and Bonthrone, D. (2003). Sales force effectiveness through elearning. *Pharmaceutical Executive*, 23 (10), 106.

Doyle, S. and Shapiro, B. (1980). What counts most in motivating your sales force? *Harvard Business Review*, 80305, May–June.

Dyer, J., and Singh, H. (1998). The relational view: corporative strategy and sources of interorganizational competitive advantage. *Academy of Management Review*, 23 (4), 660–679.

Easterby-Smith, M., Snell, R. and Gherardi, S. (1998). Organisational Learning: Diverging Communities of Practice? *Management Learning*, 29 (3), 259–72.

FACTORES DE *EMPOWERMENT* DA FORÇA DE VENDAS

Eisenhardt, K. (2002). Has strategy changed? *MIT Sloan Management Review*, 43 (2), 88–91.

Farrand, M. (1998). Change management initiatives: moving sales organizations from obsolescence to high performance. *Journal of Personal Selling & Sales Management*, 18 (1), 49–52.

Forrester, R. (2000). Empowerment: rejuvenating a potent idea. *Academy of Management Executive*, 14 (3), 67–80.

Hackam, J., Oldham, G., Janson, R. and Purdy, K. (1975). A new strategy for job enrichment. *California Management Review*, 17 (4), 57–71.

Hartline, M. and Ferrell, C. (1996). The management of customer contact service employees: an empirical investigation. *Journal of Marketing*, 60 (10), 52–70.

Hayes, N. and Walsham, G. (2000). Competing interpretations of computersupported cooperative work in organizational context. *Organization*, 7 (1), 49–67.

Humphrey, R. and Ashforth, B. (1994). Cognitive scripts and prototypes in service encounters. *Advances in Services Marketing and Management*, 2 (1), 175–199.

Hunter, L., Beaumont, P. and Lee, M. (2002). Knowledge Management Practice in Scottish Law Firms. *Human Resource Management Journal*, 12 (2), 4–21.

Huusko, L. (2007). Teams as substitutes for leadership. *Team Performance Management*, 13 (7), 244–258.

Jones, E., Brown, S., Zoltners, A. and Weitz, B. (2005). The changing environment of selling and sales management. *Journal of Personal Selling & Sales management*, 25 (2), 105–111.

Jones, E., Chonko, L. and Roberts, J. (2004). Antecedents and Consequences of Sales Force Obsolescence: Perceptions from Sales and Marketing Executives. *Industrial Marketing Management*, 33 (5), 439–456.

Jones, G. (1986). Socialization tactics, self-efficacy, and newcomers adjustments to organizations. *Academy of Management Journal*, 29 (2), 262–279.

Kahai, S., Sosik, J. and Avolio, B. (1997). Effects of leadership style and problem structure on work group process and outcomes in an electronic meeting system environment. *Personnel Psychology*, 50 (1), 121–146.

Kanter, R. (1980). Power failure in management circuits. *McKinsey Quarterly*, 3, 68–87.

Kirkman, B., Jones, R. and Shapiro, D. (2000). Why do employees resist teams? Examining the "resistance barrier" to work team effectiveness. *The International Journal of Conflict Management*, 11 (1), 74–92.

Klein, J. (2001). Why supervisors resist employee involvement. *Harvard Business Review*, 12 (3), 87–95.

Kotter, P. and Schlesinger, A. (1979). Choosing strategies for change. *Harvard Business Review*. 57 (2), 106–116.

Krishnamoorthy, A., Misra, A. and Prasad, A. (2005). Scheduling sales force training: Theory and evidence. *International Journal of Research in Marketing*, 22 (4), 427–440.

LeBon, J. and Merunka, D. (2004). *Understanding, Explaining, and Managing Salespeople's Effort Toward Competitive Intelligence*. Working Paper, Institute for the Study of Business Markets, Pennsylvania State University, Smeal College of Business.

Lee, C. and Gillen, D. (1989). Relationship of type a behavior pattern, selfefficacy perceptions on sales performance. *Journal of Organizational Behavior*, 10 (1), 75–81.

Lin, C. (1998). The essence of empowerment: a conceptual model and a case illustration. *Journal of Applied Management Studies*, 7 (2), 223–238.

Mann, D. (2000). Why supervisors resist change and what you can do about it. *Journal for Quality & Participation*, 23 (3), 20–22.

Marks, M., Mathieu, J. and Zaccaro, S. (2001). Temporally Based Framework and Taxonomy of Team Processes, *Academy of Management Review*, 26 (3), 356–376.

Martin, W. and Collins, B. (1991). Interactive video technology in sales training: A case study. *Journal of Personal Selling and Sales Management*, 140 (16), 33–37.

McGuire, S. (2007). Force in the field. *Medical Marketing and Media*, 42 (11), 38–45.

Messmer, M. (2001). Encouraging employee creativity. *Strategic Finance*, 83 (6), 16–18.

Mills, P. and Ungson, G. (2003). Reassessing the limits of structural empowerment: organizational constitution and trust as controls. *Academy of Management Review*, 28 (1), 143–53.

Mouriño-Ruiz, E. (2010). Leader-Member Exchange (LMX): The Impact of Leader-Employee Relationships in the 21st Century Workplace. *The Business Journal of Hispanic Research*, 4 (1), 35–42.

Mueller, F. and Dyerson, R. (1999). Expert Humans or Expert Organizations? *Organization Studies*, 20 (2), 225–56.

Mulki, J., Jaramillo, J. and Locander, W. (2008). Critical role of leadership on ethical climate and salesperson behaviors. *Journal of Business Ethics*, 86 (2), 125– 141.

Nonaka, I. (1991). The Knowledge-Creating Company. *Harvard Business Review*, 96–104.

O'Connel, W. (1988). A 10-year report on sales force productivity. *Sales and Marketing Management*, 16, 33–37.

Ongori, H. and Shunda, J. (2008). Managing Behind the Scenes: Employee Empowerment. *International Journal of Applied Economics & Finance*, 2 (2), 84–94.

Perry, M., Pearce, C. and Sims, H. (1999). Empowered Selling Teams: How Shared Leadership Can Contribute to Selling Team Outcomes. *Journal of Personal Selling & Sales Management*, 19 (3), 35–51.

Pheng, L. and May, C. (1997). Quality management systems: a study of authority and empowerment. *Building Research and Information*, 25 (3), 145–163.

Rackham, N. and DeVicentis, J. (1999). *Rethinking the sales force*. New York: McGraw-Hill.

Ramsey, R., Marshall, M. and Deeter-Schmelz, D. (2007). Ethical Ideologies and Older Consumer Perceptions of Unethical Sales Tactics. *Journal of Business Ethics*, 70 (12), 191–207.

Ramaswami, S. (1993). Constrains of task identify on organizational commitment. *International Journal of Manpower*, 13 (1), 123–131.

Rank, J., Nelson, N., Allen, T. and Xu, X. (2009). Leadership predictors of innovation and task performance: subordinates' self-esteem and self-presentation as moderators. *Journal of Occupational & Organizational Psychology*, 82 (3), 465– 489.

Ruzicic, A. and Danner, S. (2007). Sales force effectiveness: is the pharmaceutical industry going in the right direction? *Journal of Medical Marketing*, 7 (2), 114–125.

Self, R. and Schraeder, M. (2009). Enhancing the success of organizational change: matching readiness strategies with sources of resistance. *Leadership & Organization Development Journal*, 30 (2), 167–182.

Sethi, R., Smith, D. and Park, C. (2001). Cross-Functional Product Development Teams, Creativity, and the Innovativeness of New Consumer Products. *Journal of Marketing Research*, 28 (11), 73–85.

Shalley, C. and Gilson. L. (2004). What leaders need to know: A review of social and contextual factors that can foster or hinder creativity. *Leadership Quarterly*, 15, 33–53.

Shalley, C. and Gilson. L. (2000). Matching creativity requirements and the work environment: Effects on satisfaction and intent to turnover. *Academy of Management Journal*, 43, 215–224.

Sinclair, A. (1992). The tyranny of a team ideology. *Organization Studies*, 13 (4), 611–26.

Spurgeon, T. (2009). Multi-source feedback: the importance of enhanced self-reflection in the context of leadership competences. *International Journal of Clinical Leadership*, 16 (3), 143–148.

Spreitzer, G. (1996). Social structural characteristics of psychological empowerment. *Academy of Management Journal*, 39 (2), 483–505.

Strebel, P. (1996). Why do employees resist change? *Harvard Business Review*, 74 (3), 86–92.

Schultz, D. (1997). IMC in the Hyper-Competitive Marketplace. *Marketing News*, 31 (15), 37.

Tará, B., Carr, J., Gregory, B. and Dwyer, S. (2005). The influence of psychological climate on the salesperson customer orientation: salesperson performance relationship. *Journal of Marketing Theory & Practice*, 13 (2), 59–71.

Tran, H. and Kleiner, B. (2005). Effective executive management in the pharmaceutical industry. *Journal of Health Care Finance*, 32 (1), 8–15.

Tsoukas, H. (1996). The Firm as a Distributed Knowledge System: A Constructionist Approach. *Strategic Management Journal*, 17, 11–25.

Van Amelsvoort, P. and Benders, J. (1996). Team time: a model for developing self-directed work teams. *International Journal of Operations & Production Management*, 16 (2), 159–170.

Weeks, W. and Nantel, J. (1992). Corporate Codes of Ethics and Sales Force Behavior: A Case Study. *Journal of Business Ethics*, 11 (10), 753–760.

Wilkinson, A. (1998). Empowerment: theory and practice. *Personnel Review*, 27 (1), 40–56.

2.4 O Potencial de Criação de Valor do *Mobile e-commerce*

WINNIE NG PICOTO

INTRODUÇÃO

O desenvolvimento das tecnologias de computação sem fio e a versatilidade continuada dos dispositivos móveis permitem não só criar um canal exclusivo para o marketing relacionar-se com os clientes, como também potenciam o aparecimento de novas oportunidades de negócios. As receitas móveis em 2005 foram de US $ 408 bilhões, sendo mais de 50% do total das receitas de telecomunicações nos 11 países da OCDE e continuam a crescer como uma percentagem do total da indústria de telecomunicações (OCDE, 2007). Em 1995, as receitas móveis foram responsáveis por apenas 13% do total das receitas do setor, e em 2005 chegou a 39%, correspondendo a um aumento de três vezes em uma década (OCDE, 2007). Os serviços de voz continuam a ser a maior componente das receitas móveis no âmbito da OCDE, sendo pelo menos 79% de todas as receitas em todos os países, no entanto, as receitas não voz, como a transmissão de dados na Internet e envios de SMS, foram responsáveis por mais de 20% das receitas na Alemanha e no Reino Unido (OCDE, 2007). Apesar destas tendências do sector das telecomunicações móveis, é importante não esquecer que não basta ter a tecnologia de comunicações disponível para haver uma maior adoção do *mobile-commerce*, uma vez que o *mobile-commerce* vai muito além das comunicações móveis, o que significa que o crescimento do mesmo não deve ser visto como um resultado óbvio das altas taxas de crescimento dos telemóveis e das comunicações sem fios (Anckar e Incau, 2002).

O telemóvel ou o *smart-phone*, tornaram-se a forma mais direta, pessoal e individual para comunicar com os clientes sendo um canal de marketing importante para a publicidade, fornecendo serviços de valor acrescentado, tais como videoconferência, acesso à Internet, *media players*, televisão, além de um elevado número de aplicações (apps) que cobrem um vasto espectro de funcionalidades. Todas estas capacidades destes dispositivos móveis trazem uma grande conveniência para os seus utilizadores. De acordo com Balasubramanian et al (2002, página 359), "é apenas uma questão de tempo até que o *m-commerce* torne-se um elemento onipresente em estratégias, táticas e operações". Tornou-se um tema importante na investigação académica e uma prioridade fundamental para muitas organizações, entender como o comércio eletrónico móvel pode corresponder às expectativas dos seus clientes e alcançar a adoção em massa (Anckar e Incau, 2002).

Apesar do *mobile commerce* ter cada vez maior atenção nos últimos tempos, o seu desenvolvimento em termos das transações efetuadas através deste canal ainda não atingiu as expectativas do mercado. Alguns estudos que investigaram porque muitos dos serviços móveis falharam em atingir essas espectativas, e identificaram que a capacidade de compreender como as tecnologias móveis poderão ser usadas para melhorar o relacionamento com o cliente é essencial para atingir o sucesso do *mobile commerce*.

Alguns artigos académicos sobre *mobile commerce* focam-se na questão da adoção da tecnologia (Okazaki, 2005, Harris et al., 2005, Mort, 2005, Pedersen, 2005, Wen-Jan, 2007, Wong and Hsu, 2008), identificando os antecedentes relevantes da adoção do *mobile commerce*. Outros artigos debruçam-se sobre a identificação de um quadro conceptual que permita guiar a investigação científica relativamente ao *m-commerce* (Okazaki, 2005, Balasubramanian et al., 2002, Frolick, 2004). Estes estudos sugerem várias características como sendo fatores importantes para uma iniciativa de *mobile commerce* eficaz. No entanto, não existe ainda nenhuma visão holística e integrada de como estas características poderão afetar ou alterar a forma como as organizações podem alavancar o valor potencial destas tecnologias. Existe também escassez de evidências empíricas sobre como se desenvolver uma estratégia de *mobile commerce* bem-sucedida (Wen-Jang, 2007). Depois de rever a literatura existente sobre o *mobile commerce* nas principais revistas científicas de Sistemas de Informação e de Marketing, apresentamos na Tabela 14 as características principais estudos existentes na área da adoção do mobile *e-commerce* que nos permite entender o estado da arte relativamente a este tema.

O POTENCIAL DE CRIAÇÃO DE VALOR DO *MOBILE E-COMMERCE*

Ref.	Questões de Investigação	Definição de m-commerce	Teorias de Base	Metodologia	Principais Resultados
Wen-Jang (2007)		M-commerce é o uso da tecnologia de redes de comunicações sem fios como principal veículo de interação entre o consumidor e o vendedor.	*Teory of Aceptance Model* (TAM)	Testes-t, ANOVA, Regressões e Análise Fatorial para comprimir as variáveis referentes ao serviço de Internet de 23 para 4 e o número de itens de perceção de conveniência de 16 para 2	Confirmação das hipóteses do estudo
Pedersen (2005)	Como o utilizador final decide adotar estes serviços? Quais os fatores que influenciam a decisão de adoção?		*Domestication research* com utilização de versão modificada do TAM através da inclusão das variáveis norma subjetiva e controlo de comportamento do *Teory of Planned Behaviour* (TPB)	Estudo empírico com os *early adopters* do m-commerce services. Identificação dos *early adopters* através de 85 fóruns aos quais pertenciam membros ativos de discussão dos dispositivos móveis. Questionário com 232 respondentes Norte-americanos, europeus e asiáticos. *Confirmatory Factor Analysis*	As três proposições exploradas neste estudo foram validadas através dos dados empíricos
Okazaki (2005)	Será que a penetração do *i-mode* nos mercados Europeus alavancam as empresas multinacionais Japonesas em termos de publicidade móvel? Será que as firmas Europeias e Americanas abarcam a publicidade móvel da mesma forma que as firmas Japonesas?	A publicidade móvel é revista tendo em conta os seguintes constructos: estratégia de marca, condições facilitadoras, serviços baseados na localização, custo do serviço, controlo regulatório, barreiras culturais		Questionário aplicado através de entrevistas telefónicas a 53 gestores sénior de empresas multinacionais baseadas em Espanha	
Mahatanankoon (2002)	1) Será que as características individuais de divertimento e inovação têm influência no OSL (Optimum Stimulation Level) dos utilizadores de mensagens escritas (SMS)? 2) Como o OLS ajuda a explicar a intenção de uso de SMS e m-Commerce?	O comércio móvel permite que os consumidores adotem o comércio eletrónico através dos dispositivos móveis. O objetivo do comércio móvel não será substituir o comércio eletrónico, mas sim completá-lo em termos de funcionalidades que sejam sensíveis em relação ao tempo e ao espaço.	Raju's framework of optimum stimulation level	Quantitativo baseado em questionário na web à 19000 estudantes numa grande universidade pública norte americana, tendo conseguido 296 respostas válidas. Análise de dados com *Structural Equation Modeling* (SEM)	Como a capacidade para os utilizadores usarem o SM é um antecedente de outros comportamentos mais complexos em termos de dispositivos móveis (*web surfing*, comercialização de ações, *downloading digital content*), a resposta às questões do estudo permitirão trazer uma nova perspetiva às questões de personalidade nos estudos de adoção da tecnologia.

GESTÃO ESTRATÉGICA

Ref.	Questões de Investigação	Definição de m-commerce	Teorias de Base	Metodologia	Principais Resultados
Varshney e Vetter (2002)	Como as novas aplicações de mobile commerce podem ser desenhadas e suportadas por redes móveis sem fios e *mobile middleware*? Quais as aplicações do futuro que serão a nova fronteira do comércio eletrónico?		NA	Trabalho conceptual	
Wu e Hisa (2008)	Quais as diferenças entre I-comm, M-comm e U-comm/ Qual o impacto das inovações de comércio electrónico nos negócios de comércio electrónico emergentes/ Quais as capacidades específicas necessárias para atender a estas mudanças?	*"I-commerce was implemented based on a fixed wired network using the Internet until the ability to connect started approaching a physical limit—mobility. M-commerce based on wireless infrastructure gave rise to a new S curve, with the new physical limits being a higher level of ubiquity and universality"*	Modelo de Inovação de E-commerce de Abernathy e Clark	Trabalho conceptual	O impacto das inovações de I-para M-commerce é radical e do M- para U-commerce é disruptiva
Shih e Shim (2002)	O objetivo deste trabalho é propor uma framework flexível que possa gerir autonomamente não apenas serviços simples nos dispositivos móveis, como também complexos e discutir as questões tecnológicas relacionadas com a framework de gestão de serviços	Neste artigo o m-commerce é definido como a capacidade de realizar transações de comércio através de redes sem fios através de aplicativos móveis em dispositivos móveis. As aplicações de m-commerce podem variar desde a simples sincronização do catálogo à algo que possa implicar a utilização de transações de cartão de crédito. O m-commerce significa não só comunicações através de dispositivos móveis, mas também uma infraestrutura que suporta ambos os dispositivos e aplicações empresariais			

Ref.	Questões de Investigação	Definição de m-commerce	Teorias de Base	Metodologia	Principais Resultados
Soh et al. (2006)	Qual a plausibilidade da aplicação da teoria de gestão estratégica na explicação da transparência de preços na performance de EMP		Strategic management theory: Porter's strategic positioning and Resource Based View	Os dados foram recolhidos dos websites das EMPs e também de outras fontes como artigos e bases de dados disponíveis na Internet. Foi feita a Triangulação de dados. Definição dos constructos: *EMP performance; EMP capability to increase price transparency; EMP strategy.* Métodos não paramétricos para testar as proposições: Wilcoxon ranked sum; Mann Whitney; Kruskal-Wallis tests	As proposições foram confirmadas pelo estudo.
Choudhury e Karahanna (2008)	Análise da decisão de comprar online de acordo com o processo de decisão de compra do consumidor. Combinação de análise multidimensional da vantagem relativa no processo de compra de vários estágios. O principal objetivo do artigo é mostrar que as vantagens relativas dos canais eletrónicos e a influência de cada dimensão na obtenção de vantagens relativas na adoção de canais eletrónicos nos diferentes passos do processo de compra do consumidor		Innovation difusion theory	Inquérito administrado a professores e *staff* de uma grande universidade sobre a intensão deles utilizarem a web para transações relacionadas com os seguros de automóveis. Foram enviados 2187 questionários, com 499 respostas validas (23%). CFA no LISREL seguido de PLS	Os consumidores consideram que a vantagem relativa de canais em duas fases distintas do processo de compra: na recolha de informações e na execução da transação. Diferentes dimensões da vantagem relativa são críticas na previsão de escolha do canal do consumidor

TABELA 14 – Revisão da Literatura sobre *mobile e-commerce*

GESTÃO ESTRATÉGICA

Não é claro como a mobilidade pode afetar ou impactar o comércio eletrónico, e como se distingue do *e-commerce*. Alguns autores argumentam que o *m-commerce* é uma extensão do *e-commerce* (por exemplo, O'Dea (2000) e Wong and Hsu (2008)). Outros autores definem o *m-commerce* como sendo uma forma radicalmente diferente de fazer negócio, quando comparado com o *e-commerce* (Wu and Hisa 2008). Quais são as diferenças entre o *e-commerce* e o *m-commerce*? Será que essas diferenças implicam pequenas alterações nas abordagens atuais do *e-commerce*? Ou serão abordagens completamente diferentes? Assim, o principal objetivo deste trabalho é analisar a literatura existente sobre *m-commerce* de modo a compreender qual o potencial do uso das tecnologias móveis para a criação de valor para as organizações.

Com base na literatura existente sobre o comércio móvel este trabalho começa com a definição de comércio móvel e identifica quais os serviços de valor acrescentado do mobile- commerce de modo a poder identificar o potencial de criação de valor do mobile *e-commerce*.

1. DEFINIÇÃO DO *MOBILE COMMERCE*

O *mobile commerce* pode ser considerado uma disciplina emergente envolvendo aplicações, dispositivos móveis, *middleware* e redes sem fios. Dispositivos e sistemas baseados nas tecnologias móveis são cada vez mais usados no dia-a-dia de cada um, por exemplo, acesso ao GPS, publicidade baseada na localização, *mobile e-mail*, etc.

A Internet permitiu que as tecnologias móveis atingissem rapidamente a penetração a nível mundial, devido às tecnologias serem pessoais e sofisticadas, no entanto a nível académico ainda não foram suficientemente estudadas devido a algumas incertezas em torno da investigação do *mobile commerce* (Okazaki, 2005). Balasubramanian et al. (2002) reforçam este argumente sugerindo que existe falta da conceptualização do *m-commerce* e também ainda há pouco trabalho sistematizado sobre o desenvolvimento de um quadro conceptual que permita analisar as aplicações de *m-commerce*.

Como o *mobile e-commerce* é baseado numa tecnologia que está em rápida e constante evolução, é importante separar os aspetos tecnológicos dos aspetos conceptuais de modo a se poder atingir uma estabilidade conceptual que não depende das alterações tecnológicas (Balasubramanian et al., 2002). Estes autores consideram ainda que é importante reconhecer que a conceptualização do *m-commerce* é independente de qualquer plataforma tecnológica, tendo desenvolvido uma definição detalhada para o *m-commerce* definido este como um fenómeno que apresenta as seguintes características:

- Envolver a comunicação a uma via ou interativa entre pessoas e um ou mais objetos ou entre objetos;
- Pelo menos uma das partes envolvidas na comunicação tem de ser móvel no sentido em que não tem restrições em termos físicos num dado momento;
- Capacidade de comunicar tem o potencial de ser contínuo para pelo menos uma das partes durante a deslocação física de uma localização para outra;
- Os sinais de comunicação entre as partes devem ser através de ondas eletromagnéticas;
- No caso de a comunicação ser entre pessoa, pelo menos uma tem de beneficiar economicamente dessa comunicação, e se for entre objetos, essa comunicação tem de criar valor para a organização.

Okazaki (2005) apresenta duas alternativas para definir o *m-commerce*: de uma forma mais restritiva, sendo definido como uma transação monetária através de telecomunicações móveis ou então de uma forma mais abrangente, sendo definido como um conjunto de aplicações e serviços que as pessoas podem aceder dos seus dispositivos móveis com acesso à Internet. Outra definição de *mobile commerce* é o uso de várias tecnologias de informação e de comunicação que permite a troca móvel de informação (Shugan, 2004). O'Dea (2000), Anckar e Incau (2002) e Wong e Hsu (2008) definem o *m-commerce* como sendo uma extinção ao *e-commerce* para além dos dispositivos fixos (como a televisão ou um computador fixo) estando disponíveis em qualquer hora e em qualquer lugar cujas aplicações requerem ações imediatas para pessoas em movimento. Para Rainer et al. (2007) o *m-commerce* é definido como o *e-commerce* através de redes sem fios e chama a atenção de que apesar de muitas das aplicações de *e-commerce* atuais poderem passar para o ambiente móvel, o *mobile commerce* envolve novas aplicações e funcionalidades que são únicas das infraestruturas móveis.

No presente trabalho definimos *mobile e-commerce* como o uso de dispositivos móveis através de redes de comunicações sem fios para a condução não só de transações comerciais como também de processos ou atividades de negócios que poderão ocorrer antes ou depois das transações.

2 - COMPARAÇÃO DAS CAPACIDADES DO E-COMMERCE E M- COMMERCE

O *electronic commerce* (ou *e-commerce*) tem assumido um papel cada vez mais importante na maioria das organizações que têm acompanhado as tendências tecnológicas observadas nos últimos anos. Como o *e-commerce* afeta a forma como os negócios são conduzidos nos diferentes sectores económicos, o uso mais efetivo da Internet pode ser um importante determinante para alcançar vantagens competitivas e melhorar a performance financeira das empresas (Karagozoglu and Lindell, 2004). Adicionalmente, para muitas empresas o *e-commerce* não é apenas uma alternativa mas sim um imperativo para conseguir sobreviver no mercado atual. As empresas adotaram o *e-commerce* com o objetivo de melhorar as suas transações, ir ao encontro das espectativas dos cliente, inovar o seu modelo de negócio criar novos canais, integrar com os parceiros da cadeia de abastecimento e oferecer novos produtos e novos serviços (Wu and Hisa, 2008, Zhu et al., 2008).

A própria natureza do *e-commerce* torna-o mais sensível a alterações tecnológicas do que o negócio tradicional, onde rápidas alterações tecnológicas evoluíram de um comércio preso a um infraestrutura de comunicações fixa (Wen-Jang, 2007). Além disso, a inovação em termos da definição da estratégia de preços, da segurança, da construção do interface com o utilizador, e a disponibilidade da largura de banda das comunicações sem fios estimularam as inovações relacionadas com o *e-commerce* e a ligação entre dispositivos sem fios e a Internet criam novas oportunidades para o *e--commerce* alavancar os benefícios da mobilidade (Wu e Hisa, 2008).

De certo modo, as tecnologias móveis desafiam as configurações atuais de *e-commerce,* em termos das funcionalidades apresentadas, sendo por isso importante compreender como se conseguem distinguir estes dois conceitos (*e-commerce* e *m-commerce*). Para explicar esta distinção, utilizamos o trabalho desenvolvido por Wu e Hisa (2008) para distinguir o *e-commerce* do *m-commerce* em termos tecnológicos e em termos de negócio. Desta forma, estes autores sugerem a teoria com base nas capacidades dinâmicas sobre a exploração de inovações de *e-commerce* por parte do *e-business* podem ser resumidas em duas capacidades fundamentais: tecnológica e de negócio.

A tabela 15 apresenta o resumo das principais diferenças entre o *e-commerce* e o *m-commerce* no que se refere o conhecimento tecnológico caracterizado em termos de infraestrutura de rede, plataforma de desenvolvimento, entrega do conteúdo, natureza dos serviços e mecanismos de transação. Wu e Hisa (2008) sugerem também o desenho do conteúdo como uma dimensão diferenciadora entre o *e-commerce* e o *m-commerce*, no entanto esta dimensão atualmente não é muito distinta entre estes dois canais e por isso não se encontra na tabela seguinte.

Diferenças entre o conhecimento tecnológico do e-commerce e m-commerce (adaptado de Wu e Hisa (2008))		
	E-commerce	**M-commerce**
Infrastructura da Rede	• Internet • Cobertura global • Maior largura de banda • Protocolo de comunicação standard: TCP/IP	• Redes sem fios • Largura de banda mais limitada • Vários protocolos: GPRS, CDMA, TCP/IP (v6), WLAN, Bluetooth, 3G ou 4G.
Plataforma de desenvolvimento	• *Desktop computing* • Interoperabilidade aberta • Ferramenta de desenvolvimento gerais • Relativamente fácil de integrar com sistemas legados	• Computação móvel • Interoperabilidade depende do dispositivo • Ferramentas de desenvolvimento específicas • Dificuldade de integrar com os sistemas legados
Entrega do conteúdo	• Informação transacional • *Pull oriented delivery* • Modelo de output completo: dominado pelos PCs	• Informação transacional e de localização • *Push oriented delivery* • Modelo de output limitado: dominado pelos *handheld devices*
Natureza dos serviços	• Geograficamente dispersos • Conhecimento da transação • Escala global • Customização em massa	• Mobilidade • Identificação da localização • Personalização
Mecanismos de transação	• Riqueza na informação sobre o produto e facilidade de pesquisa • Transação através de canais virtuais • Mecanismos de transação mais sofisticados • Sistemas de pagamento de terceiros	• Mensagens de produto mais simples e tendo em conta informação crítica • Transação através de canais virtuais • Mecanismos de transação simples • Os sistemas de pagamento podem ser específicos do equipamento

TABELA 15 – Diferenças do conhecimento tecnológico entre o *e-commerce* e o *m-commerce*

A Tabela 16 resume das diferenças entre o *e-commerce* e o *m-commerce*, do que diz respeito à capacidade dinâmica do modelo de negócio. Nesse resumo, efetuado com base no trabalho de Wu e Hisa (2008), essas diferenças

GESTÃO ESTRATÉGICA

são caracterizadas de acordo com a fonte de receitas e a rede de valor. De acordo com Wu e Hisa (2008) o modelo de negócio desempenha um importante papel como mediador entre os aspetos tecnológicos e o valor de negócio, uma vez que define como a tecnologia será usada por uma organização para que esta crie valor.

Diferenças do modelo de negócio entre o e-commerce e o m-commerce (adaptado de Wu e Hisa (2008))		
	E-commerce	M-commerce
Fonte de receitas	• Receitas de serviços, publicidade e subscrição de conteúdo • Menores custos de transação, trabalho, promoção, serviço e inventário	• Receitas de serviço móvel, e comissão de rede • Receitas de serviço de valor acrescentado e venda de produto
Rede de valor	• Principais *stakeholders*: backbone operators, Internet service providers (ISPs), fornecedores de aplicações (ASPs), fornecedores de conteúdos, fornecedores da infraestrutura de rede, portais, etc.	• Principais *stakeholders*: operadores de telecomunicações, fornecedores de serviços móveis, fornecedores de aplicações, fabricantes dos dispositivos móveis, portais etc.

TABELA 16 – Diferenças do Modelo de Negócio entre o e-commerce e o m-commerce

Wu e Hisa (2008) argumentam ainda que o *m-commerce* é uma inovação radical que pode usar o conhecimento tecnológico existente sobre o *e-commerce*, mas o modelo de negócio pode ficar obsoleto se não for corretamente adaptado ao canal móvel. Isto implica que o *m-commerce* pode criar um novo valor de negócio e novas oportunidades permitindo ao *e-commerce* potenciar o valor da mobilidade (Wu e Hisa, 2008). A Tabela 17 resume as capacidades fundamentais para o *m-commerce*.

O POTENCIAL DE CRIAÇÃO DE VALOR DO *MOBILE E-COMMERCE*

Principais capacidades de negócio do M-commerce (adaptado de Wu e Hisa (2008))	
Capacidades de negócio	Descrição
Compreender o valor para o cliente	• Nova proposta de valor para o cliente que deve incluir a mobilidade, localização, personalização, e conveniência. • Melhorar a compreensão do cliente sobre a usabilidade do *M-commerce*. • Alavancar as características fundamentais do *M-commerce* de forma a gerar interesse nos clientes. • Investir em reduzir os custos de mudança que estão associados à migração dos clientes.
Executar a inovação de negócio	• Desenhar estratégias de marketing baseadas em tecnologias móveis de modo a diferenciar-se dos concorrentes. • Implementar discriminação de preço entre o canal móvel e outros canais. • Fornecer novos serviços e produtos móveis especialmente para produtos com baixo valor e baixo envolvimento. • Integrar novos serviços baseados na localização.
Relacionar com oportunidades económicas	• Identificar segmentos do mercado que o comércio tradicional não consegue satisfazer. • Focar em nichos de mercado B2C e B2E. • Segmentar o mercado de acordo com o estilo de vida, aplicação do segmento ou tipo de utilização ao nível profissional. • Alvo: consumidores com pouco tempo disponível, trabalhadores móveis, jovens e utilizadores de *smart-phones*.
Construir relacionamentos	• Reavaliar os relacionamentos existentes na indústria com vista a identificar parceiros que ajudem a adquirir novas competências. • Reconfigurar novas alianças com os diferentes *stakeholders*. • Alinhar com os *stakeholders* chave de modo a possibilitar fornecer os ativos complementares.

TABELA 17 – Core business capabilities for M-commerce

3. VALOR DO MOBILE E-COMMERCE

O *m-commerce* torna as restrições de espaço e tempo mais flexíveis para várias transações possibilitando deste modo um maior valor temporal que o *e-commerce* não consegue oferecer (Balasubramanian et al., 2002, Mahatanankoon, 2007, Wu e Hisa, 2008). Desta forma, a proposição de valor para o *m-commerce* inclui a mobilidade, localização, personalização e conveniência. A flexibilidade e a facilidade de acesso que os dispositivos móveis oferecem tornam o *m-commerce* mais conveniente para os seus utilizadores.

As vantagens do *mobile commerce* podem ser compreendidas através dos seus atributos de valor acrescentado, ou seja, (i) ubiquidade, (ii) conveniência, (iii) conectividade instantânea, (iv) personalização e (v) localização de produtos e serviços (Clark, 2001). Mahatanankoon (2007) definiu o valor das aplicações de *mobile commerce* para os clientes como uma função que depende da mobilidade da utilização e da sensibilidade temporal dos dados. Ainda de acordo com este autor, as principais vantagens do *m-commerce* estão relacionadas com a capacidade dos dispositivos móveis estarem sempre conectados poendo ter acesso às aplicações móveis baseadas na informação sobre localização do utilizador.

Balasubramanian et al. (2002) desenvolveram uma matriz conceptual com base no tempo e espaço para analisar o *m-commerce* com base nestas duas variáveis. O espaço é definida como uma variável finita e pode ser apropriada, enquanto o tempo é um recurso que é inesgotável em termos absolutos, mas limitado no contexto da vida de um indivíduo. Pode ser definido que, em geral, uma atividade é espacialmente e temporalmente flexível quando pode ocorrer a qualquer momento e em qualquer lugar (Balasubramanian et al., 2002). Ainda de acordo com esses autores, as tecnologias móveis podem afetar alguns profissionais e algumas atividades pessoais, uma vez que aumentam a flexibilidade apenas na dimensão espacial, apenas na dimensão temporal ou a sobre a dimensão espacial e temporal simultaneamente. Sem as tecnologias móveis, o espaço e o tempo podem ser vistas como variáveis independentes e mutuamente restritivas afetando as condições de criação de valor proporcionado pelo uso das tecnologias móveis.

No entanto, a criação de valor das tecnologias móveis surge pela capacidade que a utilização destas tecnologias oferece ao permitir flexibilizar tanto os constrangimentos independentes e mútuos de espaço e tempo para muitas atividades (Hu e Hisa, 2008). A matriz de tempo-espaço desenvolvida por Balasubramanian et al. (2002) demonstra por isso que os benefícios fundamentais de tecnologias móveis são maiores quando o impacto nas atividades devido ao uso destas tecnologias é evidenciado simultaneamente ao longo das dimensões tempo e espaço, identificando as seguintes categorias de aplicações de *m-commerce*:

- Aplicação permite determinar a localização do utilizador
- Aplicação permite suportar funcionalidades em que o tempo é um fator crítico
- Aplicação é controlada pelo recetor ou emissor da informação.

Assim, a definição da estratégia para o *mobile commerce* deve valorizar a informação relevante e atempada, as melhorias trazidas pela Internet e a capacidade de saber a localização do consumidor, e para isto é importante conseguir ter os contactos dos clientes e potenciais clientes (Mort and Drennan, 2002), de modo a conhece-los e interagir com eles.

Como mencionado anteriormente, Balasubramanian et al. (2002) analisaram os efeitos de *m-commerce* de acordo com as dimensões de tempo e espaço físico, dado que ambos são recursos valiosos e muitas vezes escassos nas organizações. Portanto, uma boa maneira de diferenciar as aplicações móveis atuais é pela análise da sua ubiquidade, capacidade de localização e utilização em situações críticas em relação ao tempo. A dimensão de tempo indica o valor do serviço em tempo útil (criticidade tempo ou urgência) de uma aplicação e a dimensão do espaço reflete o valor da flexibilidade de localização geográfica do serviço. Apesar das redes de comunicação sem fios e os dispositivos móveis serem importantes *enablers* do *m-commerce*, a existência de aplicações que forneçam as funcionalidades que compreendam as propostas de valor únicas do *m-commerce* são fundamentais para que este possa atingir o seu potencial em termos de criação de valor.

Os serviços móveis adicionados aos serviços pessoais disponíveis para os clientes podem ser agrupados em quatro categorias: (i) comunicação (voz, SMS, MMS, vídeo, e-mail), (ii) operação (compra de bilhetes, pequeno pagamento, serviços bancários), (iii) informação (notícias, informação sobre o transito, previsão de tempo, mapa local) e (iv) serviços de entretenimento (por exemplo jogo, *wallpaper/screensaver*, navegação na Internet) (Harris et al., 2005).

Anckar e Incau (2002) desenvolveram uma *framework* para analisar as características do valor do *m-commerce* distinguindo o valor entre as comunicações sem fio e o móvel. Para esses autores, o valor da utilização de equipamentos sem fios está relacionado com a utilização de qualquer dispositivo sem fios, independentemente do serviço ou aplicação sendo por isso um fenómeno independente de serviço. O valor da mobilidade está por isso relacionado com certos tipos de serviços sem fio sendo um fenómeno dependente do serviço.

Ainda de acordo com Anckar e Incau (2002), o valor móvel significa que o valor decorrente da mobilidade do novo meio, a possibilidade de utilizar o comércio eletrónico "em movimento" e, portanto, a proposta de valor de chave da mobilidade é a disponibilização alternativas para os clientes, que poderiam ser expressas em termos de flexibilidade, conveniência e ubiquidade, tendo em conta por que e quando esses recursos são valiosos para os clientes.

As possíveis aplicações de *m-commerce* utilizadas pelas organizações podem ser agrupadas em quatro categorias: (i) aplicações financeiras móveis (por exemplo, *mobile banking*, imobiliário, transferências bancárias, micro-pagamentos); (Ii) publicidade móvel (a partir de informações demográficas recolhidas pelos prestadores de serviços sem fio e informações sobre a localização atual dos utilizadores permitindo que a publicidade muito segmentada), (iii) gestão de inventário móvel (que envolve localização de rastreamento de bens, serviços e possíveis até mesmo pessoas através do RFiD, por exemplo), (iv) gestão proactiva dos serviços (recolha de informações pertinentes sobre as necessidades dos atuais dos utilizadores ou do futuro próximo e prestação de serviços aos utilizadores de forma proactiva, como, por exemplo, recolha de informações sobre as peças de um automóvel avisando o cliente sobre eventuais necessidades de manutenção e reparação) (Varshney e Vetter, 2002).

Dada a diversidade de aplicações móveis existentes, os utilizadores desses serviços e aplicações são caracterizados por um grande número de papéis que tanto podem ser pessoais como profissionais, por um elevado grau de integração entre esses papéis e pela disponibilidade de meios de comunicação e serviços de comunicação para apoiar os mesmos (Pedersen, 2005).

No entanto, para que uma organização adote aplicações de *m-commerce* disponibilizando-as internamente aos seus funcionários, ou para disponibilizar aos seus clientes, esta decisão de adoção pode depender (i) da rapidez de disponibilização dessas aplicações, (ii) do custo de implementação, (iii) da aceitação de novas tecnologias pelos utilizadores e negócios e (iv) da construção da confiança necessária para realizar transações de *m-commerce* (Varshney e Vetter, 2002).

4. IMPACTO POTENCIAL DO *MOBILE COMMERCE* NAS ORGANIZAÇÕES

Atendendo a que o *mobile commerce* pode ser enquadrado como um Sistema de Informação, poderemos aplicar à determinação do valor do *m-commerce* as teorias e *frameworks* que foram desenvolvidas no contexto dos Sistemas

O POTENCIAL DE CRIAÇÃO DE VALOR DO *MOBILE E-COMMERCE*

de Informação. Manhood e Soon (1991) desenvolveram um modelo conceptual para medir o impacto potencial das Tecnologias de Informação (TI) nas organizações. Esse modelo sugere que as TIs podem ajudar as organizações a melhorar a sua cadeia de valor, de acordo com as seguintes dimensões: (i) a dimensão a jusante (como por exemplo, o desenvolvimento de produtos mais adequados para a procura de mercado ou melhorar os serviços ao cliente); (ii) a dimensão interna da organização (como, por exemplo, melhoria da eficiência do processo interno); (iii) a dimensão a montante (como, por exemplo, melhoria da eficiência interorganizacional e coordenação com os parceiros).

Esses autores propõem ainda a decomposição do valor de negócio das TIs em (i) dimensões a jusante (suporte de vendas, atendimento ao cliente, e expansões de mercado); (ii) dimensões internas à organização (processo interno, operações e logística interna e produtividade dos funcionários); (iii) dimensões a montante (coordenação e comunicação com os fornecedores e outros parceiros de negócio). Zhu et al. (2004) aplicam esta definição de valor das TIs ao contexto do *e-business*, considerando que o valor de negócio do *e-business* também pode ser definido como o impacto da sua utilização nessas três dimensões. De acordo com Zhu et al. (2004), através da obtenção de informação mais atempada e relevante sobre os mercados à jusante, o *e-business* pode melhorar a capacidade de resposta da empresa às mudanças do mercado, apoiar a expansão dos seus canais de vendas e ainda melhorar e fortalecer a relação com os seus clientes. Internamente, o *e-business* pode melhorar a produtividade dos funcionários e a eficiência operacional. A montante, a ampla interatividade e conectividade da Internet pode facilitar a coordenação da empresa com parceiros de negócios e reduzir os custos de transação. Considerando a definição mais abrangente do *mobile commerce*, este pode ser usado tanto na comunicação e interação com o cliente, como para suportar as atividades dos funcionários, e ainda para facilitar a comunicação com os fornecedores. Assim, pode-se aplicar a teoria de determinação do valor das TIs ao contexto do *m-commerce* na perspetiva organizacional, caso a adoção do *mobile-commerce* por parte de uma organização seja transversal em termos das atividades da cadeia de valor, e portanto a sua utilização pode ter impacto ao longo da mesma, gerando valor de negócio.

Para entender a criação de valor do *m-commerce*, também é relevante conhecer as razões que levam uma empresa a usar as tecnologias móveis, uma vez que o valor como definido por Manhood e Soon (1991) pressupõe a adoção e utilização do sistema, sendo por isso uma variável pós-adoção. Particularmente na área dos negócios eletrónicos, alguns estudos académicos aplicam o TOE (Technology Organization Environment) de Tornatzky e Fleischer (1990) para determinar os antecedentes do uso do e-business. Por exemplo, Zhu et al. (2004) sugerem que, no âmbito do TOE, a tecnologia é o fator mais relevante e os recursos financeiros e ambiente regulatório também contribuem para o uso do *e-business*. Além disso, ainda de acordo com estes autores, as empresas de maior dimensão muitas vezes demoram mais a atingir a criação de valor através e-business e, embora a pressão competitiva conduza as empresas a adotarem o *e-business*, o valor do *e-business* está mais associado a fatores internos do que com a pressão externa. Zhu et al. (2003) sugerem que as empresas que são tecnologicamente mais competentes são as maiores em termos de dimensão, e estas têm maior propensão para adotar e-business. Outro estudo (Aguiar e Palma dos Reis, 2008) sugere que níveis mais elevados de adoção de sistemas de contratação pública eletrónica estão positivamente associados com a dimensão da empresa, a competência tecnológica, a perceção que as empresas têm sobre o sucesso de seus concorrentes na implementação de sistemas de contratação pública eletrónica, o âmbito da adoção pelos seus concorrentes e a disponibilidade dos parceiros comerciais para realizarem transações eletrónicas. Aguiar e Palma dos Reis (2008) também argumentam que as empresas cuja atividade principal é o comércio são mais propensas à adotar sistemas de contratação pública eletrónica do que as de serviços ou as empresas de manufatura.

Tendo em conta as dimensões do TOE, o contexto tecnológico inclui as competências internas e as tecnologias externas disponíveis e que são relevantes para a empresa no contexto da adoção de uma determinada inovação tecnológica. Por isso esta dimensão inclui não só as tecnologias possam ter sido adotadas pela empresa, mas também as que se encontram disponíveis no mercado. O contexto organizacional pretende caracterizar a organização, podendo ser por isso ser definido em termos da dimensão da empresa, abrangência geográfica, centralização do processo de decisão, formalização da gestão, complexidade da sua estrutura organizacional, a qualidade dos recursos humanos e da quantidade de recursos disponíveis. O contexto ambiental pretende descrever o mercado no qual a empresa atua, em termos de indústria, concorrentes, seu acesso aos recursos fornecidos por outros, e condicionalismos legais e governamentais.

A literatura existente sobre comércio móvel está focada principalmente no estudo da sua adoção, e esta tem vindo a ser analisada principalmente ao nível do indivíduo e não da organização. Poucos estudos examinam diretamente o modo como os fatores da TOE afetam a adoção do *m-commerce* do ponto de vista organizacional, e como esta adoção impacta ou afeta o desempenho da empresa, como por exemplo Zhu et al. (2004) fez para o *e-business*.

Quando se aplica a visão centrada nos recursos (Resource Based View) para avaliar o valor estratégico das tecnologias da informação (TI), as TIs são normalmente consideradas um recurso estratégico que pode influenciar diretamente o desempenho organizacional quando combinadas com outros recursos estratégicos. Existem estudos que mostram que a utilização de recursos de TI está fortemente ligada ao desempenho da empresa, enquanto outros demonstraram que a abrangência dos recursos de TI está associada com o desempenho organizacional (Oh e Pinsonneault, 2007).

Tallon et al. (2000) propõem um modelo ao nível dos processos de TI para avaliar o seu valor para o negócio. Definem que a contribuição das TIs para o desempenho da empresa, pode ser identificada em termos de como a utilização das mesmas afeta as atividades críticas da organização de acordo com a rede valor da empresa. A partir desse trabalho e alinhado com o estudo efetuado por Zhu et al. (2004), podemos definir o valor do *m-commerce* como o impacto que a sua utilização ao nível organizacional tem em termos da relação com os clientes, da eficiência operacional interna e da coordenação com os parceiros de negócios.

NOTAS FINAIS

O uso das tecnologias móveis pelas organizações podem trazer vantagens ao longo de toda a cadeia de valor. As organizações que conseguirem desenvolver estratégias eficazes para o uso tecnologias móveis poderão obter vantagens face à concorrência. Por outro lado, à medida que a adoção do *m-commerce* ao nível individual for mais intensa, a pressão que os consumidores irão exercer sobre as empresas para estas disponibilizem os seus serviços através do canal móvel será maior.

A mobilidade, implementada em termos do uso dos dispositivos móveis ou do *m-commerce* pelas organizações para alterar e melhorar os seus processos de negócio, pode ser definida como um recurso estratégico. A compreensão de como a mobilidade pode traduzir-se num recurso de valor estratégico para as organizações é importante para estas compreendam como poderão alavancar os seus processos de negócio nessas tecnologias de forma a criar valor e a melhorar o seu desempenho organizacional.

REFERENCIAS BIBLIOGRÁFICAS

Anckar, B and Incau, D. (2002). "Value Creation in *Mobile commerce*: Findings from a Consumer Survey". Journal of Information Technology Theory and Application 4(1), 43-64.

Balasubramanian, S., Peterson, R. and Jarvenpaa, S. (2002). "Exploring the Implications of *m-commerce* for Markets and Marketing". Journal of the Academy of Marketing Sciences 30 (4), 348-361.

Clarke, I. (2001). "Emerging value propositions for *M-commerce*." Journal of Business Strategies 18(2), 133-148.

Frolick, M., Chen, L. (2004). "Assessing *m-commerce* opportunities". Information Systems Management 21(2), 53-61.

Gunasekaran, A. and Ngai, E. (2005). "E-commerce in Hong Kong: an empirical perspective and analysis", Internet Research 15 (2), 141-159.

Harris, P, Rettie, R. and Kwan, C. (2005). "Adoption and Usage of *m-commerce*: A Cross-Cultural Comparison of Hong Kong and the United Kingdom". Journal of Electronic Commerce Research 6(3), 210-224.

Karagozoglu, N. and Lindell, M. (2004). "Electronic commerce strategy, operations, and performance in small and medium-size enterprises". Journal of Small Business and Enterprise Development 11 (3), 290-302.

Mahatanankoon, P. (2007). "The effects of Personality Traits and Optimum Stimulation Level on Text-Messaging Activities and *M-commerce* Intention." International Journal of Electronic Commerce 12(1), 7-30.

Mort, G. and Drennan, J. (2002). "Mobile Digital Technology: Emerging Issues for Marketing". Journal of Database Marketing 10(1), 9-23.

Mort, G. and Drennan, J. (2005). "Marketing m-services: Establishing a usage benefit typology related to mobile user characteristics." Journal of Database Marketing & Customer Strategy Management 4(2), 327-341.

OECD Communications Outlook 2007, ISBN 978-92-64-D0681-2.

Oh, Wonseok and Pinsonneault, A. (2007). "On the Assessment of the Strategic Value of Information Technologies: Conceptual and Analytical Approaches". MIS Quarterly 31(2), 239-265.

Okazaki, S. (2005). "New perspectives on *M-commerce* research". Journal of Electronic Commerce Research 6(3), 160-164.

Pedersen, P. E. (2005). "Adoption of Mobile Internet Services: An Exploratory Study of *Mobile commerce* Early Adopters." Journal of Organizational Computing and Electronic Commerce 15(2): 203-222.

Rainer Jr, R., Turban, E. e Potter, R. (2007). "Introduction to Information Systems – Supporting and Transforming Business", Wiley.

Rao, S. and I. Troshani (2007). "A Conceptual Framework and Propositions for the Acceptance of Mobile Services." Journal of Theoretical and Applied Electronic Commerce Research 2(2), 61-73.

Shugan, S. (2004). "The Impact of Advancing Technology on Marketing and Academic Research". Marketing Science 23 (4), 469-475.

Soares-Aguiar, A. and Palma-dos-Reis, A. (2008) "Why do firms adopt Eprocurement systems? Using a Logistic Regression to Empirically Test a Conceptual Model". IEEE Transactions and Engineering Management 55(1), 120-133.

Shugan, S. (2004). "The Impact of Advancing Technology on Marketing and Academic Research". Marketing Science 23 (4), 469-475.

Tallon, P.P., Kraemer, K.L. and Gurbaxani, V. (2000). "Executives' perceptions of the business value of information technology: A process-oriented approach." Journal of Management Information Systems, 16(4), 145-173.

Tornatzky, L.G. and Fleischer, M. (1990). "The processes of Technological Innovation". Lexington, MA: Lexington Books.

Varshney, U. and R. Vetter (2002). "*Mobile commerce*: Framework, Applications and Networking Support." Mobile Network and Applications 7: 185-198.

Wen-Jang, Jih (2007). "Effects of Consumer-Perceived Convenience on Shopping Intention in *Mobile commerce*: An Empirical Research". International Journal of E-Business Research, Volume 3 (4), 33-48.

Wong, Y. K. and C. J. Hsu (2006). "A confidence-based framework for business to consumer (b2c) *mobile commerce* adoption." Pervasive Ubiquity Computing 12, 77-84.

Wu, J. H. and T. L. Hisa (2008). "Developing E-Business Dynamic Capabilities: An Analysis of *E-commerce* Innovation from I-, M-, to U-Commerce." Journal of Organizational Computing and Electronic Commerce 18(2) 95 – 111.

Zhu, K., Kraemer, K. (2002). "E-commerce Metrics for Net Enhanced Organizations: Assessing the Value of *e-commerce* to Firm Performance in the Manufacturing Sector." Information Systems Research 13(3), 275-295.

Zhu, K., Kraemer, K.L., and Xu, S (2003). "E-business adoption by European firms: A cross-country assessment of the facilitators and inhibitors". European Journal of Information Systems, 12(4), 251-268.

2.5 Factores Culturais em Processos de Fusão e Aquisição

SANDRA OLIVEIRA

Abstract. *Este artigo aborda a questão dos factores de sucesso em processos de fusões e aquisições de uma forma abrangente, para depois se centrar no papel particular da variável cultura. A pertinência deste tema coloca-se não só para a academia, como também para as organizações que procurem, através de estratégias de fusões e aquisições obter vantagens competitivas dentro e fora do seu país de origem. Uma questão central associada ao sucesso das fusões e aquisições diz respeito à influência que diferentes níveis de cultura – individuais, de grupo, organizacionais e nacionais – nos processos de fusões e aquisições bem sucedidas.*

INTRODUÇÃO

As fusões e aquisições (F&A) geram em média uma rentabilidade próxima de zero para os seus accionistas. A existência de um maior número de F&A de baixa-performance é no entanto compensada pelas elevadas rentabilidades de F&A de elevada-performance, o que faz das fusões e aquisições estratégias um potencial para gerar resultados positivos embora com riscos elevados (Hitt, Ireland e Harrison, 2005).

Nas três últimas décadas tem havido um crescente interesse por parte dos investigadores na identificação das variáveis que afectam a performance das fusões e aquisições (Stahl e Voigt, 2008). No entanto, os factores chaves de sucesso, as suas combinações e as razões pelas quais muitas F&A falham, ainda são fracamente entendidos (Stahl e Voigt, 2008; Hitt et al., 2005). "Actualmente, a variância explicada da performance de F&A é maior do que aquilo que somos capazes de explicar" (Hitt et al., 2005:

403). "Vários estudos demonstram que as F&A são estratégias complexas e desafiantes para os gestores de topo implementarem e gerirem" (Hitt et al., 2005: 385). Um dos aspectos de preocupação da gestão tem a ver com o processo de integração das duas empresas, muitas vezes com culturas, estruturas, e sistemas operativos diferentes (Hitt et al., 2005). Num questionário efectuado a CEO europeus, o factor integração organizacional foi percepcionado como sendo o mais importante, à frente de factores estratégicos e financeiros (Weber, Shenkar e Raveh, 1996). De facto, as evidências demonstram que os processos de integração organizacional são um factor chave na realização de potenciais sinergias, faltando muitas vezes aos gestores de topo competências para o fazer eficazmente. (Hitt et al., 2005). O presente artigo foca-se nos factores que influenciam a performance de actividades de fusões e aquisições, medida pelo valor para os accionistas da empresa compradora pós-fusão, evidenciando a influência da variável cultura como factor antecedente e moderador do sucesso de aquisição.

1. FUSÕES E AQUISIÇÕES

Por fusão entende-se uma "transacção entre duas empresas que acordam em integrar as suas operações numa base relativamente co-igual" (Hitt et al., 2005: 386). As aquisições são uma forma de fusões, na qual uma empresa compra um interesse maioritário (até 100%) noutra empresa, fazendo da empresa adquirida uma parte do seu próprio portfolio (Hitt et al., 2005: 386). As fusões são mais raras que as aquisições (Hitt et al., 2005). São vários os objectivos da actividade de F&A. Alguns exemplos são: 1) obtenção de economias (de escala e de experiência) e maior poder de mercado através da aquisição de um concorrente, fornecedor, distribuidor ou negócio numa indústria altamente relacionada que permita alavancar as competências *core* da empresa e ganhar vantagem competitiva; 2) atingir rapidamente objectivos de crescimento e liderança de mercados; 3) entrada em novos mercados; e, 4) satisfação de objectivos de retaliação e reacção a dinâmicas competitivas na indústria (Hitt et al., 2005).

A compilação do conhecimento existente na área efectuada por Hitt et al. (2005) identifica seis áreas que influenciam o resultado das F&A (medido pelo valor para os accionistas da empresa compradora): *due dilligence*, tipo de financiamento, capacidade de aprender com as aquisições, existência ou ausência de recursos complementares, grau de integração e de sinergias criadas e nível de cooperação entre os gestores da empresa adquirida e da empresa adquirente.

1.2 *DUE DILLIGENCE*

Qualquer processo de aquisição deve começar com uma clara visão dos objectivos estratégicos do negócio, com uma clara identificação das sinergias esperadas com a transacção e a forma de como essas sinergias se poderão materializar (Hitt et al. 2005). *Due Dilligence* eficazes, começam nas fases iniciais do processo de aquisição, e procuram ir além da avaliação dos aspectos mais tangíveis do negócio, como os factores financeiros, contabilísticos, fiscais e legais, para aspectos mais intangíveis e difíceis de avaliar como por exemplo a cultura organizacional, o capital humano e a identificação de potenciais práticas de negócio menos éticas da empresa alvo (Hitt et al., 2005). Os dois maiores potenciais problemas associados à *due dilligence* são a vaidade dos gestores e processos de *due dilligence* que não compram o objectivo de forma adequada (Hitt et al., 2005).

À vaidade dos gestores é muitas vezes atribuída a existência de processos de *due dilligence* inadequados ou o ignorar de informação relevante. As investigações sugerem que a vaidade dos gestores está associada muitas vezes a prémios demasiado elevados pagos pela empresa adquirida (Hitt et al., 2005).

Adicionalmente, a existência de elevado potencial para realização de sinergias pode ser uma realidade, mas barreiras organizacionais ou culturais, não identificadas a priori, limitam ou mesmo aniquilam essas potencialidades. Em particular, a cultura da empresa-alvo deve ser analisada. As aquisições transfronteiriças podem tornar os processos de aquisições mais complicados, devido às diferenças de estrutura legal, regime fiscal, práticas contabilísticas, ambiente legal, etc (Hitt et al., 2005).

1.3 CAPACIDADE DE APRENDER COM AS AQUISIÇÕES

Os processos de aquisição obrigam a empresa adquirente a desenvolver diversas competências tais como negociação de aquisições, financiamento, integração de processos produtivos e recursos humanos, assimilação, entre outras. A experiência com aquisições pode contribuir para melhorar a performance de futuras aquisições, através de um processo de aprendizagem colectivo. Esse processo de aprendizagem, obriga a descobrir onde está a informação relevante e a combiná-la de uma forma que faça sentido, com base em padrões identificados ao longo do tempo. De forma a assegurar que a organização aprende com as aquisições, muitas organizações criam unidades especiais para o efeito (Hitt et al., 2005).

1.4 RECURSOS COMPLEMENTARES

"Existem recursos complementares quando os recursos da empresa adquirente e da empresa-alvo diferem, embora se apoiem mutuamente. Contrariamente, a similaridade de recursos sugere uma elevada sobreposição entre os recursos das empresas adquirente e adquirida" (Hitt et al., 2005: 393). As evidências demonstram que a existência de recursos complementares, por oposição a recursos altamente similares, aumenta a probabilidade de obtenção de valor económico com a aquisição (Hitt et al., 2005). Uma das razões apontadas, diz respeito ao facto de similaridades de recursos pressuporem a maioria das vezes capacidades estratégicas e vulnerabilidades similares entre as duas empresas que não permitem dar resposta às oportunidades do mercado e às suas ameaças (Hitt et al., 2005). A integração de recursos complementares tem o potencial de tornar mais difícil aos concorrentes competirem com a nova empresa do que com ambas as empresas individualmente (Hitt et al., 2005). Consequentemente, as empresas devem procurar a complementaridade de recursos, em vez de ofertas de produtos relacionadas, em estratégias de aquisições (Hitt et al., 2005). Quando a complementaridade de recursos permite criar mais valor às duas empresas conjuntamente, do que qualquer outro tipo de combinação, estamos perante a existência de sinergias privadas, o mais valioso de todo o tipo de sinergias (Hitt et al., 2005).

Existem sinergias entre empresas, quando "a empresa combinada cria mais valor do que a soma do valor criado pelas empresas quando agem como entidades independentes" (Goold e Campbel, 1998, citado por Hitt et al., 2005: 394). Consequentemente, quanto maior o valor pago pela empresa adquirida, maior a dificuldade em obter sinergias (Hitt et al., 2005).

As duas fontes mais comuns de obtenção de ganhos de sinergias são: (1) ganhos de eficiência operacional através de economias de escala e de experiência; (2) partilha de uma ou mais competências (Hitt et al., 2005). Uma integração eficaz entre a empresa adquirida e a empresa-alvo é um factor chave para a realização do potencial de sinergia esperado (Hitt et al., 2005).

2. PROCESSOS DE INTEGRAÇÃO

A criação de sinergias requer uma integração apropriada das operações de ambas as empresas (Chatterjee, Lubatkin e Schweiger, 1992). Os processos de integração começam na fase inicial de negociação e continuam na fase de assimilação das duas empresas. Um dos objectivos dos processos de integração é a identificação de potenciais problemas que possam pôr em causa a obtenção de vantagens competitivas da fusão e definir as acções necessárias para prevenir desde o início problemas relacionados com a integração das duas empresas (Hitt et al., 2005).

O tamanho relativo das organizações parece influenciar os resultados dos processos de integração, apesar do sentido dessa relação não ser claro. Quanto maior o tamanho da empresa adquirida relativamente à empresa adquirente, maior a tendência para que a empresa adquirente não consiga perceber todas as áreas em que a integração é necessária, tendendo a reagir à medida que é confrontada com os problemas (Penrose, 1959 e Shrivastava, 1986, citado por Chatterjee, 1992). "Contrariamente, Walter (1985) e Mirvis (1984) reclamam que quando a empresa adquirida é pequena relativamente ao comprador, as necessidades humanas tendem a ser subvalorizadas e trivializadas" (Chatterjee, 1992: 322).

Segundo Hitt et al. (2005) o sucesso dos processos de integração é o resultado da existência de um *fit* estratégico, de um *fit* organizacional e das correctas acções da gestão (Hitt et al., 2005).

O *fit* estratégico existe quando as duas empresas têm competências organizacionais estratégicas que se ajustam, de maneira a obter sinergias em actividades de valor acrescentado, como sejam sinergias nas operações resultante de economias de escala ou de experiência, partilha de áreas de I&D ou tecnológicas, partilha de nomes de marcas, canais de distribuição, forças de vendas, campanhas de publicidade e promoção, entre outras

(Hitt et al., 2005). A "oportunidade para criar sinergias que produzam vantagens competitivas e aumentem a riqueza dos accionistas reduzem-se quando uma aquisição combina empresas ou unidades de negócio que são ambas fortes e/ou fracas nas mesmas actividades de negócio" (Hitt et al., 2005: 395).

O *fit* organizacional "ocorre quando duas organizações ou unidades de negócio têm processos de gestão, culturas, sistemas e estruturas similares" (Harrison e St. John, 1998: 180 citado por Hitt et al., 2005: 395). A ideia subjacente é a de compatibilidade organizacional. A existência de elevada compatibilidade organizacional facilita o processo de integração, tornando mais fácil a partilha de recursos, melhorando a eficácia da comunicação e melhorando a capacidade de transferência de conhecimento e competências entre as duas empresas (Hitt et al., 2005).

Mesmo que haja o *fit* estratégico e on*fit* organizacional, a acção da gestão torna-se fundamental para aumentar a probabilidade da criação de energias e consequentemente a probabilidade de F&A bem sucedidas. A probabilidade de sucesso aumenta quando os gestores de topo se envolvem directamente no processo de integração, dedicando tempo e energia a ajudar ou outros a criar as sinergias esperadas, criando equipas que liderem os processos de integração, criando e explicitando o sentido e o propósito da aquisição de maneira a que os colaboradores percebam de que forma as suas acções podem contribuir para os desígnios da nova organização e procurando influenciar os comportamentos esperados nos colaboradores (Hitt et al., 2005).

3. COOPERAÇÃO ENTRE AS EQUIPAS DE GESTÃO DA EMPRESA ADQUIRIDA E DA EMPRESA-ALVO

Num estudo efectuado por Hitt, Harrison, Ireland e Best (1998) a cooperação encontrava-se presente em todas as F&A bemsucedidas.

A existência de um clima de cooperação entre a empresa adquirente e a empresa adquirida tem inúmeras vantagens, entre elas, maior compreensão da cultura, das condições históricas e da lógica estratégica da empresa adquirida através da memória institucional dos gestores executivos e diminuição da probabilidade dos melhores colaboradores saírem da empresa adquirida após a fusão, dada as elevadas taxas de rotatividade registadas pós-fusões (Hitt et al., 2005).

Um clima de cooperação é conseguido: 1) procurando envolver as equipas de gestão da empresa adquirida no planeamento da transição, antes mesmo de o negócio estar concluído; 2) procurando envolver os colaboradores de ambas as organizações na definição de objectivos e planeamento do negócio; 3) evitando um clima de vencedor-perdedor entre colaboradores das duas organizações; 4) criando um clima de comunicação entre a gestão de topo e os colaboradores (e clientes), de maneira a garantir que não existem assimetrias de informação entre colaboradores de ambas as empresas que despoletem sensações de desonestidade, falta de confiança e falta de atenção (Hitt et al., 2005).

Hitt et al. (2005) chama ainda a atenção para a importância dos executivos da empresa adquirente serem sensíveis à cultura da empresa adquirida e à sua força dentro da organização. Empresas adquiridas que tenham sido bemsucedidas, têm normalmente uma forte cultura organizacional que requerem maiores ajustamentos e sensibilidade por parte da empresa adquirente.

A cultura torna-se assim um activo estratégico em processos de fusões e aquisições que importa definir e analisar.

4. CULTURA

4.1 DEFINIÇÃO DE CULTURA

O conceito de cultura tem sido "emprestado da antropologia, onde não existe consenso quanto ao seu significado" (Smircich, 1983:339, citado por Gordon, 1991). Allaire e Firsirotu (1984) sintetizaram a tipologia das escolas de pensamento em cultura antropológica, que demonstra as diversas e complexas teorias de cultura encontradas neste campo. Segundo os autores, existem oito escolas de pensamento que se dividem em dois grandes grupos: as escolas que se inserem na visão de cultura como um "sistema sociocultural" e as escolas que se inserem na visão da cultura como um "sistema ideário".

A cultura como um sistema sociocultural, foi a visão que prevaleceu no período inicial. As quatro escolas que surgiram com base nesta visão distinguem-se pela sua noção do tempo, agrupando-se em dois sub-grupos: as escolas "sincrónicas" (onde se incluem a escola Funcionalista Estrutural-

-Funcionalista) e as escolas "diacrónicas" (onde se incluem a escola Histórico-Difusionista e a escola Ecológico-Adaptacionista). As escolas "sincrónicas" focam-se no estudo da cultura num determinado momento do tempo e do espaço; as escolas "diacrónicas" focam-se na dimensão temporal, procurando perceber os processos relacionados com o desenvolvimento de determinadas culturas (Allaire e Firsirotu, 1984; ver Tabela 1, para uma explicação mais detalhada de cada uma das escolas).

Por outro lado, o sistema "ideário" agrupa quatro conceitos bastante distintos de cultura, mas que partilham o postulado da existência de um reino distinto da cultura manifestado em estruturas cognitivas, processos ou produtos. Este sistema agrupa as escolas Cognitiva, Estruturalista e Estrutura de Equivalência Mútua, que se focam na mente humana como portadora de cultura e, a escola Simbólica, que se foca nos produtos da mente (significados e símbolos partilhados) (Allaire e Firsirotu, 1984; ver Tabela 2 para uma explicação mais detalhada de cada uma das escolas).

4.2 DEFINIÇÃO DE CULTURA ORGANIZACIONAL

A noção de que as organizações podem ter culturas específicas, prolifera na maioria da literatura organizacional e de gestão (Allaire e Firsirotu, 1984). Adicionalmente, diferentes pontos de vista, quer implícita quer explicitamente, relativamente à definição de cultura organizacional podem ser encontrados, sem que tenha havido uma tentativa de sistematização da sua ligação com os conceitos gerais de cultura. Allaire e Firsirotu (1984) procuraram sintetizar as diversas ligações existentes entre o constructo de cultura organizacional e as definições de cultura (ver Tabelas 18 e 19, para uma explicação mais detalhada).

FACTORES CULTURAIS EM PROCESSOS DE FUSÃO E AQUISIÇÃO

ESCOLAS	DEFINIÇÕES DE CULTURA	LIGAÇÕES COM LITERATURA DE GESTÃO/ORGANIZAÇÃO
A. A Cultura como um Sistema Sociocultural		
FUNCIONALISTAS (Malinowski)	Cultura é um aparelho instrumental pelo qual uma pessoa é colocada numa melhor posição para lidar com problemas específicos enfrentadas no decurso da satisfação de uma necessidade. As principais manifestações de cultura (instituições, mitos, etc) devem ser explicadas pela sua relação com as necessidades básicas dos seres humanos.	O sistema sociocultural das organizações irá, ou deverá, reflectir a procura dos homens pela satisfação de necessidades através do trabalho e da participação organizacional. Até um determinado ponto, as organizações são espaços sociais de busca dos participantes pela satisfação de necessidades.
ESTRUTURAIS – FUNCIONALISTAS (Radcliffe-Brown)	A cultura é feita de mecanismos pelos quais um indivíduo adquire características mentais (valores, crenças) e hábitos que o leva a participar na vida social; é uma componente do sistema social que também inclui estruturas sociais, responsáveis por manter a ordem na vida social e, mecanismos de adaptação, responsáveis por manter o equilíbrio da sociedade com o seu ambiente físico.	Uma organização é um sistema social proposto com um subsistema de "valor" que implica a aceitação dos valores generalizados do sistema superordenante que legitima o lugar e o papel da organização no sistema social alargado. As organizações são espaços funcionais da sociedade legitimando valores e mitos.
ECOLÓGICO – ADAPTACIONISTAS (White, Service, Rappaport, Vayda, Harris)	Cultura é um sistema de padrões de comportamento socialmente transmitidos que serve para relacionar as comunidades humanas com os seus cenários ecológicos. Os sistemas socioculturais e os seus cenários estão envolvidos numa interacção dialéctica, num processo de "feedback" ou causalidade recíproca.	As organizações são actos sociais de designs-para-acção ideacionais em ambientes particulares. As organizações tomam variadas formas através de um processo contínuo de adaptação, ou selecção por factores ambientais críticos (que inclui a cultura da sociedade). Disparidades nestes ambientes definidos de forma ampla (percebido ou real, presente ou futuro) resultam em diferentes formas organizacionais e estratégias numa nunca acabada, e por vezes mal sucedida, busca de ajuste e equilíbrio entre a organização e o seu ambiente.
HISTÓRICO-DIFUSIONISTAS (Boas, Benedict, Kluckhohn, Kroeber)	Cultura consiste em configurações ou formas temporais, interactivas e super orgânicas, que têm sido produzidas por circunstâncias e processos históricos.	As formas organizacionais aparecem e desaparecem no fluxo e refluxo das circunstâncias históricas. Padrões específicos de estruturas e estratégias organizacionais são característicos de fases históricas da organização. As organizações são actualizações sociais da sua génese e transformações históricas.

TABELA 18 – Definições de Cultura como um Sistema Sociocultural e Ligações com a Literatura Organizacional e de Gestão (Allaire e Firsirotu, 1984)

GESTÃO ESTRATÉGICA

ESCOLAS	DEFINIÇÕES DE CULTURA	LIGAÇÕES COM LITERATURA DE GESTÃO/ORGANIZAÇÃO
	B. A Cultura como um sistema Ideário	
COGNITIVA (Goodenough)	Um sistema de conhecimento, de padrões para apreensão, crença, avaliação e actuação. A cultura é o formato das coisas que as pessoas têm na cabeça, o seu modelo para apreender, relacionar e de maneira diferente interpretar essas coisas. Consiste no que quer que seja que um indivíduo precisa de saber ou acreditar de maneira a actuar de forma aceitável como membro de uma determinada sociedade. Como produto da aprendizagem humana, a cultura consiste nas maneiras em como as pessoas organizaram as suas ideias sobre o mundo real de maneira a dar-lhe estrutura como um mundo de formas fenomenológicas, que corresponde às suas percepções e concepções.	1. O clima organizacional é definido como percepções duradouras e largamente partilhadas dos atributos e caracteres essenciais de um sistema organizacional. A sua principal função é sinalizar e delinear o comportamento individual em direcção aos modos de comportamento ditados pelas exigências da organização. 2. As organizações são artefactos sociais de membros partilhando mapas cognitivos. As organizações desenvolvem visões do mundo (Hedberg), códigos (Arrow), ou mapas públicos (Argyris e Schon) que fornecem a ferramenta para acções organizacionais.
ESTRUTURALISTAS (Lévi-Strauss)	Sistemas simbólicos partilhados que são criações cumulativas da mente; princípios universais mas inconscientes da mente geram elaborações e artefactos culturais, a diversidade dos quais resultam das permutações e transformações de processos formalmente similares e estruturas latentes. Uma vez todas as culturas serem o produto da mente humana, tem de existir características comuns a todas as culturas.	Serão as organizações, independentemente do seu carácter, estruturas e processos variados, a um nível estrutural mais profundo, manifestações sociais, processos universais e inconscientes da mente? March e Simon reivindicam que as estruturas e os processos reflectem as características e limitações dos processos cognitivos humanos. Será que os gestores partilham estruturas similares da mente, estilos cognitivos e processos similares? A literatura sobre estilos cognitivos, nos hemisférios do cérebro e na sua relação com a gestão, aproximam-se desta questão, sem nunca a enfrentarem explicitamente.
ESTRUTURA DE EQUIVALÊNCIA MÚTUA (Wallace)	Cultura é um conjunto de processos cognitivos padronizados que cria a ferramenta que despoleta a capacidade para a predição mútua e o comportamento interligado entre indivíduos. É um contracto implícito que torna possível a organização máxima da diversidade motivacional e cognitiva com uma inclusão somente parcial e partilha mínima de crenças e valores da parte de portadores de cultura.	Organizações são o locus de intercepção e sincronização das funções de utilidade dos indivíduos, o sítio de alguma forma fortuito onde actores misturam micro-motivos no macrocomportamento da organização. A coordenação de comportamentos ocorre não através da partilha de objectivos mas, através da elaboração de estruturas cognitivas mutuamente preditivas. As decisões dos membros para parcialmente participarem, reflectem os seus cálculos dos custos e estímulos relativos.

SIMBÓLICA	Cultura é a produção de significados a partir dos quais os seres humanos interpretam as suas experiências e guiam as suas acções. É um sistema ordenado de símbolos e significados púbicos partilhados que dão forma, direcção e particularidade à experiência. Cultura não pode ser fechada na cabeça dos indivíduos, mas nos "significados" partilhados pelos actores sociais interagindo. Assim, a análise de cultura não é uma experiência experimental à procura de leis, mas uma ciência interpretativa à procura de significados.	1. As organizações como um resultado da sua história particular e da liderança presente e passada criam e sustêm sistemas de símbolos que servem para interpretar e dar significado à experiência subjectiva dos seus membros e às acções individuais e, para racionalizar o seu comprometimento com a organização. 2. As organizações são entradas dos participantes para atribuições de significados e interpretações da sua experiência organizacional. Elas não têm realidades externas, uma vez serem criações e construções sociais que emergem do "sense-making" do que são as organizações e que decorre de uma continuidade de fluxos decorrentes de acções e interacções com essa organização. As acções dos próprios actores são determinantes de primeira ordem do significado que as situações têm.

TABELA 19 – Definições de Cultura como um Sistema Ideário e Ligações com a Literatura Organizacional e de Gestão (Allaire e Firsirotu, 1984)

O facto de existirem diferentes perspectivas para o constructo cultura organizacional, não contribui para que este tenha estabilidade teórica, o que o torna mais difícil de medir e portanto compreender a sua influência no sucesso das fusões e aquisições.

Outro nível de análise do constructo de cultura é o da cultura nacional, definida genericamente como "...valores, crenças, normas e padrões de comportamento de um grupo nacional" (Leung, Bhagat, Buchan, Erez e Gibson, 2005).

Este nível de análise torna-se relevante para compreender o possível impacto da cultura nacional como factor moderador do sucesso de fusões e aquisições.

4.3 DEFINIÇÃO DE CULTURA NACIONAL

A relação entre o crescimento económico, a cultura nacional e a personalidade individual, tem sido objecto de estudo por diversos investigadores, dando origem a duas correntes distintas, uma iniciada por McClelland (1961) e outra por Hofstede (1980a e 1980b) (Franke, Hofstede e Bond, 2002). Embora distintas, ambas concluem que existem características da cultura nacional que estão associadas ao crescimento económico. Hofstede (1980a e 1980b) identifica quatro dimensões da cultura nacional, nomea-

GESTÃO ESTRATÉGICA

damente o individualismo/colectivismo (foco nos interesses e bem estar do próprio em vez de no do grupo), a masculinidade/feminilidade (uma orientação assertiva ou competitiva e sensibilidade ao papel do género), o evitar a incerteza (ansiedade no trabalho, preocupação com a instabilidade e inflexibilidade orientada para as regras quando confrontado com situações novas ou ambíguas) e a distância ao poder (percepção de desigualdade e comportamento autoritário, e falta de interesse do subordinado em participar) (Franke etal., 2002).

Uma quinta dimensão foi identificada posteriormente (Hofstede e Bond, 1988) e designada por Hofstede (1991) como orientação para o longo-prazo versus curto-prazo (Franke et al., 2002).

Na análise dos dados de 51 países fornecidos pela multinacional IBM, nos períodos 1960-80 e 1980-98, Hofstede concluiu que a cultura nacional, com base nas cinco dimensões acima descritas, explica cerca de 40% da variância nas taxas de crescimento dos diversos países, com resultados bastante estáveis ao longo dos períodos (Franke et al., 2002). Além disso, as dimensões culturais que levam ao crescimento económico variam em diferentes períodos de tempo, dependendo do efeito de *break-throughs* tecnológicos. Assim, no período de 1960-80, o individualismo está negativamente correlacionado com o crescimento económico e a orientação para o longo-prazo positivamente correlacionada, contribuindo ambas as dimensões significativamente para a variância explicada. Contrariamente, para o mesmo período, a distância ao poder, a masculinidade e o evitar da incerteza, não contribuem para a variância explicada do crescimento económico (Franke et al., 2002). No entanto, para o período de 1980-98, o efeito do individualismo torna-se muito mais pequeno e estatisticamente insignificante, enquanto que o efeito da orientação para o longo prazo se torna mais forte (Franke et al., 2002). Adicionalmente, o evitar da incerteza torna-se um factor negativo significante e contribui significativamente para a variância explicada do crescimento económico (Franke et al., 2002). Hofseted associa esta mudança de padrão à importância para o sucesso das organizações pós 1980 da adopção dos rápidos e contínuos avanços tecnológicos que se fizeram sentir e ao papel que populações que se ajustam mais rapidamente podem ter tido nesses processos de adopção (Franke et al., 2002). Trabalhadores mais ansiosos e inflexíveis parecem não tirar o melhor partido das inovações nas tecnologias de informação e computadores (Franke et al., 2002).

Outro resultado importante diz respeito ao facto de os países mais ricos terem elevados níveis de individualismo e de flexibilidade. Apoiado no estudo de Shane (1992) que conclui que elevados níveis de individualismo estão associados a elevados níveis de criatividade inventiva, Franke e colegas (2002) sugerem que o espírito individualista e empreendedor está associado a *break-through* tecnológicos e resultam em países mais ricos pós período de "mudança", mas com menos taxas de crescimento económico até ao próximo *break-through*. Por exemplo, os Estados Unidos, a Inglaterra e a Holanda, países altamente individualistas, estão agora a florescer na "nova economia" e países menos individualistas, como o Japão, estão debater-se, especulando que quando a "revolução" terminar o crescimento económico abrandará nos primeiros, mais individualistas.

Mais recentemente, uma sexta dimensão de cultura nacional foi identitifcada por Minkov (2009) e apelidada de "indulgência versus restrição". Indulgência refere-se a sociedades onde o aproveitar a vida e o divertimento são aceites como importantes componentes da satisfação das necessidades básicas e humanas. Restrição refere-se a sociedades onde as necessidades são primeiramente reguladas por meio de normas sociais rígidas.

5. FUSÕES E AQUISIÇÕES E CULTURA ORGANIZACIONAL

"A cultura afecta praticamente todos os aspectos da forma como as pessoas de um grupo interagem uns com os outros" (Chatterjee et al., 1992: 320). Ao nível da gestão de topo, por exemplo, a cultura influencia práticas organizacionais tais como regras de conduta, estilos de liderança, procedimentos administrativos e percepções do clima organizacional (e.x.. Schwartz e Davis, 1981, citado por Chatterjee et al., 1992).

O potencial de mudança cultural pode ser observado nas fusões e aquisições quando duas culturas autónomas, como normalmente acontece, entram em contacto (Chatterjee et al., 1992). No entanto, a probabilidade de contacto, não é igual em todas as fusões. Por exemplo, em fusões de conglomerados, quando os produtos e mercados das empresas combinados são diferentes, a cultura organizacional da empresa adquirida tende a não ser afectada, uma vez as conformidades entre as duas empresas se deverem muitas vezes aos sistemas de planeamento e financeiro (Chatterjee et al., 1992). Assim, a autonomia cultural da empresa adquirida tende a diminuir e a pressão para a conformidade (aculturação) tende a aumentar, quanto mais relacionados estiverem as fusões, e maiores ganhos de sinergia forem esperados (Chatterjee et al., 1992). Adicionalmente, a pressão sobre a empresa adquirida para a aculturação depende também, entre outras coisas, de quão diferentes as culturas entre as duas organizações são percebidas pelos colaboradores da empresa adquirida (Chatterjee et al., 1992).

A "distância cultural" é definida como "a soma dos factores que criam, por um lado, uma necessidade de conhecimento, e por outro lado, barreiras para o fluir do conhecimento..." (Weber, Shenkar e Raveh, 1996: 1216). Menor distância cultural á atingida através de maiores similitudes ou maiores complementaridades entre culturas (Weber et al., 1996).

Tal como referido no primeiro capítulo, um dos factores de risco em actividades de aquisições e fusões diz respeito a processos de integração mal sucedidos (Hitt et al., 2005). No estudo desenvolvido por Larsson e Finkelstein (1999), a integração organizacional aparece como o preditor mais forte do sucesso das F&A, à frente das variáveis como "potencial de combinação das operações de produção e marketing" e "resistência dos empregados". Adicionalmente, a forma como o potencial combinado e a integração organizacional afecta a resistência dos empregados não se revelou neste estudo estatisticamente significativa, apesar da resistência dos empregados estar negativamente correlacionada com a realização de sinergias, concluindo o autor que resistência dos empregados é um fenómeno generalizado. No entanto, a integração organizacional é medida neste estudo pela interacção e coordenação entre as empresas. Será que esta medida de integração reflecte todas as potencialidades de capturar o potencial de sinergias que levou à decisão de fusão, nomeadamente a participação dos empregados?

De acordo com Weber et al. (1996), a chave para gerir processos de integração encontra-se na "capacidade de obter a participação das pessoas" e "na criação de uma atmosfera que suporte a transferência de capacidades..." (Weber et al., 1996: 1217). Diferenças de cultura organizacional entre empresas podem ter impactos negativos na criação dessa atmosfera e na capacidade de obter o envolvimento dos colaboradores (Weber et al., 1996). A resistência dos empregados tende a ser maior quando o potencial de combinação advém de similaridades estratégicas entre as empresas, em vez de complementaridades estratégicas, mais propício a sobreposições de operações e a despedimentos (Larsson et al., 1999). Além disso, "estilos de gestão similares reduzem a resistência dos empregados apesar de terem pouco efeito na integração organizacional", levando a concluir que "estilos de gestão similares podem ter um grande impacto na realização de sinergias através da atenuação de diferenças culturais, do que facilitando a interacção e coordenação entre diferentes grupos de gestão" (Larsson et al. 1999: 17). Segundo o autor, "não parece surpreendente que os colaboradores dêem tanta importância a diferenças culturais entre organizações dada a importância dos símbolos e rituais nas organizações e o papel dos líderes organizacionais lá dentro" (Larsson et al., 1999: 17).

O conflito cultural em F&A inicia-se desde logo ao nível dos gestores de topo, cuja motivação e comprometimento tem grande influência, tal como referido anteriormente, quer na motivação dos restantes empregados, quer na "reformulação, sinalização e transmissão da cultura organizacional" (Weber et al., 1996: 1217).

Empresas em que tenha havido choques culturais caracterizam-se por pós-fusões em que as equipas da empresa adquirida estão: 1) mais stressadas, desconfiadas e irritáveis quando a trabalhar com a equipa adquirente; 2) têm atitudes negativas face à empresa adquirente e; 3) têm atitudes negativas face a cooperar com a equipa de gestão de topo da empresa adquirente (Weber et. al, 1996).

6. FUSÕES E AQUISIÇÕES ALÉM-FRONTEIRAS E CULTURA NACIONAL

Tipicamente, a literatura existente sobre cultura nacional e cultura organizacional convive isoladamente. (Weber et al., 1996). No entanto, os resultados de Hofsetede são um exemplo de que mesmo numa multinacional com fortes valores culturais organizacionais como a IBM, as diferenças decorrentes de diferentes culturas nacionais se mantêm fundamentais. Indivíduos com valores similares, têm práticas diferentes dentro da organização, decorrentes de culturas distintas (Weber et al., 1996). Hofsetede atribui este resultado ao facto da cultura nacional influenciar os valores individuais desde a infância, enquanto a cultura organizacional pressupor uma aquisição de práticas e símbolos dentro da organização, posterior à aquisição de cultura nacional (Weber et al., 1996). Partindo do pressuposto de que a cultura nacional representa uma camada mais profunda da consciência do que a cultura organizacional, sendo mais resistente á mudança e, assumindo que os gestores de topo se vêm a si próprios e, são vistos pelos outros, como o estandarte da sua própria cultura nacional, é natural que se espere que conflitos culturais em F&A possam resultar não só de divergências de cultura organizacional, mas também de divergências de culturas nacionais (Weber et al., 1996).

A existência em situações de conflito de maior "distância cultural", tende a agravar os casos em que o nível de autonomia (em termos de intervenção dos gestores de topo na imposição de padrões, regras e expectativas) é retirado à equipa da empresa adquirida, ao tornar mais salientes as diferenças culturais nacionais e organizativas no contacto entre as duas equipas (Weber et. al., 1996; Chatterjee et al., 1992).

Num estudo exploratório elaborado por Weber et al (1996), "as diferenças de cultura nacional são melhores preditores do stress, de atitudes negativas face à fusão e da efectiva cooperação, do que diferenças de cultura organizacional" (Weber et al., 1996: 1225) "No entanto, quer a cultura nacional, quer a cultura organizacional são inputs essenciais nos processos de fusões e nos seus resultados" (Weber et al, 1996: 1225).

As fusões e aquisições além-fronteiras implicam a existência de um *mind-set* global dentro da organização, que inclui a existência na organização de valores multiculturais, a importância relativa dos indivíduos estar associada ao mérito e não à nacionalidade, ser-se aberto a ideias de outras culturas, ficar entusiasmado em vez de medroso em novos locais culturais e ser sensível a diferenças culturais sem se sentir intimidado por elas (Hitt et al., 2005).

Quanto mais forte a cultura organizacional, como é o caso de multinacionais, mais importante parece ser a cultura nacional, sendo maiores as diferenças de crenças entre países relativamente às práticas organizacionais (Weber et al., 1996). Scheinder (1988, citado por Weber et al., 1996:1216) procura explicar este aparente paradoxo dizendo que as maiores pressões para a conformidade, existentes em empresas com forte cultura, podem criar maiores necessidades de "reafirmar a autonomia e a identidade, criando um mosaico nacional em vez de um *melting pot*".

Mas, até que ponto os indicadores culturais nacionais podem influenciar significativamente comportamentos e atitudes dos potenciais investidores estrangeiros e, consequentemente, o sucesso ou insucesso de F&A, medido pelo valor para os accionistas?

Andersen e Gatignon (1986, citado por Weber et al., 1996: 1217) sugerem que há uma tendência para os investidores estrangeiros procurarem fusões e aquisições com empresas que apresentem uma distância cultural menor, como forma de ultrapassar eventuais custos de informação e dificuldades de transferência de técnicas de gestão e valores. Se assim for, F&A bem sucedidas (medidas pelo valor para os accionistas), estão tendencialmente relacionadas com a existência de relativa familiaridade entre os ambientes culturais e as operações da empresa adquirente e da empresa adquirida (Weber et al., 1996). Adicionalmente, estudos passados demonstram que quanto maior a distância cultural, maior a preferência da empresa adquirente por formas de entrada de posse partilhada, em detrimento de subsidiárias detidas a 100%, como forma de mitigar os custos de transacção pós fusão, derivados de distância cultural (Ragozzini, 2009). No entanto, a distância cultural quando associada à distância geográfica parece ter um efeito contrário. No estudo efectuado por Ragozzini (2009) entre 1993-2004 a aquisições além-fronteiras efectuadas por empresas americanas, quanto maior a distância cultural e maior a distância geográfica, maior a preferência da empresa adquirente por fusões detidas na totalidade. O autor atribui este resultado à maior permeabilidade de existirem comportamentos oportunistas por parte dos parceiros geograficamente mais distantes e aos custos de coordenação e monitorização pós-fusão que fusões parciais podem significar.

Outro factor que pode justificar o insucesso de F&A além-fronteiras, está associado à influência cultural do próprio investidor nas decisões de aquisições. Investidores pertencentes a culturas mais individualistas caracterizadas por comportamentos mais oportunistas, tendem a percepcionar os custos de transacção como mais elevados relativamente a culturas colectivistas, preferindo o investimento estrangeiro directo em detrimento das exportações. Este facto, juntamente com factores económicos, pode segundo Brown, Rugman e Verbeke (1989, citado por Weber et al., 1996: 1217) justificar o insucesso de algumas F&A, em países culturalmente mais individualistas.

CONCLUSÃO

Vários estudos evidenciam que as diferenças culturais são uma fonte de elevadas taxas de insucesso entre F&A. Variáveis como "distância cultural", compatibilidade cultural, *fit* cultural, similaridades no estilo de gestão ou aculturação, ajudam a explicar processos de F&A mal conseguidos. O pressuposto subjacente é o de que a a distância cultural entre indivíduos, grupos e organizações tem custos, riscos e dificuldades, sendo um potencial obstáculo à realização de benefícios de integração (Stahl e Voigt, 2008).

Os conflitos culturais levam a perdas de eficiência, através de falhas na coordenação das actividades, com impacto na performance dos colaboradores de ambas as empresas. Este impacto é muitas vezes não previsto e subestimado pelas partes envolvidas. Adicionalmente, conflitos e culpas mal atribuídas surgem de diferenças culturais entre organizações e podem ser uma fonte de elevadas taxas de rotatividade no período pós-fusões (Weber et al., 1996).

Os resultados a que chegaram Chatterjee et al. (1992) evidenciam de forma sistemática a ligação entre o valor para os accionistas e o capital humano em F&A. Nomeadamente, a mudança no valor bolsista da empresa compradora em processos de fusões (relacionadas com potencial de sinergias), está inversamente relacionada com o grau de percepção das diferenças culturais entre as equipas de gestão e directamente relacionada com o grau de tolerância da equipa de gestão compradora à multi-culturalidade. Estes resultados, demonstram a importância que o mercado de capitais dá ao *fit* cultural em processos de fusões. Consequentemente, os gestores deveriam prestar pelo menos tanta atenção ao *fit* cultural durante as fases iniciais de selecção de empresas alvo, como prestam ao *fit* estratégico (Chatterjee et al., 1992).

REFERÊNCIAS BIBLIOGRÁFICAS

Allaire, Y. e Firsirotu, M. E. (1984). Theories of organizational culture. *Organization Studies*, 5 (3), 193-226.

Anderson, E. e Gatignon, H. (1986). Modes of foreign entry: A transaction cost analysis and propositions. *Journal of International Business Studies*, 1-26.

Brown, L. T., Rugman A. M,. e Verbeke A. (1989). Japanese joint ventures with western multinational: Synthesizing the economic and cultural explanations of failure. *Asia Pacific Journal of Management*, 6 (2), 225-242.

Chatterjee, S., Lubatkin, M. H., Schweiger, D. M., e Weber, Y. (1992). Cultural differences and shareholder value in related mergers: Linking equity and human capital. *Strategic Management Journal*, 13 (5), 319-334.

Franke, R. H., Hofstede, G., e Bond, M. H. (2002). National culture and economic growth. In *The Blackwell Handbook of Cross-Cultural Management*, 5-15. M. J. Gannon e K. L. Newman (eds). Oxford (UK): Blackwell Publishers Ltd.

Goold, M. e Campbell, A. (1998). Desperately seeking synergy. *Harvard Business Review*, 76 (5), 131-143.

Gordon, G. G. (1991). Industry determinants of organizational culture. *Academy of Management Review*, 16 (2), 396-415.

Harrison, J. E. e St. Jonh, C. (1998). *Strategic management of organizations and stakeholders*. Cincinnati: SouthWestern College Publishing.

Hitt, M. A., Harrison, J. R., Ireland, R. D., e Best, A. (1998). Attributes of successful and unsuccessful acquisitions of US firms. *British Journal of Management*, 9 (2), 91-114.

Hitt, M. A., Ireland, R. D., e Harrison, J. S. (2005). Mergers and acquisitions: A value creating or value destroying strategy? In *The Blackwell Handbook of Strategic Management*, 384-498. M. A. Hitt, R. E. Freeman, e J. Harrison (eds.). Malden (MA, USA): Blackwell.

Hoftstede, G. (1980a). *Culture's consequences: International differences in work-related values*. Beverly Hills, CA: Sage.

Hofstede, G. (1980b). Motivation, leadership, and organization: Do American theories apply abroad? *Organizational Dynamics*, 9 (1), 42-63.

Hofstede, G. (1991). *Cultures and organizations: Software of the mind*. London: McGraw-Hill.

Hofstede, G. e Bond, M. H. (1988). The Confucian connection: From cultural roots to economic growth. *Organizational Dynamics*, 16 (4), 4-21.

Larsson, R. e Finkelstein, S. (1999). Integrating strategic, organizational, and human resource perspectives on mergers and acquisitions: A case survey of synergy realization. *Organization Science*, 10 (1), 1-26.

Leung, K., Bhagat, R. S., Buchan N. R., Erez, M., e Gibson, C. B. (2005). Culture and international business: Recent advances and their implications for future research. *Journal of International Business Studies*, 36 (4), 357-378.

McClelland, D. C. (1961). *The achieving society*. Princeton (NJ): Van Nestran.

Minkov, M. (2009). Predictors of differences in subjective well-being across 97 nations. *Cross-Cultural Research*, 43 (2), 152-79.

Mirvis, P. (1984). *Longitudinal study of a takeover target*. Boston University Working Paper.

Penrose, E. T. (1959). *The theory of the growth of the firm*. London: Basil Blackwell.

Ragozzino, R. (2009). The effects of geographic distance on the foreign acquisition activity of U.S. firms. *Management International Review*, 49 (4), 509-535.

Schneider, S. C. (1988). National vs. corporate culture: Implications for human resource management. *Human Resource Management*, 27 (2), 231-246.

Schwartz, H. e Davis S. M. (1981). Matching corporate culture and business strategy. *Organizational Dynamics*, 10 (1), 30-48.

Shane, S. A. (1992). Why do some societies invent more than others? *Journal of Business Venturing*, 7 (1) , 29-46.

Shrivastava, P. (1986). Postmerger integration. *Journal of Business Strategy*, 7(1), 65-76.

Smircich, L. (1983). Concepts of culture and organizational analysis. *Administrative Science Quarterly*, 28 (3), 339-358.

Stahl, G. K. e Voigt, A. (2008). Do cultural differences matter in mergers and acquisitions? A tentative model and examination. *Organization Science*, 19 (1), 160-176.

Walter, G. A. (1985). Culture collisions in mergers and acquisitions. In *Organizational Culture*, 301-314. J. P. Frost, L. F. Moore, M. R. Louis, C. C. Lundberg, e J. Martin (eds). Beverly Hills (CA): Sage Publications.

Weber, Y., Shenkar, O. e Raveh, A. (1996). National and corporate cultural fit in mergers/acquisitions: An exploratory study. *Management Science*. 42(8), 1215-1227.

Parte 3
Implementação e Controlo
de Estratégias

3.1 A Implementação de Estratégia

CARLOS JERÓNIMO

Abstract: Segundo Noble (1999), existe evolução no campo da estratégia em geral, mas a compreensão do processo da sua implementação não acompanhou este desenvolvimento ao mesmo nível.

Esta "essay" tem como objectivo reunir alguma da literatura relativamente à implementação de estratégia e relatar os pontos convergentes e divergentes dos autores analisados. Serão referenciais de análise os motivos de implementações de estratégia fracassadas e avaliação de modelos de implementação.

INTRODUÇÃO

O conceito de estratégia é um tema de extrema relevância ao nível académico, relevância essa que tem vindo a ser reflectida ao longo do tempo através da escrita de vários artigos relacionados com o tema na área de *Business Management*. A importância da estratégia tem vindo a tomar grandes proporções, tal como demonstram as investigações de análise competitiva, forças da indústria que afectam directamente a intensidade da competição e rentabilidade.

Similarmente, alguns gestores e investigadores têm vindo a estudar a importância das capacidades ou competências das organizações Barney (1991); Prahalad e Hamel (1990); Peteraf (1993). Considerando a complexidade do tema, é conhecido que todas as propostas de estratégia trazem no seu contexto limitações e contradições influenciadas pelas épocas e problemáticas que resultam da experiência e investigação dos autores. Segundo

Mankins e Steele (2005), as empresas assimilam apenas 63% do valor do potencial das suas estratégias e Johnson (2004) relata que 66% da estratégia corporativa nunca é implementada. A ênfase dada pelos gestores e investigadores à estratégia tem vindo a ser delineada entre escolas que focalizam a estratégia como uma abordagem de planeamento e aquelas que consideram a estratégia como um processo emergente que se modifica continuamente em interacção com as mudanças no ambiente de negócios (Ansoff, 1965).

A estratégia será inútil caso as grandes ideias e lógica subjacente não sejam traduzidas em acções concretas. A dificuldade é tão alarmante que alguns autores passaram a argumentar que a habilidade de implementação de uma estratégia pode ser tão ou mais importante do que apenas a formulação da estratégia em si (Kaplan e Norton, 2001). Contudo, tendo este aspecto em consideração, é necessário continuar a procurar respostas para a seguinte questão: porque razão as organizações apresentam dificuldades em implementar estratégias, muitas delas até bem formuladas? Uma das dificuldades prende-se com o facto da estratégia se alterar continuamente, mediante variáveis internas e externas e de os processos de planeamento e implementação estratégica não estarem preparados para lidar com esta dinâmica (Mintzberg, 1985).

A pesquisa bibliográfica aqui apresentada tem como objectivo exibir diferentes visões e "tensões" relacionadas com o estudo da implementação da estratégia. Pretende-se também razão as organizações apresentam dificuldades em implementar estratégias, muitas delas até bem formuladas? Uma das dificuldades prende-se com o facto da estratégia se alterar continuamente, mediante variáveis internas e externas e de os processos de planeamento e implementação estratégica não estarem preparados para lidar com esta dinâmica (Mintzberg, 1985).

A pesquisa bibliográfica aqui apresentada tem como objectivo exibir diferentes visões e "tensões" relacionadas com o estudo da implementação da estratégia. Pretende-se também distinguir o conceito de estratégia através da diferenciação, fragmentação, formulação e combinação de diversos instrumentos de apoio que actualmente estão disponíveis e podem ser combinados. Serão alvo da análise deste estudo vários autores que escreveram sobre o tema, Noble (1999), Bourgeois e Brodwin (1984), Hrebiniak E Joyce (2005), Cohen and Cyert (1973), Mintzberg (1994), Kaplan e Norton (1996), Beer e Eisenstat (2000), Balogun e Johnson (2005), Van De

Vem (1995), Whittington (1996, 2002, 2003). A análise destes autores irá citar preocupações tais como processos estruturais e interpessoais aplicados à implementação, afectação da estratégia devido à realidade verificada aquando da implementação, distinção entre quem pensa estratégia e quem a executa, envolvimento dos colaboradores na estratégia e motivação, complexidade, barreiras à implementação entre outras.

1. DEFINIÇÃO DE ESTRATÉGIA

Antes do início da apresentação das várias visões sobre o conceito da implementação de estratégia é necessário separar as fronteiras, bem como definir correctamente a noção e contexto do termo estratégia. As definições do conceito de estratégia são abundantes e de acordo com as referências de cada autor, embora existam alguns aspectos convergentes, o conteúdo e os processos de criação da estratégia são objecto de abordagens muito distintas que determinam, num contexto temporal e em função do foco da pesquisa, a forma como os autores concebem a organização e entendem o seu funcionamento.

Diferentes autores, por exemplo Quinn (1980), deram ênfase à influência da estratégia militar sobre a estratégia empresarial. Inicialmente, o conceito de estratégia estava intimamente ligado à acção de comandar ou conduzir exércitos em tempo de guerra. O próprio termo de estratégia tem origem na palavra grega *Strategos*, isto é, a arte dos generais (Sun Tzu, 2005). Miles e Snow (1978) definiram o conceito de estratégias competitivas por oposição ao conceito de estratégias corporativas. Enquanto que as estratégias corporativas dizem respeito a decisões relacionadas com o tipo de negócio no qual a empresa deve actuar, as estratégias competitivas relacionam-se sobretudo com o modo como a organização compete em determinado negócio (Hambrick, 1983).

Diversos autores, para além de Hambrick (1983), têm procurado responder à questão: o que é estratégia?:

- **Chandler (1962)** – *"the determination of the basic long-term goals and the objectives of an enterprise, and the adoption of courses of action and the allocation of resources necessary for carrying out these goals."*
- **Mintzberg (1994** – Mintzberg oferece cinco definições de estratégia:
  o o Plano – definição de estratégia mais comum, de acordo com duas características essenciais: estratégias são elaboradas com antece-

dência relativamente às acções a que se aplicam e são desenvolvidas consciente e propositadamente

o o Padrão – A definição do plano não é suficiente; é necessária também uma definição que abranja o comportamento resultante. A estratégia é a "consistência no comportamento", o conjunto efectivo de acções que caracterizam um comportamento resultante da organização

o Posição – Estratégia é uma posição, mais propriamente um meio de localizar uma organização num ambiente específico. Posição define a força de mediação, ou correspondência, entre organização e ambiente, ou seja, entre o contexto interno e contexto externo

o Perspectivas – Estratégia é uma perspectiva; o seu conteúdo não consiste apenas numa posição escolhida, mas numa maneira enraizada de perceber o mundo. O que é fundamental é que a estratégia seja uma perspectiva compartilhada pelos membros de uma organização, através das suas intenções e/ou pelas suas acções

o Estratégias (Ploys) – Derivada da definição de estratégia como plano, também pode significar estratégias ou artimanhas com as quais a empresa tenta induzir os seus concorrentes numa percepção equivocada dos seus movimentos competitivos e, com isso, conquistar vantagens competitivas

A gestão estratégica é o conjunto de decisões estratégicas que determinam o desempenho de uma empresa a longo prazo. Inclui a estratégia de formulação, implementação, avaliação e controlo. O estudo da gestão estratégica em si enfatiza o acompanhamento e a avaliação das oportunidades e ameaças ambientais em função da capacidade e fraquezas inerentes às empresas.

2. FORMULAÇÃO *VS* IMPLEMENTAÇÃO

No seguimento do que já foi referido acima, em muitos dos estudos relativos à estratégia as actividades de implementação ou concretização são distinguidas da formulação estratégica e tratadas como questões relativas aos sistemas, operações e estruturas organizacionais (Hrebiniak e Joyce, 2001). A formulação e a implementação estão claramente ligadas quando falamos em estratégia. Ambas devem ser garantidas pelas organizações para que os objectivos aconteçam.

Hrebiniak e Joyce (2001) referem no seu artigo que nalguns estudos relativos à formulação e implementação são essencialmente a mesma coisa e a investigação em torno do termo implementação foi extraviada, o que pode ser perigoso no campo da gestão estratégica.

(Hrebiniak and Joyce, 2001) invocam três argumentos de diferenciação: formulação e implementação são complementares e logicamente são áreas distintas de gestão estratégica; chamar a formulação e implementação a mesma coisa é confuso e teoricamente disfuncional; gestão estratégica é muito mais que formular a estratégia. Investigações empíricas revelam que muitas variáveis relacionadas com a implementação são muito relevantes para explicar o desempenho da empresa. Mediante estes argumentos os autores são apologistas de que as preocupações relacionadas com a separação da formulação e da implementação são de grande importância. Referem ainda que deve cada vez ser dada ênfase à temática da implementação. No trabalho "emergent" strategies, Mintzberg, (1985) sugere que a adaptação, mudança e afinação das estratégias são uma parte simples da parcela de formulação de estratégia: *strategy formulation and implementation are separate, distinguishable parts of the strategic management process. Each can be differentiated and discussed separately, conceptually and practically.*

Logically, implementation follows formulation; one cannot implement, carry out, or ensure fulfillment of something until that something exists. Making strategy work implies the existence of strategy. Of course, formulation and implementation are independent, part and parcel of an overall process of planning-executing-adapting". Pettigrew (1987) faz a distinção entre o conteúdo da estratégia, o contexto interno e externo à organização e o processo de implementação da estratégia. O autor afirma que o conteúdo, o processo de implementação e o contexto são entrelaçados e afectam-se mutuamente. Portanto, nesta visão, para o bom desempenho do processo de implementação estratégica, o conteúdo da estratégia e o seu contexto são inseparáveis.

Se formulação e implementação forem sinónimos, o processo de formulação é mínimo. Inclui actividades e processos de análise da indústria e concorrência, decisões de gestão, exploração de oportunidades, alinhamento de recursos para atingir objectivos, alocação de responsabilidades para execução de objectivos e tomada de acções para motivar, envolver e garantir o *compliance* da organização, de forma a concretizar estes objectivos.

Muitos destes tópicos referidos são também estudados por vários investigadores fora do enquadramento da gestão estratégica.

2.1 IMPLEMENTAÇÃO ESTRATÉGICA

A implementação da estratégia tem retido a atenção de alguns autores na literatura (por exemplo, Bourgeois & Brodwin 1984; Flood, 2000). No entanto, parece ainda não existir convergência nos paradigmas de investigação dada a variedade de perspectivas que têm sido apresentadas para definir o conceito (Noble, 1999). De seguida serão apresentadas algumas das perspectivas de autores que escreveram acerca deste tema:

2.1.1 VISÃO DE NOBLE

Noble (1999) no seu artigo "The Eclectic Roots of Strategy Implementation Research" descreve os resultados de uma revisão de pesquisas realizadas referentes ao tema da estratégia de implementação. A revisão é apresentada seguindo um modelo que distingue processos estruturais e interpessoais. O autor confirma que a estratégia planeada e a estratégia emergente se afectam mutuamente no processo de implementação estratégica, onde as estratégias são comunicadas, interpretadas, adoptadas e colocadas em acção. Componentes da implementação da estratégia, tais como comunicação, interpretação, adopção e acção não são necessariamente sucessivos e não podem ser aplicados separadamente, pois ocorrem num processo de mútua interdependência.

A perspectiva estrutural ressalva os efeitos da existência uma estrutura organizacional aquando da formulação e implementação de estratégias e também a importância de garantir o desempenho, durante e após a implementação, através de mecanismos de controlo. A abordagem relativamente à perspectiva interpessoal enuncia a compreensão de questões como o consenso estratégico, comportamentos estratégicos autónomos. Uma efectiva implementação implica que o responsável pela estratégia crie redes informais e não-oficiais de comunicação, difunda perspectivas, estilos de liderança e promova a implementação e processos.

O autor argumenta ainda que a formulação da estratégia é feita pelos gestores de topo enquanto que a implementação da mesma parece estar mais ligada aos gestores intermédios.

Com base nisto, são estes que virão que ser alvo de mais estudos para que a compreensão do processo e dos factores críticos de sucesso envolvidos na execução possa ser mais amplamente compreendido. São também necessários mais estudos relativamente a aspectos da empresa, tais como cultura, estrutura organizacional e estilo de gestão numa abordagem transversal. É igualmente importante controlar outros factores preponderantes como os efeitos da indústria e tamanho da empresa. Todos estes temas foram já abordados em estudos, sendo que a maior dificuldade reside ainda no desenvolvimento de medidas de validação dos constructos identificados.

2.1.2 VISÃO DE BOURGEOIS E BRODWIN

No artigo "Strategic Implementation: Five Approaches to an Elusive Phenomenon" Bourgeois e Brodwin (1984) classificam a implementação da estratégia em cinco modelos que dizem caracterizar uma orientação crescente na sofisticação do pensamento relativamente à implementação.

O primeiro é o chamado Modelo de Comando, em que após um período exaustivo de análise estratégica, o director executivo toma a decisão estratégica, apresenta-a aos gestores de topo, indica-lhes para a implementem e aguarda os resultados. Neste modelo, o director executivo tem uma grande quantidade de informação e poder mas é isolado de preconceitos pessoais e influências políticas. Geralmente, ele não consegue considerar a exequibilidade da implementação. Considera-a apenas como uma variável binária ("implementável"ou não "implementável") ou como um aspecto da estratégia, com custos de tempo e dinheiro associados.

O modelo também divide a organização em pensadores e executantes.

O segundo é o Modelo de Mudança: após a tomada de decisões estratégicas, o director executivo planeia modificações na organização de forma a aumentar a probabilidade de sucesso de implementação da estratégia. Estas modificações podem consistir numa nova estrutura, em mudanças de colaboradores, novos sistemas de informação, sistemas de compensação e/ou técnicas de adaptação cultural. Este modelo começa quando o Modelo de Comando termina, ou seja, com a implementação. Tendo em conta as características deste método, poder-se-ão levantar algumas questões, em especial questões ligadas à remuneração variável. Deste modo, este modelo poderá levar mais tempo para se projectar e se tornar efectivo. No caso de uma alteração imprevisível no ambiente, poderá ser necessária uma reorientação da estratégia. Este tipo de reestruturação pode tornar-se numa tarefa árdua, uma vez que a "máquina" da empresa já está montada e estabelecida com uma estrutura firme.

O Modelo Colaborativo, terceiro modelo, implica envolver a equipa de gestão na tomada de decisão da estratégia. Para isso, o director executivo utiliza dinâmicas de grupo e discussões técnicas de forma a obter diferentes pontos de vista por parte dos gestores. O Modelo Colaborativo vence algumas limitações presentes nos modelos anteriores. Ao capturar informações mais próximas da operação, trata-se à partida de um modelo mais realista na definição e formas de implementação da estratégia. Não obstante o facto de este modelo levar a que o compromisso da equipa seja colaborativamente o ideal, este pode num contexto mais racional apresentar inúmeras limitações em se concretizar, sobretudo devido a factores técnicos, humanos, ambientais ou económicos.

O modelo Cultural tem como objectivo moldar a cultura da organização, de tal maneira que todos os seus membros participem na tomada de decisões que irão promover a criação de códigos da empresa e de símbolos, que quando absorvidos pelos trabalhadores e gestores, garantirão a identidade e unidade na acção. A pergunta a fazer por um director geral é "Como posso comprometer a minha organização com os objectivos e estratégias?". A resposta será através do envolvimento e participação de todos. O modelo cultural é o primeiro dos modelos até agora apresentados que tenta quebrar a divisão entre pensadores e executantes nas organizações.

O quinto modelo, Modelo Crescive, descreve que a estratégia segue a direcção contrária, isto é, vem de baixo para cima da organização, e não do topo para a base. O papel do director executivo passa a ser, ao contrário dos outros modelos apresentados, o de definir uma estrutura e processos na organização com o objectivo de incentivar a inovação. Deverá também selecionar criteriosamente projectos ou alternativas de estratégia que mereçam a sua atenção. O modelo de gestão estratégica Crescive sugere algumas generalizações provisórias sobre a forma como o director executivo da empresa deve agir no sentido de ajudar a organização a gerar e implementar estratégias. A recomendação é composta por cinco elementos: (1) manter a abertura da organização para informações novas e até discrepantes, (2) usar uma estratégia geral para orientar o crescimento da empresa, (3) manipular sistemas e estruturas de formas muito geral para incentivar a formulação de uma estratégia de "baixo para cima", ou seja da operação para a gestão, (4) intervir na maneira lógica e incremental descrita por

Quinn (1978) e (5) ajustar a estrutura e pessoal para minimizar os problemas de motivação.

2.1.3 VISÃO DE HREBINIAK E JOYCE

Hrebiniak e Joyce (2001) no artigo que escreveram "Implementing Strategy: Na Appraisal and Agenda for Future Research" justificam a necessidade de investigação relacionada com a implementação em vários cenários e expressam a suas visões que explicam "a implementação da estratégia ser importante mas é difícil". Segundo Hrebiniak e Joyce (2001) uma das dificuldades de uma organização é uma colecção de competências ou um conjunto distinto de competências ou capacidades, em que a maioria dos gestores sabe bem que estratégias formular e como formular mas não sabe bem o significa implementar. Outra das dificuldades associadas à implementação está relacionada com prazos, actividades de implementação duram normalmente muito mais do que a formulação de planos, podem demorar semanas, meses ou até mesmo anos o que pode implicar re-alocação de recursos. Acções dos concorrentes influenciam também os prazos, por vezes são contrárias às previstas durante o planeamento estratégico e as reacções da empresa devem ser desenvolvidas ou alteradas ao longo do tempo. O grau de dificuldade durante a implementação depende do nível de complexidade de ambas, a estratégia e organização. Grandes organizações tendem a ter estruturas complexas, devido ao seu desempenho multifuncional e muitas vezes as estratégias formuladas são igualmente complexas.

Em geral, pode-se dizer que o processo de implementação torna-se radicalmente mais difícil e moroso sempre que a estratégia de implementação é complexa e ou tamanho da organização é grande. Ainda neste contexto os autores, referem que as pessoas responsáveis pela execução precisam de saber pensar em sequencial e simultaneamente, essencialmente quando se trata de decisões-chave. O pensamento sequencial define uma sequência lógica ou cadeia de causalidade, ou a relação entre consecutivos e eventos interconectados (causa e efeito): Evento (A) → Evento (B) → Evento (C) → ... → Evento (Z). Para criar uma cadeia deste tipo, um gestor deve decidir sobre o evento (A) ou a primeira acção a ser implementada. Isto levanta a questão de pensar simultaneamente, de quais são os efeitos sobre o evento (B) e, alternativamente, quais são as mudanças necessárias em (B) para apoiar a implementação de (A). Isto, obviamente, implica que a relação entre o evento A e B deve ser estabelecida. Depois será necessário para discernir a ligação entre os acontecimentos seguintes até que o último relacionamento está estabelecido (Z).

Segundo Hrebiniak e Joyce (2001) existe a necessidade de melhorar os modelos, o que sabemos sobre implementação está fragmentado em vários campos ou disciplinas. Embora existam relações importantes entre essas áreas, os modelos actuais não têm tido sucesso em proporcionar uma compreensão dessas interdependências, de modo a permitir avançar tanto com a teoria como com a prática. Os modelos de implementação têm que abarcar tanto critérios específicos como critérios gerais. Critérios gerais são aqueles considerados utilizáveis para todos os modelos e incluem os critérios da lógica, acção, economia/poupança e receita contingente.

Critérios específicos são específicos relativamente ao conteúdo do modelo a ser desenvolvido.

Para actividades de implementação há dois critérios importantes a ter em conta, nomeadamente, que o modelo tenha em consideração tanto o problema da complexidade como o problema da eficiência.

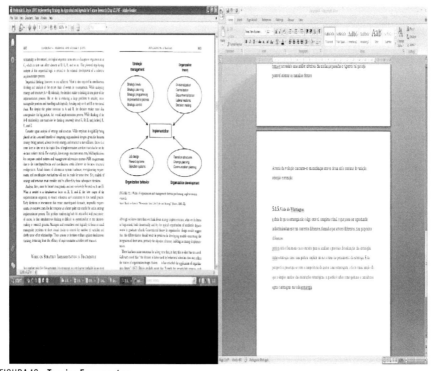

FIGURA 18 – Teorias Emergentes

A IMPLEMENTAÇÃO DE ESTRATÉGIA

Ao manter a integridade e utilidade a estratégia dos processos de implementação, uma pesquisa efectiva ajuda a organização a evitar cair em armadilhas ao nível da competência. Na verdade, a pesquisa representa uma competência importante que permite à organização lidar com a mudança em ambientes complexos e turbulentos, avaliar o impacto das actividades da implementação de estratégias e melhorar o desempenho organizacional em ambientes cada vez mais competitivos.

2.1.4 VISÃO DE COHEN AND CYERT

Cohen and Cyert (1973) referem no seu artigo "Strategy: Formulation, Implementation, and Monitoring" que é necessário decompor a estratégia geral em sequências de tempo a respeito de acções como desenvolvimento de novos produtos, introduções de novos mercados, as aquisições externas, investimento de capital, gestão de desenvolvimento e recrutamento de pessoal. Os autores chamam à atenção sobre o facto de em muitas organizações tudo ser medido em planeado em termos monetários apenas. As várias actividades necessárias para implementar uma estratégia, devem ser definidas em termos de cada tipo de recurso necessário e é prática comum para reduzir esta especificação de requisitos análises apenas a nível monetário. Infelizmente, em muitas empresas, o detalhe fundamental é apenas o orçamento para o programa estratégico e permanece como um documento de controlo. Também o que acontece nas organizações é que os objectivos de longo prazo do plano estratégico são substituídos por objectivos a curto prazo, supostamente mais importantes.

Os autores defendem que para se implementar um programa estratégico específico com sucesso, é necessário obter a cooperação entusiástica de executivos nos vários níveis da estrutura organizacional. Uma forma de conseguir essa cooperação e aceitação do plano estratégico num nível mais baixo da estrutura organizacional é garantir que estes fazem parte e são envolvidos no processo de planeamento. Além do envolvimento é fundamental, como parte do processo de implementação, examinar a estrutura organizacional formal e tentar perceber se alterações necessárias na estrutura, irá aumentar ou não a probabilidade de alcançar os objectivos especificados no plano estratégico.

Os autores referem ainda que uma componente essencial no processo de planeamento estratégico é a criação de medidas operacionais, no entanto é necessário reconhecer, que qualquer tentativa para medir performance e fornecer o parecer sobre o grau de consecução de metas atingidas é um processo de avaliação que introduz possível falhas e pode fornecer dados errados sobre o sucesso da implementação da estratégia e do negócio.

2.1.5 VISÃO DE MINTZBERG

Mintzberg (1994) no seu artigo "The fall and rise of strategic Planning" denota importância ao tema da implementação quando refere que é necessário construir um entendimento de que a estratégia não é obrigatoriamente uma prática formal, pois a verdadeira essência da estratégia é a concretização de acções. A estratégia é elaborada para ser realizada, mas a prática da implementação pode originar por si só também mudanças estratégicas, deve-se por isso considerar não só o intencional, mas também as estratégias emergentes, o que atribui ao processo estratégico a característica temporal e cíclica, de inovação e aprendizagem. Essencialmente, esta abordagem considera que as organizações apresentam problemas estratégicos distintos que devem ser modelados de forma mais flexível e adequada às medidas e funcionamento de cada organização.

2.1.6 VISÃO DE KAPLAN E NORTON

No livro que escreveram em 1996, The balanced scorecard: translating strategy into action, Kaplan e Norton referem que o Balanced Scorecard tem sido aceite e evidenciado na Implementação da estratégia e gestão, dado que as medidas financeiras são relacionadas com o desempenho do ponto de vista dos clientes, processos de negócios, crescimento e melhoria continua. A ênfase está na procura em todos os aspectos do sucesso do negócio, não só os financeiros, para compreender e controlar as suas relações e dependências, mas também na forma como é possível ter uma visão mais vasta dos pontos fortes e fracos do negócio. Embora o Balanced Scorecard tenha aparecido com o destaque de resolver o alinhamento estratégico, a implementação bem sucedida da estratégia é enfrentada por barreiras não diferentes dos acima mencionados.

Um dos focos que Kaplan e Norton destacam também e que é importante na análise do estudo em causa, a implementação da estratégia, com o Balanced Scorecard no centro do sistema de gestão, as empresas podem monitorizar os resultados de curto prazo, a partir de três perspectivas adicionais, além da perspectiva financeira, avaliando a necessidade de modificar estratégias que reflictam o aprendizado organizacional.

Kaplan e Norton diferenciam formulação de implementação de estratégia, "o Balanced Scorecard é principalmente um mecanismo de implementação e não de formulação de estratégia providencia um mecanismo muito valioso para traduzir a estratégia em objectivos específicos e permitir a monitorização da implementação da estratégia em períodos seguintes, os períodos de operacionalização".

Com base no estudo realizado em organizações americanas nos anos 90, Kaplan e Norton (1996), referem quatro principais barreiras que podem explicar falhas na implementação de estratégias de acordo com o modelo de Balance Scorcard: (1) barreiras relacionadas com visões estratégicas, (2) barreiras da não orientação de objectivos e métricas à estrutura da organização, (3) barreiras relacionadas com gestão e (4) barreira relativas ao controlo.

1) Barreiras relacionadas com visões estratégicas dizem respeito ao facto de a empresa não conseguir expressar em acções concretas a sua visão de forma compreensível e exequível. Os gestores interagem de maneiras diferentes perante a implementação de estratégias de acordo com as suas visões.

2) Barreiras da não orientação de objectivos e métricas à estrutura da organização correspondem a objectivos estratégicos de longo prazo não são quantificáveis e fragmentados em objectivos e métricas específicas a garantir pelos departamentos ou funções dentro da organização, o foco continua a ser o de curto prazo.

3) Barreiras relacionadas com gestão defrontam o facto os recursos não serem alocados de acordo com os programas de acção e prioridades estratégicas de longo prazo, que de acordo com o ponto acima nem sempre existem. Nestes casos existem incoerências entre o que é planeado e a disponibilidade quer ao nível de colaboradores quer ao nível de orçamento.

4) Barreiras relativas ao controlo surgem quando não existe conhecimento sobre que variáveis do negócio devem realmente ser controladas, não sendo possível prover o parecer sobre o estado e desempenho de como a estratégia está a ser implementada.

2.1.7 VISÃO DE BEER E EISENSTAT

Beer e Eisenstat no seu artigo de 2000, "The Silent Killers of Strategy Implementation and Learning" utilizam uma metáfora comparando a saúde e a implementação de estratégia. "Os médicos chamam colesterol elevado é um "assassino silencioso" porque bloqueia as artérias sem sintomas externos. As empresas também têm assassinos silenciosos de trabalho abaixo da superfície". Para Beer e Eisenstat os "assassinos" silenciosos podem ser superados, mas os primeiros líderes devem envolver os colaboradores das suas organizações, falando directamente com eles acerca das barreiras relativas à implementação e as suas causas subjacentes.

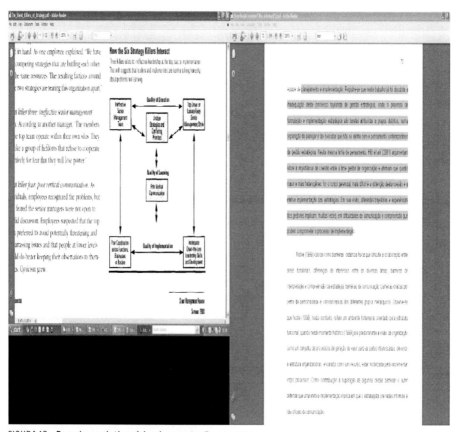

FIGURA 19 – Barreiras relativas à implenmentação e causas

A IMPLEMENTAÇÃO DE ESTRATÉGIA

Os "assassinos" a que se referem os autores são:

- Estilo de gestão do topo para baixo – Director geral define a estratégia o que pode originar situações de conflito por falta de envolvimento e conflito de interesses.
- Estratégias mal definidas e conflitos entre prioridades – A constante mudança do negócio pode originar que também as prioridades mudem o que poderá levar a mais conflitos, quer seja pela disputa de recursos dentro ou fora da organização e que levará a uma fraqueza no que diz respeito ao sucesso da implementação
- Equipa de gestão sénior ineficaz – Em muitos dos casos os gestores de topo interagem numa zona a que os autores apelidam de "silos", A expressão é normalmente aplicada a sistemas de gestão, onde o foco é para dentro e de informação e comunicação é vertical. Os autores sustentam que os silos tendem a limitar a produtividade devido ao receio dos gestores de topo perderem poder em função das mudanças que podem advir da estratégia.
- Má comunicação vertical – De acordo com o ponto anterior onde foram referenciados os "silos", este prejudicam também a comunicação, esta é vertical e pode ficar bloqueada ou enfraquecida sendo uma das barreiras mais críticas na implementação de estratégias. Os planos estratégicos não são muitas das vezes comunicados de forma acessível e normalizada aos níveis inferiores da estrutura da organização.
- Deficiente coordenação entre as funções ou fronteiras da estrutura – Se, de acordo com o ponto anterior, as camadas inferiores da estrutura da organização não conhecem ou interpretam de forma correcta as informações estratégicas, estes desconhecem os objectivos e não terão conhecimento para intervir e alertar sobre possíveis barreiras que possam comprometer a estratégia, barreiras que apenas as camadas inferiores da estrutura da organização estão aptas a identificar dada a proximidade com a operação do negócio.
- Insuficiência interna de habilidades de liderança e desenvolvimento – Aos gestores intermédios com potencial para desenvolver capacidade de liderança e perspectivas gerais de gestão, deve-lhes ser dada responsabilidade e autoridade. A autoridade deve ser usada tanto para indicar direcção como para delegar autoridade à equipas que demonstrem ser responsáveis. É imperativo que haja uma comunicação aberta e clara acerca das dificuldades existentes.

- Sem oferecer uma solução concreta para o sucesso, os autores mostram como algumas empresas e divisões fizeram o árduo trabalho de investigar as causas e, assim, melhorar seus negócios. Eles sugerem, entretanto, que nem todas as organizações estão à altura do desafio.
- Deve haver uma necessidade de negócio atraente, e os gestores de topo devem acreditar na parceria com as camadas inferiores da estrutura da organização tentando obter-se assim vantagem para ambos e claramente dissolvida em sucesso para a organização.

2.1.8 VISÃO DE BALOGUN E JOHNSON

Balogun e Johnson (2004) no seu artigo "Organizational restructuring and middle manager sensemaking" analisam o sentido dado pelos estrategas às mudanças que ocorrem na prática da estratégia das organizações e dão ênfase à observação de profissionais e do seu quotidiano nesta temática. Especialmente em organizações descentralizadas, acções, comportamentos e experiências comuns têm maior efeito sobre a gestão intermédia "senso de decisões". Na ausência da gestão de topo, a interpretação colectiva "plausível" de estratégias por parte dos gestores intermédios, tem uma maior influência sobre os rumos tomados pela organização. Segundo os mesmos autores, os gestores de topo podem tornar-se "fantasmas" em relação ao nível intermédio de decisões. Portanto, o sentido de decisões de gestores intermédios é influenciado principalmente pelo comportamento dos seus pares, características e acções.

Balogun e Johnson (2004) defendem que a formação de estratégias nas organizações necessita de estar em conformidade com as capacidades dos seus recursos humanos e a situação do mercado ao nível do cliente. Tal conhecimento não parece estar totalmente presente no nível de gestão sénior. Por essa razão os autores sustentam a necessidade de estudo das actividades dos empregados de nível inferior e dos gestores de topo a fim de determinar o nível adequado de definição e poder de cada um mediante o contexto, tipo e importância de estratégia.

2.1.9 VISÃO DE VAN DE VEM

Van de Ven e Poole (1995), no artigo "Explaining development and change in organization " descrevem que a ideia de que todo desenvolvimento

A IMPLEMENTAÇÃO DE ESTRATÉGIA

ou processo de mudança seja considerado como progresso de um estado mais simples e inferior, para um estado mais complexo e superior pode ser apenas uma suposição simplista e incorrecta, pois negligencia o possível declínio e evolução das organizações. Neste sentido, para permitir que mudanças sejam realizadas de forma a agregar valor e possibilitar a obtenção de vantagem competitiva, torna-se necessário uma análise criteriosa das mudanças passadas e vigentes, tal que seja possível orientar os caminhos futuros. Em relação ao processo de desenvolvimento de mudanças organizacionais, Van de Ven e Poole (1995) analisaram 20 teorias diferentes e criaram uma tipologia de quatro famílias básicas – ciclo de vida, dialéctica, evolução e teleologia – que ao interagirem entre si geram as demais teorias. Estas famílias foram classificadas pelo seu motor com base no modelo da mudança (prescritivo ou construtivo) e nas entidades envolvidas (apenas uma ou várias).

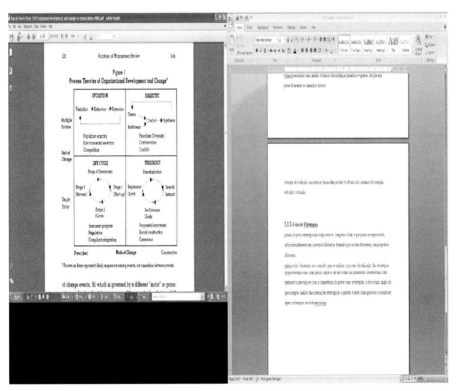

FIGURA 20 – Tipologia de quatro famílias básicas

GESTÃO ESTRATÉGICA

A teoria do ciclo de vida, explica o desenvolvimento organizacional a partir do seu início ao seu término semelhante ao crescimento orgânico. Em teoria dialéctica, a mudança organizacional ocorre quando existem valores em conflito, forças ou eventos que competem entre si e os processos ou algo que influencie e gere mudança acontece. A teoria da evolução concentra-se em mudanças que prossigam através de um ciclo contínuo de variação, selecção e retenção. A teoria teleológica compreende o desenvolvimento organizacional como uma sequência repetitiva de formulação de metas, implementação, avaliação e modificação. Segundo Van de Ven e Poole (1995) esta teoria não especifica ou presume qualquer sequência necessária de eventos e não necessita de nenhuma hipótese sobre a necessidade histórica. Ainda assim, implica um padrão para julgar a mudança, ou seja, o desenvolvimento é algo que move a organização em direcção ao seu estado final. Além disso, a teoria teleológica sublinha o objectivo do actor ou de uma unidade como motor para a mudança, também reconhece Existem várias maneiras igualmente eficazes para atingir um determinado objectivo, assim, a trajectória não é previamente determinada (Van de Ven, 1992). O desenvolvimento pode ser analisado por finalidade, objectivo, função e desejado estado final do processo.

A teoria da evolução concentra-se em mudanças através de um ciclo contínuo de variação, selecção e retenção. Van de Ven e Poole (1995) definem ainda modos de mudança o modo prescrito – mudança na teoria existente – (ciclo de vida e evolução) é o modo que as empresas estariam interessadas, que lhes dá melhores oportunidades de gestão dos processos de contratação. As variações nos processos que são produzidos sob esta modalidade são prescritos, de forma previsível e a via de desenvolvimento é conhecida e compreendida. O modo construtivo – uma ruptura com a teoria do passado – (dialéctica e teleológica), por outro lado fornece novas ideias, inovadoras e modelos de contratação descontínua para divulgar os eventos e quando o caminho futuro do desenvolvimento não é conhecido antecipadamente, ou seja, é imprevisível e mesmo descontínuo.

2.1.10 VISÃO DE WHITTINGTON

Whittington (2002) apresenta um modelo integrado de práticas que inclui três conceitos interligados: os praticantes, práticas e praxis. Os praticantes são "faz estratégia", as práticas podem ser entendidas como hábitos, artefactos e modos de agir socialmente definidos, pelos quais o conjunto estruturado de actividades estratégicas é continuamente reconstruído. Desta forma, as práticas funcionam como uma espécie de infra-estrutura, sob a qual o fazer da estratégia acontece (Whittington, 2003). A *praxis* consiste no trabalho realizado para se fazer estratégia, não apenas com a gestão de topo mas de modo transversal a toda a organização.

Whittington (2002) também revela preocupação entre a formulação de estratégia e implementação prática, a dificuldade pode estar relacionada com a ideia de que a estratégia não é algo estável, completa e final, e que possa ser reproduzida indiscriminadamente em contextos diferentes, formados por actores diferentes, com propósitos diferentes. Ao contrário disso a estratégia está sempre em constante estado de organização e construção, sendo adaptada pelos actores nas práticas sociais e no movimento de transferência, pelos quais os interesses são modificados e deslocados em diferentes direcções. A adaptação da estratégia à organização ou vice-versa levanta algumas questões que o autor descreve:

- Onde e como é o trabalho de elaboração de estratégias e organização realmente feito?
- Quem realiza esta actividade e organização, quais são as competências necessárias para este trabalho e como elas são adquiridas?
- Quais são as ferramentas e técnicas comuns de estratégias e organização?

A resposta a estas questões é muito importante e a compreensão das mesmas mostra a importância de cada acção para o contexto da formação da estratégia, existindo daí a necessidade de entender como se dá o processo. Portanto, dentro da perspectiva teórica da estratégia como prática está o fenómeno ou o conceito para se analisar o processo de realização das estratégias, o "fazer estratégia" ou o "*strategizing*". De acordo com Whittington (1996), tratar estratégia como uma prática, implica um novo rumo no pensamento da estratégia. Esta perspectiva preocupa-se com a competência do gestor como estrategista, o foco é mais amplo do que a simples análise das orientações estratégicas: a questão é saber como gestores e consultores agem e interagem em toda a estratégia. Ainda segundo este autor, a prática deve preocupar-se com o trabalho do estrategista.

2.2 ANÁLISE DAS VISÕES

Após análise das visões dos vários autores verificam-se alguns relevantes para a análise deste documento:

Autores	Pontos Relevantes
Noble (1999)	• Ênfase aos processos estruturais e interpessoais • A estratégia esta constantemente a ser afectada pelo que acontece realmente na pratica • Distinção entre quem pensa e quem faz • Distinção de vários factores que interferem com a implementação: cultura, a estrutura e estilo de gestão
Bourgeois e Brodwin (1984)	• Distinção entre quem pensa e quem faz • Envolvimento dos colaboradores na estratégia e motivação • Criação e adaptação da cultura das organizações
Hrebiniak e Joyce (2001)	• Distinção entre quem pensa e quem faz • Estratégia evolui e adapta-se mediante a realidade da organização • Estratégias são muitas vezes irrealistas o que pode interferir com o sucesso da implementação e recursos alocados à mesma • Visão de complexidade das organizações • Impactos e interdependências das estratégias noutras estratégias
Cohen and Cyert (1973)	• Requisitos de implementação são normalmente apenas medidos ao nível monetário • Impactos e interdependências das estratégias noutras estratégias • São necessárias medidas para controlar e monitorizar
Mintzberg (1994)	• Desenvolvimento de medidas de controlo e de monitorização • Distinção entre quem pensa e quem faz • Barreiras de implementação
Beer e Eisenstat (2000)	• Interpretação de estratégias por parte de gestores intermédios • Estratégias irrealistas com as capacidades da organização
Van De Ven (1995)	• Estratégia evolui e adapta-se mediante a realidade da organização • A estratégia como prática • Estudo de como todos os elementos da estrutura organizacional interagem com a implementação de estratégia

FIGURA 21 – Síntese das Revisões de vários autores

A diferenciação entre as visões dos autores deixa explícitas as limitações individuais de cada uma das visões, ao mesmo tempo que aumenta a compreensão sobre o conceito de implementação.

CONCLUSÃO

Em jeito de conclusão, importa relembrar o principal objectivo desta "essay", isto é, analisar e encontrar alguns dos factores mais relevantes que foram sendo estudados por diversos autores e que abordam a temática da implementação de estratégia. A pesquisa foi encetada com a análise de literatura básica sobre estratégia, e após a revisão mais detalhada de alguns artigos de Mintzberg, Noble e Van de Ven foi surgindo uma estrutura para análise e comparação. Ao proceder-se à análise da evolução do conceito de implementação estratégica, observa-se que este evoluiu através de diferentes fases e contextos semânticos.

Uma das primeiras conclusões que deve ser ressalvada prende-se com o facto de a maioria dos artigos relativos à implementação, que aqui foram sendo referenciados, distinguirem de uma forma muito clara as noções de "pensar a estratégia" e "implementar a estratégia". A implementação do plano estratégico constitui a segunda fase vital do processo de estratégia, isto porque, se em muitos estudos a formulação de estratégia é considerada a primeira fase, em muitos outros não se efectua a distinção de fase. O que existe é o conceito de que a formulação e implementação devem ocorrer em paralelo, uma vez que a estratégia inicialmente formulada terá necessariamente que evoluir e adaptar-se de acordo com as restrições implícitas e só detectáveis após o início da implementação. Quer isto dizer que a formulação não pode ser separada da implementação devido à velocidade necessária para explorar oportunidades num ambiente competitivo.

Entender o conceito de estratégia é precisamente um dos outros pontos essenciais no processo da implementação de estratégia. Na verdade, uma das principais dificuldades prende-se com falhas de comunicação entre aqueles que participam directamente nas acções, quer ao nível operacional quer estratégico e tanto a curto como a longo prazo. A falta de comunicação e cooperação entre as equipas é indubitavelmente um factor prejudicial no desempenho das organizações. Não raras as vezes, colaboradores deixam de trocar informações cruciais para o desenvolvimento das actividades chegando mesmo a esconder informações relevantes, explicado anteriormente através do conceito "silos" (Beer e Eisenstat, 2000). É necessária uma partilha de intenções estratégicas em toda a organização para que esta passe a ser da responsabilidade de todos.

Aspectos relativos à área de recursos humanos foram também amplamente abordados pelos autores em destaque nesta "essay". Uma das principais falhas apontadas no processo de implementação de uma estratégia está intimamente ligada à falta de comprometimento entre os diferentes intervenientes. Esta lacuna pode ocorrer aquando da formulação mas também da implementação da estratégia por parte dos gestores de topo ou das camadas mais inferiores da estrutura. Estas, ao não serem devidamente envolvidas no processo global, poderão potenciar uma maior probabilidade de que a implementação não venha a corresponder aos objectivos inicialmente definidos durante a fase da formulação da estratégia. Caso não haja um efectivo e completo envolvimento por parte dos diferentes intervenientes, o sucesso da implementação poderá estar em causa (Kathleen e Martin 2000). A contribuir para a falta de êxito, poderão estar factores tais como, formulações irreais de estratégia ou falta de conhecimento de todas as variáveis que influenciam a estratégia e a sua implementação. Essas variáveis vão desde o ambiente da organização à disponibilidade de recursos internos (financeiros, humanos ou materiais).

Outro aspecto relevante mencionado neste estudo prende-se com a importância de adaptação da estrutura, de forma a garantir uma implementação adequada e bem sucedida. Para alguns autores, o ponto de partida da implementação da estratégia implica a selecção e transformação da estrutura organizacional. De acordo com estes autores, a base da execução da estratégia está intrinsecamente ligada à coordenação de objectivos e tarefas. Um modelo bem sucedido terá necessariamente que ter em linha de conta os factores humanos na execução, bem como a estrutura e sistemas. Bourgeois e Brodwin (1984) criaram um sistema, que serviu de auxílio e melhor entendimento ao estudo, que se baseia em cinco modelos distintos para abordar a questão da implementação de práticas de estratégia.

A cultura é outro factor importante e que merece por isso destaque neste trabalho.

Logicamente as organizações estão inseridas dentro de um determinado ambiente. Não é por isso de estranhar que as corporações interajam com o meio recebendo e assimilando as suas influências, e retribuam ao influenciar o próprio ambiente também. As pessoas que actuam nas organizações são os agentes que contribuem e permitem esse constante intercâmbio. Intimamente ligados ao processo da formação cultural da organização estão naturalmente os valores com que se identificam os seus colaboradores. Pettigrew (1987) enfatiza que uma das condições relacionadas com o ambiente externo e cuja importância é vital, mas também mais difícil de medir, é precisamente a cultura. Pettigrew (1987) acrescenta ainda, que impacto sobre as organizações não é uma constante nem pode ser visto num contexto isolado. Para Bourgeois e Brodwin (1984) a força da cultura na gestão empresarial é clara. A cultura organizacional passa a ser a mente da organização, as crenças comuns que se reflectem nas tradições e nos hábitos, bem como em manifestações mais tangíveis – histórias, símbolos, ou mesmo edifícios e produtos; até certo ponto, a cultura representa a força vital da organização, a alma do seu corpo físico.

A fase final no processo da estratégia envolve a monitorização, caso o plano estratégico tenha sido ou esteja a ser efectivamente implementado e continue a ser apropriado. Isto requer que os vários aspectos relevantes ao desempenho possam ser medidos e comparados com os aspectos correspondentes e patentes no plano. Os modelos tradicionais de acompanhamento distorcem a realidade, pois são ancorados na consolidação do resultado operacional, normalmente reflectindo o passado. Numa outra abordagem, o Balanced Scorecard, permite a monitorização olhando para o futuro, pois os indicadores são confrontados com as metas a serem atingidas, o que sinaliza a tendência, o comportamento futuro.

A título de conclusão destacam-se os referenciais de implementação de estratégia, que constituem o resultado sintetizado deste estudo:

- Cultura da Organização
- Pessoas
- Processos
- Comunicação
- Formulação de Estratégias
- Métricas de Controlo
- Variáveis de Implementação

Ainda que futuras pesquisas possam vir a analisar outros parâmetros, de acordo com Hrebiniak e Joyce (2001), dificilmente existirá um modelo único de implementação. Na verdade, este trata-se de um tema complexo, e por essa razão, ao reduzirem a realidade à dimensão tratável, os modelos promovem simplificações que devem ser vistas dentro de contextos bem delineados, uma vez que a generalização poderá em última análise conduzir a inadequações.

REFERÊNCIAS BIBLIOGRÁFICAS

Ansoff, H.I. Corporate Strategy: An Analytic Approach to Business Policy for Growth and Expansion. New York: McGraw-Hill, 1965.

Balogun, J; Johnson, G. Organizational Restructuring and Middle Manager Sensemaking. Academy of Management Journal, 47 (4), p. 523-549, 2004.

Barney, J. B. Firm Resources and Competitive Advantage. Journal of Management, v. 17, p. 99-120, 1991.

Beer, M.; Eisenstat, R.A. Developing an Organization Capable of Implementing Strategy and Learning. Human Relations. v.49, n.5, p. 597-619, 1996.

Beer, M.; Eisenstat, R.A. The Silent Killers of Strategy Implementation and Learning. Sloan Management Review. v.41, n.4, p. 29-40, 2000.

Bourgeois, L.J.; Brodwin, D. Strategic Implementation: Five Approaches to an Elusive Phenomenon. Strategic Management Journal, n.5, p. 241-264, 1984.

Chandler, A.D. Strategy and Structure. Cambridge, MA: MIT Press, 1962.

Cohen, K. J. and Cyert, R. M. Strategy: Formulation, Implementation, and Monitoring, Journal of Business, July 1973.

Flood, P. C.; Dromgoole, T.; Carroll, S. J. & Gorman, L. Managing Strategy Implementation. Oxford: UK, Blackwell, 2000.

Freeman, J.; Boeker, W. T*he Ecological Analysis* of Business Strategy. California Management Review, 1984.

Hambrick, D. C. Some Tests of the Effectiveness and Functional Attributes of Miles and Snow's Strategic Types. Academy of Management Journal, v. 26, n. 1, p. 05-26, 1983.

Hrebiniak, L.; Joyce, W. Implementing Strategy: An Appraisal and Agenda for Future Research. M. Hitt, R. E. Freeman, and J. Harrison (eds.), Handbook of Strategic Management (Malden, MA: Blackwell Publishing), p. 602-626, 2001.

Eisenhardt K. M.; Martin J. A. Dynamic Capabilities: What are They?. Strategic Management Journal, 2000.

Kaplan, R. S.; Norton, D. P. The Balanced Scorecard: Measures that Drive Performance.

Harvard Business Review, 70(1), p. 71-79, 1992.

Kaplan, R. S.; Norton, D. P. The Balanced Scorecard: Translating Strategy into Action, Harvard Business School Press, Boston, Mass., 1996.

Mankins, M. C.; Steele, R. Turning Great Strategy into Great Performance. Harvard Business Review, July–August, 2005.

Miles, R. E.; Snow, C. C. Organizational Strategy, Structure, and Process. New York: McGraw-Hill, 1978.

Mintzberg, H. Perspectives on Strategic Management. New York: Harper Business, 1990.

Mintzberg, H. Crafting Strategy. Harvard Business Review, July-August p. 66-75, 1987.

Mintzberg, H. The Fall and Rise of Strategic Planning. Harvard Business Review, 72(1), 107–114, 1994.

Niederman, F; Brancheau & J.; Wtherbe, J. C. Information Systems Management Issues for the 1990s. MIS Quarterly, 15(4),475–495, 1991.

Mintzberg, H.; Waters, J. A. Of Strategies, Deliberate and Emergent. Strategic Management Journal. v.6, n.3, p.257-272, 1985.

Noble C. H. The Eclectic Roots of Strategy Implementation Research. Journal of Business Research 45 (2): 119-134, 1999.

Rumelt, R. P.; Schendel, D. & Teece, D., eds. *Fundamental Issues* in *Strategy*. Boston: Harvard Business School Press, 1994.

Peteraf, M. A. The Cornerstones of Competitive Advantages: A Resource--Based View'. Strategic Management Journal, 14(3), p. 179-192, 1993.

Pettigrew, A. M. Context and Action in the Transformation of the Firm. Journal of Management Studies. v.24, n.6, p. 649-670, 1987.

Prahalad, C. K.; Hamel, G. The Core Competence of the Corporation. Harvard Business Review. p.79-91. 1990.

Tzu, S. The Art of War. Lulu Press, 2003.

Van de Ven, A. H. Suggestions for Studying Strategy Process: A Research Note. Strategic Management Journal, 13: 169-188, 1992.

Van de Ven, A. H.; Poole, M. S. Explaining Development and Change in Organizations. Academy of Management Review, 20: 510-540, 1995.

Whittington, R. Strategy as Practice. Long Range Planning 29 (5): 731-735, 1996.

Whittington, R. Practice Perspectives on Strategy: Unifying and Developing a Field. Academy of Management Proceedings, 2002.

Whittington, R. The Work of Strategizing and Organizing: For a Practice Perspective. Strategic Organization 1 (1): 117-125, 2003.

3.2 Controlo de Gestão e Estratégia em Start-Ups

ANTÓNIO SAMAGAIO[*]

INTRODUÇÃO

O controlo de gestão surgiu em empresas maduras é geralmente associado à noção de controlo cibernético, como vigilância de um sistema capaz de o manter alinhado com dado objectivo ou trajectória pré-definido. Todavia, mais recentemente o conceito tem ganho uma maior amplitude de interpretação, em particular, o controlo de gestão deverá também garantir um melhor alinhamento da empresa com o meio, não só em termos reactivos mas dinâmicos também. Começa assim, a ganhar legitimidade a noção de sistemas de controlo facilitadores e até estimuladores da inovação. Este trabalho visa explorar, em termos de revisão da literatura, as relações entre o controlo de gestão e estratégica e, em particular, a gestão estratégica nas empresas startups[48].

A criação de empresas contribui para o aumento da competitividade, é fonte de inovação, de progresso técnico e criação de emprego. Assim, o empreendedorismo poderá constituir um catalisador do crescimento económico dos países e factor fundamental numa economia que se deseja ser cada

---

[*] ADVANCE, Centro de Investigação Avançada em Gestão do ISEG, ISEG – School of Economics and Management, Universidade de Lisboa.

[48] Por startup entendemos as empresas que se encontram na fase inicial do seu desenvolvimento e que atendendo às etapas do modelo de ciclo de vida de Miller e Friesen (1984) serão enquadradas entre a fase do nascimento e crescimento. Por isso, trata-se de pequenas e médias empresas jovens que estão a crescer.

vez mais competitiva e moderna. Mesmo em períodos de recessão são os empreendedores que constituem o principal motor da retoma (Kuratko, 2006).

Radicado no entusiasmo do empresário e das pessoas que o acompanham, a nova empresa procura introduzir no mercado bens e serviços que de alguma forma vão ao encontro de necessidades (explícitas e/ou latentes) de um grupo de compradores potenciais previamente identificado. Nesta fase, o empresário debate-se com a necessidade de ganhar clientes, aumentar as vendas e gerar cash-flows suficientes para que a empresa sobreviva. Se a proposta inicial for bem aceite pelo mercado, a etapa estratégica seguinte passa por alargar a oferta em termos geográficos e/ou em termos de produtos.

A evolução bem sucedida de uma startup tem consequências ao nível da estrutura organizacional. Tal como nas grandes empresas, a implementação bem sucedida das estratégias depende em parte, da configuração da estrutura organizativa[49] estar adequada à fase do ciclo de vida da empresa (Simons, 2005). No princípio tudo gira à volta dos fundadores da empresa. São eles que estabelecem relações com os principais clientes e fornecedores, definem programas de produção, estabelecem preços e definem regras sobre como deve ser executado o trabalho, contratam e avaliam os empregados e participam activamente no desenvolvimento de novos produtos. Consequentemente, a estrutura organizacional é bastante informal, a informação está centralizada num número reduzido de pessoas (basicamente nos fundadores) e é transmitida predominantemente cara-a-cara.

Todavia, com o crescimento do negócio, os sistemas informais de informação deixam de dar resposta aos novos desafios de gestão das startups – a rede de informação fica sobrecarregada (Davila, 2005a). O fundador deixa de ter capacidade de estar envolvido na tomada de todas as decisões chave (Simons, 2000). O surgimento de novas tarefas, a descentralização de responsabilidades por gestores operacionais com a consequente libertação da gestão de topo para tarefas de orientação estratégica, a necessária coordenação de actividades entre vários intervenientes e monitorização da envolvente externa com vista a detectar ameaças ou novas oportunidades de negócio, são só alguns dos exemplos da nova realidade que as startups têm de

---

[49] De acordo com Simons (2005) a configuração da organização refere-se aos sistemas formais de responsabilidade que definem as posições chave na organização e legitima o direito de estabelecer objectivos, de receber informação e influenciar o trabalho dos outros. De uma forma mais genérica, a estrutura organizacional corresponde à forma como as empresas organizam os recursos para atingir determinados objectivos (Atkinson *et. al*, 1997).

enfrentar. Em termos orgânicos, a empresa começa a estar estruturada por áreas ou especialidade. É nesta fase que surgem os primeiros Centros de Custos relacionados com a função de Investigação e Desenvolvimento, Produção, Logística, Administrativos e Marketing. Mais tarde como resposta à expansão geográfica da actividade surgem a necessidade de criar os Centros de resultados e/ou de investimento. Consequentemente, estes factos tornam premente a necessidade de institucionalizar sistemas formais de informação para a gestão que acompanhem a evolução da estrutura organizacional das startups.

O sucesso das startups na evolução do estádio do ciclo de vida está dependente, entre outros factores, da introdução de Sistemas de Controlo de Gestão (SCG) adequados à fase do ciclo de vida da empresa, pelo que, essa introdução será um evento importante na vida de uma empresa jovem e em crescimento (Davila e Foster, 2005). De acordo com Greiner (1972) a adopção dos SCG permite às empresas recentemente criadas com rápido crescimento fazer face à crescente necessidade de informação. O insucesso das empresas e restrições ao crescimento são causadas em parte pela falta de SCG adequados (Greiner, 1998). Por outro lado, Greiner (1998) refere que por vezes o fundador tem de ser substituído por um gestor profissional porque em determinadas circunstâncias o empreendedor tem revelado incapacidade de se tornar um gestor. Neste sentido Flamholtz e Randle (2000) referem que os SCG são um instrumento importante para o crescimento das organizações.

Esta importância relativa dos SCG, tendo em consideração o ciclo de vida da empresa (contexto), deve-se, igualmente, às possíveis consequências de uma boa ou má utilização e processamento da informação no futuro da empresa. Em comparação com uma grande empresa, é extremamente importante para as startups a adopção de um sistema de contabilidade de custos que apure correctamente o custo de produção dos bens e serviços. A negociação de um contrato baseado em informação errada pode comprometer definitivamente o futuro da empresa. Por isso, Merchant e Ferreira (1985) argumentam que a falta de controlo na fase inicial da vida das empresas constitui uma séria ameaça à sua sobrevivência.

Tradicionalmente, os SCG estão conotados com tarefas de policiamento e burocratização da gestão (Jordan *et al*, 2003), sendo por isso a sua implementação encarada como um procedimento contrário ao espírito empreendedor que teve na base da criação da empresa (Morris e Trotter, 1990).

GESTÃO ESTRATÉGICA

A institucionalização da divisão do trabalho e de objectivos a atingir, a introdução de orçamentos, o estabelecimento de métricas de desempenho, entre outros instrumentos de gestão, são vistos por alguns gestores e empregados que estão na empresa desde a sua fundação como inibidores do espírito de inovação e criatividade – imagem de marca das startups.

O problema fulcral para as startups passa por conseguir gerir eficazmente a hipotética relação conflituosa entre inovar e controlar (Simons, 2000). Para crescer e gerar lucros a empresa necessita constantemente de inovar. A inovação passa por desenvolver novos produtos mas também por novas formas de executar os processos. A criação de valor e a sustentação das vantagens competitivas dependem da capacidade dos gestores em incutir ou manter um espírito empreendedor na estratégia da empresa – *Strategic Entrepreneurship*. Por outro lado, necessita igualmente de mecanismos de controlo que garantam que os comportamentos dos gestores e dos empregados não põem em risco a continuidade da empresa, que os objectivos estratégicos pretendidos são concretizados, que os esforços individuais têm como denominador comum o interesse da empresa – *Strategic Control*. Mas para além de instrumentos essenciais à implementação das estratégias desejadas (visão do comando e controlo), os SCG podem igualmente ser catalisadores da mudança sendo por isso fonte para a formação de estratégias emergentes. Na opinião de Davila (2005a), os SCG podem contribuir para o desenvolvimento de competências relacionadas com a aprendizagem, comunicação e experimentação, vectores fundamentais para o desenvolvimento de estratégias inovadoras essenciais à sobrevivência e crescimento das startups numa envolvente cada vez mais dinâmica – *Control for Innovation*.

Em suma, o desafio consiste em encontrar SCG capazes de conciliar controlo com liberdade dos indivíduos, flexibilidade, criatividade/inovação (Lukka e Granlund, 2003). Numa perspectiva contingencial, os melhores SCG serão aqueles que estando adaptados ao contexto organizacional (Chenhall, 2003) contribuem para o desenvolvimento de vantagens competitivas sustentáveis que se traduzam em criação de valor. Trata-se dos SCG ao serviço da estratégia das startups!

Nos próximos dois capítulos procuraremos fazer uma revisão do estado da arte sobre o conhecimento existente sobre a relação entre o Controlo de Gestão e a Estratégia, com especial incidência nas implicações para uma melhor gestão da performance das startups. Mais concretamente, no segundo capítulo será exposto um resumo dos estudos que se têm focado sobre a análise das relações entre estratégia e empreendedorismo/inovação, estratégia e controlo de gestão, controlo de gestão e inovação. Adicionalmente, será apresentado duas teorias desenvolvidas nos últimos anos que procuram relacionar os três conceitos. No terceiro capítulo evidencia-se os estudos normativos e empíricos que foram desenvolvidos nesta temática mas tendo como população de investigação as startups. O último capítulo será apresentado uma súmula sobre o tema e algumas pistas de investigação futura.

1. A TRÍADE: ESTRATÉGIA, CONTROLO E EMPREENDEDORISMO

Na literatura é possível encontrar alguns trabalhos de investigação que estudaram a relação entre os três conceitos objecto de análise deste artigo: estratégia, controlo e empreendedorismo/inovação. Todavia, na maioria dos casos (trabalhos normativos ou empíricos) não se têm estudado em simultâneo, a relação dinâmica entre essas três variáveis.

Um dos pioneiros a debruçar-se sobre esta temática foi Simons (1987, 1995, 2000) ao desenvolver a teoria dos quatro mecanismos de controlo (*levers of controls*): sistemas de crenças, sistemas de fronteira, sistemas de controlo de diagnóstico e os sistemas de controlo interactivos. Para este académico a implementação da estratégia de negócio passa pela utilização de SCG que permitam gerir eficazmente a tensão entre inovação/criatividade e controlo. Só assim será possível desenvolver vantagens competitivas e atingir um crescimento lucrativo sustentável. Mais recentemente, Davila (2005b) propõe um *framework* de análise do papel que os SCG podem desempenhar na gestão da inovação e por conseguinte nas alterações da estratégia de negócio. Baseado nessas duas teorias, a Figura 22 sumaria as relações que é possível estabelecer entre estratégia, controlo de gestão e empreendedorismo/inovação.

Na próxima secção começaremos por identificar os fundamentos do estudo do relacionamento entre Estratégia e SCG. Nas secções seguintes apresentaremos as duas teorias acima referidas e os resultados de alguns trabalhos empíricos desenvolvidos no campo da *Strategic Control, Strategic Entrepreneurship* e do *Control for Innovation*.

GESTÃO ESTRATÉGICA

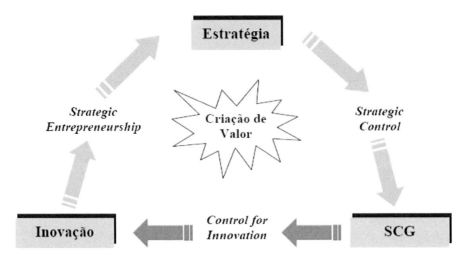

FIGURA 22 – Estrutura de análise do tema

1.1 FUNDAMENTOS DA RELAÇÃO ENTRE SCG E ESTRATÉGIA

Desde os anos 60 que o tema da estratégia tem sido objecto de interesse por parte da comunidade académica (Pettigrew *et al*, 2002) com especial incidência para o estudo das suas implicações nas mais variadas vertentes na gestão das organizações. Na opinião de Rumelt *et al* (1994) é importante estudar as inter-relações existentes entre a gestão estratégica e as disciplinas vizinhas de forma a poder contextualizar os assuntos que fazem parte da estratégia. No que diz respeito ao controlo de gestão, somente a partir da década de 80 começaram a surgir importantes estudos sobre a temática do relacionamento entre Estratégia e SCG (Langfield-Smith, 2005).

Embora nesses trabalhos se considere que os SCG não são meros procedimentos mas antes instrumentos estratégicos, a revisão da literatura mostra que não tem existido uma visão uniforme ao longo do tempo sobre a natureza estratégica dos SCG.

Inicialmente os SCG foram considerados unicamente como instrumentos de gestão passivos, ou seja, meros instrumentos que canalizam os esforços dos gestores para a implementação das estratégias pretendidas para empresa. Nos últimos anos esta concepção evoluiu par um estádio em que os SCG contribuem igualmente para o desenvolvimento de respostas estratégicas inovadoras (Chapman, 2005). Nesta óptica os SCG tem vindo a ser apresentados pela comunidade académica como instrumentos de gestão activos essenciais para exploração e desenvolvimento de vantagens competitivas sustentáveis numa arena cada vez mais turbulenta e global. Esta evolução do papel dos SCG na gestão estratégica empresarial não é alheio o desenvolvimento do próprio conceito de Estratégia.

1.1.1 CONCEITO DE ESTRATÉGIA

A perspectiva sobre o que é a Estratégia empresarial tem evoluído ao longo das últimas décadas, existindo por isso, um leque alargado de definições. A título de exemplo, apresentamos duas definições de Estratégia. Hitt *et al* (2001, p. 480) vêem a gestão estratégica como um *conjunto de compromissos, decisões e acções concebidas e executadas de modo a produzir uma vantagem competitiva e ganhar uma rendibilidade acima de média.* Já Rumelt *et al* (1994, p. 9) concebem a estratégia como um conjunto de decisões integradas que garantam a sobrevivência e o crescimento da empresa, ou seja, *decisões respeitantes à selecção de objectivos, à escolha de produtos e serviços a oferecer, à configuração das políticas que levam ao posicionamento da empresa no contexto, à escolha da gama e diversidade de produtos/serviços/mercados e de actividades, ao delineamento da estrutura organizacional, sistemas de gestão, procedimentos e políticas para definir e coordenar o trabalho.*

Em ambas as definições existe um tronco comum: decisões e acções que determinam o desempenho da empresa e por conseguinte contribuem para o sucesso ou insucesso a longo-prazo da organização. A forma como é desenvolvido este princípio basilar da Gestão Estratégica depende da ênfase dada pelas diferentes escolas à forma como as estratégias devem ser formuladas/formadas – denominado por ***strategy-making process***. O fazer estratégia não é mais do que estabelecer a missão da empresa e o modo como pretende sustentar a visão e como vai gerar riqueza (Dess e Lumpkin, 2005). O estudo do *strategy-making process* tem evoluído nas últimas décadas. Por exemplo, Mintzberg (1990) identificou 10 correntes de pensamento sobre a estratégia significativamente diferentes entre si. Ao passo que Whittington (1993) definiu quatro escolas sobre a Estratégia, baseando-do essa distinção em duas dimensões: objectivos associados à Estratégia e nos processos que esta assume (Figura 23).

GESTÃO ESTRATÉGICA

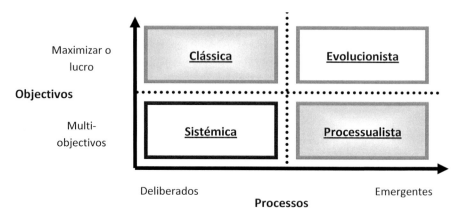

FIGURA 23 – Perspectivas genéricas sobre Estratégia
Fonte: Whittington (1993, p. 3)

Atendendo às características apresentadas para cada uma delas, a perspectiva clássica e processualista foram as duas que na nossa opinião, tiveram maiores implicações para o estudo do papel dos SCG na gestão estratégica das empresas. Whittington (1993) apresenta as seguintes características sumárias para cada uma das perspectivas (Tabela 20):

	Clássica	Processualista
Principais autores	Chandler, Ansoff, Sloan e Porter	Cyert &March, Mintzberg e Pettigrew
Estratégia	Formal	Construção
Base racional	Maximizar o lucro	Vago
Processo	Analítico	Negociação e aprendizagem

TABELA 20 – Características de duas perspectivas sobre estratégia
Fonte: Whittington (1993), *What is strategy – does is matter?* pág. 40

Os clássicos concebem a estratégia como um processo racional e analítico de articulação meticulosa entre planos e objectivos que visam obter a maximização sustentável do lucro. Este objectivo estratégico é possível de atingir porque a envolvente e a organização são passíveis de serem modeladas. Consequentemente, a criação de valor passa pela institucionalização de um processo sistemático compartimentado em três grandes momentos: formulação ou explicitação, implementação e controlo.

Os defensores da perspectiva processualista argumentam que a Estratégia emerge mais como um processo de compromisso, aprendizagem e negociação e menos como uma racionalização. A rejeição da racionalidade perfeita dos agentes não implica que as decisões não tenham sido reflecti-das ou tomadas à sorte. De facto, existem processos de decisão analíticos e racionais (mesmo que limitadamente) mas também existem decisões e acções que decorrem da capacidade humana de criar (Venkataraman e Saravasthy, 2005). Essa capacidade só é possível de ser materializada atra-vés da experimentação, da acção do dia-a-dia pois é aí que existe a possibi-lidade de reconhecer as oportunidades. Conforme é referido por Buchanan e Vanberg (1991) o futuro é sobretudo incognoscível, logo um mercado não se descobre mas antes cria-se com a exploração das oportunidades.

A maximização do lucro não é o único objectivo presente na empresa. Factualmente, as organizações são compostas por indivíduos com diferen-tes interesses, cuja diversidade implica a criação de acordos – Estratégia como um compromisso político (Whittington, 1993). Por outro lado, os objectivos nem sempre estão totalmente definidos à partida, pois muitas das metas emergem da intencionalidade humana na execução dos proces-sos no dia-a-dia. O resultado é o produto da acção humana pelo que estar a delimitar previamente qual será o resultado atingir é por conseguinte criar na acção restrições à criatividade, incentivo à concretização da vulga-ridade. Por exemplo, indicar a um vendedor qual o volume de vendas que tem de atingir é perigoso pois poderá utilizar meios para atingir o objec-tivo que sejam prejudiciais à performance futura da empresa. Neste con-texto, Venkataraman e Sarasvathy (2005) argumentam que a gestão estra-tégica baseada na acção criativa é antes um processo de escolha endógeno. Para isso é necessário que se assuma que a natureza humana tem os seguin-tes valores (Simons, 2000): pessoas querem contribuir, pessoas escolhem fazer o que pensam que está certo, brigam para concretizar, gostam de ino-var e desejam realizar um trabalho competente.

Quando a organização e o contexto são ambíguos e complexos não faz muito sentido falar em estratégia como um processo racional de planea-mento de longo-prazo, bem como, a separação entre quem concebe (polí-tico) e executa (operacional). Tal como na actividade do artesão, o processo de criação de estratégia é contínuo e adaptativo, feita passo a passo, em que a formação e implementação estão entrelaçadas (Mintzberg, 1987). Ape-sar de existir linhas de orientação ou intentos principais, a construção da Estratégia resulta também da descoberta na acção, ou seja, de um processo flexível e de adaptação incremental. No fundo, esta lógica incremental reconhece as limitações humanas promovendo por isso a necessidade da empresa considerar a existência de estratégias baseadas em processos de experimentação e aprendizagem.

A fonte de vantagens competitivas sustentáveis é um outro factor que diferencia as duas correntes de pensamento. Os processualistas assumem que as organizações e os mercados não são perfeitos logo nem todos os recursos[50] necessários ao desenvolvimento do negócio estão disponíveis para serem transaccionados. Especialmente em determinados sectores, o principal recurso que a organização possui são os activos intangíveis, ou seja, competências desenvolvidas internamente. A perspectiva da *Resource-based view* desenvolvida por vários académicos (e.g. Wernefelt, 1984; Barney, 1991) chama atenção para a necessidade da Estratégia também incorporar preocupações em como explorar e desenvolver as competências chave (saber fazer) e distintivas (fazer melhor que a concorrência) que sustentem um crescimento lucrativo a longo-prazo da organização. No lado oposto estão os clássicos com uma orientação externa que sustentam que a estratégia passa principalmente por saber posicionar a empresa no mercado. Porter (1980, 1985) argumenta que as vantagens competitivas resultam da correcta análise formal da indústria em que se quer competir e da escolha de uma estratégia adequada ao contexto da indústria seleccionada a partir do menu de estratégias genéricas previamente tipificadas.

O *strategy-making process* inerente à perspectiva clássica e processualista podem ser enquadrados, respectivamente, naquilo a que Mintzberg (1978) denominou por Estratégias Pretendidas e Estratégias Emergentes. As primeiras representam os planos desenvolvidos periodicamente com vista a atingir determinados objectivos – formulação da estratégia –, enquanto as segundas constituem as acções realizadas diariamente com vista a contornar as ameaças e a explorar as oportunidades através de processos contínuos e incrementais de experimentação e aprendizagem – formação da estratégia.

A distinção entre as duas escolas podem ser igualmente estabelecida tendo como base a utilização de uma perspectiva de conteúdo e do processo (Bourgeois, 1980). No caso da perspectiva do conteúdo o enfoque reside no que deve ser a estratégia da organização de modo atingir uma boa performance – *what strategy?* Atendendo às características da indústria e aos recursos e competências disponíveis são seleccionadas as estratégias apro-

---

[50] De acordo com Wernerfelt (1984) *recursos são activos tangíveis ou intangíveis detidos por uma organização de uma forma semi-permanente.*

priadas de um conjunto delas previamente tipificadas. A mudança de estratégia quer seja incremental ou radical decorre de orientações da gestão de topo. O formalismo e a sequência lógica estabelecida a partir de um roteiro com as linhas mestras de como devem ser ultrapassadas cada uma das etapas (objectivos, formulação, análise e operacionalização) constituem características indissociáveis desta perspectiva.

Ao contrário de uma atitude prescritiva, a perspectiva do processo adopta uma visão descritiva sobre a dinâmica das relações entre formação e a implementação das estratégias – *how strategy is enacted*? A partir da implementação é possível encontrar novos rumos para a organização, ou seja, identificar oportunidades e ameaças que merecem a atenção da empresa. A estratégia resulta da acção como tal os estrategas estão dispersos pela organização. Os gestores operacionais e os restantes empregados são quem executa as actividades primárias e de suporte da organização, estabelecem relações com clientes e fornecedores. Estas experiências fazem parte de um processo incremental de aprendizagem, cujo conhecimento acumulado no dia-a-dia contribuem para a emergência de estratégias. No fundo, esta perspectiva reconhece que a própria estrutura organizacional e os processos podem também determinar o conteúdo das estratégias (Nelson e Winter, 1982).

Por último, na literatura sobre gestão estratégica é possível identificar três níveis de estratégia (Wheelen e Hunger, 2002):

- Estratégia global (*Corporate Strategy*): define-se em que indústrias/negócios a empresa vai competir e a forma como vai estar presente – integração vertical ou horizontal
- Estratégia negócio (*Business Strategy*): coloca-se ênfase no modo como se vai posicionar dentro de um determinado negócio – competitiva ou cooperativa; como melhorar a posição competitiva dos produtos num segmento específico.
- Estratégia funcional (*Operational Strategy*): ocupa-se das diversas actividades funcionais que devem ser desempenhadas no âmbito dos objectivos globais e da unidade de negócio.

Na investigação desenvolvida em SCG apenas a estratégia de negócio e a funcional tem sido consideradas (Langfield-Smith, 1997).

1.1.2 IMPLICAÇÕES DAS CONSIDERAÇÕES SOBRE A ESTRATÉGIA NOS SCG

A evolução do pensamento sobre Estratégia tem influenciado o modo como se ensina, a investigação que se produz e os instrumentos que se utiliza na Contabilidade ou Controlo de Gestão. No campo do ensino é comum encontrarmos nos livros que tratam desta área, capítulos sobre a Estratégia ou então sobre a *Strategic Management Accounting*. Ao nível dos instrumentos ou técnicas utilizados na área dos SCG assistiu-se a uma evolução. Numa fase inicial, os SCG aparecem associados ao planeamento estratégico, à coordenação e monitorização das actividades e à avaliação de performance. A informação proporcionada era expressa essencialmente em termos de sistemas e métricas contabilísticas (Norman, 1965). Como exemplos tradicionais de instrumentos baseados na contabilidade temos sistemas de custeio, o custo padrão, orçamentos, análise de desvios, *return on investment*. Consequentemente, a designação de SCG tinha no início uma conotação equivalente aos Sistemas de Contabilidade de Gestão.

Todavia, na opinião de Johnson e Kaplan (1987), os sistemas de contabilidade de gestão tradicionais não proporcionavam na época, informação útil às novas questões estratégicas sobre as quais os gestores têm que se debruçar nos últimos tempos: qualidade, *just-in-time*, ausência de defeitos reengenharia de processos, inovação, gestão de redes de parcerias. A importância de considerar as questões estratégicas nos SCG deu origem ao desenvolvimento de instrumentos relacionados com:

– Custeio dos produtos: *Activity-based Costing*, *Target Costing*, custo do produto ao longo do ciclo de vida;
– Sistemas integrados de avaliação da performance: *Balanced Scorecard*, *Tableau Bord*;
– Métricas de desempenho baseadas no valor criado: *Economic Value Added*, Resultado residual, *Cash-flow return on investment*, etc..
– Análise de rendibilidade de produtos e mercados.

A título de exemplo, uma das discussões retratadas na literatura prende-se com a função dos sistemas de custeio na empresa. Para alguns autores (Adler, 1996; Cooper e Kaplan, 1998) o sistema de custeio não pode apenas reportar a informação sobre os custos passados, mas ser um instrumento de suporte às decisões operacionais e estratégicas sobre os processos, clientes alvo e produtos e serviços oferecidos. Consequentemente, a escolha do sistema de custeio é antes de tudo uma variável endógena e estratégica (Alles e Datar, 1998). Por isso, o *Activity-based costing* surgiu como método que procura aperfeiçoar a relação entre custo e os segmentos e por conseguinte compreender melhor quais as implicações no custo dos produtos das decisões estratégicas tomadas nas diferentes actividades empreendidas na empresa (Cooper e Kaplan, 1988). Ao nível dos sistemas integrados de avaliação da performance, o *Balanced Scorecard* procura dar uma visão global e integral do desempenho organizacional ao nível de quatro vertentes[51] resultante das diferentes estratégias perseguidas pela empresa (Kaplan e Norton, 1996, 2004). Decorrente da estratégia são definidos objectivos, indicadores críticos de desempenho, metas e as iniciativas a desenvolver. Este instrumento permite visualizar a relação causa-efeito dos diferentes objectivos na performance da empresa, bem como visualizar as implicações operacionais das diferentes estratégias.

Em suma, estes novos instrumentos permitiram que a informação preparada pelos SCG tenha hoje um âmbito muito mais alargado do que no início (Chenhal, 2003). De mera informação contabilística/financeira, os SCG poderão proporcionar informação interna (qualidade, produtividade, estatísticas sobre o *just-in-time*, etc.) externa (relacionada com o mercado, clientes, fornecedores). Hoje os SCG engloba um conjunto de subsistemas: sistemas de contabilidade de gestão, sistema de recursos humanos e sistemas de qualidade. Em suma, integram diferentes sistemas que se integram na visão da estratégia da *Resource-based theory* – capacidade de desenvolver recursos internamente capazes de identificar e explorar as oportunidades.

No campo da investigação teórica e empírica esta tem sido fértil em trabalhos que tem analisado o relacionamento entre Estratégia e SCG. Desde os anos 80 que a investigação em SCG tem adoptado uma perspectiva contingencial baseada na teoria organizacional (Chenhal, 2003). De acordo com a perspectiva contingencial a estrutura organizativa é composta por subsistemas que devem estar adaptados à envolvente e que contribuem para a sobrevivência da organização num contexto cada vez mais incerto. Entre outras variáveis contingenciais, a Estratégia constitui um dos principais determinantes na concepção dos SCG nas organizações. Por isso, esta corrente de investigação tem como principal mensagem a de que os SCG devem ser desenhados de modo a suportar as estratégias que conduzam à criação de vantagens competitivas sustentáveis e uma boa performance

---

[51] A perspectiva financeira, dos clientes, dos processos e da aprendizagem e desenvolvimento.

(Langfield-Smith, 1997). Esta ideia releva a importância de estudar como é que esse papel (suporte) pode ser desempenhado.

A concepção proposta por Mintzberg (1978) sobre a formação das Estratégias é fundamental para entendermos o papel dos SCG na gestão estratégica das organizações. De facto, a dicotomia entre estratégias pretendidas e estratégias emergentes, abriu espaço para diferentes entendimentos sobre o que é o controlo de gestão e qual o seu papel na organização. Uma das primeiras definições de SCG foi enunciada por Anthony (1965) como o processo pela qual os gestores asseguram que os recursos são obtidos e utilizados eficaz e eficientemente na realização dos objectivos da empresa. Por sua vez, Anthony e Govindarajan (2003) entendem os SCG como um processo conduzido de forma repetitivo e coordenado através do qual os gestores asseguram que as pessoas com quem trabalham implementam as estratégias concebidas. Ambas as definições enfatizam o papel dos SCG como veículo elementar de implementação das estratégias pretendidas – visão cibernética do controlo. Tal decorre da sua perspectiva clássica sobre estratégia ao referir que a formulação da Estratégia compete aos gestores de topo e a sua execução aos gestores divisionais ou operacionais. Implementação ou execução consiste no processo de levar à prática as estratégias e políticas previamente planeadas. Consequentemente, existe a necessidade de institucionalizar sistemas administrativos adequados que garantam que os gestores operacionais estão a implementar correctamente as estratégias previamente planeadas. Nesse grupo de instrumentos incluem-se os SCG (Preble, 1992), cuja intervenção dentro do planeamento estratégico circunscreve-se à identificação dos objectivos, análise de opções, comunicação dos planos de acção, coordenação e monitorização da implementação e por fim estabelecer incentivos em função do desempenho alcançado (Chenhal, 2005). Em suma, numa primeira abordagem os SCG são úteis nas organizações mecanicistas pois contribuem para a execução da estratégia com a minimização dos desvios face aos objectivos previamente estabelecidos aquando da formulação da estratégia.

A segunda definição acima apresentada apresenta uma evolução face à primeira, ao considerar que os SCG são instrumentos capazes de influenciar o comportamento dos gestores e dos empregados por exemplo através do alinhamento do sistema de incentivos (Flamholtz et al, 1985; Simons, 2000). Cada vez mais, as organizações bem sucedidas são aquelas em que existe uma congruência entre os objectivos dos indivíduos e da empresa, onde os recursos humanos estão motivados e a avaliação de desempenho é em função do contributo para o valor criado pela empresa. Esta orientação económica da teoria da agência vai ao encontro da visão micropolítica da organização apresentada pela escola processualista sobre a Estratégia como um compromisso político. De facto, é fundamental perceber que uma organização interage com vários agentes internos e externos, comumente denominadas por *stakeholders*, os quais têm diferentes interesses sobre a empresa. Assim, as diferentes expectativas das várias partes têm que necessariamente serem consideradas na concepção dos SCG. Adicionalmente, a era da focalização na satisfação do cliente e da construção de parcerias, implicou uma mudança no estereótipo que se faz dos empregados: de meros números a recursos ou activos. Os gestores e empregados são a face visível da empresa junto dos consumidores e fornecedores. Na opinião de Simons (2005) os empregados tornaram-se parceiros críticos na implementação das estratégias, pois assumem um papel de receptores de informação e de decisores (época do *empowerment*). Por isso, torna-se crucial conceber estruturas orgânicas (Centros de Responsabilidade) e SCG capazes de influenciar o modo como os gestores e empregados fazem o seu trabalho e em que campo é que devem prestar maior atenção de modo a contribuírem activamente para a implementação da estratégia.

A teoria comportamental de Cyert e March (1963) vai mais além e enfatiza que as decisões tomadas estão delimitadas pelas limitações cognitivas dos indivíduos e pela vontade dos indivíduos e grupos, logo são susceptíveis à ocorrência de erros. Consequentemente, existe um processo de aprendizagem e adaptação que constitui a base para o surgimento das Estratégias. Assim, Mintzberg (1978) enuncia que as estratégias realizadas são uma combinação de estratégias pretendidas e estratégias emergentes. As decisões sobre o rumo da organização resultam de uma combinação de acções previamente planeadas e de acções espontâneas tomadas no dia-a-dia. Tendo presente esta realidade, Simons (2000, p. 5) propõe a seguinte definição de SCG: *procedimentos e rotinas formais que proporcionam informação que os gestores utilizam para manter ou alterar padrões nas actividades da organização*. Para além de comportar a visão tradicional de comando e controlo, a definição de Simons (2000) atribui um novo papel aos SCG que é o de serem dinamizadores da obtenção de informação que estimule a criatividade e inovação de produtos e nos processos internos. Esta nova perspectiva dos SCG tem eco a partir de teorias e estudos recentemente desenvolvidos que evidenciam o efeito positivo dos SCG na inovação e por conseguinte no desenvolvimento de novas alternativas (Davila, 2005b). Em suma, os SCG são hoje apresentados como instrumentos necessários à implementação das estratégias desejadas mas são, simultaneamente, catalisadores da mudança e adaptação às alterações da envolvente sendo por isso fonte para as estratégias emergentes. De acordo com Bromwich (1990) a chave para uma correcta concepção e implementação dos SCG passa por no âmbito dos seus papéis, incorporar uma preocupação em produzir informação de cariz estratégico. Informação que influencie o destino da organização e contribua para que os gestores criem valor – sinal do sucesso das estratégias realizadas.

As noções acima apresentadas revelam dois importantes papéis desempenhados pelos SCG com impacto no desempenho da organização e por isso funções estratégicas (Baiman, 1982): proporcionar informação para a tomada de decisões sobre acções que determinam o desempenho da organização e promover a congruência de objectivos de diferentes entidades. A gestão baseada em factos em detrimento da intuição e do palpite é um dos propósitos primários dos SCG. Horngren (2004) reforça esta ideia ao afirmar que os SCG existem porque são necessários para recolher informação que suporte as decisões. No segundo papel, os SCG são importantes na redução dos custos de agência. A existência do principal (investidor) e do agente (gestor e empregado) conduz à necessidade de introduzir mecanismos formais de monitorização da actividade que garantam a congruência de objectivos entre as partes envolvidas.

O estudo teórico e empírico do contributo dos SCG para estes dois intentos estratégicos tem sido analisado mais recentemente sob duas grandes perspectivas: do conteúdo e do processo da estratégia (Chenhall, 2005). Na perspectiva do conteúdo, os SCC são instrumentos que desempenham um papel de comunicação das estratégias pretendidas, coordenação e monitorização da sua implementação. Enquanto na perspectiva do processo, os SCG constituem instrumentos dinâmicos de aprendizagem e de resposta a oportunidades e ameaças identificadas nas acções desenvolvidas no dia-a-dia. Por conseguinte, trata-se de veículos de informação que estimulam o surgimento de novas ideias que se tornarão nas estratégias futuras lucrativas. Em suma, os SCG podem intervir na fase da implementação das estratégias pretendidas – **Strategic Control** – e/ou então participarem activamente no processo de formação de novas estratégias que deverão ser concretizadas – **Control for Innovation**.

Antes de avançarmos para uma análise mais aprofundada sobre esses dois conceitos focaremos agora nas implicações da criatividade da acção humana na gestão estratégica pois tal é necessário para compreendermos o porquê de relacionar os SCG com a inovação.

1.2 EMPREENDEDORISMO ESTRATÉGICO

O objectivo empresarial principal é o de criar valor para os accionistas e por inerência para os clientes. Para esse feito, é necessário que os gestores tomem decisões sobre assuntos que determinem a performance da empresa em criar valor – gestão estratégica. Em empresas que já estão estabelecidas no mercado essas decisões passam entre outras coisas por delinear estratégias de crescimento. Estas passam pela inovação, diversificação ou internacionalização (Whittington, 1993). Qualquer uma delas faz parte das decisões estratégicas que comportam mudanças para empresa traduzidas na entrada num novo campo que não é integralmente conhecido. Trata-se de situações que envolvem o aproveitamento de oportunidades sobre as quais existem convicções de que a sua concretização terá efeitos positivos na performance da empresa. Uma das linhas de investigação[52] em gestão estratégica tem sido precisamente estudar o processo de mudança na estratégia das empresas contextualizada no empreendedorismo (Dess e Lumpkin, 2005). Isto é, como é que as organizações ao longo da sua vivência e rodeadas num ambiente de incerteza vão gerando novas iniciativas que contribuem para a sua sobrevivência (Burgelman, 1983).

Para Hitt *et al* (2001), empreendedorismo consiste num processo de identificação e exploração de oportunidades na envolvente interna e/ou externa da empresa e que anteriormente ainda não tinham sido exploradas. Esses actos terão uma orientação estratégica se as oportunidades exploradas criarem valor – **empreendedorismo estratégico**. Como área de objecto de estudo, o empreendedorismo estratégico procura descrever, explicar, prever e prescrever como é que o valor é descoberto, criado, apropriado e talvez destruído (Venkataraman e Sarasvathy, 2005). Por um lado, a estratégia como direcção de desenvolvimento e alvo da actividade da organi-

---

[52] Dess e Lumpkin (2005) referem como outra linha de investigação o processo da formação das estratégias defendidos pelos clássicos e pelos processualistas e que foi sucintamente apresentado nas secções anteriores.

zação estimula a acção humana para melhorar ou criar novos artefactos e/ou processos mas por outro e simultaneamente, a experimentação e a concretização influenciam o seu comportamento (percepção e acção). Logo existe uma relação interdependente entre a estratégia e o empreendedorismo sendo por isso, duas faces da mesma moeda: a face de como criar valor e a face de como conseguir materializá-lo (Venkataraman e Sarasvathy, 2005).

Um aspecto fundamental na perspectiva do empreendedorismo estratégico reside no reconhecimento ou descoberta da oportunidade. As oportunidades que criam valor podem estar inseridas dentro da actual estratégia de negócio ou então dar origem a transformações significativas que alterem substancialmente a direcção da empresa. Esta perspectiva evolucionista associada ao tipo de oportunidade conduz à distinção entre inovação incremental (*opportunity exploitation*) e inovação radical (*opportunity exploration*) (Burgelman, 1983). Independentemente do tipo de inovação[53], o sucesso que algumas empresas atingem face às suas concorrentes reside na intenção e na busca incessante de novas oportunidades. Em vez de estarem à espera que algo de divino aconteça, as organizações empreendedoras têm aspirações de criar algo de novo que satisfaçam desejos internos (melhoria dos processos) ou externos (novos produtos) dos clientes. Conforme refere Stopford (2001), a estratégia da empresa deve ter espaço para a imaginação humana ser capaz de concretizar as aspirações humanas. A existência ou não de uma oferta e procura para os artefactos criados pela imaginação humana permite tipificar as oportunidades (Venkataraman e Sarasvathy, 2005), tal como descritas na Tabela 21.

	Procura	
	Existe	Não existe
Oferta:		
Existe	Reconhecer	Descobrir
Não existe	Descobrir	Criar

TABELA 21 – Matriz das oportunidades

[53] Comparativamente, a inovação radical comporta mais riscos mas maior rendibilidade esperada. Adicionalmente, exige o desenvolvimento de novas competências que não são meras actualizações de conhecimentos passados.

O empreendedorismo é um conceito que não é directamente observado – *construct* – e como tal, é necessário identificar variáveis/dimensões que ajudem a descrever e a explicar esse fenómeno (operacionalidade do *construct*). Dess e Lumpkin (2005) identificam alguns estudos que utilizaram várias dimensões – perspectiva multidimensional – para avaliar a orientação empreendedora da estratégia das empresas. Por exemplo, um dos pioneiros nesta abordagem foi Miller e Friesen (1982) que propuseram três dimensões: inovação, pró-actividade e disponibilidade para incorrer em riscos. A estas três dimensões, Dess e Lumpkin (2005) acrescentaram a agressividade competitiva e a autonomia. Em suma, a revisão da literatura revela que a predisposição para a inovação é uma das actividades fundamentais do empreendedor.

Nas últimas décadas as empresas de alguns sectores viram o modo como desenvolviam o seu negócio bastante alterado. A redução do ciclo de vida do produto, a qualidade, o serviço pósvenda, clientes com necessidades cada vez mais complexas, concorrentes com preços inferiores são só alguns dos factos que tem pressionado as empresas a encetar processos de inovação. De acordo com Nelson (1991), inovação consiste na introdução de algo de novo na economia na forma de novas tecnologias ou formas de organizar a empresa. No mesmo sentido, Dess e Lumpkin (2005) referem a inovação como a predisposição da empresa para suportar processos de criatividade e experimentação que levam à introdução de novos produtos, à liderança na I&D de tecnologias ou ao desenvolvimento de novos processos internos ou nas actividades efectuadas com terceiros (clientes e fornecedores). Para essas empresas gerir com sucesso a inovação tornou-se crucial para a sua sobrevivência e para a sua capacidade de continuar a criar valor. Por exemplo, a Philips na sua página na Internet de 2006 apresentava como missão melhorar a qualidade de vida das pessoas através da introdução de **inovações** tecnologicamente significativas. Consequentemente, a inovação não é um acto exógeno à empresa mas antes um processo interno e interactivo que deve ser gerido estrategicamente. Perante as mesmas circunstâncias (posicionamento, competências), todas as empresas fariam o mesmo, teriam a mesma performance (Nelson, 1991). Baseada na teoria económica, os clássicos argumentam que a existência de mercados de livre concorrência conduz a empresas homogéneas pois facilmente é possível adquirir ou desenvolver os inputs necessários ou então imitar as competências (Rumelt *et al*, 1994). Por isso, o fundamental seria saber se posicionar no mercado, desenvolver economias de escala. Todavia, existem empresas diferentes, com mais ou menos sucesso do que outras. Isso em boa parte porque uma das fontes de vantagens competitivas está assente na capacidade perene da empresa ser criativa e inovadora. Conforme refere Stopford (2001), o conteúdo da estratégia não se alterou significativamente, mas o processo de fazer estratégia alterou-se radicalmente. Por conseguinte, os gestores que fazem a estratégia têm que ser sonhadores, mais do que prever o futuro procuram influenciá-lo através da inovação.

Na perspectiva da escola clássica da estratégia, a gestão da inovação deve ser um processo conduzido pelas aspirações do mercado, pois só assim se consegue criar valor. Após identificadas as necessidades dos potenciais clientes, o departamento de Investigação & Desenvolvimento concebe o produto de acordo com as variantes identificadas em estudos de mercado como importantes para o cliente. No fundo, esta abordagem preconiza que o desenvolvimento tecnológico deve estar subordinado às reais necessidades do cliente. Consequentemente, as empresas devem ter uma orientação estratégica para a inovação do tipo *market-pull* e não do *product--push*. Esta orientação tem implicações na forma como é estruturada a organização. Como é referido por Levitt (2002), as organizações são criadas para estabelecer a ordem, pelo que as políticas e procedimentos formais muitas das vezes vêem a criatividade, novidade como factor perturbador. Para evitar tais considerações, a empresa deve criar espaço na sua estrutura (exemplo, equipas de trabalho mistas) para que as necessidades identificadas em estudos de mercado ou em contactos no dia-a-dia com os clientes devam ser partilhadas com os técnicos que desenvolvem soluções.

Para além de reforçar a proximidade com o cliente, a inovação contribui para o reforço da capacidade de controlar. Para o clássico Schumpeter a criatividade e inovação tem como principal objectivo destruir a concorrência e dominar os clientes – processo de destruição criativa. Ser constantemente o primeiro a desenvolver soluções contribui para a criação de condições monopolistas com as consequentes vantagens na capacidade de criar valor. Já Marx vê mais a inovação tecnológica como um meio dos capitalistas reduzirem o poder negocial da classe operária. O conhecimento e as competências adquiridas ao longo do tempo no exercício de trabalhos essencialmente manuais confeririam um poder reivindicativo que se foi perdendo com o desenvolvimento tecnológico (era actual da automatização e dos robots).

A orientação para satisfazer o cliente assume implicitamente que é possível gerir a inovação dentro de um processo de planeamento estruturado (Quinn, 1985). Todavia, existem processos de inovação que não é possível prever ou controlar, designadamente as invenções. Adicionalmente, as limitações cognitivas dos indivíduos não permitem interpretar todas as eventuais necessidades dos clientes. Por outro lado, a complexidade organizacional e a delimitação das fronteiras sobre as quais pode ser desenvolvida a inovação cria um espaço inóspito para a criatividade e inovação que terá sérias consequências nas vantagens competitivas (Levitt, 2002). Inovação orientada para aquilo que "o cliente quer", pode influenciar negativamente a capacidade de olhar para fora da caixa negra. A busca de oportunidades pelas organizações dentro do mesmo paradigma tecnológico conduz a processos de simples *upgrades*, que por esse facto se convertem em padrões que tendem a limitar a escolha estratégica. Assim, os defensores da escola processualista da estratégia argumentam que a inovação não pode ser totalmente gerida e que por isso, é necessário uma perspectiva incremental, estruturas flexíveis, concessão de autonomia aos gestores operacionais e pluralismo (Quinn, 1985).

Adicionalmente, a inovação depende igualmente dos recursos e competências detidas pela organização, nomeadamente, da sua capacidade de acumular, assimilar e explorar o conhecimento (Fiol, 1996). Conforme é referido por Venkataraman e Sarasvathy (2005) não basta possuir ou ter acesso aos recursos para ser bem sucedido. É preciso possuir competências para usá-los e combiná-los. Tal como na arte de pintar, podemos ter recursos (telas, tintas pincéis, cavalete, etc.) mas podemos não ter competências para pintar ou então as combinações possíveis das tintas e a imaginação humana (estratégia) conduzir a diferentes resultados.

As competências para a inovação incidem sobre todas as actividades (I&D, produção, distribuição, etc.) que permitirão tornar rentável o novo produto desenvolvido (Nelson, 1991). Por isso, não basta ter peritos a identificar as necessidades dos clientes são necessários igualmente recursos humanos com as competências necessárias para transformar desejos em objectos. Na perspectiva da teoria do *Resource-based view* baseada nos contributos de Teece et al (1997), as competências organizacionais são dinâmicas cujo desenvolvimento e melhoramento decorrem da aprendizagem através da acção. Consequentemente, a longevidade da empresa passa por rotinas[54] bem definidas que suportem e direccionem os esforços da organização para a inovação (Nelson e Winter, 1982). São as rotinas actuais que detectam problemas e oportunidades e muitas das soluções não são mais do que novas combinações de rotinas actuais ou então desenvolvidas a partir das competências actuais.

Em suma, orientar a inovação para o mercado é necessário mas não chega. É necessário introduzir a novidade, criar novos caminhos que rompam com o paradigma tecnológico actual. Contudo, ambas as orientações sobre a inovação devem ter subjacente um princípio básico da gestão: criar valor para o accionista. Em última instância é ele quem investe na empresa e assume o risco de perder o seu capital.

1.3 CONTROLO ESTRATÉGICO E CONTROLO PARA A INOVAÇÃO

Tendo em consideração o exposto nas duas secções anteriores, verifica-se que uma das condições necessárias para as empresas terem uma boa performance passa por ter comportamentos inovadores na gestão estratégica. Em vez de reagir às acções da concorrência ou estar à espera da ajuda divina, os gestores das empresas inovadoras procuram as oportunidades que criem valor. Em termos figurativos, o gestor deve tornar-se num tecelão de sonhos (Stopford, 2001). Para esse efeito, os SCG poderão contribuir para que os gestores reconheçam essas oportunidades desde que sejam concebidos com o intuito de proporcionar tal informação. Por outro lado, os SCG poderão fornecer informação sobre a qualidade das acções desenvolvidas no presente (onde se inclui a inovação) na criação de valor. Em suma, os SCG desempenham um papel importante na gestão da tensão entre a performance da organização no curto-prazo (lucros gerados) com a performance de longo-prazo (capacidade de sobreviver e crescer através de exploração de oportunidades).

---

[54] Nelson e Winter (1982) definem rotina organizacional como a execução repetitiva de um padrão de actividades que é a forma mais importante de reter o conhecimento operacional que não é explicitamente compreendido pelo exterior.

1.3.1 INVESTIGAÇÃO TEÓRICA

A perspectiva do conteúdo e do processo da estratégia está implícita na construção do modelo teórico dos mecanismos de controlo proposto por Simons (1995). A partir do modelo de investigação indutivo, este académico propõe uma teoria sobre os mecanismos de controlo que os gestores devem utilizar para implementar as estratégias pretendidas e fomentar a emergência de ideias que se poderão tornar nas estratégias do amanhã. Baseado nos quatro dos cinco conceitos propostos por Mintzberg (1987) sobre o que é a Estratégia, Simons (1995) identificou quatro mecanismos de controlo, cada um com natureza estratégica específica (Figura 24).

FIGURA 24 – Mecanismos de Controlo de Gestão
Fonte: Simons (1995), *Levers od controls*, pág. 159

Decorrentes da estratégia pretendida (visão clássica da estratégia) são estabelecidos objectivos e planos de acção, ou seja, actividades que devem ser levadas a cabo com vista a atingir os resultados pretendidos. Normalmente, as chefias comunicam aos empregados o que, quando e como devem fazer (planos detalhados e manuais descritivos da tarefa) e assim, estes sabem exactamente o que a organização espera deles. Nesta abordagem *top-down*, para se acompanhar o grau de execução (eficácia) e a qualidade (eficiência) das acções desenvolvidas no dia-a-dia é necessário definir previamente instrumentos de controlo e de avaliação sobre as variáveis de desempenho críticas. Neste contexto, Simons (1995) propõe os **SCG de diagnóstico** como sistemas de informação formais que os gestores utilizam para monitorar os resultados da organização e corrigir eventuais desvios face ao que estava programado como padrão de desempenho. Tal como foi referido na secção anterior, este papel atribuído aos SCG é denominado *Strategic Control*.

A função de *Strategic Control* associado aos SCG apresenta características de um modelo cibernético de organização. O sucesso da organização resulta de qualidade no desempenho de um conjunto de processos encadeados que transformam inputs em outputs. Nesse modelo é necessário a existência de um painel de controlo que proporcione informação resultante da comparação entre o programado (padrões de referência) com os resultados obtidos dos processos de transformação. A informação do tipo comparativa é utilizada para reajustar o nível dos inputs e/ou a qualidade da execução dos processos de transformação – feedback. Esta visão mecanicista do papel dos SCG assemelha-se a um painel de controlo de um avião. Esse instrumento proporciona informação sumária sobre o voo e possibilita colocar o avião em piloto automático libertando o comandante para outras tarefas. Tal como nos aviões, os SCG proporcionam informação sobre o grau de implementação da estratégia, bem como, libertam os gestores das tarefas de monitorização rotineiras focando unicamente na análise de desvios significativos face ao programado – gestão por excepção (Simons, 2000).

Em oposição aos pressupostos de uma abordagem mecanicista, os SCG podem ser igualmente concebidos para estimular a mudança na estratégia. Estruturas orgânicas flexíveis possibilitam a interacção e comunicação entre indivíduos pertencentes à mesma unidade bem como com empregados de outras unidades orgânicas. Adicionalmente, concessão de liberdade aos gestores operacionais possibilita a experimentação e aprendizagem na acção. Esse conhecimento acumulado e enraizado nas redes e nas estruturas intermédias e inferiores da organização possibilita que estes empregados estejam motivados para procurem novas oportunidades, responderem mais rapidamente às ameaças, criarem soluções para problemas.

De facto, os gestores de topo nem sempre tem toda a informação relevante ou não conseguem descortinar em tempo útil oportunidades e ameaças que vão surgindo no dia-a-dia. Estas incertezas que surgem no caminho da empresa são estratégicas se põem ou poderão por em causa a capacidade da empresa em continuar a criar valor. Neste contexto, o papel dos **SCG interactivos** passa por estimular, partilhar e recolher novas ideias que respondam a circunstâncias perturbadoras do negócio e que por isso serão fonte para a formação de estratégias futuras (Simons, 1995). Ao contrário dos SCG de diagnóstico em que os gestores de topo fazem uma gestão por excepção, com os SCG interactivos são eles próprios os impulsionadores para que toda a organização procure oportunidades de melhoria nas estratégias. Uma vez encontradas potenciais oportunidades, essa informação é objecto de reuniões de *brainstorming* entre os proponentes e os gestores de topo com vista a avaliar o seu potencial.

Caso a equipa de trabalho conclua pela sua viabilidade, então dá origem a novas estratégias. Ao contribuírem para a redefinição da estratégia actual ou para mudanças substanciais, os SCG estão a alimentar a inovação – *Control for Innovation*. Esta abordagem *bottom-up* na formação das estratégias implica que os SCG podem contribuir para que os empregados se tornem em gestores da estratégia, ou seja, indivíduos capazes de propor acções inovadoras que determinam o sucesso da organização.

Importa referir que SCG que contribuem para a experimentação, flexibilidade, liberdade não podem ser sinónimos de factores de riscos indesejáveis. Para esse efeito, quer os SCG de diagnóstico e especialmente os SCG interactivos tem que estar contextualizados na missão da empresa e no posicionamento definido previamente em termos de mercados e produtos. Para isso, Simons (1995) propõe os SCG de convicções e de fronteira. No primeiro caso, esses SCG tem o intuito de comunicar a missão da empresa, os valores, qual o rumo geral da organização. Enquanto, os SCG de fronteira transmitem qual o posicionamento de mercado desejado e que condutas devem ser evitadas (códigos de ética, manuais com procedimentos, etc.).

Para além do trabalho de Simons (1995), o estudo teórico do contributo dos SCG para a inovação e por conseguinte para mudanças na estratégia da organização mereceu recentes desenvolvimentos produzidos por Davila (2005b). Em face dos movimentos da crescente globalização da economia, ao desenvolvimento tecnológico, inovar tornou-se numa condição para as organizações sobreviverem e crescerem. Mas quem é que gera a inovação e qual o âmbito das alterações produzidas pela inovação no rumo da empresa? Qual o papel dos SCG nos diferentes tipos de inovação?

A estas questões, Davila (2005b) propõe um *framework* em que indica qual o papel dos SCG atendendo ao tipo de estratégia. A tipificação da estratégia resulta do relacionamento entre o tipo de inovação que tem implicações na alteração da estratégia com a perspectiva do processo da construção da estratégia (como é que a estratégia sucede dentro das organizações) (Tabela 26).

Fonte da Inovação	Tipos de Inovação	Tipos de Estratégias	Papel dos SCG
Formulação da gestão de topo	Inovação incremental	Estratégias pretendidas	Suporte à execução das estratégias pretendidas e convertem-nas em valor
Formulação da gestão de topo	Inovação radical	Inovação estratégica	Suporte à construção de novas competências que radicalmente redefinem a estratégia
Acções do dia-a-dia	Inovação incremental	Acções estratégicas induzidas	Proporcionam um *framework* para a inovação incremental que aperfeiçoa a estratégia corrente ao longo da organização
Acções do dia-a-dia	Inovação radical	Acções estratégicas autónomas	Proporciona o contexto para a criação e crescimento de inovações radicais que fundamentalmente redefinem a estratégia

TABELA 22 – Papel dos SCG na Inovação e na Estratégia

Fonte: Davila (2005b), The promise of management control systems for innovation and strategic change, in C. Chapman (ed.), Controlling strategy: management accounting and performance, Oxford, Oxford University Press, pág. 42 e 47

O papel dos SCG nas estratégias pretendidas é o de transformar a estratégia num conjunto de acções que permitam atingir um determinado valor esperado (Davila, 2005b). Para isso, é necessário que os SCG dêem ênfase à eficiência e rapidez na concretização dos objectivos estratégicos pretendidos. Este facto tem implicações na concepção dos SCG. Dentro dos sistemas de avaliação da performance, os sistemas de recompensas devem estar alinhados com o desempenho obtido na concretização dos objectivos previamente definidos e ser desenhados para motivar. Os sistemas de monitorização da implementação da estratégia devem apenas reportar as excepções relevantes aos gestores de topo. Ao nível da gestão das competências, o importante é ter acesso ao conhecimento sobre a matéria e não desenvolver. Isto significa que terá que ser um meio que explicite como fazer, como detectar as anomalidades e o que fazer nessas circunstâncias. Por outro lado, a eficiência e a rapidez é igualmente atingida através de um sistema de planeamento (orçamentos tradicionais) que delegue responsabilidade e estabeleça uma gestão essencialmente por objectivos.

Nas estratégicas induzidas o objectivo passa por capturar informação que possa melhorar as acções estratégicas desenvolvidas actualmente. Todas as pessoas da organização são desafiadas a procurarem informação sobre os clientes e como melhorar os processos internos. Deste modo, a organização enceta um processo de aprendizagem e adaptação gradual tendo como pano de fundo a estratégia actual. Neste contexto, os sistemas de planeamento e de monitorização podem desempenhar um papel importante. No que diz respeito aos sistemas de planeamento (*Balanced Scorecard*, Orçamentos participativos) permitem comunicar a todos os gestores operacionais quais os objectivos estratégicos pretendidos exigindo com tudo, que as estruturas intermédias participem na discussão de como atingir e partilhem o seu conhecimento construído a partir da experiência. Relativamente aos sistemas de monitorização (sistemas de gestão da qualidade total, análise de desvios) procurar identificar nas diferenças face ao esperado fontes de oportunidades e ameaças que urge dar resposta.

Quando a inovação é radical e é despoletada e comandada pela gestão de topo existe a necessidade de instrumentos que suportem a mudança na estratégia global (*corporate strategy*). O pensar para além das fronteiras do actual negócio da empresa faz com que seja necessário planear o desenvolvimento ou aquisição de recursos e competências para os futuros negócios. Por outro lado, a mudança na estratégia pode passar por diversificar a produção, entrar em novos mercados ou tecnologias emergentes, reconhecer antecipadamente alterações nos padrões de consumo e da legislação, etc. Para esse efeito, os SCG relacionados com o planeamento estratégico (*balanced scorecard*, análises de rendibilidade), *groups-think* e equipas de gestão de projectos, procuram evitar que a organização se cristalize no seu conhecimento actual.

Por último, a *crafting autonomous strategic actions* tem como objectivo explorar oportunidades que criem valor e que possam estar em qualquer lado da organização e em qualquer momento possa ser reconhecida. Tal como o cérebro humano é constituído por um conjunto de neurónios, assim pode ser estruturada a organização. Estabelece que qualquer indivíduo (neurónio) pode através da acção ou experimentação reconhecer oportunidades (estímulos) que influenciam radicalmente a estratégia futura da organização (comportamento humano). De acordo com Davila (2005 b), os SCG de fronteira deverão ser utilizados para delimitarem em termos latos o campo sobre a qual poderão ser desenvolvidas inovações. Para motivar os funcionários para experimentação, para a busca da excepção lucrativa, é fundamental um SCG de convicções que leve os empregados a pensar para além do contexto actual e que premeie o mérito. Assim, a criação de equipas multi-disciplinares com a participação de elementos externos, orçamentos que criem condições financeiras para a pesquisa, sistemas que difundam informação internamente (Intranet) ou recompensas em função do grau de inovação, são exemplos de instrumentos que poderão contribuir para a mudança radical na estratégia da empresa.

Em substância este *framework* desenvolve o trabalho de Simons (1995) ao enquadrá-lo na forma como as empresas mudam a estratégia. Todavia, reconhece que por vezes a exploração da inovação não é conduzida e nem influenciada pelos gestores de topo. Simons (1995) refere que compete aos gestores seniores estimular a procura das incertezas estratégicas, em que situações desejam que as pessoas prestem atenção: *toda a gente olha para aquilo que o chefe vê*. Todavia, existem situações em que a inovação surge fora do contexto da estratégia actual e que é desenvolvida por indivíduos ou grupos dos níveis inferiores. A estas ocorrências Burgelman (2002) denominou por acções estratégicas autónomas e dá como exemplo a emersão da estratégia dos microprocessadores da Intel.

1.3.2 INVESTIGAÇÃO EMPÍRICA

A investigação empírica também tem sido fértil em trabalhos que têm analisado o relacionamento entre Estratégia e SCG, sobretudo na perspectiva do conteúdo da estratégia.

Os investigadores em gestão estratégica têm proposto arquétipos de estratégias baseados em determinadas variáveis. Essas tipologias têm sido amplamente utilizadas no estudo do relacionamento entre SCG e Estratégia numa perspectiva do conteúdo. Neste contexto, alguns estudos tiveram como objectivo identificar quais os SCG que melhor se ajustam a um determinado tipo de estratégia. Em dois trabalhos de reflexão sobre este tema, Langfield-Smith (1997) e Chenhall (2005) identificaram as seguintes tipologias genéricas de estratégias de negócio que foram utilizadas na investigação da relação entre SCG e estratégia (Figura 25):

- Miles e Snow (1978): baseado no nível de mudança de produtos ou mercados enquadravam a estratégia de negócio em prospectiva, defensiva e analista (misto das outras duas). A empresa procura explorar as oportunidades que surgem no mercado sendo por isso líderes na inovação ou concentra-se unicamente na produção da restrita gama de produtos que possui em carteira. A dicotomia entre estratégias prospectivas e defensivas tem reflexos na importância que é concedida, respectivamente, às actividades relacionadas com investigação/marketing e produção.
- Porter (1980, 1985): identifica estratégia com posicionamento no mercado atendendo a vantagens competitivas suportadas no baixo custo ou na diferenciação do produto. O contexto da competição pode englobar o mercado em si (estratégias de liderança) ou segmentos restritos do mercado (estratégias de enfoque).
- Miller e Friesen (1982): consideração da inovação como essência para a sobrevivência da organização, ou seja, existe uma predisposição activa dos gestores para a inovação (estratégia empreendedora). Ou pelo contrário, a inovação só ocorre como resposta a alterações no contexto em que a empresa actua (estratégia conservadora).
- Gupta e Govindarajan (1984): a missão estratégica focaliza a conquista de quota de mercado (construir) ou maximizar o lucro no curto-prazo (colher) ou ambas (construir com lucro).

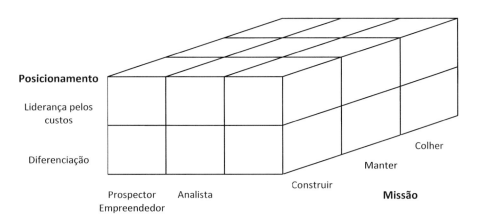

FIGURA 25 – Tipologias de estratégias utilizadas na investigação em SCG

Fonte: Langfield-Smith (1997), Management control systems and strategy: a critical review, *Accounting, Organizations and Society*, 22 (2), pág. 212

As tipologias acima identificadas têm em consideração a natureza da envolvente externa e a forma como as empresas respondem às ameaças e oportunidades que surgem dessa envolvente. Neste contexto, existe um conjunto de trabalhos que analisam qual os SCG que melhor se adequam ao arquétipo de estratégia seguida pela empresa. Por exemplo, Govinda-rajan (1988) verificou que os gestores das unidades estratégicas de negócio (SBU), que seguiam uma estratégia de liderança pelo custo, davam extrema importância aos objectivos fixados nos orçamentos para efeitos de avaliação da performance. Num outro trabalho, Govindarajan e Gupta (1985) verificaram que as SBU que têm procuram a diferenciação utilizam sobretudo instrumentos de avaliação da performance baseados em dados não-financeiros numa tentativa de promover uma gestão mais eficiente da tensão entre objectivos de curto-prazo e longo-prazo.

Mais recentemente, Ittner *et. al* (2003) verificaram que comparativamente a outras empresas com a mesma estratégia, as empresas que utilizam medidas financeiras e não financeiras de mensuração da performance possuem índices superiores de rendibilidade das acções. Num trabalho de síntese, Langfield-Smith (2005) refere que um dos principais tópicos de estudo é precisamente o relacionamento entre estratégia de negócio com os sistemas de recompensa e avaliação da performance.

Ao nível da estratégia funcional começaram a surgir mais recentemente, os primeiros trabalhos que analisam o papel dos SCG em aspectos específicos relacionados com a estratégia das operações. Temas como a gestão da qualidade, confiança, serviço, *just-in-time*, flexibilidade, *customization* do produto, desenvolvimento de novos produtos, entre outros, têm sido objecto de vários trabalhos (Chenhal, 2005). Por exemplo, Davila et al (2005) verificou que os SCG são importantes no processo de desenvolvimento de novos produtos porque resolvem determinadas necessidades (requisitos de contratos, legitimar o processo, focalizar, etc.).

Para além de considerarem o impacto dos SCG nos dois níveis da estratégia, outros trabalhos abordaram questões mais específicas como: decisões de investimento de capital e iniciação de investimentos estratégicos, relações entre empresas que fazem parte de uma rede ou parcerias do tipo *joint-ventures* e o impacto dos SCG interactivos na mudança da estratégia (Langfield- Smith, 2005). Relativamente a este último tópico, somente na última década começaram a surgir alguns trabalhos que procuraram testar a teoria proposta por Simons (1995). Por exemplo, Abernethy e Brownell

(1999) verificaram que a participação das pessoas na preparação e discussão dos contribui para que o processo de mudança estratégico seja mais facilmente compreendido. Através do diálogo e fruto da experiência dos vários intervenientes são aventadas várias alternativas de como executar estratégias que dêem respostas às oportunidades e ameaças. Identificam-se igualmente cenários e quais as medidas que eventualmente serão necessárias tomar caso ocorra algum desses cenários.

Mas recentemente, Bisbe e Otley (2004) analisaram o impacto da utilização dos sistemas do *balanced scorecard*, orçamentos e gestão de projectos na capacidade de inovação de produtos. Para as empresas menos inovadores esses sistemas estimularam a inovação ao proporcionar linhas de orientação para a pesquisa e concederem autonomia. Todavia, nas empresas mais inovadores os SCG interactivos aparentemente contribuíam para a redução do número de inovações. Estes resultados corroboram o papel que Miller e Friesen (1982) tinham atribuído aos SCG. Nas empresas caracterizadas por uma postura conservadora, os SCG são utilizados para identificar as fraquezas e propor acções inovadoras para reparar tais situações. No lado oposto, os SCG funcionam como um travão ao excesso de iniciativas de inovação por parte das empresas empreendedoras porque isso está afectar em demasia a rendibilidade actual da empresa e poderá não existir capacidade financeira para aguentar o ritmo de investimento em I&D (para além do risco associado a estes projectos).

2. CONTROLO DE GESTÃO NAS STARTUPS

Na literatura sobre os SCG encontramos estudos que evidenciam que empresas com melhor performance face a outras com características idênticas são aquelas que adoptam determinados SCG (e.g. Chenhall e Langfield--Smith, 1998). Apesar da contribuição que os SCG poderão hipoteticamente ter para o sucesso das startups, poucos estudos têm sido desenvolvidos nestas empresas tendo como área de interesse os SCG (Foster e Young, 1997). O estudo dos SCG tem sido desenvolvido essencialmente em médias e grandes empresas que se encontram a operar há bastantes anos e que, por isso, se encontram normalmente nas fases de maturidade ou de renovação. Neste tipo de empresas os sistemas de controlo estão formalizados e são utilizados há bastante tempo com o papel de contribuem para a formação e implementação da estratégia (Luft e Shields, 2003). Por exemplo, Davila e Foster (2005) referem que a orçamentação tem sido amplamente estudada nas empresas maduras mas o conhecimento científico sobre a utilização desse instrumento nas startups é mínimo.

O estudo da adopção dos SCG nos primeiros anos de vida das empresas, só recentemente começou a merecer atenção da comunidade académica, com os trabalhos de Moores e Yuen (2001), Davila (2005a), Davila e Foster (2005), Granlund e Taipaleenmaki (2005) e Sandino (2007). Trata-se de um campo fértil especialmente, se os estudos forem conduzidos em startups que tiveram um rápido crescimento, pois permite analisar e compreender o processo evolucionista dos SCG numa perspectiva longitudinal. O trabalho de Moores e Yuen (2001) revela que é na passagem da fase de nascimento para a fase do crescimento que existe o maior salto qualitativo na formalização dos SCG nas empresas. Embora nas fases seguintes continue a existir a necessidade de que os SCG estejam adaptados às novas exigências de informação para o processo de controlo e tomada decisão, a mudança não é tão notória. Todavia, pouco conhecimento existe sobre as práticas de controlo de gestão em empresas que viveram grandes incertezas internas e externas (Ditillo, 2004), nas quais podemos incluir as startups.

O papel dos SCG na formulação e implementação da estratégia nas startups está, na opinião de Davila (2005a) praticamente inexplorado. Em termos empíricos, o trabalho de Sandino (2007) evidencia que as startups que seguem uma estratégia de liderança pelo custo dão prioridade aos SCG relacionados com a minimização de custos e gestão de riscos, enquanto uma estratégia de diversificação leva as startups a preferirem SCG de maximização dos proveitos. Num outro trabalho que englobou algumas startups na amostra, Moores e Yuen (2001) verificaram que as empresas tendem a formalizar os SCG à medida que a estratégia é alterada por forma a ganhar ou manter a posição competitiva ou então as suas actividades ou estruturas são cada vez mais complexas de tal forma que os sistemas actuais não dão respostas suficientes. Tal significa que a mudança na formalidade dos SCG é complementar o desenvolvimento das características organizacionais (estratégia, estrutura, estilo de liderança e tomada decisão) ao longo do ciclo de vida.

Em termos teóricos, Simons (1995) contextualizou no ciclo de vida das organizações as quatro alavancas de controlo referidas no Capítulo anterior (Figura 26).

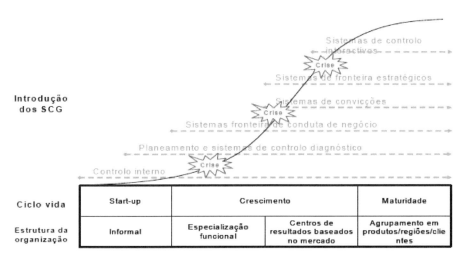

FIGURA 26 – SCG ao longo do ciclo de vida da empresa
Fonte: Simons (1995), *Levers of controls*, pág. 128

Na opinião deste académico a evolução bem sucedida de uma startup é determinada pela capacidade que os fundadores têm em comunicar efectivamente a estratégia aos empregados e controlar a sua implementação. No fundo, o sucesso da evolução está dependente da utilização de SCG adequados ao estádio do ciclo de vida Na fase inicial a estrutura é bastante informal não existindo grande especialização de tarefas, bem como a delegação da autoridade e a concessão de autonomia para a gestão dos recursos é mínima. A interacção entre os empregados e os fundadores é feita cara-a-cara, os problemas e oportunidades são rapidamente enfrentados. Por outro lado, a motivação de participarem num projecto de raiz motiva os empregados a partilharem experiências entre si e a subalternizar os objectivos pessoais e de carreira em favor de contribuir para o crescimento da empresa. Por isso, nesta fase os instrumentos base são os sistemas de controlo interno necessários para garantir a salvaguarda dos activos, o cumprimento de aspectos legais e possuir dados para preparar as demonstrações financeiras (contabilidade analítica). Todavia, ainda na fase inicial começa a existir a necessidade de introduzir sistemas de planeamento que permita estabelecer alguns indicadores chave da performance. De acordo com o estudo de Davila e Foster (2005), os orçamentos são o primeiro instrumento de controlo de diagnóstico adoptado pelas startups.

A criação na estrutura organizativa de funções com responsabilidades específicas de gerir um conjunto de activos e executar determinadas tarefas, abre espaço para o aprofundamento dos sistemas de controlo de diagnóstico (sistemas de análise de desvios, de aprovação de despesas correntes e de capital, etc.). Nesta fase é importante dimensionar a estrutura organizativa para fazer face à crescente procura para os produtos da empresa. Assim, começam a existir os primeiros responsáveis por determinadas funções (marketing, contabilidade, produção, etc.). Esta separação de funções poderá criar restrições à comunicação informal e à partilha de experiências, pois os gestores operacionais começam a ter objectivos de progressão a atingir. Para evitar condutas que prejudiquem a empresa é necessário introduzir manuais de procedimentos, códigos de ética, níveis de autoridade que possam comprometer a empresa junto do exterior, ou seja, sistemas de fronteira relativo à conduta.

O aprofundamento da descentralização com vista a melhor implementar a estratégia desejada leva a que sejam criados os primeiros Centros de Responsabilidade. Os gestores começam a ter autonomia para gerir parcialmente ou totalmente os inputs, os processos e os outputs. A considerável liberdade que os gestores gozam para tomar decisões deve ser contrabalançada com a introdução de sistemas que comuniquem as linhas de orientação para o desenvolvimento do negócio (missão, valores e posicionamento estratégico). O objectivo é de que os recursos da empresa sejam utilizados em algo que crie valor. Assim, a avaliação dos gestores começa a ter uma componente sobre o seu desempenho na criação de valor – seja a rendibilidade do investimento, seja o EVA (*economic value added*). Por último, terá lugar a introdução dos sistemas de controlo interactivos como instrumentos que permitam identificar oportunidades de melhorar a estratégia actual ou então mudar radicalmente o rumo da empresa.

CONCLUSÃO E PISTAS FUTURAS DE INVESTIGAÇÃO

Nos primeiros anos de vida de uma empresa, esta é confrontada com um contexto ambíguo e complexo. É necessário que consiga que os potenciais clientes conheçam os seus produtos, participe em redes e vença a oposição dos concorrentes. Apesar de muitas das vezes a constituição de uma empresa ter sido precedida pelo desenvolvimento de um plano de negócios, o processo de criação de estratégia é contínuo e adaptativo, feita passo a passo, em que a formação e implementação estão entrelaçadas (Mintzberg,

1987). Em oposição a um processo racional de planeamento de longo-prazo, as decisões e acções que determinam o desempenho da empresa são baseadas na interacção diária com a sua envolvente, em que a experimentação e a aprendizagem contribuem para a descoberta de novas oportunidades.

Esta visão de estratégia da escola processualista tem implicações na estrutura organizativa da empresa. Mais do que se saber posicionar, o mais importante para uma startup é a forma como a empresa organiza e dispõe dos seus recursos. Talvez a principal vantagem competitiva de uma startup reside na sua capacidade de inovar e nas competências para tal desidrato. A capacidade humana de criar muitas das vezes não reside somente no empreendedor. Consequentemente, a própria estrutura organizacional e os processos podem também determinar o conteúdo das estratégias.

À medida que a startup vai crescendo, o artesão (empreendedor) deixa de isoladamente, ter capacidade para conceber e produzir o artefacto. Necessita de instrumentos de informação que lhe permita comunicar os seus intentos aos seus subordinados, de controlar a sua actividade e incorporar as suas opiniões na concepção e processos da empresa. Enfim, uma estrutura organizativa que acompanhe os desafios da inovação, uma gestão de recursos que procure atingir esses objectivos.

Os SCG são instrumentos de informação que poderão ser utilizados pelos gestores das startups para o objectivo de criação de valor – expressão última do sucesso das estratégias realizadas. No entendimento mais recente sobre o papel dos SCG nas empresas é sublinhado que a concepção e implementação de SCG devem ter um cariz estratégico. Isto passa por instrumentos de informação que garantam que o comportamento dos gestores e dos empregados não põem em risco a continuidade da empresa, que as estratégias pretendidas (formuladas no plano de negócios ou mais tarde pelo empreendedor) são implementadas – *strategic control*.

Mas também engloba uma visão de que os SCG podem contribuir para a mudança, para o reconhecimento de novas oportunidades e desenvolvimento de respostas inovadoras, sendo por isso fonte de estratégias emergentes – *control for innovation*. Em suma, os SCG podem desempenhar um papel na gestão de tensão entre inovar e a capacidade de criar valor num determinado espaço de tempo.

A literatura sobre o tema deste trabalho evidencia uma escassez de estudos realizados neste domínio, sobretudo na preocupação de conciliar as três vertentes: estratégia, controlo e inovação. Para além dos framework desenvolvidos por Simons (2000) e Davila (2005a), o trabalho de Sandino (2007) foca-se sobretudo sobre a relação entre o posicionamento estratégico e os SCG. Conforme referido anteriormente, as vantagens competitivas das startups radicam-se sobretudo nas competências de inovar. Por conseguinte, um futuro trabalho deverá ser enquadrado na *Resource based view Theory*, bem como, nos contributos dos SCG para a inovação das startups. Mais detalhadamente, algumas questões poderão ser analisadas, tais como:

- Como é que os SCG evoluem ao longo dos primeiros anos de vida das startups?
- Os mesmos SCG poderão ser utilizados para múltiplos propósitos?
- Os SCG contribuem para a formação de estratégias inovadoras? Quais?
- Existe uma associação entre determinados SCG com tipos de estratégia?
- Qual o papel dos SCG na formulação e implementação da estratégia nas startups?
- As startups que se encontrem mais avançadas no processo de incorporação de SCG na sua organização terão melhor performance?

Enfim, um conjunto de questões que poderão ser exploradas numa área que também ainda está numa fase incial de investigação. Por outro lado, a dar a conhecer aos empreendedores que a escolha dos instrumentos dos SCG que devem adoptar passa por analisar aquele(s) que melhor se ajusta(m) às características específicas da startup.

REFERÊNCIAS BIBLIOGRÁFICAS

Abernethy, M. A. e Brownell, P. (1999). The role of budgets in organizational facing strategic change: an exploratory study. *Accounting, Organizations and Society*, 24 (3), 189-204.

Adler, R. W. (1996). Transfer pricing for world-class manufacturing. *Long Range Planning*, 29 (1), 69-75.

Alles, M. e Datar, S. (1998). Strategic transfer pricing. *Management Science*, 44 (4), 451- 461.

Anthony, R. N. (1965). *Planning and control systems: framework for analysis*. Boston, MA: Harvard University.

Anthony, R. N. e Govindarajan, V. (2003). *Management Control Systems*. International Edition: McGraw-Hill.

Atkinson, A. A., Balakrishnan, R., Booth, P., Cote, J. M., Groot, T., Malmi, t., Roberts, H., Uliana, E. e Wu, A. (1997). New directions in management accounting research. *Journal of Management Accounting Research*, 9, 79-108.

Baiman, S. (1982). Agency research in management accounting: a survey. *Journal of Accounting Literature*, 1, 154-213.

Barney, J. (1991). Firm resources and sustained competitive Advantage. *Journal of Management*, 17 (1), 99-120.

Bisbe, J. e Otley, D. (2004). The effects of the interactive use of management control systems on product innovations. *Accounting, Organizations and Society*, 29 (8), 709-737.

Bourgeois, L. J. (1980). Strategy and environment: a conceptual integration. *Academy of Management Review*, 5 (1), 25-39.

Bromwich (1990). The case for strategic management accounting: the role of accounting information for strategy in competitive markets. *Accounting, Organizations and Society*, 15 (1/2), 27-46.

Buchanan, J. M. V. e Vanberg, V. J. (1991). The market as a creative process. *Economics and Philosophy*, 7 (2), 167-186.

Burgelman, R. A. (1983). A model of the interaction of strategic behaviour, corporate context and the concept of strategy. *Academy of Management Review*, 8 (1), 61-70.

Burgelman, R. A. (2002). *Strategy is destiny: how strategy-making shapes a company's future*. New York: Free Press.

Chapman, C. S. (2005). Controlling strategy. In *Controlling Strategy: Management Accounting and* Performance, 1-9. C. Chapman (ed.). Oxford: Oxford University Press.

Chenhall, R. H. (2003). Management control systems design within its organizational context: findings from contingency-based research and directions for the future. *Accounting, Organizations and Society*, 28 (2-3), 127-168.

Chenhall, R. H. (2005). Content and process approaches to studing strategy and management control systems. In *Controlling Strategy: Management Accounting and* Performance, 10-36. C. Chapman (ed.). Oxford: Oxford University Press.

Chenhall, R. H. e Langfield-Smith, K. (1998). Adoption and benefits of management accounting practices: an Australian study. *Management Accounting Research*, 9 (1), 1-19.

Cooper, R. e Kaplan, R. S. (1988). Measure costs right: make the right decisions. *Harvard Business Review*, 66 (5), 96-103.

Cooper, R. e Kaplan, R. S. (1998). *Cost and Effect: using integrated cost systems to drive profitability and performance*. Boston, MA: Harvard Business School Press.

Cyert, R. M. e March, J. G. (1963). *A behavioral theory of the firm*. Englewood Cliffs, NJ: Prentice- Hall.

Davila, A. e Foster G. (2005). Management accounting systems adoption decisions: evidence and performance implications from early-stage/startup companies. *The Accounting Review*, 80(4), 1039-1068.

Davila, A., Foster, G. e Li, M. (2005). Designing management control systems in product development: initial choices and the influence of partners. *Working Paper No 598*. Barcelona: IESE.

Davila, T. (2005a). An exploratory study on the emergence of management control systems: formalizing human resources in small growing firms. *Accounting, Organizations and Society*, 30 (3), 223-248.

Davila, T. (2005b). The promise of management control systems for innovation and strategic change. In *Controlling Strategy: Management Accounting and* Performance, 37-61. C. Chapman (ed.). Oxford: Oxford University Press.

Dess, G. G. e Lumpkin, G. T. (2005). Emerging issues in strategy process research. In *The Blackwell Handbook of Strategic Management*, 3-34. M. A. Hitt, R. E. Freeman e J. S. Harrison (ed.). Malden, MA: Blackwell.

Ditillo, A. (2004). Dealing with uncertainty in knowledge-firms: the role of management control systems as knowledge integration mechanisms. *Accounting, Organizations and Society*, 29 (3-4), 401-421.

Fiol, C. M. (1996). Squeezing harder doesn't always work: continuing the search for consistency in innovations research. *Academy of Management Review*, 21 (4), 1012-1021.

Flamholtz, E. G., Das, T. K. e Tsui, A. (1985). Toward an integrative framework of organizational control. *Accounting, Organizations and Society*, 10 (1), 35-50.

Flamholtz, E. e Randle, Y. (2000). *Growing Pains*. San Francisco: Jossey-bass.

Foster, G. e Young S. M. (1997). Frontiers of management accounting research. *Journal of Management Accounting Research*, 9, 63-77.

Granlund, M. e Taipaleenmaki J. (2005). Management control and controllership in new economy firms – a life cycle perspective. *Management Accounting Research*, 16(1), 21- 57.

Greiner, L. E. (1972). Evolution and revolution as organizations grow. *Harvard Business Review*, 50(4), pp. 37-46.

Greiner, L. E. (1998). Evolution and revolution as organizations grow. *Harvard Business Review*, 76 (3), 55-68.

Govindarajan, V. (1988). A contingency approach to strategy implementation at the businessunit level: integrating administrative mechanisms with strategy. *Academy of Management Journal*, 31 (4), 828-853.

Gupta, A. K. e Govindarajan, V. (1984). Business unit strategy, managerial characteristics, and business unit effectiveness at strategy implementation. *Academy of Management Journal*, 27 (1), 25-41.

Gupta, A. K. e Govindarajan, V. (1985). Linking control systems to business unit strategy: impact on performance. *Accounting, Organizations and Society*, 10 (1), 51-66.

Hitt, M. A., Ireland, R. D. e Camp, S. M. (2001). Strategic entrepreneurship: entrepreneurial strategies for wealth creation. *Strategic Management Journal*, 22 (6), 479-492.

Horngren, C. T. (2004). Management accounting: some comments. *Journal of Management Accounting Research*, 16, 207-211.

Ittner, C. D., Larcker, D. F. e Randall, T. (2003). Performance implications of strategic performance measurement in financial service firms. *Accounting, Organizations and Society*, 28 (7), 715-741.

Johnson, H. e Kaplan, R. S. (1987). *Relevance lost: the rise and fall of management accounting*. Boston, MA: Harvard Business School Press.

Jordan, H., Neves, J. C. e Rodrigues, J. A. (2003). *O controlo de gestão – ao serviço da estratégia e dos gestores*. Lisboa: Áreas Editora.

Kaplan, R. S. e Norton, D. P. (1996). *The balanced scorecard: translating strategy into action*. Boston, MA: Harvard Business School Press.

Kaplan, R. S. e Norton, D. P. (2004). *Strategy maps: converting intangible assets into tangible outcomes*. Boston, MA: Harvard Business School Press.

Kuratko, D. F. (2006). A tribute to 50 years of excellence in entrepreneurship and small business. *Journal of Small Business Management*, 44 (3), 483-492.

Langfield-Smith, K. (1997). Management control systems and strategy: a critical review. *Accounting, Organizations and Society*, 22(2), 207-232.

Langfield-Smith, K. (2005). What do we know about management control systems and strategy?. In *Controlling Strategy: Management Accounting and Performance*, 62-85. C. Chapman (ed.). Oxford: Oxford University Press.

Levitt, T. (2002). Creativity is not enough. *Harvard Business Review*, 80 (8), 137-144.

Luft, J. e Shields, M. D. (2003). Mapping management accounting: graphics and guidelines for theory-consistent empirical research. *Accounting, Organizations and Society*, 28 (2-3), 169- 249.

Lukka, K. e Granlund, M. (2003). Paradoxes of management and control in a new economy firm. In *Management Accounting in the Digital Economy*, 239-259. A. Bhimani (ed.). Oxford: Oxford University Press.

Merchant, K. A. e Ferreira, L. (1985). Performance management and control issues in small businesses. In *The Accounting Profession and the Middle Market*, 81-103. B. E. Needles, Jr. (ed.). Chigago, IL: Depaul University.

Miles, R. W., e Snow, C. C. (1978). *Organizational Strategy, Structure, and Process*. New York: McGraw-Hill.

Miller, D. e Friesen, P. H. (1982). Innovation in conservative and entrepreneurial firms: two models of strategic momentum. *Strategic Management Journal*, 3(1), 1-25.

Miller, D. e Friesen, P. H. (1984). A longitudinal study of the corporate life cycle. *Management Science*, 30(10), 1161-1183.

Mintzberg, H. (1978). Patterns in strategy formation. *Management Science*, 24 (9), 934-948.

Mintzberg, H. (1987). Crafting strategy. *Harvard Business Review*, 65 (4), 66-75.

Mintzberg, H. (1990). Strategy formation: schools of thought. In *Perspectives on Strategic Management*, 105-234. J. W. Fredrickson (Ed.). N. York: Harper Business.

Moores, K. e Yuen S. (2001). Management accounting systems and organizational configuration: a life-cycle perspective. *Accounting, Organizations and Society*, 26 (4-5), 351- 389.

Morris, M. H. e Trotter, J. D. (1990). Institutionalizing entrepreneurship in a large company: a case study at AT&T. *Industrial Marketing Management*, 19 (2), 131-139.

Nelson, R. R. (1991). Why do firms differ, and does it matter?. *Strategic Management Journal*, 12 (S2), 61-74.

Nelson, R. R. e Winter, S. G. (1982). *An evolutionary theory of economic change*. Cambridge, MA: The Belknap Press of Harvard University Press.

Norman, B. (1965). Strategic planning in conglomerate companies. *Harvard Business Review*, 30 (1), 64 – 73.

Pettigrew, A., Thomas, H. e Whittington, R. (2002). *Handbook of strategy management*. London: Sage Publications.

Porter, M. E. (1980). *Competitive strategy: techniques for analysing industries and competitors*. New York: Free Press.

Porter, M. E. (1985). *Competitive advantage: creating and sustaining superior performance*. New York: Free Press.

Preble, J. F. (1992). Towards a comprehensive system of strategic control. *Journal of Management Studies*, 29 (4), 391-409.

Quinn, J. B. (1985). Managing innovation: controlled chaos. *Harvard Business Review*, 63 (3), 73-84.

Rumelt, R. P., Schendel, D. E. e Teece, D. J. (1994). *Fundamental issues in strategy – a research agenda*. Boston, MA: Harvard Business School Press.

Sandino, T. (2007). Introducing the first management control systems: evidence from the retail sector. *The Accounting Review*, 82 (1), 265-293.

Simons, R. (1987). Accounting control systems and business strategy: an empirical analysis. *Accounting, Organizations and Society*, 12 (4), 357-374.

Simons, R. (1995). *Levers of control: how managers use innovative control systems to drive strategic renewal*. Boston, MA: Harvard University Press.

Simons, R. (2000). *Performance measurement and control systems for implementing strategy*. Upper Saddle River, NJ: Prentice-Hall.

Simons, R. (2005). *Levers of organization design: how managers use accountability systems for greater performance and commitment*. Boston, MA: Harvard Business School Press.

Stopford, J. (2001). Should strategy makers become dream weavers?. *Harvard Business Review*, 79 (1), 165-169.

Teece, D. J., Pisano, G. e Shuen, A. (1997). Dynamic capabilities and strategic management. *Strategic Management Journal*, 18 (7), 509-533.

Venkataraman, S. e Sarasvathy, S. (2005). Strategy and entrepreneurship: outlines of an untold story. In *The Blackwell Handbook of Strategic Management*, 650-668. M. A. Hitt, R. E. Freeman e J. S. Harrison (eds.). Malden, MA: Blackwell.

Wernerfelt, B. (1984). A Resource Based View of the Firm. *Strategic Management Journal*, 5 (2), 171-180.

Wheelen, T. J. e Hunger, J. D. (2002). *Strategy management and business policy*. Upper Saddle River, NJ: Prentice-Hall.

Whittington, R. (1993). *What is strategy – and does is matter?*. London: Routledge

3.3 HR Strategy and I.S. Security

BRUNO ARMINDO MACEDO

Abstract: In the last decades, human resources strategies, as well as information system strategies are trends which have been gaining importance in strategic management studies (Wright, Patrick Benjamin & Scott, 2005). The rapid changing environment in the industry seemed to push academic studies to continue to research intensively in Information Systems Security and its impact on human resources (Ifinedo, 2014). Nevertheless, there is still space for focusing on the importance of applying the Human Resources Strategy having Information Systems Security as a background pane. There seems to exist still an added value in the inclusion of Information Systems Security when organizations are discussing over Human Resources Strategic Management. By doing so this work will seek to help by providing some knowledge on the combination of Human Resource Strategy and Information Security Management not only as an organizational capability but also as a strategic asset for competitive advantage.

INTRODUCTION

In today's world, Human Resources Strategic Management is produced neglecting tacit and explicit information that circulate in a multi-user computer environment with connection to the Internet. Organizations have to take into account that they have a large number of people allowed to access information from different sources around the world and that the choices that are made when applying Human Resources Strategies will have an effect on the way that information is dealt. Having this ease with which information can be accessed, information breaches may arise unless Information Security Strategy is taken into account when focusing in Human Resources Strategy ((Siponen & Baskerville, 2001); (Straub & Welke, 1998); (Baskerville, 1993), (Hitchings, 1995). When discussing Human Resources Strategic Management in an organization or in the academic world, it is important to have in "the back of our neck" the information security issue. The fact of neglecting it or not most probably bias the effectiveness of that same strategy. Even more, the way human resources and Information Security are dealt in the strategic planning of an organization can have a huge impact in maintaining or losing the Human Resources and Information related competitive advantages (Kolkowska, 2004).

In the last decades, Human Resources strategies, as well as Information strategies are trends which have been gaining importance in strategic management studies (Wright, Patrick Benjamin & Scott, 2005), and a raising number of studies have been, and continue to be publish arguing for the competitive advantage that these trends can bring. The purpose of this article is to discuss the importance of Information Systems Security when planning, applying and managing Human Resource Strategies and Strategic Management. It also aims to defend the need to go beyond technical considerations and adopt organizationally grounded principles and values. To organize my discussion first, I discuss the Human Resources Strategy evolution and overall view of it. Then I focus on Information as a strategic asset in order to introduce the Information system (IS) security strategy issue and the part of the solution of it.

Afterwards I set the focus on people and the information security as an added value to Human Resources Strategic planning and terminate by enumerating some of the fundamental organizational values related to Information Systems Security.

1. THE HUMAN RESOURCES STRATEGY EVOLUTION AND OVERALL VIEW

Organizations have been providing evidence that the Human Resource management function remains in a secondary position when it comes to perceptive influence the organizational overall strategic path (Farndale, Scullion, & Sparrow, 2010). Executives seem to have in the past neglected HR as a competitive advantage, missing what academics defend to be the added value of skills, capabilities and behaviors of employees. In fact, according to Snell (Wright, Patrick Benjamin & Scott, 2005) these organization's executives have tended to substitute capital for labor where possible, thereby separating those who think, from those who actually do the work. More recently strategic management academics turned inward toward resourcebased and knowledge-based views of the firm, where competitive advantage increasingly resides in a firm's ability to learn, innovate, and change. As a result, the human element became increasingly important in generating economic value (Conner & Prahalad, 1996). According to (Wright, Patrick Benjamin & Scott, 2005) when this general company perspective shift takes place there are two direct consequencies: first, the distinctions between Human Resource strategy and competitive strategy begin to blur. If the competitive potential of a firm rests in its intellectual and service activities, then what people know and how they behave are the *sine qua non* of strategic management. Neither the formation nor implementation of strategies can be separated from how people are managed.

When organizations put an effort, on viewing people no longer simply as "hands and feet" in a production function, but as key sources of strategic capability, the focus on organization and governance changes as well. Unlike other assets, organizations cannot own their human capital (Becker, 1964). Employees own it themselves, and this dramatically shifts the balance of power and the way we see the information control in organizations. It is not easy to control the exchanges and relationships among employees within or with those in the external environment.

There is a known difficulty in defining Human Resources strategies that can contain and manage the boundaries of organizations (Kogut & Zander, 1992). In terms of information systems, in addition to managing the knowledge base of an organization, competitiveness depends on managing the relational bases of members of' organizations as well. According to (Wright & McMahan, 1992), the cultures, attitudes, values and commitments of employees are perhaps more important to success than ever in current times when it comes to Human Resources strategic management. And these elements differentiate between successful and unsuccessful organizations(O'Reilly & Pfeffer, 2000).

Each of these issues at once increases the importance of Human Resources strategy for organization competitiveness, and also makes it more difficult to manage, therefore making it also more difficult when it comes to information security. A key objective of Human Resources strategy is to guide the process by which organizations develop and deploy human, social, and organizational capital to enhance their competitiveness (Wright, Patrick Benjamin & Scott, 2005)

2. EVOLUTION OF H. R. STRATEGY – THE ERA OF PERSON-JOB FIT

Snell's work on the evolution of the Human Resource's strategy evolution over the recent history seems important to contextualize this work in order to understand the incorporation of information systems security dimension. (Snow & Snell, 1993) noted that although the concept of Human Resources strategy *per se* is fairly new, its underlying logic and principles date back as far as the industrial revolution in the United States. Over time, the concept has evolved to reflect our changing views of strategic management and the arising challenges within Human Resources. A detailed summary is presented in Figure 1.

According to the authors each phase of this evolution represents a paradigm for research and practice in that they not only influence the way we conceptualize human resources, but also orient priorities for managing people. The focus on volume expansion and vertical integration marked corporate strategies in the period of the industrial revolution, especially in industries such as railroads, autos, and steel to (Wright, Patrick Benjamin & Scott, 2005)). At the time, strategic management focused on maximizing efficiency and with that in mind, labor came to be viewed as one of the costliest and uncontrollable resources ((Chandler, 1962). Organizations and work systems were influenced by the administrative principles of Weber (Weber, 2009), Fayol (Fayol & others, 1954), and Taylor (Taylor, 1993) that emphasized rational, impersonal management authority. During that time organizations, left the administrative burden associated with hiring, work design, training, compensation, and employment relations, personnel management to its own functional specialty.

HR STRATEGY AND I.S. SECURITY

HR strategy era/paradigm	Person-job fit	Systemic fit	Competitive potential
Strategic drivers	Vertical integration Economics of scale Efficiency/productivity	Globalization Diversification TQM/re-engineering	Knowledge-based competition Innovation and change Outsourcing, alliances Network organizations
Focus of HR strategy	Administrative Job-centric Tasks	Strategy implementation System (e.g., team) Behaviors/roles	Strategy formation Competencies Knowledge (learning) and culture (values)
Prevailing logic	Analysis (job analysis) Deductive	Synthesis (integration) Deductive	Generative Inductive
Key design parameters	Division of labor Work standardization Employment stability Efficiency (input/output) Ease of replacement Minimum investment	Internal (horizontal) fit External (vertical) fit Bunding High performance work systems Configurations Contingency	Strategic value of capital Uniqueness (firm specific) Knowledge creation, transfer and integration Agility (flexibility and fit) Architectures of multiple HR systems
Measurement issues	Efficiency (cost per hire) Validity/utility Turnover, absenteeism Department size	Synergy among practices Rater agreement/reliability Strategy Firm performance	Intellectual capital Competencies Balanced scorecard

TABELA 23 – Evolution of the Human Resources Strategy (Wright, Patrick Benjamin & Scott, 2005)

At the time there was no clear concept of Human Resources strategy, there was evidence of management focused on people as *person-job fit*. Traditional employment models were oriented toward employment stability, efficiency, and productivity, through division of labor, specialization, and work standardization (Lee & Johnson, 1991), (Cappelli, 1995), (Form & Hirschhorn, 1985). Jobs were designed so that most people could perform them with a minimum investment of time and/or money and that employees were replaceable should they leave.

An underlying preoccupation with analytic methods (as an outgrowth of scientific management) pervaded nearly all human resources related activities. Therefore, job analysis in particular, as the breakdown of tasks, duties and responsibilities as well as the accompanying skills, knowledge, and abilities required to perform them, became the foundation for virtually all human resources decision-making. During this period there is ample evidence indicating that the systematic analysis of jobs, individuals, and performance added logic and precision to what previously had been a fairly informal approach to personnel decision-making. Measurement systems were developed to assess the administrative efficiency of the human resources function as well as its effectiveness in meeting business goals. The rigor and precision evidenced in this approach has been the standard for excellence in human resources for many decades (Wright, Patrick Benjamin & Scott, 2005). It is important to note that human resources activities built around the idea of person-job fit enabled organizations to establish a level of efficiency and stability necessary to meet the competitive requirements of organizations of that time.

2.1 EVOLUTION OF H. R. STRATEGY – THE ERA OF SYSTEMATIC FIT

The 1980's brought a new logic for organizations, challenges associated with global competition, diversification, total quality management, and the like took center stage, (Mason & Mitroff, 1981) pointed out the necessity to deal with organizational problems "in a holistic or synthetic way as well as in an analytic way." So in addition to subdividing Human Resources into its analytic elements, researchers began to look at how the pieces fit together to establish a more comprehensive and integrated system for managing people.

During this time that the concept of Human Resources strategy appeared in the literature, (Walker, 1980), (Devanna, Fombrun, & Tichy, 1982), (Miles & Snow, 1984).

Writers such as (Wright & McMahan, 1992) described Human Resources strategy as "the pattern of planned human resources deployments and activities" in order to capture the ideas of continuity over time as well as consistency across various decisions and actions. But this time of scholar development was definitely marked by (Baird & Meshoulam, 1988) who wrote an influential piece on the principles and parameters that governed Human Resources strategy and noted that two issues – internal and external fit – were paramount for research and practice.

The Internal fit concept refers to how the components of Human Resources support and complement each other inside the organization. For example, if the objective is to select high quality candidates, then HR practices regarding development, compensation, and appraisal need to support the retention of these key staff. On the other hand, the concept of External fit focuses on how the human resources strategies and practices are congruent with the developmental stage and the strategic direction of the organization. In small organizations human resources practices focus on pay, staffing and record keeping with the founder making many decisions. But as organizations grow in complexity, human resources roles and/or department is formed to assist with hiring, training and compensating employees (Baird & Meshoulam, 1988).

2.2 EVOLUTION OF H. R. STRATEGY – THE ERA OF COMPETITIVE POTENTIAL

Competitive challenges in current times are forcing organizations to re-orientate Human Resources strategy. Globalization and the information flow create a new framework for organization's competition and survival. There is a focus on knowledgebased assets and the processes that underlie learning and innovation ((Leonard—Barton, 1991). Wright et all (Wright, Patrick Benjamin & Scott, 2005) defend that in some ways, this evolving paradigm stands in contrast to the previous model(s) of Human Resources strategy.

Rather than viewing Human Resources as a result of strategic planning, strategic planning is now increasingly built on the capabilities and potential available through an organization's human resources. Employee skills, knowledge, and abilities are now treated as distinctive and renewable resources upon which an organization should draw its strategy.

This increase of importance given to innovation and learning, lead strategy formation increasingly to reside in a more people based, and know-how based lines of direction. It is understood that because people can learn and adapt, they potentially are a self-renewing

resource (T. H. Davenport & Prusak, 1998); (Nonaka & Takeuchi, 1995). There are authors that go even further, by defending that in combination with broader organizational systems and technologies, people form the basis of an organization's core competencies (Prahalad & Hamel, 1990).

From this standpoint, Human Resources strategy is seen as cultivating the competencies, cultures, and composition of workers that underlie an organization's competitive potential.

From the current paradigm it is important to refer that according to (Wright, Patrick Benjamin & Scott, 2005) there are three main elements in Human Resources strategy research:

(1) knowledge-based perspectives complement behavioral perspectives of HR (e.g. (Barney, 1991); (T. H. Davenport & Prusak, 1998); (Kogut & Zander, 1992); (Nonaka & Takeuchi, 1995);

(2) the concept of agility is used to reconcile simultaneous needs for flexibility and strategic fit (e.g. (Milliman, Von Glinow, & Nathan, 1991);

(3) architectural models provide a more elaborate view of employment and Human Resources (e.g. Lepak and Snell,1999).

Although it is not the aim of this work to discuss and study deeper each of them, it is important to reference them.

2.3 EVOLUTION OF H. R. STRATEGY – THE BEGINNING OF A NEW PARADIGM

Although it is a bit too soon to determine exactly how this era of Human Resources strategy should be called, it seems that a more complex view that parallels the evolving nature of strategic management is emerging (Wright, Patrick Benjamin & Scott, 2005). The reorientation of organizations is happening towards the development and deployment of core competencies while simultaneously entering into alliances with outside partners, the infrastructure of organizations and human resource management is at once more differentiated and purposefully integrated all (Wright, Patrick Benjamin & Scott, 2005). Figure 2 shows three main dimensions of the Human Resources strategy in this context:

(1) the composition of the workforce,
(2) the cultures of the workforce,
(3) the competencies of the workforce.

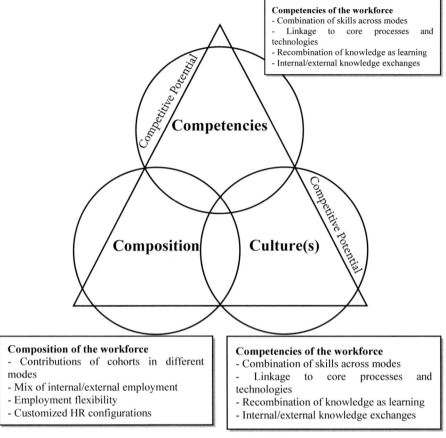

FIGURA 27 – Dimensions of HR strategy Wright, Snell and Shadur (2005)

2.3.1 – COMPOSITION OF THE WORKFORCE

Being one of the oldest dimensions of Human Resources Strategy workforce composition focus on getting the right number and kinds of people in the right places at the right times doing things that benefit both them as individuals and the organization as a whole is an arduous and multifaceted process.

Blending the facets of traditional manpower planning with strategic analysis is more difficult in today's environments of change and workforce fragmentation. The process hinges on an understanding of how various cohorts of individuals contribute to the film.

At the core of workforce composition, Human Resources Strategy focuses on the development of a group of knowledge workers that are central to an organization's advantage. These have substantial autonomy to pursue initiatives upon which the organization is likely to build its future strategies (Huey, 1998). Simultaneously, Human Resources seems to be oriented toward preserving existing relationships with employees in more traditional work arrangements as well as making more use of a contingent workforce that includes part-timers, temporary workers, contractors and long-term partners. In this context, the architectural perspective of Human Resources Strategy keeps its focus on managing the complexities of employment in a network organization.

Therefore, the way workers are incorporated in the organization is likely to vary in several ways: the types of human capital they bring, the expectations placed upon them by the organization and the investments made in their development (Huey, 1998). Each of these differences translates into a different configuration of Human Resources practices. But Human Resources Strategy necessity moves beyond merely management of these issues to the management of the whole. Human Resources Strategy must involve dimensions of different types of human capital within this matrix as well.

2.3.2 CULTURE(S) OF THE WORKFORCE

Human Resources Strategy also incorporates issues of culture and control. Individuals have different allegiances to organizations, different values, and different attachments to their work (Lawrence & Lorsch, 1967). The work of individuals with unique and specialized human capital is likely to be difficult to specify or monitor (Conner & Prahalad, 1996). As consequence, control systems are likely to give discretion to these individuals and should emphasize achievement of results (Kazanjian & Drazin, 1990), (Kerr, 1985), (Snell, 1992). Their employment relationships are likely to reflect a more relational connection that more fully includes them in the strategic direction of the organization (Rousseau, 1995). This stands in contrast to the work of traditional job-based employees whose work tends to reflect the principles of behavior control and transactional employment.

(Rose, 1988) noted that organizations are likely to be comprised of various subcultures. In contrast to the view that organization can or should be characterized by one culture, it seems that combinations may be necessary from a competitive standpoint. As (Schein, 1990) pointed out, culture is developed as an organization learns to cope with the dual problems of external adaptation and internal integration. (Houman, 2014) and (Denison & Mishra, 1995) found that cultures overly oriented toward consistency and commitment tended to focus too much on internal adjustment to the exclusion of external flexibility. They pointed out the advantages of cultures that could mix internal and external perspectives with those that balance flexibility as well as stability. From an architectural perspective, Human Resources Strategy focuses our attention toward the creation, maintenance, coordination – and then integration – of these different subcultures (Wright, Patrick Benjamin & Scott, 2005).

There was also an extensive study on Competencies of the workforce (Wright, Patrick Benjamin & Scott, 2005)'s work, but I found it deviant from the focus on culture, values and information, none the less in a more extensive work it is of course recomended.

To somehow resume the Evolution of the Human Resources, there are three eras identified in research and practice that were defined by particular sets of assumptions and perspectives about managing people for competitive advantage. Each of these eras of Human Resources Strategy had their parallels in strategic management.

According to (Wright, Patrick Benjamin & Scott, 2005). during the era of person-job fit, Human resources activities were focused on establishing the levels of efficiency and employment stability required in organizations pursuing strategies of expansion and vertical integration. During the era of systemic fit, Human Resources strategies focused on the internal consistency among Human Resources bundles and then linked them vertically with the requirements of strategy. Instead of focusing on the individual practices in isolation, this Human Resources Strategy paradigm placed a focus on developing synergies inherent in the overall system.

Current emerging Human Resources thought reflects an era of strategic management that emphasizes knowledge-based competition. Human Resources systems are being designed to develop and reinforce ideas of intellectual capital and knowledge management that empower strategy formation. Organizations are establishing networks of alliances and partners to complement their core competencies, and the architectural view of Human Resources Strategy is addressing the combinations of employment modes and relationships that support knowledge management and organizational agility.

This evolution has put people issues at the forefront of strategic management models, specifically focusing on managing intellectual capital as a valuable and rare organization resource as well as understanding how organizations can develop dynamic capabilities.

3. INFORMATION AS A STRATEGIC ASSET

Organizations strive to survive in very different levels such as time, cost, price, product differentiation, quality, and image. Information can play an important role in these different areas (E. Davenport & Cronin, 2000). Until recently organizations treated information as a support service and delegated it, considering that most of it was information technology only (Porter & Millar, 1999). In current times, organizations must understand the broad effects and implications of information as an asset, and how it can crate substantial and sustainable competitive advantages. If strategy makers have the correct information they can make the critical decisions, on the other hand the lack or the fact of the information being bad or late, can lead to hazard ones. The information revolution is present worldwide and affects the economy. No organization can escape its effects, and most are striving to achieve reductions in the cost of obtaining, processing, and transmitting information, and the rules and ways of doing business are changing because of that (Porter & Millar, 1999).

As information is used for competitive advantage and this one is achieved on the back of differentiation (E. Davenport & Cronin, 2000), this competitive edge therefore, may depend on the in-house effort in creating, using, and keeping information. To be able to use information as a competitive advantage, managers must first understand that information is more than explicit knowledge or computers (Porter & Millar, 1999).

Information must be conceived of a broadly organization based creation and use as well as a wide spectrum of values and practices that protect and enhance that fertile environment.

Information is affecting competition in the way organizations structure, giving companies new ways to perform their rivals and creating from existing operations conditions to spawn whole new businesses (Porter &

Millar, 1999). In fact, most of the end of the twentieth century is marked by organizations that used information and human resources as the base structure of their competitive advantages (e.g. Google).

Organizations are changing the way they operate due to information. Lucrative organizations are being highlighted by information, and "powered" by it for competition at the "value chain" (see Figure 3) level.

It is not a purpose of this work to expound an extensive research in information as an asset and the contribution of it for intelligence, rather to refer the importance of that same extensive research to the Resource Based View area and to the Human Resources Strategy.

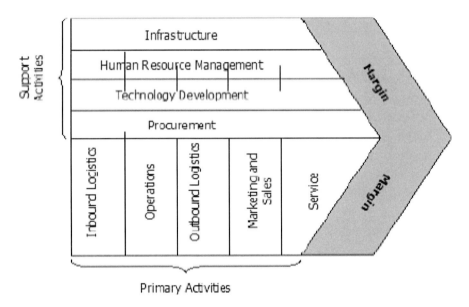

FIGURA 28 – Value Chain (Porter & Millar, 1999).

4. INFORMATION SYSTEM (IS) SECURITY STRATEGY

Information system (IS) security continues to present a challenge for executives and professionals when focusing on human resources. According to (Koskosas, 2008) a large part of Information Systems Security research is mostly technical in nature with limited consideration of people and organizational issues. There is a need for adoption off a broader perspective and understanding of Information Systems Security in terms of the values of people from an organizational perspective when debating Human Resources Strategy.

Value-focused thinking approach may help organizations to identify 'fundamental' objectives for Information Systems security and 'means' of achieving them (Koskosas, 2008). To maintain Information Systems Security in organizations, these authors argue that it is necessary to go beyond technical considerations and adopt organizationally grounded principles and values.

In the latest years numerous surveys have reported increased concern for information system (IS) security in organizations. The annual Computer Security Institute (Federal Bureau of Investigation) survey in the USA and the series of Audit Commission reports in the UK have consistently reported increases in Information Systems Security breaches and organizational spending to address them (Cavusoglu, Mishra, & Raghunathan, 2004).

In terms of mislead Human Resources Strategy there are reports driven from those studies that report an increased number of incidents and threats from people within the organization. The common argument in past research (Baskerville, 1993), (Straub & Welke, 1998) has been that Information Systems Security can be more effectively managed if the emphasis goes beyond the technical means of protecting information resources. Some authors argue that the key for Information Systems Security 'lies not with technology, but with the organization itself' (Segev, Porra, & Roldan, 1998). Indeed, numerous other studies have made calls for a broader perspective take cognizance of ethical and human considerations in dealing with Information Systems Security problems (e.g. see (Karyda, Kokolakis, & Kiountouzis, 2003). Clearly, such a broad perspective can be realized if the concerned managers are convinced of the value of also focusing attention on people issues rather than exclusively on technology.

4.1 THE FOCUS ON PEOPLE AND THE INFORMATION SECURITY

Unlike other assets, organizations cannot own their human capital (Becker, 1964). Employees own it themselves, and this dramatically shifts the balance of power in organizations. Further, organizations cannot easily control the exchanges and relationships among employees with those in the external environment.

When focusing on the Information Systems Security risk, academic research falls into four broad categories:

1. checklists,
2. risk analysis,
3. formal methods
4. and soft approaches (Siponen & Baskerville, 2001).

Numerous Information Systems Security checklists have been proposed over the years as an answer in easing the way for the Human Resources Strategy planning and weighting it in the technical and practical issues. And although checklists were a useful means to implement controls, especially when data processing were centralized, over the years the importance of checklists has dwindled because they provide little by way of analytical stability and don't reach the values and necessities of the people that execute them (Karyda et al., 2003).

There is little doubt that risk analysis and formal models have proved useful in ensuring Information Systems Security. However, an exclusive reliance on these has often been critiqued.

(Baskerville, 1993, (Moulton & Coles, 2003) suggest that there is a need for 'absolute clarity of responsibilities and an ongoing organization determination to make sure that appropriate and cost-effective controls are implemented and functional. (Wing, 1998) identifies the weakness of formal systems in terms of a given reality and a known environment and argues that a formal specification of a system must always include assumptions about the system's environment (Karyda et al., 2003).

Given the limitations of an exclusive emphasis on risk analysis and formal methods as a means to ensure Information Systems Security, various researchers have recognized the need to consider the organizational and people issues as well (Hitchings, 1995; (Karyda et al., 2003). Such socio-organizational aspects have been identified in the literature (Karyda et al., 2003) and include assumptions, expectations and values within Information Systems Security.

However, the importance of understanding stakeholder assumptions, expectations, values and beliefs is not new. Researchers in various fields have highlighted the importance of values as a means to understand socio-organizational aspects if success in technological implementations or the general management of technology is to be achieved.

(Orlikowski & Gash, 1994), for instance, have highlighted the importance of understanding the assumptions and values of stakeholders for successful IS-related outcomes. Also in the management literature, understanding individual values is found to be important when dealing with organizational change (e.g. (Chapman et al., 1999). Values have been considered important with respect to decision-making, security planning (e.g. (Straub & Welke, 1998)), knowledge management and assessing organization capability for net-enabled innovation.

Although values have been considered important there seems to be no specific methodology as a paradigm. Furthermore, a variety of terms have been used to describe the notion of values and the process of their elicitation. Examples include, 'mental models' ((Checkland & Scholes, 1990), 'technological frames' (Orlikowski & Gash, 1994) and 'schemas' (Backhouse & Cheng, 2002).

Values according to (Keeney, 1996) are principles for evaluating the desirability of any possible consequence and are hence essential to assess the 'actual or potential consequences of action and inaction in a given decision context. According to (Karyda et al., 2003), security breaches arise when individual and organizational values and benefit/cost analysis diverge. A value proposition therefore characterizes the combination of end result benefits and costs.

With respect to Information Systems Security management the core objective of this work is to maximize Information Systems Security and to protect information resources of the organization. Although there can be no value proposition for Information Systems Security per se because Information Systems Security is not a product or service, there can be value propositions to an individual in an organization as well as the various groups and divisions. Hence, the value proposition associated with Information Systems Security can be defined as the net benefit and cost associated with maintaining the security and integrity of the computer-based IS in the organization (Herath & Rao, 2009b).

Value-focused thinking as an approach has been used in the area of negotiation and conflict management (Keeney, 1996) and in identifying the values of internet commerce to the customer (Keeney, 1996). Similar concepts have also been used by (Keller & Ho, 1988) to generate options and to create alternatives. Values and various aspects of cognition have traditionally been considered at an individual level. However, there is increasing interest in assessing values at a group and organizational level as well. When individual values are shared within a group, there are implications for commonality in values that a group or organization might share. By Following (Weick, 1995), it is believed that by assessing individual constructs it is possible to understand group and organizational value systems.). The value-thinking approach helps researchers and managers alike to be proactive in creating more value options instead of being limited to available alternatives. The value-focused thinking is an appropriate approach when we need to develop a comprehensive list of objectives perceived by individuals (Herath & Rao, 2009b). Strategic management, organization theory, or psychology help on different aspects of Information Systems Security, and IS research has benefited from these established theories. However, these seem not to be sufficient to develop a comprehensive list of Information Systems Security values perceived by the individual. Due to the dynamic nature of IT development and application, nuances for the individual are continuously created. By learning and using new technologies, the individual's frame of reference is formed and value perspectives are shaped. The study of these values in a specific decision context can be very useful in our understanding of what measures may or may not work.

4.2 – FUNDAMENTAL ORGANIZATIONAL VALUES RELATED TO IS SECURITY

Research on technical controls for securing the information systems is abundant but policy compliance and informal controls have rarely been emphasized in the security literature (Herath & Rao, 2009a). In information security observing end-user security behaviors is challenging, The inability to monitor employee IT security behaviors and divergent views regarding security policies has lead to the focus by researches on finding ways to modelize and provide answers to how to strategise on it (Ma, Johnston, & Pearson, 2008). (Herath & Rao, 2009) propose theoretical model based on incentive effects on penalties, pressures and perceived effectiveness of employee actions that enhance the understanding of employee compliance to information security policies.

GESTÃO ESTRATÉGICA

(Macedo, 2009), has identified a function model for employees that incorporates IS/IT vision based evaluation on personal skills, capacities, personality, knowledge, personality and that can be incorporaded and measured in the organization's information system's architecture. that prove to be important as means to help organization planners to include the Information Systems Security issue in the Human Resources Strategy planning by combination both in an enterprise architecture and also by defining some goals/rules specialy dedicated to Information Systems Security maximization views. Most of the research made in the field appears to show that security behaviors can be influenced by both intrinsic and extrinsic motivators, for example design, development and implementation of secured systems and security policies can be used as means to strategize and mangage Information Systems Security based on an HR Strategy.

Conclusions and final remarks

One of the most important aspects of security is making it simple for the user. When security becomes a hindrance to employees doing their job, they begin to take shortcuts to get around it or they stop using the information. Both can lead to problems – in one case, the vital information might become insecure, and in the other case the information might not be used at all. Organizations have been witnessing a mismatch between the values propounded by the Human Resource Strategy and the organizational and legislative actionsalso known as the mismatch between the espoused theory and theory in use (Brewster, 1995)(Argyris, 2000). At the basic core of all of people there is a guide to right and wrong behavior. Whether people choose to listen is a choice they make daily in many areas of our life including work, home, school and social. The author doesn't think predetermined checklists work.Those who conceptualize organization knowledge communities (Kogut & Zander, 1992)understand the difficulty of defining and managing the boundaries of organizations in this case. So in addition to managing the information contained within an organization, competitiveness depends on managing the relational bases of members of' organizations as well.

Many of the benefits of information investment are intangible, and can only be expressed in terms of open-ended variables, like increased market share, whose full value will only be realized after the event (E. Davenport & Cronin, 2000)

Althought Human Resourses Strategy has already made a significant way towards the inclusion of Information Systems Security, stil there should be a greater focus on the cultures, attitudes, values and commitments of employees in order to minimize the security question and to take advantage from the competitive advantage that can be gain. Each of these small human related issues at once increases the importance of Human Resources Strategy for organization competitiveness, and makes it extremely more difficult to manage, therefore blocking gains. A key objective of Human Resources Strategy should be to guide the process which organizations develop and deploy human, social, and organizational capital to enhance their competitiveness and to promote information management in the best secure way possible.

Limitations and Future Research

After some academic discussing of this topic with some colleagues I find it important to refer that this study seems to be extremely interesting not only for a Human Resources Strategic Management, but rather for a diversity of strategic management areas. Various important approaches and ideas came to me, as I was writing and discussing this work in the academic ground. I will try to summarize some as paths I found interesting to take in future researches.

First I believe it would be interesting, to focus a study on what is called the "near misses" situations in which all was about to fail or part of the plan or action did fail, and how to manage information in those cases.

Second I find it interesting to continue to explore the behavioral effects of strategies in information systems, information technologies and information management in general.

Thirdly I found it interesting to explore geographical differences of the conclusions here made as well as most of the concepts defended by this works. As limitations driven from the scope of study and window of time for executing this article. I point out firstly that it would be interesting to have a more profound topic and discussion of the history, empiric experience and conclusions taken from Human Resources Strategy and its relationship with Information Systems Security.

BIBLIOGRAPHIC REFERENCES

Argyris, C. (2000). Double-Loop Learning. *Wiley Encyclopedia of Management.*

Backhouse, J., & Cheng, E. K. (2002). Signalling intentions and obliging behavior online: an application of semiotic and legal modeling in e-commerce. *Strategies for eCommerce Success*, 68.

Baird, L., & Meshoulam, I. (1988). Managing two fits of strategic human resource management. *Academy of Management Review*, *13*(1), 116–128.

Barney, J. (1991). Firm resources and sustained competitive advantage. *Journal of Management*, *17*(1), 99–120.

Baskerville, R. (1993). Information systems security design methods: implications for information systems development. *ACM Computing Surveys*, *25*(4), 375–414. http://doi.org/10.1145/162124.162127

Becker, G. S. (1964). Human Capital New York: Columbia Uni. versity Press for the National Bureau of Economic Re-search.

Brewster, C. (1995). Towards a'European'model of human resource management. *Journal of International Business Studies*, 1–21.

Cappelli, P. (1995). Rethinking employment. *British Journal of Industrial Relations*, *33*(4), 563–602.

Cavusoglu, H., Mishra, B., & Raghunathan, S. (2004). A model for evaluating IT security investments. *Communications of the ACM*, *47*(7), 87–92.

Chandler, A. D. (1962). Strategy and structure: The history of American industrial enterprise. *MIT Press, Cambridge, Mass.(1977) The Visible Hand, Harvard University Press, Cambridge, Mass.(1980) The Growth of the Transnational Industrial Firm in the United States and the United Kingdom: A Comparative Analysis', Economic History Review*, *33*, 396–410.

Chapman, L. E., Mertz, G. J., Peters, C. J., Jolson, H. M., Khan, A. S., Ksiazek, T. G., ... others. (1999). Intravenous ribavirin for hantavirus pulmonary syndrome. *Antiviral Therapy*, *4*(4), 211–219.

Checkland, P., & Scholes, J. (1990). *Soft systems methodology in action.*

Conner, K. R., & Prahalad, C. K. (1996). A Resource-Based Theory of the Firm: Knowledge Versus Opportunism. *Organization Science, 7*(5), 477–501. http://doi.org/10.1287/orsc.7.5.477

Davenport, E., & Cronin, B. (2000). Knowledge management: semantic drift or conceptual shift? *Journal of Education for Library and Information Science,* 294–306.

Davenport, T. H., & Prusak, L. (1998). *Working knowledge: How organizations manage what they know.* Harvard Business Press.

Denison, D. R., & Mishra, A. K. (1995). Toward a theory of organizational culture and effectiveness. *Organization Science, 6*(2), 204–223.

Devanna, M. A., Fombrun, C., & Tichy, N. (1982). Human resources management: A strategic perspective. *Organizational Dynamics, 9*(3), 51–67.

Farndale, E., Scullion, H., & Sparrow, P. (2010). The role of the corporate HR function in global talent management. *Journal of World Business, 45*(2), 161–168.

Fayol, H., & others. (1954). General and industrial management.

Form, W., & Hirschhorn, L. (1985). Beyond Mechanization: Work and Technology in a Postindustrial Age. *Contemporary Sociology.* http://doi.org/10.2307/2071327.

Herath, T., & Rao, H. R. (2009a). Encouraging Information Security Behaviors in Organizations: Role of Penalties, Pressures and Perceived Effectiveness. *Decision Support Systems and Electronic Commerce.* http://doi.org/10.1016/j.dss.2009.02.005

Herath, T., & Rao, H. R. (2009b). Protection motivation and deterrence: a framework for security policy compliance in organisations. *European Journal of Information Systems, 18*(2), 106–125.

Hitchings, J. (1995). Deficiencies of the traditional approach to information security and the requirements for a new methodology. *Computers & Security, 14*(5), 377–383.

Houman, S. (2014). Regulating Bitcoin and Block Chain Derivatives. *NYLS Legal Studies.*

Huey, J. W. J. (1998). Organization man – not. *Fortune, 137*(5), 16.

Ifinedo, P. (2014). Information systems security policy compliance: An empirical study of the effects of socialisation, influence, and cognition. *Information and Management, 51*(1), 69–79. http://doi.org/10.1016/j.im.2013.10.001.

Karyda, M., Kokolakis, S., & Kiountouzis, E. (2003). Content, context, process analysis of IS security policy formation. In *Security and Privacy in the Age of Uncertainty* (pp. 145–156). Springer.

Kazanjian, R. K., & Drazin, R. (1990). A stage-contingent model of design and growth for technology based new ventures. *Journal of Business Venturing, 5*(3), 137–150.

Keeney, R. L. (1996). Value-focused thinking: Identifying decision opportunities and creating alternatives. *European Journal of Operational Research, 92*(3), 537–549.

Keller, L. R., & Ho, J. L. (1988). Decision problem structuring: Generating options. *Systems, Man and Cybernetics, IEEE Transactions on, 18*(5), 715–728.

Kerr, J. L. (1985). Diversification strategies and managerial rewards: An empirical study. *Academy of Management Journal, 28*(1), 155–179.

Kogut, B., & Zander, U. (1992). Knowledge of the firm, combinative capabilities, and the replication of technology. *Organization Science, 3*(3), 383–397.

Kolkowska, E. (2004). Values in managing of IS security. In *Proceedings of the Third Security Conference.* Las Vegas.

Koskosas, I. (2008). Goal setting and trust in a security management context. *Information Security Journal: A Global Perspective, 17*(3), 151–161.

Lawrence, P. R., & Lorsch, J. W. (1967). Differentiation and integration in complex organizations. *Administrative Science Quarterly,* 1–47.

Lee, T. W., & Johnson, D. R. (1991). The effects of work schedule and employment status on the organizational commitment and job satisfaction of full versus part time employees. *Journal of Vocational Behavior, 38*(2), 208–224.

Leonard—Barton, D. (1991). *The factory as a learning laboratory.*

Ma, Q., Johnston, A. C., & Pearson, J. M. (2008). Information security management objectives and practices: a parsimonious framework. *Information Management & Computer Security, 16*(3), 251–270.

Macedo, B. A. R. de S. (2009). *Um modelo de arquitectura de Sistemas de Informação.* Instituto Superior de Economia e Gestão. Retrieved from https://www.repository.utl.pt/handle/10400.5/1855.

Mason, R. O., & Mitroff, I. I. (1981). *Challenging strategic planning assumptions: Theory, cases, and techniques.* Wiley New York.

Miles, R. E., & Snow, C. C. (1984). Designing strategic human resources systems. *Organizational Dynamics, 13*(1), 36–52.

Milliman, J., Von Glinow, M. A., & Nathan, M. (1991). Organizational life cycles and strategic international human resource management in multinational companies: Implications for congruence theory. *Academy of Management Review, 16*(2), 318–339.

Moulton, R., & Coles, R. S. (2003). Applying information security governance. *Computers & Security, 22*(7), 580–584.

Nonaka, I., & Takeuchi, H. (1995). *The knowledge-creating company: How Japanese companies create the dynamics of innovation.* Oxford university press.

O'Reilly, C. A., & Pfeffer, J. (2000). *Hidden value: How great companies achieve extraordinary results with ordinary people.* Harvard Business Press.

Orlikowski, W. J., & Gash, D. C. (1994). Technological frames: making sense of information technology in organizations. *ACM Transactions on Information Systems (TOIS), 12*(2), 174–207.

Porter, M. E., & Millar, V. E. (1999). Como a informa{ç}{ã}o proporciona vantagem competitiva. *Competi{ç}{ã}o--on Competition: Estrat{é}gias Competitivas Essenciais. Rio de Janeiro: Campus.*

Prahalad, C. K., & Hamel, G. (1990). Thecore competence of the corporation', HarvardBusiness Review. *Harvard Business Review, May,* 79–91.

Rose, R. A. (1988). Organizations as multiple cultures: A rules theory analysis. *Human Relations, 41*(2), 139–170.

Rousseau, D. (1995). *Psychological contracts in organizations: Understanding written and unwritten agreements.* Sage Publications.

Schein, E. H. (1990). *Organizational culture.* (Vol. 45). American Psychological Association.

Segev, A., Porra, J., & Roldan, M. (1998). Internet security and the case of Bank of America. *Communications of the ACM, 41*(10), 81–87.

Siponen, M., & Baskerville, R. (2001). A new paradigm for adding security into IS development methods. In *Advances in information security management & small systems security* (pp. 99–111). Springer.

Snell, S. A. (1992). Control theory in strategic human resource management: The mediating effect of administrative information. *Academy of Management Journal, 35*(2), 292–327.

Snow, C. C., & Snell, S. A. (1993). Staffing as strategy. *Personnel Selection in Organizations, 448,* 478.

Straub, D. W., & Welke, R. J. (1998). Coping with systems risk: security planning models for management decision making. *Mis Quarterly,* 441–469.

Taylor, J. R. (1993). *Rethinking the theory of organizational communication: How to read an organization.* Ablex Publishing Corporation.

Walker, J. W. (1980). *Human resource planning.* McGraw-Hill College.

Weber, M. (2009). *From Max Weber: essays in sociology.* Routledge.

Weick, K. E. (1995). *Sensemaking in organizations* (Vol. 3). Sage.

Wing, J. M. (1998). A symbiotic relationship between formal methods and security. In *Computer Security, Dependability and Assurance: From Needs to Solutions, 1998. Proceedings* (pp. 26–38).

Wright, Patrick Benjamin, D., & Scott, S. (2005). Human resources and the resource based view of the firm. *Strategic Human Resource Management: Theory and Practice,* 17–39.

Wright, P., & McMahan, G. (1992). Theoretical perspectives for strategic human resource management. *Journal of Management.* http://doi.org/10.1177/014920639201800205

3.4 Competências 'core' na Gestão de Projetos de TI

FERNANDO ALBUQUERQUE

Resumo: De um ponto de vista individual, as aptidões para gerir um projeto e as aptidões para dirigir múltiplos projetos, numa óptica de portefólio, são distintas.

Para se ser eficaz na gestão de múltiplos projetos, especialmente em indústrias de forte pendor tecnológico e que funcionam num ambiente de permanente mudança, os gestores de projetos devem dispor de aptidões organizativas, de gestão de interdependencias, de multitarefa, e de gestão de processos de relacionamento entre projetos. Essas aptidões são distintas das exigíveis aos gestores de projetos singulares, e a sua inexistência pode explicar algumas das dificuldades que as organizações têm para encarar a gestão de projetos numa óptica de portefólio.

Contudo a gestão de um portefólio de projetos é um conceito organizacional cujo êxito depende não só das aptidões individuais dos respectivos gestores, mas também da existência de competências e capacidades organizacionais que as suportem.

Falar de aptidões, capacidades e competências remete-nos para o âmbito da *Resource Based View*. Esta teoria tem sido amplamente estudada mas, apesar de existirem múltiplos trabalhos que estudam a sua aplicação às mais diversas áreas de gestão, constata-se que poucos são os estudos que incidem sobre a área específica da gestão de projetos, e ainda menos encaram esta problemática na óptica do portefólio.

Assim, sem prejuízo de efectuar uma revisão bibliográfica geral sobre o tema, o presente trabalho centra-se na questão das capacidades e competências centrais aplicada à gestão do portefólio de projetos de TI da organização, pretendendo constituir-se como o inicio de um processo de investigação nesta área.

INTRODUÇÃO

Duas questões recorrentes em relação á competitividade das organizações são: "Porque é que algumas organizações são mais competitivas que outras? O que é que as organizações podem fazer para melhorar e sustentar as suas vantagens competitivas? Porque é que organizações em competição directa apresentam níveis de desempenho sustentadamente diferentes?"

Hoje em dia, independentemente do sector de actividade, a maioria das organizações são fortemente dependentes dos seus sistemas de informação (SI). Com o advento do comércio electrónico, o uso da tecnologia generalizou-se como ambiente de realizar transacções de negócio, e no sector público o governo electrónico impõe cada vez mais a tecnologia como mecanismo de prestação de serviços. (Peppard and Ward, 2004).

Os projetos são um importante meio de implementação da estratégia corporativa de qualquer organização mas existe pouca literatura sobre o funcionamento prático do mecanismo de transmissão entre o nível estratégico e os projetos, programas e portefólio da organização (Morris and Jamieson, 2004).

Apesar da maioria das organizações reconhecer, a existência do funcionamento dos projetos em conjuntos ou portefólio, na maioria das vezes estão a referir-se a conjuntos de projetos que partilham um determinado objectivo ou alguma outra forma de interdependência, raramente considerando o portefólio com o intuito de optimizar os recursos disponíveis e maximizar, através do controlo do risco, a probabilidade de atingir os objectivos constantes da estratégia organizativa. Neste sentido, a maioria das organizações confunde programa com portefólio de projetos não implementando por isso, os processos necessários a uma efectiva gestão deste último, e comprometendo o objectivo final de implementar a estratégia organizativa através dos projetos.

O presente trabalho usa a teoria *Resource Based View* (RBV) e o conceito de capacidades dinâmicas na tentativa de melhorar a compreensão de como é que a capacidade para a gestão do portefólio de projetos de TI contribui para a sustentabilidade da vantagem competitiva da organização e de que forma a capacidade organizacional para a gestão do portefólio de projetos de TI influência a competitividade da organização.

1. A TEORIA RESOURCE BASED VIEW

"Apesar da teoria económica predizer que as diferenças entre empresas rivais tendem a desaparecer quando expostas ao processo competitivo, as evidências empíricas demonstram o contrário" (Zott, 2000). A luz da teoria *Resource Based View* (RBV) a razão desta heterogeneidade competitiva deve-se ao facto de os competidores diferirem, persistentemente, nos recursos e capacidades que detêm, ou que controlam (Helfat and Peteraf, 2003).

A RBV, que enfatiza a componente interna da análise SWOT (Forças, Fraquezas, Oportunidades e Ameaças) na formulação da estratégia da empresa (Black and Boal, 1994, Barney, 1991, Amit and Schoemaker, 1993, Dierickx and Cool, 1989), assenta sobre duas proposições distintas:

A primeira é que, mesmo em mercados competitivos, as organizações de uma determinada indústria podem ser heterogéneas no que respeita aos recursos estratégicos e às capacidades que controlam (Peteraf, 1993; Amit e Schoemaker, 1993; Dierickx e Cool, 1989) uma vez que a inexistência de mobilidade perfeita dos recursos potencia condições de imitação imperfeitas (Barney, 1991), as quais podem ter a sua origem em direitos de propriedade, escassez de recursos e assimetrias de informação – mecanismos de isolamento –, ou na incerteza por parte dos potenciais concorrentes em relação ao que precisa ser imitado, ou à forma como essa imitação pode ser feita – indefinição causal – (Lippman and Rumelt, 1982). Essas condições de imitação imperfeita determinam a existência de um "custo de cópia" (Caldeira e Ward, 2003) que protege a empresa permitindo-lhe operar com desempenhos, e auferir rendimentos, superiores aos dos seus concorrentes (Peteraf, 1993; Caldeira e Ward, 2003).

A segunda é que essas diferenças podem subsistir durante um período de tempo longo (imobilidade de recursos e de capacidades) (Wernerfelt, 1984; Barney, 1991; Mata et al., 1995).

À luz da RBV, os recursos críticos aptidões e capacidades, acumulados pela empresa, determinam e influenciam a sua estratégia de crescimento, podendo afirmar-se que o desempenho presente é determinado pelas decisões passadas e pelo caminho escolhido (Dierickx and Cool, 1989, Barney, 1991, Wang and Hsu, 2010). A vantagem competitiva pode ser sustentada através do investimento em competências inimitáveis e idiossincráticas. A implicação principal desta constatação é que as empresas não podem "comprar no mercado" vantagens competitivas sustentadas. Em vez disso, essas vantagens têm de se fundar em recursos raros, com mobilidade imperfeita, e não substituíveis, controlados pela empresa (Peppard and Ward, 2004).

2. DEFINIÇÃO DE CONCEITOS

Ao longo dos últimos 20 anos, numerosos autores têm abordado o tema da vantagem competitiva baseada nos recursos da empresa. Fruto do processo natural de criação, ainda não se assiste á completa consolidação dos conceitos subjacentes á teoria, com a maioria dos autores mais empenhados na discussão do impacto prático da teoria nas diversas áreas da empresa, do que na definição teórica dos conceitos usados. Devido a isso é importante iniciar qualquer trabalho nesta área com uma revisão bibliográfica que permita definir com clareza os conceitos usados.

Na perspectiva da RBV as empresas são ferramentas altamente especializadas (Barney, 1991, Black and Boal, 1994), portefólios de competências (Prahalad and Hamel, 1990), ou grupos de recursos organizacionais e de capital, físicos e humanos (Barney, 1991, Caldeira and Ward, 2003) que têm como principal objectivo a integração de determinados recursos em actividades específicas com o intuito de obter lucro.

Nas economias desenvolvidas, á medida que a fundamentação económica atribui uma maior preponderância dos activos intelectuais em detrimento dos recursos naturais, as organizações são cada vez mais *máquinas de processar informação, transformando dados em bens e serviços* (Nonaka and Takeuchi, 1995) e *comunidades sociais nas quais, através de um conjunto de princípios organizativos, o conhecimento individual e social é transformado em produtos e/ou serviços economicamente úteis.* (Kogut and Zander, 1992).

A produção requer a coordenação do esforço individual de numerosos especialistas com múltiplos e diferentes tipos de conhecimento (Grant, 1996, Schneckenberg, 2009). As organizações são entidades integradoras de conhecimento, na medida em que, existindo como instituições para a produção de bens e serviços, conseguem criar as condições mediante as quais um conjunto alargado de indivíduos integra, nesses produtos e serviços, conhecimento individual e especializado (Grant, 1996).

2.1 APTIDÃO INDIVIDUAL, RECURSOS, COMPETÊNCIAS E CAPACIDADES DAS EMPRESAS

Apesar de, nos textos mais recentes, se notar alguma harmonização em relação aos conceitos base da RBV, recurso, competência e capacidade da empresa são dos conceitos que, desde o início tiveram interpretações mais distintas e por vezes contraditórias.

2.2 APTIDÃO INDIVIDUAL E RECURSOS DAS EMPRESAS

O conceito aptidão num contexto individual, não é explicitamente referido pela maioria dos autores citados os quais se referem quase sempre à aptidão organizacional. Numa óptica individual a aptidão é a habilidade que cada individuo tem para aplicar caracteristicas pessoais e conhecimento na execução de atividades (Caldeira and Ward, 2003).

Outro conceito fundamental no âmbito da RBV é o de recurso da empresa. os recursos da empresa são todos os fatores tangíveis ou intangíveis (Oliver, 1997; Hafeez et al., 2002; Teoh, 2010; Peteraf, 1993), ativos, capacidades, processos organizativos, atributos, informação e conhecimento (Barney, 1991), que a empresa detêm, controla, ou aos quais tem acesso, e que são convertidos em produtos ou serviços através da utilização de diversos mecanismos de agregação, tais como, sistemas de informação para gestão, sistemas de incentivos e relações de confiança (Amit e Schoemaker, 1993; Peppard e Ward, 2004), os quais permitem que a organização conceba e implemente estratégias para melhorar a sua eficiência (uso de recursos), e eficácia (obtenção de resultados positivos para a organização).

(Teece et al., 1997, Caldeira and Ward, 2003) dão ênfase à questão da imitação e da mobilidade imperfeita, definindo recursos como activos específicos da empresa que são difíceis, ou mesmo impossíveis de imitar, devido aos custos de transacção ou de transferência. Porque, frequentemente, contêm conhecimento tácito, tais activos dificilmente podem ser transferidos entre empresas.

Os diversos autores consultados agrupam os recursos em categorias distintas. (Hafeez et al., 2002) propõem 3 categorias: Activos físicos, Activos intelectuais, Activos culturais. (Barney, 1991) agrupam-nos em Capital físico, Capital humano e Capital organizacional.

Capital físico inclui a tecnologia utilizada, o equipamento, a localização geográfica e o acesso às matérias-primas; Capital humano abarca a

GESTÃO ESTRATÉGICA

formação, a experiência, a capacidade de análise, julgamento e decisão, os relacionamentos e, de uma forma geral, toda a "inteligência" que se cria dentro da organização; Capital organizacional inclui a estrutura formal da empresa, os seus sistemas formais ou informais de planeamento, controlo e coordenação, assim como as relações formais que se constituem entre grupos dentro da empresa e entre a empresa e o ambiente que a rodeia. Nem todos estes recursos são estrategicamente relevantes, muitos são fonte de constrangimentos e ineficiências mas, no seu conjunto, eles determinam a forma como a empresa actua e se posiciona (Barney, 1991).

Contudo, por si só, os recursos não criam valor. A criação de valor depende da habilidade da empresa para gerir e organizar os seus recursos de forma a atingir determinado resultado (Teoh, 2010), isto é, depende da competência da organização para selecionar, gerir e organizar, os recursos que melhor se adequam às suas necessidades, sendo essa competência o que permite á organização a criação de capacidades.

2.3 COMPETÊNCIAS E COMPETÊNCIAS CENTRAIS

De acordo com o diagrama apresentado na Figura 1, as competências são atributos organizacionais transversais à organização, que resultam da agregação das aptidões e do conhecimento individual, que é detido pelos colaboradores e pelos demais interessados da organização, com os processos da organização, tendo por objetivo atingir um determinado fim (Teece et al., 1997; Amit e Schoemaker, 1993; Peppard e Ward, 2004; Caldeira e Ward, 2003). As competências são uma plataforma para a criação de capacidades e de vantagens competitivas. Se uma organização tiver acesso a determinados recursos, aptidões e conhecimento, e dispuser das competências para gerir esses recursos, aptidões e conhecimento, então ela conseguirá desenvolver capacidades que lhe permitirão colocar no mercado produtos ou serviços que, sendo valorizados pelos clientes, a diferenciam dos seus competidores (Caldeira e Ward, 2003).

Essa competência para selecionar, gerir e organizar, os recursos de forma a desenvolver as capacidades que permitam à organização a criação de produtos e serviços que respondam às necessidades do mercado é de especial importante em mercados dinâmicos.

O dinamismo dos mercados, definido por (Drnevich e Kriauciunas, 2011) como sendo as alterações no ambiente competitivo que afetam a forma como as empresas competem entre si, e a forma como respondem às necessidades dos clientes, evidência a necessidade de criar organizações capazes de se anteciparem às necessidades dos clientes (Prahalad e Hamel, 1990a), sendo necessário que, para tal, os gestores se concentrem na criação e no desenvolvimento do portfólio de competências da organização, e não no portfólio de produtos ou de negócios os quais, face a rapidez e mutabilidade do mercado, têm uma importância temporária (Prahalad e Hamel, 1990a).

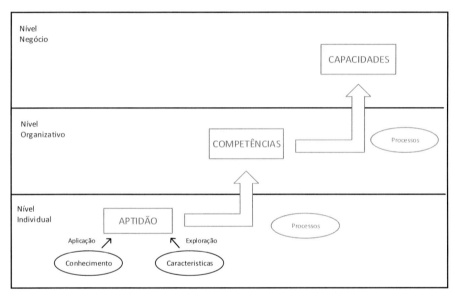

FIGURA 29 – Aptidões, Competências e Capacidades no contexto das organizações

Fonte: Caldeira e Ward (2003). "Using resource-based theory to interpret the successful adoption and use of information systems and technology in manufaturing small and medium-sized enterprises." European Journal of Information Systems.

Uma organização tem uma capacidade específica quando tem a aptidão para executar, com qualidade, e de uma forma sistemática, uma determinada atividade (Helfat e Winter, 2011).

As competências que são essenciais para o negócio principal da empresa, e que a diferenciam em relação aos seus competidores, são chamadas de competências centrais (Teece et al., 1997). Essas competências centrais consistem na aprendizagem coletiva realizada na empresa em relação à forma como devem coordenar-se as diversas aptidões de produção (Prahalad e Hamel, 1990a), e manifestam-se em atividades de negócio e processos que são vistos como fonte de vantagem competitiva sustentada (Hafeez et al., 2002).

Desta forma as competências centrais distinguem-se das demais competências porque conseguem incorporar (Lampel, 2001):

a) Aprendizagem colectiva da organização, i.e. o conhecimento testado e provado que a empresa adquire ao longo do tempo no âmbito dos seus diversos processos de negócio;
b) Aptidões de coordenação de, diferentes operações, diferentes tecnologias e de uma base de clientes diversificada;
c) Conhecimento profundo dos produtos e das possibilidades de mercado no contexto tecnológico da empresa, ao qual se soma o conhecimento necessário para antecipar as necessidades futuras dos clientes;
d) Conhecimento profundo dos produtos e das possibilidades de mercado, inerentes à base de conhecimento tecnológico da empresa;
e) Conjunto de activos intangíveis que se constituem como factores de ligação entre as diversas áreas de negócio da empresa.

A identificação das competências que são centrais para uma determinada organização passa por validar a existência de três requisitos (1) Se fornece à empresa o acesso potencial a mercados alargados; (2) Se contribui de forma clara e perceptível para os benefícios reconhecidos pelo consumidor final no produto ou serviço da empresa; (3) Se é difícil de ser imitada pelos competidores (Prahalad and Hamel, 1990).

Esta definição de competências e de competências centrais torna claro duas características importantes: (1) A primeira é que as competências vão sendo desenvolvidas no seio de uma determinada empresa, pelo que não é algo que seja possivel adquirir de uma forma rápida "comprando no mercado"; (2) A segunda caracteristica é que, ao contrário dos activos físicos que se consomem com a utilização, as competências centrais melhoram à medida que são usadas e partilhadas (Prahalad and Hamel, 1990).

2.4 CAPACIDADES E CAPACIDADES DINÂMICAS

Alguns autores não distinguem competências de capacidades, definindo estas últimas como a aptidão para utilizar e coordenar recursos na execução de uma determinada atividade (Amit e Schoemaker, 1993; Rao, 1994; Hafeez *et al.*, 2002).

No entanto a maioria dos autores considera as capacidades como algo individual e distintivo "conjunto distintivo de características humanas, conhecimentos, orientações, atitudes, motivações e comportamentos" (Willcocks e Feeny, 2006), que ganha sentido no contexto de uma determinada organização (Helfat e Winter, 2011; Killen *et al.*, 2008) na medida em que conferem à empresa a aptidão para executar, de forma coordenada, um conjunto de atividades (Amit e Schoemaker, 1993; Helfat e Peteraf, 2003) as quais contribuem para influenciar o desempenho de negócio (Willcocks e Feeny, 2006) com o objetivo de colocar no mercado um produto ou serviço (Caldeira e Ward, 2003).

(Teoh, 2010) Sintetiza as perspetivas anteriores, integrando o contexto organizacional na própria definição de capacidade, e definindo capacidades organizacionais como a habilidade da organização para mobilizar recursos através de ações, em combinação e encapsulando, processos explícitos com elementos e recursos tácitos (como sejam a liderança e a cultura organizativa). Frequentemente as capacidades são específicas da organização, sendo reforçadas e aprofundadas com o decurso do tempo, através das integrações complexas que ocorrem entre os recursos da organização e as suas práticas e processos.

Neste contexto, as capacidades podem ser vistas como um tipo especial de recurso que é específico, no sentido em que está embebido no âmbito de uma determinada organização, tem como propósito aumentar a produtividade dos restantes recursos da organização, sendo dificilmente transferido ou comercializado. As capacidades são indissociáveis da organização, e não podem ser compradas ou vendidas sem que seja comprada ou vendida a organização, ou uma das suas unidades de negócio. Se a organização se desagregar, as suas capacidades desaparecerão, ainda que os seus recursos subsistam (Teece *et al.*, 1997).

Uma perspetiva estratégica das capacidades é dada por (Peppard e Ward, 2004) os quais definem capacidade organizacional como a aplicação estratégica de competências. Neste contexto, o processo de definição e criação das desejadas capacidades organizacionais é um processo contínuo, determinado pelos objetivos estratégicos da empresa, e em que a definição de novas capacidades criam as necessidades para desenvolver ou melhorar competências específicas.

Sintetizando, uma capacidade organizacional define-se por possuir duas características. Em primeiro lugar tem uma intenção e um propósito específico (Amit e Schoemaker, 1993; Dosi *et al.*, 2000; Winter, 2003; Helfat *et al.*, 2007). Em segundo lugar a capacidade reflete uma determinada prática, e um padrão de comportamento, na medida em que possibilita a execução repetida, e com qualidade, de uma determinada atividade específica (Dosi *et al.*, 2000; Winter, 2003). Estas duas características são importantes, porque distinguem a capacidade, da execução casual, permitem medir os resultados, e concluir de forma objetiva sobre a existência ou ausência de uma determinada capacidade (Helfat e Winter, 2011).

(Drnevich e Kriauciunas, 2011) Dividem as capacidades da empresa em 4 categorias (1) Capacidades ordinárias ou operacionais, usadas pela empresa no seu funcionamento diário; (2) Capacidades dinâmicas, usadas para estender, modificar, alterar ou criar capacidades ordinárias; (3) Capacidades heterogéneas, são únicas, idiossincráticas, customizadas e/ou específicas da empresa (Amit e Schoemaker, 1993; Teece *et al.*, 1997); (4) Capacidades homogéneas, são comuns a uma determinada indústria e relativamente indiferenciadas em relação ás das empresas competidoras.

Capacidades operacionais são processos ou conjuntos de processos[55] de alto nível que conferem à gestão um conjunto de opções para a produção de um determinado produto ou serviço. As capacidades dinâmicas, definidas inicialmente por (Teece et al., 1997), não envolvem a produção de um bem ou serviço comercializável, mas a criação, integração ou reconfiguração de capacidades operacionais e, nesta medida só contribuem para o resultado da empresa de forma indirecta, através do impacto que têm nas capacidades operacionais.

O ciclo de vida das capacidades é introduzido por (Helfat and Peteraf, 2003) com o objectivo de apresentar um modelo conceptual integrado na RBV que explique as causas da existência de heterogeneidade entre empresa concorrentes.

O conceito de ciclo de vida da capacidade é similar ao de ciclo de vida de produto, descrevendo um conjunto de estádios definidos – crescimento, maturidade e declínio – sendo que, ao longo da vida, uma capacidade poder suportar o desenvolvimento de uma sequência de produtos ou de múltiplos produtos em simultâneo Por outro lado, em relação aos produtos, uma capacidade pode, ao longo do ciclo de vida, atravessar um maior número de estádios. Por esta razão, o ciclo de vida das capacidades pode

---

[55] Em vez de processo os autores usam o termo "rotina" definindo-a como modelos de actividades repetitivas.

estender-se para lá da empresa ou indústria de onde é originária (Helfat and Peteraf, 2003).

O ciclo de vida de capacidade retrata o comportamento geral e um conjunto de possíveis caminhos que caracterizam a evolução das capacidades organizacionais. O ciclo de vida de capacidade inclui vários estádios, começando com a fundação de uma nova capacidade numa organização recentemente constituída, continuando com a fase de desenvolvimento, marcada pela construção gradual da capacidade, até atingir a fase de maturidade. Durante a fase de desenvolvimento, ou após atingir a maturidade, uma capacidade é sujeita a uma variedade de eventos com influência na sua evolução futura. Tais eventos podem condicionar o desenvolvimento da capacidade em pelo menos um de seis estádios adicionais: Retirada (morte); Compressão/Redução; Renovação; Replicação; Reafectação e Recombinação, os quais podem acontecer de forma simultânea (Helfat and Peteraf, 2003).

Especialmente em ambientes de negócio sujeitos a mudança acelerada, abertos á competição global, e caracterizados pela dispersão geográfica das fontes da inovação e dos locais de fabrico, uma empresa que disponha de recursos e competências, mas não das necessárias capacidades dinâmicas, tem a possibilidade de, durante um curto período de tempo, poder auferir de um retorno competitivo, mas sua manutenção a longo prazo está dependente da sorte (Teece, 2007).

As capacidades dinâmicas representam a habilidade da empresa para integrar, construir, e reconfigurar as competências internas e externas difíceis de replicar, e necessárias para que a empresa se adapte às mudanças dos clientes e às oportunidades estratégicas, reflectindo a aptidão da empresa para obter formas diferentes e inovadoras de vantagem competitiva no contexto de uma determinada posição de mercado (Teece et al., 1997, Wang and Hsu, 2010, Zott, 2000).

Numa definição mais centrada nos aspectos de aprendizagem, integrados nos processos organizacionais, (Killen et al., 2008, Wang and Ahmed, 2007) baseiam as capacidades dinâmicas num comportamento constantemente orientado para integrar, reconfigurar, renovar, e recriar os seus recursos e capacidades, melhorando e reconstruindo as suas capacidades centrais em resposta a alterações no ambiente competitivo e com o objectivo de alcançar e sustentar vantagens competitivas.

Em ambas as perspectivas está patente a importância da criação, integração e comercialização de um fluxo contínuo de inovação consistente com as necessidades dos clientes e com as oportunidades tecnológicas na criação de vantagens competitivas sustentadas, defendendo (Teece, 2007) que, as empresas com capacidades dinâmicas, não só constroem barreiras à competição como definem e modelam a competição e o mercado através do empreendedorismo, inovação, recombinação de activos e do negócio.

Tais capacidades são especialmente importantes em sectores fortemente tecnológicos e nos quais o sucesso depende menos da capacidade para maximizar a eficiência e as economias de escala na produção, do que da descoberta e criação de oportunidades, a eficiente combinação de conhecimentos e inovação interna e externa, da protecção da propriedade intelectual e de melhorias e implementação de boas práticas nos processos de negócio, a invenção de novos modelos de negócio, e a capacidade de tomar decisões de gestão inovadoras. Como referiu em 2006 A.J. Lafley, CEO da Proctor & Gamble citado por (Teece, 2007) *"O desafio é conseguir transformar a inovação numa estratégia e num processo"*.

As capacidades dinâmicas estão indirectamente ligadas com o desempenho da empresa na medida em que estão: (1) Incorporadas nos processos rotineiros da empresa (2) São capturadas pelas rotinas da empresa, e (3) Destinam-se a produzir mudanças nos recursos, nas rotinas operacionais, no conhecimento e nas competências da empresa (Zott, 2000, Kogut and Zander, 1992).

Sendo o desempenho relativo da empresa afectado: (1) Pelo momento em que a empresa muda; (2) Pela forma com a empresa escolhe entre as diversas alternativas viáveis; (3) Pelo custo da mudança, e: (4) Pelas lições que a empresa retira do processo de mudança. Estes quatro atributos são os mais relevantes para entender a forma como o desempenho da empresa é afectado pela existência ou não de capacidades dinâmicas (Zott, 2000).

Para efeitos de análise as capacidades dinâmicas podem ser desagregadas na capacidade de (1) Detecção de ameaças e de oportunidades, (2) Aproveitamento das oportunidades, e (3) Manutenção da competitividade através do reforço, combinação, protecção, e, quando necessário, reconfiguração dos activos tangíveis e intangíveis da organização, assentes em competências relacionadas com: (1) Adaptação, aptidão para identificar e capitalizar as oportunidades de mercado emergentes; (2) Absorção, aptidão para identificar e integrar o novo conhecimento externo com conhecimento interno preexistente e dessa forma obter ganhos competitivos; (3) Inovação, aptidão para desenvolver novos produtos e novos mercados (Killen et al., 2008, Wang and Ahmed, 2007), e na existência de três processos organizativos – Coordenação/Integração, Aprendizagem, e Reconfiguração (Teece, 2007).

Se a organização dispuser de um recurso ou competência que não está na posse dos seus competidores (heterogeneidade), este facto pode conferir-lhe a capacidade para implementar uma estratégia de criação de valor, distinta das que são implementadas pelos seus atuais ou potenciais concorrentes (Barney, 1991) obtendo assim uma vantagem competitiva que lhe permite realizar lucros acima do normal (Jugdev et al., 2007).

3. VANTAGENS COMPETITIVAS E VANTAGENS COMPETITIVAS SUSTENTADAS

Numa perspetiva clássica, a vantagem competitiva é descrita em termos do posicionamento da empresa no contexto de uma determinada indústria (Bhatt e Grover, 2005), diz-se que uma empresa dispõe de uma vantagem competitiva quando consegue implementar uma estratégia de criação de valor que é distinta das que são implementadas pelos seus actuais ou potenciais concorrentes (Barney, 1991).

No entanto o conceito deve ser entendido numa perspetiva dinâmica na medida em que, durante o tempo em que perdura, uma determinada vantagem competitiva pode sofrer alterações e mudanças, no sentido de se adaptar às mudanças do ambiente concorrencial ou da tecnologia, de forma a prolongar a sua existência (Helfat e Peteraf, 2003).

Se o segundo pressuposto em que assenta a RBV se verificar, isto é, se a condição de imobilidade for cumprida, então as organizações que não possuem esse recurso ou essa capacidade têm um custo para a sua aquisição, ou uma desvantagem temporal, que torna possível a existência de uma vantagem competitiva sustentada (Mata et al., 1995).

O conceito de sustentável merece alguma clarificação na medida em que alguns autores, nomeadamente (Porter, 1985) e (Jacobsen, 1988), entendem que uma vantagem é sustentável quando perdura durante um período relativamente longo de tempo, enquanto (Lippman and Rumelt, 1982, Barney, 1991) definem como sustentável uma vantagem competitiva que continua a existir depois de terem cessado os esforços dos concorrentes para a imitarem.

É importante fazer a distinção entre vantagem competitiva e sustentabilidade na medida em que a vantagem competitiva é um resultado, e a sustentabilidade é um estado contínuo que subsiste "depois de os esforços para

GESTÃO ESTRATÉGICA

duplicar essa vantagem tiver cessado". Sendo um resultado, uma vantagem competitiva e, em especial uma vantagem competitiva baseada nas tecnologias de informação, terá sempre uma vida efémera. A partir da perspectiva dos SI, a sustentabilidade pode ser definida como a aptidão da organização para, de forma continuada, realizar valor de negócio explícito com base nos investimentos de SI (Peppard and Ward, 2004).

A vantagem competitiva pode ser sustentada recorrendo a dois tipos distintos de mecanismos: seleção de recursos e criação de capacidades (Makadok, 2001), isto é, através da seleção e posse de recursos que os seus competidores não conseguem copiar, ou cujo valor não conseguem entender, e que por isso são recursos VRIN[56] (Valorizáveis porque que têm um efeito positivo no desempenho da organização; Raros ou distribuídos de forma heterogénea entre as diversas organizações de uma determinada industria, e; Inimitáveis ou com mobilidade imperfeita, isto é que são difíceis de adquirir no mercado ou de desenvolver internamente) (Eisenhardt e Martin, 2000; Wang e Ahmed, 2007; Barreto, 2010; Ambrosini e Bowman, 2009b), e/ou através do investimento em competências inimitáveis e idiossincráticas (i.e. competências que dependem do percurso histórico da organização, e que não podem ser "comprados no mercado" (Jugdev *et al.*, 2007; Bhatt e Grover, 2005; Peppard e Ward, 2004).

A distinção destes dois tipos distintos de mecanismos que conduzem à sustentabilidade das vantagens competitivas implica que as organizações devam ter capacidades para selecionar os recursos que, combinados com outros recursos, processos e pessoas que a organização já detém, lhes irão permitir auferir, de forma sustentada, determinada vantagem competitiva, o que pressupõe que a existência dessa capacidade para selecionar recursos é condição prévia necessária à possibilidade de selecionar e utilizar determinados recursos (Makadok, 2001).

Na perspectiva da RBV as vantagens competitivas sustentadas resultam de escolhas de gestão discricionárias, processos de selecção e acumulação de recursos, factores estratégicos da indústria, e imperfeições de mercado (Oliver, 1997).

De acordo com (Barney, 1991) para que forneçam vantagem competitiva os recursos devem cumprir com quatro critérios: (1) Serem valiosos em termos estratégicos para a organização; (2) Serem raros, o que dificulta a aquisição por competidores ou potenciais competidores; (3) Serem difíceis

---

[56] O acrónimo VRIN significa no original inglês: Valuable, Rare, Inimitable, Non-Substitutable.

de imitar, para que não possam ser copiados; (4) Serem não substituíveis, para que não possam ser substituídos por outros idênticos.

Já para (Black and Boal, 1994) a criação e manutenção de vantagens competitivas sustentadas dependem da capacidade para um determinado recurso ser rentável o que, segundo a teoria económica, depende do grau de escassez do recurso[57] mas também de outras características que lhes são intrínsecas, como sejam: serem únicos, difíceis de imitar, duráveis, idiossincráticos, não comercializáveis, intangíveis, e não substituíveis (Oliver, 1997) citando entre outros (Amit and Schoemaker, 1993, Dierickx and Cool, 1989, Barney, 1991, Peteraf, 1993).

Com base na constatação da importância do grau de escassez para a sustentabilidade das vantagens competitivas (Black and Boal, 1994) propõem uma categorização baseada nesta característica. Porque a definição de escassez está estreitamente ligada com a questão da identificação do conjunto de factores que o constituem – um recurso é tanto mais escasso quanto mais difícil for a identificação do conjunto de factores que o compõem – propõem a divisão dos recursos em duas categorias. Recurso contido, constituído por uma rede simples[58] e facilmente identificada de factores que podem ser monetariamente valorizáveis; E recurso de sistema, constituído por uma rede complexa, isto é uma rede composta por múltiplas ligações, directas e indirectas, e um número elevado de factores compostos eles próprios por vários níveis de recursos de sistema o que determina que a rede não tenha limites claramente definidos e que o seu valor monetário seja difícil, ou mesmo impossível, de calcular.

Baseados na proposta de definição de recursos da empresa como uma rede mais ou menos complexa de factores (Black and Boal, 1994) defendem que recursos contidos, porque constituídos por factores transaccionáveis, ou passiveis de substituição por factores transaccionáveis, e porque se combinam segundo uma rede de limites bem definidos – rede simples – não criam, a menos que os competidores sejam negligentes, que as empresas detentoras os consigam esconder ou que façam parte integrante de uma rede complexa, vantagem competitiva sustentada.

---

[57] Se um determinado recurso é composto por um conjunto simples de factores ou por um conjunto de factores facilmente identificável, então a capacidade para ser imitado ou para que se encontre um substituto aumenta e a oportunidade para que ele gere rendimento para a organização que o detêm diminui. O contrário também se verifica.

[58] Por rede entende-se a configuração de factores e a forma como se relacionam e que resultam num determinado recurso. A rede será simples se tiver os seus limites bem definidos.

GESTÃO ESTRATÉGICA

Já os recursos de sistema, sendo construções sociais baseadas em redes complexas constituídas por factores comercializáveis e não comercializáveis e pelos fluxos e relacionamentos que se estabelecem entre eles, são fontes de vantagem competitiva sustentada. No entanto a complexidade que confunde os competidores explica igualmente porque as empresas têm dificuldade em criar, gerir, explorar e sustentar os recursos que as compõem (Black and Boal, 1994).

Conseguir uma vantagem competitiva sustentada requer, para além da posse ou controlo de activos (conhecimento) difíceis de replicar, a existência de capacidades dinâmicas únicas e igualmente difíceis de replicar (Teece, 2007). Tais capacidades podem ser aproveitadas para, de forma contínua, criar, expandir, melhorar, proteger e manter a relevância da base única de activos da organização.

4. O PAPEL DOS SISTEMAS DE INFORMAÇÃO NAS ORGANIZAÇÕES

Nos últimos vinte anos, os SI/TI transcenderam o habitual papel de actividade de suporte assumindo progressivamente um papel cada vez mais estratégico (Henderson and Venkatraman, 1993). O contínuo aumento de importância dos sistemas de informação obriga a integrar a gestão de SI/TI com o processo de gestão da estratégia de negócio[59] da organização.

Na literatura sobre sistemas de informação, a tecnologia de informação é reconhecida como uma capacidade da empresa que pode ser fonte de vantagem competitiva e de um superior desempenho. Os benefícios que os sistemas de informação proporcionam às organizações, ultrapassam os ganhos de eficiência nos processos de negócio, permitindo o desenvolvimento de novos produtos, serviços e canais de distribuição (Lee and Anderson, 2006, Van der Zee and De Jong, 1999). Esse contributo é especialmente importante em sectores fortemente tecnológicos, e nos quais o sucesso depende menos da capacidade para maximizar a eficiência e as

---

[59] A estratégia de negócio engloba o racional e os meios com os quais a organização compete com as suas rivais podendo definir-se como a compreensão da estrutura e da dinâmica da indústria onde se insere, a determinação da seu posicionamento face aos concorrentes e a prossecução de acções no sentido de alterar a estrutura da indústria ou o posicionamento com o intuito de melhorar os seus resultados. Bleistein, S. J., Cox, K., Verner, J. & Phalp, K. T. 2006. B-SCP: A requirements analysis framework for validating strategic alignment of organizational IT based on strategy, context, and process. *Information and Software Technology*.

economias de escala da produção, do que da criação de oportunidades, eficiente combinação de conhecimentos e inovação interna e externa, protecção da propriedade intelectual, melhorias e implementação de boas práticas nos processos de negócio, invenção de novos modelos de negócio e, capacidade de tomar decisões de gestão inovadoras (Teece, 2007).

A capacidade para maximizar os benefícios dos sistemas de informação organizacionais depende da forma como a empresa consegue enfrentar 3 importantes desafios: (1) Visão de negócio e visão das TI; (2) Realizar serviços de SI de alta qualidade com custos reduzidos; (3) Implementar uma arquitectura de TI adequada aos dois desafios anteriores. Para responder a estes desafios as empresas devem conseguir reter internamente a capacidade para, periodicamente, ajustar o seu posicionamento nas diversas áreas relacionadas com os seus sistemas de informação alterando, por vezes radicalmente, as estratégias de negócio escolhidas, as plataformas de TI ou a estrutura dos serviços de TI (Feeny and Willcocks, 1998b).

5. ALINHAMENTO ESTRATÉGICO DE SI/TI

O alinhamento estratégico de SI/TI existe quando os objectivos, actividades e processos organizacionais estão em harmonia com os sistemas de informação que os suportam (Bleistein et al., 2006), i.e. quando os responsáveis de sistemas de informação compreendem as prioridades do negócio e direccionam os recursos no sentido de disponibilizar informação e executar projetos relacionados com essas prioridades (Shpilberg et al., 2007).

Quanto mais voláteis são os mercados, maior é a dependência das organizações dos seus sistemas de informação (Feeny and Willcocks, 1998a). Um real alinhamento estratégico, influência positivamente a eficácia das tecnologias de informação organizacionais e potencia o desempenho da organização (Bleistein et al., 2006, Rosser, 2004).

O principal objectivo do planeamento de SI/TI sempre foi o de garantir o alinhamento entre as actividades e capacidades de SI/TI com os objectivos e requisitos de negócio da organização. Ao encararem esses dois processos – planeamento de gestão e planeamento de SI/TI[60] – de forma in-

---

[60] A gestão de SI/TI é tradicionalmente efectuada distinguindo o lado da procura de SI/TI – relacionada com as solicitações do negócio, e com o papel dos sistemas de informação na organização – e o lado da oferta – componente tecnológica, centrada nas condições necessárias à prestação do

GESTÃO ESTRATÉGICA

dependente, as organizações criam uma lacuna temporal entre os dois que impossibilita um efectivo alinhamento. Acresce que, a definição da estratégia e da arquitectura de SI/TI – duas das pedras basilares do processo de planeamento de SI/TI – não podem ser entendidas unicamente na sua componente técnica na medida em que, a necessidade de alinhamento torna-as altamente dependentes dos perfis de comunicação dos intervenientes, o que reforça a necessidade da existência de uma linguagem partilhada entre o gestor do negócio de o responsável de SI/TI (Van der Zee and De Jong, 1999).

A necessidade de alinhamento estratégico baseia-se em dois pressupostos (Henderson and Venkatraman, 1993):

- Que o desempenho económico da organização está directamente relacionado com a capacidade da gestão para criar uma simultaneidade estratégica entre a posição da organização no contexto competitivo do mercado em que se insere e o desenho da estrutura administrativa apropriada ao suporte dessa actividade;
- Essa simultaneidade estratégica é dinâmica. As escolhas estratégicas feitas por uma organização tenderão a desencadear movimentos de imitação, os quais necessitam de subsequente resposta, pelo que o alinhamento estratégico não é um evento mas um processo de contínua adaptação e mudança.

O caminho crítico para atingir essa dinâmica, não passa pela criação de funcionalidades tecnológicas sofisticadas, mas sim pela capacidade organizacional para, através da tecnologia, diferenciar as operações (Henderson and Venkatraman, 1993).

A obtenção da simultaneidade estratégica consegue-se promovendo dois tipos de integração: (1) Integração estratégica, a qual lida com a aptidão das funções de SI/TI para suportar a estratégia de negócio; (2) Inte-

---

serviço. Van Der [5]Zee, J. T. M. & De Jong, B. 1999. Alignment is not Enough: Integrating Business and Information Tecnology Management with the Balance Business Scorecard. *Journal fo Information Management Systems.*

Tradicionalmente os requisitos de SI/TI são definidos com o intuito de possibilitar a obtenção dos objectivos de curto, médio e longo prazo da organização, seguindo uma metodologia que genericamente assenta em três passos: Documentar a visão de negócio, missão, objectivos, estrutura, processos e funções e identificar os factores críticos de sucesso; Definir a estratégia de informação, i.e. os objectivos, politicas, funções e aspectos organizativos necessários ao desenvolvimento e aquisição dos sistemas de informação e conhecimentos técnicos; Definir a arquitectura de SI/TI necessária, i.e. *hardware, software,* redes de comunicações, modelos de dados, entre outros.

COMPETÊNCIAS 'CORE' NA GESTÃO DE PROJECTOS DE TI

gração operacional, referente à ligação entre processos organizativos e processos de SI/TI (Henderson and Venkatraman, 1993).

Acresce que o grau de integração dos sistemas e tecnologias de informação nos processos de negócio é determinante para a capacidade da organização usar as TI como parte da resposta estratégica ao processo de globalização económica a que as economias abertas se encontram sujeitas (Karimi et al., 1996).

Porém, apesar de ser consensual que o alinhamento é indispensável, o que na prática se verifica é que, uma parte significativa das organizações que consomem recursos avultados neste processo, não obtêm os resultados esperados (Shpilberg et al., 2007).

Isto porque um deficiente desempenho não está só relacionado com a falta de alinhamento mas também com a complexidade dos sistemas, aplicações e infra-estrutura. *"A complexidade não desaparece só porque os sistemas de informação organizacionais aprenderam a centrar-se em projetos alinhados"*. Em algumas situações pode mesmo aumentar se, por exemplo, as organizações despendem recursos avultados no desenvolvimento de aplicações complexas, que cumprem perfeitamente com as necessidades do negócio, ignorando a necessidade de estandardizar e de reduzir a dependência de sistemas legados. Quando isto acontece, o resultado é geralmente um labirinto de novas complexidades, que progressivamente vai dificultando a obtenção dos benefícios esperados (Shpilberg et al., 2007).

6. GESTÃO DE PROJETOS E ALINHAMENTO ESTRATÉGICO

Apesar da grande maioria dos gestores afirmar, que a interconectividade entre a estratégia corporativa de negócio e de projeto, é uma importante forma de assegurar que o alinhamento estratégico é atingido de uma forma estruturada e consistente, existe pouca literatura sobre o funcionamento prático do mecanismo de transmissão entre o nível estratégico e os projetos, programas e portefólio de projetos da organização (Morris and Jamieson, 2004, Lee and Anderson, 2006).

A maioria das organizações tem processos de planeamento estratégico e usam metodologias de gestão de projetos com o intuito de potenciar o sucesso dos projetos que desenvolvem. No entanto poucas têm um processo consistente, estruturado e contínuo de alinhamento/integração entre os seus projetos e a estratégia de negócio (Rao, 2005).

De acordo com a definição do PMBOK (Project Management Institute, 2013a) um projeto é *"Um conjunto de acções temporário com o objectivo de criar um produto, serviço ou resultado único."*, um programa é *"Um grupo de projetos relacionados, geridos coordenadamente de forma a obter benefícios e um nível de controlo que não seria possível no caso da gestão individualizada"* e um portfolio é *"Um conjunto de projetos, programas ou outros tipos de trabalho agrupados de forma a facilitar a sua gestão eficaz tendo por objectivo o atingir objectivos estratégicos de negócio"*.

Gerir um portefólio de projetos consiste predominantemente em "escolher os projetos correctos", enquanto gerir projetos está relacionado com fazer bem (Morris and Jamieson, 2004). Nas organizações em que a maioria dos projetos decorre no contexto de um programa ou portefólio a coordenação e prioritização na utilização dos recursos potencia a maximização dos benefícios de negócio (Kerzner, 2001).

A gestão de programa, sendo uma visão mais abrangente que a do simples gestão de projetos, é um passo no caminho da gestão estratégica de projetos, na medida em que se caracteriza por uma maior interactividade e pela obtenção de ganhos, no sentido da obtenção de valor para o negócio, oriundos dessa integração.

Quando aplicado a projetos de sistemas de informação o conceito de portefólio está relacionado com a eficácia com que estes suportam os objectivos estratégicos da organização, enquanto o conceito de projeto, e também o de programa, está relacionado com a eficiência do funcionamento dos SI/TI organizacionais (Morris and Jamieson, 2004). A selecção do projeto necessita de um processo que alinhe e correlacione os objectivos do projeto com os objectivos mais globais da organização. Uma importante parte da correlação entre a estratégia e os planos consiste no estabelecimento de objectivos claros e mensuráveis, que guie o processo de desenvolvimento ou aquisição de tecnologia assegurando a sua contribuição para os objectivos globais da organização (Hofmann et al., 2007).

J. Knutson no livro *"Succeeding in Project-Driven Organizations. John Wiley & Sons Inc. – 2001"*, refere que, os processos associados à gestão do portefólio de projetos fornecem à organização os meios para avaliar de forma consistente e objectiva cada um dos projetos candidatos à utilização de recursos escassos, possibilitando que a organização optimize os seus recursos, utilizando-os nos projetos que mais contribuem para os objectivos da estratégia de negócio.

As razões para a falha do alinhamento entre os projetos executados e os objectivos organizacionais podem ser divididos nas 3 grandes áreas (Mills, 2005) referidas na Tabela 24.

Áreas	Porque falha o alinhamento estratégico
Questões Organizativas	Falta de Investimento
	Gestores subvalorizam os processos de Gestão de Projectos
	Projectos avaliados pela dimensão e não pela importância estratégica.
Erros nos Processos	Deficiente alinhamento entre o Portfolio e a estratégia
	Alinhamento não é visto como um processo contínuo
	Deficiente comunicação dos objectivos estratégicos
Métodos Errados	Inexistência de um processo estruturado de selecção do portefólio.
	Falta de mecanismos consistentes para manter o alinhamento entre o portefólio de projectos e a estratégia organizacional
	Comunicação deficiente.

Fonte: (Mills, 2005)

TABELA 24 – Porque falha o Alinhamento Organizativo de Projetos

7. A TEORIA RESOURCE BASED VIEW APLICADA ÀS TECNOLOGIAS DE INFORMAÇÃO

7.1 O CONCEITO DE CAPACIDADE DE TI

Porque está incorporada no tecido da empresa, a capacidade de TI pode ser tácita e difícil de identificar, mas a sua presença e eficácia reflecte-se no desempenho de negócio (Peppard and Ward, 2004) permitindo, através da combinação de recursos baseados nas TI com outros recursos e capacidades, que a empresa use a tecnologia como factor de diferenciação (Henderson and Venkatraman, 1993, Lee and Anderson, 2006). Neste contexto a capacidade de TI consiste em: (1) Componentes de infra-estrutura de TI; (2) Recursos humanos; (3) recursos intangíveis potenciados pelas TI.

Os recursos de TI são combinados, através de estruturas organizativas, processos e funções, ao nível organizacional para desenvolver competências de TI (King and Malhotra, 2000) mensuráveis em termos das actividades de SI/TI que suportam, e das quais resultam determinados desempenhos de negócio (Willcocks and Feeny, 2006). Essas competências de TI, que reflectem um conjunto de aptidões e tecnologias, podem criar a capacidade de TI da organização a qual implica "uma aplicação estratégica de competências" (Peppard and Ward, 2004).

(Feeny and Willcocks, 1998a) identificam três funções essenciais aos sistemas de informação organizacionais – Negócio, Tecnologia e Serviço – às quais correspondem três competências – (1) Visão de negócio e de SI/TI; (2) Disponibilização de Serviços; (3) Arquitectura de SI/TI – que as organizações devem privilegiar, no sentido de garantir a exploração adequada dos seus sistemas de informação (ver Figura 30).

A sobreposição dessas três áreas básicas cria três espaços que representam os vários interfaces. As capacidades que residem nesses espaços de sobreposição são essenciais como facilitadoras e integradoras dos contributos das diferentes competências possibilitando a coordenação e o funcionamento em equipa.

O desafio reside na contínua necessidade de reavaliação e reinterpretação. Uma organização que não seja capaz de, permanentemente, reequacionar as decisões tomadas em relação às suas competências fundamentais rapidamente deixará de ser competitiva quer em termos económicos como estratégicos (Feeny and Willcocks, 1998a).

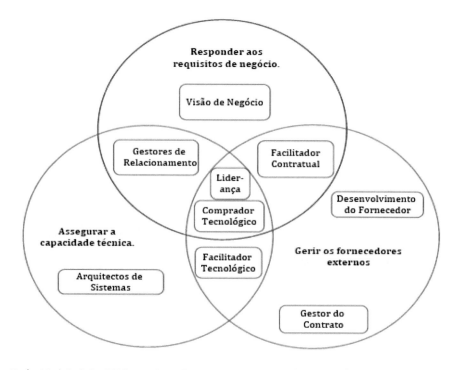

Fonte: Adaptado de David F. Feeny e Leslie P. Wilcocks - Core IS Capabilities for Exploiting Information Technology

FIGURA 30 – Capacidades centrais no âmbito dos Serviços de SI/TI

Qualquer uma das competências que integram o conjunto de competências centrais obriga a um perfil de conhecimentos distinto do habitualmente exigido aos técnicos de sistemas de informação. Apesar de não haver concordância na nomenclatura, a generalidade dos autores concordam que esse novo perfil de conhecimento assenta nas três áreas básicas referidas anteriormente – conhecimento técnico; conhecimento de negócio e capacidade de relacionamento interpessoal.

Para além do perfil de conhecimentos implícito às diferentes competências elas distinguem-se igualmente por diferenças no horizonte temporal que abarcam e nos valores e motivações que as potenciam.

Em relação ao horizonte temporal, as capacidades que se posicionam numa única área de preocupação (ver Figura 30) têm um horizonte temporal de longo prazo, enquanto as competências de relacionamento entre áreas estão centradas na operacionalização diária do serviço.

A Tabela 26 em anexo, sintetiza o conjunto de competências centrais de SI/TI e o respectivo perfil de conhecimentos e valores.

(Wade and Hulland, 2004) propõem um conjunto diferente de competências de SI, começando por identificar uma tipologia de oito recursos críticos de SI: Gestão das relações externas; Resposta ao mercado; Parcerias de negócio para as SI; Planeamento e gestão de alterações em SI; Infra-estrutura de SI; Aptidões técnicas de SI; Desenvolvimento de SI, e Eficácia operacional de SI. Os autores usam igualmente uma tipologia que divide os recursos de SI em três grandes grupos: (1) De fora para dentro – capacidades centradas no exterior da organização; (2) De dentro para fora – capacidades centradas no interior da organização; (3) De abrangência – capacidades que ajudam a integrar as capacidades internas e as capacidades externas (Ver Tabela 27 em anexo).

(Peppard and Ward, 2004) apresentam uma terceira conjunto de competências de SI/TI as quais cobrem um total de 26 competências de SI, agrupadas em seis domínios distintos: Formulação da estratégia; Definição do contributo das SI; Definição da capacidade de TI; Exploração de TI; Entrega da solução de TI, e; Fornecedores de TI. Estes seis domínios contendo 26 competências sendo que as 12 primeiras competências se referem ao desenvolvimento da estratégia e o governo da organização e as restantes 14 competências cobrem as áreas da exploração, implementação e fornecimento de SI (Ver Tabela 28 em anexo).

O modelo original de (Feeny and Willcocks, 1998a, Feeny and Willcocks, 1998b) assume que as organizações usam fornecedores externos para garantir uma parte significativa dos seus serviços de TI. Por isso das nove capacidades, quatro enfatizam as relações com os fornecedores. O modelo, pouca ou nenhuma ênfase dá, á gestão de alterações e à gestão de projetos as quais são identificadas por outros autores como centrais para o sucesso dos sistemas de informação organizacionais.

As diferenças entre as tipologias propostas por (Wade and Hulland, 2004) e (Peppard and Ward, 2004) estão sobretudo no facto de (Wade and Hulland, 2004) estarem mais próximo dos conceitos originais da RBV referindo-se à sua estrutura como "tipologia de recursos de SI" enquanto (Peppard and Ward, 2004) referem-se a uma "tipologia de competências", sendo que para eles as competências são combinações de recursos.

7.2 CAPACIDADE DE GESTÃO DE PROJETOS DE TI

Por definição todos os projetos são diferentes (Project Management Institute, 2013a). Podendo não ser inteiramente únicos, cada projeto é suficientemente único para desafiar a especialização, pelo que é fundamental que as empresas disponham de competências centrais que lhes permitam proceder á reconfiguração de recursos de forma a responder aos desafios da diversidade que os projetos colocam (Lampel, 2001).

O estudo efectuado por (Lampel, 2001) conclui que as empresas que baseiam as suas operações em projetos detêm em projetos detêm essencialmente quatro tipos de competências centrais: (1) Empresarial; (2) Técnicas; (3) De avaliação; Técnicas; (3) De avaliação; (4) Relacionais (ver Tabela 30 para um sumário destas competências).

Uma das formas como a eficácia da capacidade de PM TI tem sido avaliada é através da utilização de modelos de maturidade para a gestão de projetos nas organizações, pressupondo-se que, altos níveis de maturidade em gestão de projetos, implicam um elevado nível de eficácia no que concerne à capacidade organizacional para a gestão de projetos (Lee and Anderson, 2006).

Diversos autores foram, ao longo dos últimos anos, propondo conjuntos de competências necessárias para a gestão de necessárias para a gestão de projetos. Na Tabela 25 apresenta-se uma síntese das propostas de (Lampel, 2001, Patanakul and Milosevic, 2008).

COMPETÊNCIAS 'CORE' NA GESTÃO DE PROJECTOS DE TI

Domínio	Competências	Capacidades.
Empresarial / Estratégico.	• Pensamento estratégico; • Experiência de mercado; • Compreensão das necessidades dos clientes (Sentido de negócio).	• Detectar e desenvolver oportunidades; • Resolver situações complexas e fluidas; • Vender ideias de projectos aos clientes.
Técnico.	• Gerir conhecimento técnico; • Competências analíticas (Resolução de problemas); • Gerir conhecimento tácito; • Compreensão das tendências tecnológicas.	• Usar activos e saber-fazer tecnológico; • Realocação rápida de conhecimento; • Incorporar conhecimento do exterior.
De avaliação / Operacional	• Planeamento e calendarização; • Monitorização e controlo. • Interacção das aptidões de avaliação pessoal com os sistemas de informação.	• Estimar os custos e resultados dos projectos; • Estimar os prazos dos projectos; • Estimar o risco de parceiros e subcontratados.
Relacionamento Humano	• Sociais; • Psicológicas; • Multiculturais; • Liderança; • Comunicação.	• Gerir as relações com os clientes, fornecedores e parceiros; • Desenvolver e gerir equipas; • Evitar e resolver disputas; • Ajustar a dinâmica das equipas em resposta a contingências imprevistas.

Fonte: Adaptado de (Lampel, 2001) e de (Patanakul and Milosevic, 2008).

TABELA 25 – Competências centrais para a Gestão de Projetos (Lampel, 2001)

Dado que, capacidade dinâmica é a habilidade da empresa para integrar construir e reconfigurar as competências necessárias para que a empresa se adapte à mudança, e que a capacidade de TI é a capacidade da empresa usar tecnologia como factor de diferenciação, podemos definir capacidade para a gestão de projetos de TI como uma capacidade dinâmica que potencia a capacidade de TI a qual, por sua vez, gera valor para o cliente.

Num ambiente de forte pendor tecnológico e acelerada mudança, as empresas usam as aptidões para a gestão de projetos de TI de forma a, continuamente, reconfigurar e actualizar os seus recursos de TI conseguindo, dessa forma, explorar as oportunidades de negócio e, por via da capacidade de TI, fornecer vantagem competitiva sustentada para a empresa (Lee and Anderson, 2006).

No âmbito da teoria *Resource Based View*, as capacidades organizacionais são agrupadas em categorias, nas quais capacidades especializadas integram categorias de capacidades genéricas (por exemplo marketing, produção ou gestão de sistemas de informação). Nesta perspectiva a capacidade para a gestão de projetos de TI pode ser considerada como uma capacidade especializada que integra a capacidade genérica de TI. Adicionalmente a

GESTÃO ESTRATÉGICA

capacidade para a gestão de projetos de TI pode ser vista como um exemplo de um recurso humano de TI associado à Capacidade de TI (Lee and Anderson, 2006).

7.3 CAPACIDADES DINÂMICAS E GESTÃO DE PROGRAMAS E PORTEFÓLIO DE SI/TI

A capacidade organizacional para a gestão do portefólio de projetos (PPM) visa garantir o alinhamento entre o portefólio de projetos e a estratégia da empresa para, dessa forma, maximizar os resultados para a organização (Killen et al., 2008).

O *Project Management Institute* – PMI define um portefólio como uma colecção de projetos, programas ou outro tipo de trabalho, agrupados com o intuito de melhorar a eficácia de gestão (Patanakul and Milosevic, 2008) e o alinhamento com os objectivos de negócio (Project Management Institute, 2013b, Killen et al., 2008). Os projetos e os programas, que integram o portefólio, não têm obrigatoriamente de ser interdependentes ou estar directamente relacionados.

A capacidade organizacional para a PPM consiste na combinação de estruturas organizacionais, processos específicos e as pessoas que responsáveis pela gestão do portefólio de projetos. Esses processos específicos englobam, não só as actividades comummente referidas nas metodologias e *standards,* como fazendo parte da gestão do portefólio de projetos[61] mas também, actividades de aprendizagem que asseguram que a capacidade de PPM é dinâmica e consegue responder adequadamente as mudanças do ambiente em que a empresa opera (Killen et al., 2008).

A existência de capacidade de gestão de projetos[62] é um pré-requisito para uma capacidade de PPM eficaz. A combinação das capacidades de gestão de projetos com a capacidade de PPM possibilitam à organização maximizar o valor resultante dos investimentos efectuados nos projetos executados (Killen et al., 2008).

---

[61] Tais como a identificação, prioritização, autorização, gestão e controlo do portfólio de projetos (PROJECT MANAGEMENT INSTITUTE, I. 2013b. The Standard for Portfolio Management – 3ª Edição.

[62] A capacidade de gestão de projetos consiste na existência de processos estruturados e institucionalizados para a gestão de projetos em que as diversas fases do ciclo de vida do projeto estejam devidamente definidas incluindo os respectivos pontos de decisão.

A eficácia da capacidade organizacional para a PPM é, em última análise, determinada pelo nível de retorno financeiro que, de forma sustentada, é gerado pelos investimentos efectuados nos projetos que integram o portefólio. Medidas da eficácia da capacidade organizacional para a PPM associadas ao longo prazo são: (1) O alto nível de alinhamento entre a estratégia e os projetos; (2) Correcto balanceamento dos projetos efectuados e do risco que lhes está associado; (3) Disponibilidade dos recursos necessários para os projetos (Killen et al., 2008).

Os procedimentos organizacionais, relacionados com a gestão do portefólio de projetos, são capacidades dinâmicas, devido ao papel que desempenham na aptidão da organização para, de forma continuada, alinhar os projetos com a estratégia organizativa. As decisões relacionadas com o portefólio de projetos determinam quais as actividades de inovação que a empresa irá desenvolver e, por via disso, tem um impacto a longo prazo no desenvolvimento, aquisição ou alienação dos recursos para suporte da estratégia (Killen et al., 2008).

Aprendizagem organizacional potencia o desenvolvimento do conhecimento. No entanto estas capacidades requerem estruturas e processos organizacionais para serem eficazes. A "espiral do conhecimento" baseia-se na aptidão da organização para mobilizar o conhecimento tácito (i.e. conhecimento individual, não articulado ou codificado) para criar conhecimento organizacional (Nonaka and Takeuchi, 1995).

É através do mecanismo da espiral do conhecimento, que as capacidades dinâmicas são continuamente desenvolvidas e refinadas, num processo em que o conhecimento individual é explicitamente articulado, amplificado, codificado e recodificado.

A capacidade de aprendizagem organizacional é um pré-requisito para o desenvolvimento e evolução de uma capacidade de PPM sustentável na medida em que permite à organização aprender e adaptar-se. Sem uma capacidade de aprendizagem organizacional, os processos de gestão do portefólio de projetos são rotinas estáticas incapazes de se adaptarem de forma dinâmica às mudanças do ambiente (Killen et al., 2008).

(Patanakul and Milosevic, 2008) Identificam 5 competências únicas que os gestores de portefólio devem deter:

- **Experiência organizacional** – Criar relacionamentos dentro da organização, Usar relacionamentos dentro e fora da organização, Credibilidade. A experiencia organizacional aqui referida não é uma experiencia genérica mas antes a experiencia que decorre da gestão de múltiplos projetos dentro daquela organização especifica;

- **Gestão de interdependências** – Gerir os conflitos de recursos e de objectivos entre os diversos projetos. Compreender as interdependências e as interacções ajudam os gestores de portefólio a compreender o impacto que cada projeto tem nos restantes. Simultaneamente este maior entendimento facilita a resolução de problemas;
- **Capacidade de multitarefa** – Minimizar os desperdícios de recursos decorrentes da mudança de actividades. Mais do que executar várias actividades em simultâneo multitarefa refere-se à aptidão para estimar a capacidade do próprio gestor de portefólio de modo a estabelecer prioridades que garantam uma gestão eficaz e minimizem os custos da mudança entre actividade e projetos distintos.
- **Gestão simultânea de equipas** – Criar, desenvolver e gerir múltiplas equipas de projeto implica ser competente na criação e liderança de equipas garantindo que as mesmas se mantêm motivadas ao longo de todo o ciclo de vida dos respectivos projetos. Em comparação com os gestores de projeto, o uso desta competência exige um maior dinamismo e intensidade, maiores requisitos em termos de comunicação e a capacidade para adaptar o estilo a situações muito diferentes.
- **Gestão de processos inter-projetos** – Gerir de forma consolidada actividades similares em diferentes projetos. Os gestores de projetos devem dominar as metodologias e os processos de gestão de projetos. Adicionalmente, para que sejam bem-sucedidos na gestão de portefólios devem ter a aptidão de integrar diferentes processos de diferentes projetos e de os gerir de forma coordenada.

Ao contrário dos gestores de um único projeto, os gestores de portefólio devem ser capazes de gerir as interdependências entre os projetos para que cada projeto consiga atingir os objectivos pretendidos. Para além disso, o gestor de portefólio deve ser muito eficaz na gestão do seu tempo, o qual tem de ser dividido por vários projetos, habitualmente muito distintos, o que origina uma maior complexidade de gestão e faz com que o gestor de portefólio necessite de ter algumas competências adicionais que o gestor de projetos não necessita de possuir (Patanakul and Milosevic, 2008).

No entanto o gestor de portefólio necessita não só de um conjunto mais alargado de competências como também de uma maior experiencia na sua aplicação (Patanakul and Milosevic, 2008).

CONCLUSÕES

Embora a RBV seja eficaz na explicação da importância da configuração dos recursos das empresas como origem de vantagem competitiva para a empresa, as capacidades dinâmicas vêm introduzir uma nova perspectiva que acentua o papel desempenhado pelos gestores no desenvolvimento das capacidades dinâmicas da empresa.

No entanto é necessária mais investigação no sentido de compreender de que forma o conceito de capacidades dinâmicas sustenta comportamentos e desempenhos diferenciados dentro de uma mesma indústria (Zott, 2000). Os diferentes autores divergem no que respeita ao reconhecimento da relação causal entre capacidade dinâmica e desempenho ou vantagem competitiva da organização, existindo três correntes de opinião: (1) os que defendem uma relação causal directa; (2) os que defendem que essa relação existe mas de forma indirecta, e; (3) os que defendem que as capacidades dinâmicas não conduzem necessariamente a vantagem competitiva e que o efeito no desempenho depende das características da nova configuração de recursos que resulta da dinâmica de capacidades e da forma como os gestores utilizam as capacidades dinâmicas de que dispõem.

Especificamente em relação às capacidades para a gestão individualizada de projetos e para a gestão de portefólios, a revisão bibliográfica efectuada, que necessita de ser aprofundada, permitiu confirmar o interesse do campo de estudo e a relativa a relativa secasses de trabalhos nessa área.

A distinção que foi feita em relação às competências do gestor do projeto e do gestor de portefólio necessita de maior investigação até porque algumas das competências identificadas para os gestores de portefólio parecem ser idênticas às dos gestores de projeto com a diferença de que os gestores de portefólio têm mais experiencia na sua utilização e as usam de uma forma mais intensa e dinâmica.

ANEXO – Recursos e Competências de TI

Nas tabelas seguintes apresenta-se as propostas dos diversos autores () em relação aos recursos e competências que são fundamentais para que as empresas consigam maximizar o valor de negócio dos seus sistemas e tecnologias de informação.

GESTÃO ESTRATÉGICA

Competências Centrais	Conhecimentos Negócio	Conhecimentos Técnicos	Relacionamento Interpessoal	Horizonte Temporal	Valores e Motivações
Liderança	Alto	Médio	Alto	Futuro/ Presente	Estratégico Estrutura Individual
Visão de Negócio	Alto	Médio	Médio	Futuro	Estratégico
Gestor de relacionamento	Médio	Alto	Alto	Presente	Estrutura Individual
Arquitecto de Sistemas	Baixo / Médio	Alto	Médio	Futuro	Tecnologia
Facilitador Tecnológico	Baixo	Alto	Baixo-Médio	Presente	Tecnologia
Comprador Tecnológico	Alto	Médio	Alto	Futuro/ Presente	Estratégico Estrutura
Facilitador Contratual	Médio	Médio	Alto	Presente	Estrutura Individual
Gestor do Contrato	Médio	Médio	Baixo-Médio	Futuro	Estrutura
Desenv. do Fornecedor	Alto	Médio	Médio-Alto	Futuro	Estratégico Individual

Fonte: Adaptado de David F. Feeny e Leslie P. Wilcocks - Core IS Capabilities for Exploiting Information Technology

TABELA 26 – Competências Centrais vs Perfil de Conhecimento e Valores (Feeny e Wilcooks)

COMPETÊNCIAS 'CORE' NA GESTÃO DE PROJECTOS DE TI

Tipo de Recurso SI	Descrição	Exemplo
Gestão dos recursos externos (De fora para dentro)	Gestão das ligações entre a função de SI e os interessados externos à empresa. Inclui as relações com os fornecedores, prestadores de serviços e clientes.	• Gerir as relações com os interessados; • Monitorização dos contratos; • Serviço ao cliente
Resposta ao mercado (De fora para dentro)	Aptidão da empresa para reagir rapidamente a alterações do mercado. Inclui a recolha e disseminação de informação. Reflecte a flexibilidade estratégica, i.e. a capacidade de mudar quando necessário.	• Rapidez de resposta; • Capacidade de resposta; • Ciclos de produto rápidos; • SI flexíveis.
Parcerias de negócio para as SI (De abrangência)	Aptidão para gerir as relações internas, i.e. as relações entre a função de SI e as restantes áreas da empresa. Inclui os processos de integração e alinhamento.	• Parceria TI/negócio; • Integração TI com processos de negócio.
Planeamento e gestão de alterações em SI (De abrangência)	Reflecte a aptidão da empresa para planear, gerir e utilizar as TI. Requer gestores que compreendam de que forma as TI podem e devem ser usadas, bem assim como capazes de gerir o processo de mudança.	• Compreender o caso de negócio; • Orientação para a resolução de problemas; • Gestão de arquitecturas e standards.
Infra-estrutura de SI (De dentro para fora)	Inclui o hardware e o software. A RBV classifica a maior parte desta componente como incapaz de fornecer vantagem competitiva devido à estandardização e facilidade de imitação.	• Infra-estrutura de TI; • Activos de armazenamento e transmissão de informação.
Aptidões técnicas de SI (De dentro para fora)	Estas aptidões são detidas pelos empregados de SI/TI da empresa. Inclui igualmente as aptidões relacionadas com o hardware e o software, conhecimento ao nível da organização e aptidão para a integração de tecnologia.	• Aptidões técnicas de TI; • Activos de conhecimento.
Desenvolvimento de SI (De dentro para fora)	Aptidão para desenvolver ou usar novas tecnologias, incluindo novos sistemas de desenvolvimento, e para a gestão de tecnologias emergentes. É a orientação para o futuro.	• Inovação técnica; • Alerta para novidades; • Experiencias com tecnologias novas.
Eficácia operacional de SI (De dentro para fora)	Aptidão para executar as operações de SI de forma eficaz. Inclui a redução dos desperdícios, i.e. evitar derrapagens de custos, reduzir os tempos de paragem e as falhas de sistemas.	• Melhorar a qualidade do produto de TI; • Executar e suportar a função de TI de forma eficaz.

Fonte: (Wade and Hulland, 2004)

TABELA 27 – Sumário das Categorias de Recursos SI (Wade e Hulland, 2004)

GESTÃO ESTRATÉGICA

Domínio de Competência	Competências	Descrição
Formulação da estratégia	• Estratégia de negócio; • Inovação tecnológica; • Critérios de investimento; • Governo das SI/TI	Assegurar que a formulação da estratégia identifica a melhor utilização para a informação, sistemas e tecnologia, incorporando o potencial das tecnologias emergentes para o desenvolvimento do negócio no longo prazo. Definir os critérios para a tomada de decisão nos investimentos relacionados com SI/TI. Definir as políticas de gestão da informação da organização e as funções e responsabilidades dos gestores e das funções de SI/TI.
Definição da contribuição de SI	• Priorização; • Alinhamento da estratégia de SI; • Desenho dos processos de negócio; • Melhoria dos processos de negócio; • Inovação de sistemas e processos.	Assegurar que o portefólio de investimentos em aplicações e tecnologia produzem o máximo retorno possível para a organização. Assegurar que o desenvolvimento do plano de SI é feito de forma integrada com os planos funcionais e estratégicos da organização. Determinar a forma como as SI recorrem às boas práticas em processos operacionais e actividades organizacionais. Identificar o conhecimento e a informação necessária para prosseguir os objectivos estratégicos através da melhoria dos processos de gestão. Realizar R&D relacionado ao tema: Como é que as SI/TI podem ser usadas para criar novos caminhos de condução de negócio e novos produtos e serviços.
Definição da capacidade de TI	• Desenvolvimento da infra-estrutura; • Recursos para análise das tecnologias; • Estratégia de fornecimentos externos.	Definir, desenhar informação, aplicações, arquitectura tecnológica, estrutura organizacional e processos para gerir os recursos. Compreender as tendências tecnológicas e elaborar recomendações para aquisição da tecnologia adequada à organização. Estabelecer critérios e processos para avaliar opções de fornecimento e de contratação de fornecedores.

COMPETÊNCIAS 'CORE' NA GESTÃO DE PROJECTOS DE TI

Domínio de Competência	Competências	Descrição
Exploração	• Planeamento dos benefícios; • Entrega dos benefícios; • Gestão da mudança.	Identificar explicitamente e planear a forma de realizar os benefícios decorrentes das propostas de investimento em SI. Controlar e monitorizar os benefícios decorrentes dos investimentos de SI em execução. Executar as mudanças organizacionais ou de negócio necessárias para maximizar os benefícios.
Entrega de Soluções	• Desenvolvimento de aplicações; • Gestão do serviço; • Gestão de activos de informação; • Gestão da implementação; • Utilização da tecnologia.	Desenvolver ou adquirir e implementar soluções de informação, sistemas e tecnologia que satisfaçam as necessidades de negócio. Definir configurações de serviço e critérios de desempenho directamente relacionados com os requisitos de negócio, incluindo a gestão de projecto. Implementar e executar processos que assegurem que a informação e as actividades de gestão de conhecimento cumprem com as necessidades organizacionais e satisfazem as políticas da organização. Assegurar que os novos processos e formas de trabalhar são desenhadas e implementadas de forma eficaz em conjunto com a nova tecnologia. Implantar nova / alterada tecnologia da forma mais custo efectivo possível para entregar os benefícios das aplicações.
Fornecedores	• Relacionamento com fornecedores; • Standards tecnológicos; • Aquisição de tecnologia; • Gestão de custos e de activos; • Desenvolvimento dos RH de SI/TI.	Gerir os contratos e desenvolver relações de valor acrescentado com os fornecedores. Desenvolver e manter os standards, métodos, controlos e procedimentos apropriados para a utilização das TI e recursos associados. Assegurar que os activos de informação, tecnologia e aplicações são eficazmente mantidos e que o custo de aquisição e de ciclo de vida são devidamente compreendidos e geridos. Desenvolver os recursos humanos de SI/TI, recrutando, formando e colocando a trabalhar as pessoas adequadas, e assegurando que as aptidões técnicas, de negócio e pessoais estão de acordo com as necessidades da organização.

Fonte: (Peppard and Ward, 2004)

TABELA 28 – As 26 Competências de SI (Peppard e Ward, 2004)

REFERÊNCIAS BIBLIOGRÁFICAS

Amit, R. & Schoemaker, P. J. H. (1993). *Strategic Assets and Organizational Rent.* Strategic Management Journal, vol. 14, 33.

Barney, J. (1991). *Firm Resources and Sustained Competitive Advantage.* Journal of Management, vol. 17, Nº 1, 99-120.

Black, J. A. & Boal, K. B. (1994). *Strategic Resources: Traits, Configurarions and Paths to Sustainable Competitive Advantage.* Strategic Management Journal, vol. 15, 131-148.

Bleistein, S. J., Cox, K., Verner, J. & Phalp, K. T. (2006). *B-SCP: A requirements analysis framework for validating strategic alignment of organizational IT based on strategy, context, and process.* Information and Software Technology vol. 48, 846-868.

Caldeira, M. M. & Ward, J. M. (2003). *Using resource-based theory to interpret the successful adoption and use of information systems and technology in manufacturing small and medium-sized enterprises.* European Journal of Information Systems, vol. 12, 127-141.

Dierickx, I. & Cool, K. (1989). *Asset Stock Accumulation and Sustainability of Competitive Advantage.* Management Science, vol. 35, Nº 12, 1504.

Drnevich, P. L. & Kriauciunas, A. P. (2011). *Clarifying the Conditions and Limits of the Contributions of Ordinary and Dynamic Capabilities to Relative Firm Performance.* Strategic Management Journal, vol. 32, 254-279.

Feeny, D. F. & Willcocks, L. P. (1998a). *Core IS Capabilities for Exploiting Information Technology.* Sloan Management Review, Spring 1998.

Feeny, D. F. & Willcocks, L. P. (1998b). *Re-designing the IS Function around Core Capabilities.* Long Range Planning, vol. 31, Nº 3, 354-367. Elsevier Science Ltd.

Grant, R. M. (1996). *Toward a Knowledge-Based Theory of the Fim.* Strategic Management Journal, 17 (Winter Special Issue), 109-122.

Hafeez, K., Zhang, Y. & Malak, N. (2002). *Determining key capabilities of a firm using analytic hierarchy process.* International Journal of Production Economics, vol. 76, 39-45.

Helfat, C. E. & Peteraf, M. A. (2003). *The Dynamic Resource-based View: Capabilities Lifecycles.* Stategic Management Journal, vol. 24, 997-1010.

Henderson, J. C. & Venkatraman, N. (1993). *Strategic Alignment: Leveraging information tecnology for transforming organizations.* IBM System Journal, vol. 32, 472-484.

Hofmann, H. F., Yedlin, D. K., Mishler, J. W. & Kushner, S. (2007). *CMMI for Outsourcing. Guidelines for Software, Systems, and IT Acquisition,* Addison-Wesley Professional, SEI Series in Software Engineering.

Jacobsen, R. (1988). *The Persistence of Abnormal Returns.* Stategic Management Journal, vol. 9, 415-430.

Karimi, J., Gupta, Y. P. & Somers, T. M. (1996). *Impact of Competitive Strategy and Information Technology Maturity on Firm's Strategic Response to Globalization.* Journal of Management Information Systems, vol. 12, Nº 4, 55-88.

Kerzner, H. (2001). *Using Project Management Maturity Model: Strategic Planning for Project Management,* John Wiley & Sons, Inc.

Killen, C. P., Hunt, R. A. & Kleinschmidt, E. J. (2008). *Learning Investments and Organizational Capabilities. Case Studies on the Development of Project Portfolio Management Capabilities.* International Journal of Managing Projects in Business, vol. 1, Nº 3, 334-351.

King, W. R. & Malhotra, Y. (2000). *Developing a framework for analysing IS sourcing.* Information and Management, vol. 37, 323-334.

Kogut, B. & Zander, U. (1992). *Knowledge of the firm, combinative capabilities and the replication of technology.* Organization Science, vol. 3, Nº 3.

Lampel, J. (2001). *The Core Competencies of Effective Project Execution: The Chalenge of Diversity.* International Journal of Project Management, vol. 19, 471-483.

Lee, L. S. & Anderson, R. M. (2006). *An Exploratory Investigation of the Antecedents of the IT Project Management Capability.* e-Service Journal, 26-42.

Lippman, S. A. & Rumelt, R. P. (1982). *Uncertain Imitability: An Analysis of Interfirm Differences in Efficiency under Competition.* The Bell Journal of Economics, vol. 13, Nº 2, 418-438.

Mills, A. *Continuous Improvement in Project Management Maturity with OPM3.* In: NASA PM Challenge 2005, 2005. PMI.

Morris, P. & Jamieson, A. (2004). *Translating Corporate Strategy into Project Strategy: Realizing Corporate Strategy Through Project Management.* Newtown Square: PMI.

Nonaka, I. & Takeuchi, H. (1995). The Knowledge-Creating Company: How Japanese Companies Create the Dynamics of Innovation, *Oxford University Press.*

Oliver, C. (1997). *Sustainable Competitive Advantage: Combining Institutional and Resource-Based Views.* Strategic Management Journal, vol. 18, Nº 9, 697-713.

Patanakul, P. & Milosevic, D. (2008). *A Competency Model for Effectiveness in Managing Multiple Projects.* Journal of High Technology Management Research, vol. 18, 118 – 131.

Peppard, J. & Ward, J. (2004). *Beyond strategic information systems: Towards an IS capability.* Journal of Strategic Information Systems, vol. 13, 167-194.

Peteraf, M. A. (1993). *The Cornerstones of Competitive Advantage: A Resource-Based View.* Strategic Management Journal, vol. 14, Nº 3, 179-191.

Porter, M. E. (1985). *Competitive Advantage: Creating and Sustaining Superior Performance.* The Free Press

Prahalad, C. K. & Hamel, G. (1990). *The Core Competence of the Corporation.* Harvard Business Review, May-Jun.

Project Management Institute, I. (2013a). *Project Management Body of Knowledge – 5ª Edicão*, PMI.

Project Management Institute, I. (2013b). *The Standard for Portfolio Management – 3ª Edição*, PMI.

Rao, H. (1994). *The Social Construction of Reputation: Certification Contests, Legitimation, and the Survival of Organizations in the American Automobile Industry: 1895-1912.* Stategic Management Journal, vol. 15, 29-44.

Rao, R. (2005). *Implementing OPM3 – The Challenges and Next Steps*. In: PMI Global Congress Proceedings, 2005 Toronto. PMI.

Rosser, B. (2004). *IT Strategy and Project Prioritization*. In: GROUP, G., ed. Gartner Symposium ITXPO 2004, 31-Outubro 2004 Cannes. Gartner Group.

Schneckenberg, D. (2009). *Web 2.0 and the Shift in Corporate Governance from Control to Democracy*. Knowledge Management Research & Practice, vol. 7, 234-248.

Shpilberg, D., Berez, S., Puryear, R. & Shah, S. (2007). *Avoiding the Alignment Trap in IT*. MIT Sloan Management Review, Out-2007

Teece, D. J. (2007). *Explicating Dynamic Capabilities: The Nature and Microfoundatins of (Sustainable) Enterprise Performance*. Stategic Management Journal. Published Online in Wiley InterScience

Teece, D. J., G., P. & A., S. (1997). *Dynamic Capabilities and Strategic Management*. Strategic Management Journal, vol. 18, Nº 7, 509-533.

Teoh, S. (2010). *Competency and Capability Development Process: An SME Enterprise System Upgrade and Implementation*. Journal of Information Technology Management, vol. XXI, Nº 3.

Van Der Zee, J. T. M. & De Jong, B. (1999). *Alignment is not Enough: Integrating Business and Information Tecnology Management with the Balance Business Scorecard*. Journal of Information Management Systems.

Wade, M. & Hulland, J. (2004). *Review: The Resource-Based View and Information Systems Research: Review, Extensin, and Suggestions for Future Research*. MIS Quarterly, vol. 28, Nº 1, 107-142.

Wang, C.-H. & Hsu, L.-C. (2010). *The Influence of Dynamic Capability on Performance in the High Technology Industry: The Moderating Roles of Governance and Competitive Posture*. African Journal of Business Management, vol. 4, 562-577.

Wang, C. L. & Ahmed, P. K. (2007). *Dynamic Capabilities: A Review and Research Agenda*. International Journal of Management Reviews, vol. 9, Nº 1, 31-51.

Willcocks, L. P. & Feeny, D. (2006). *IT Outsourcing and Core IS Capabilities: Challenges and Lessons at Dupont.* Information Systems Management, Winter 2006.

Zott, C. (2000). *Dynamic Capabilities and the Emergence of Intra-Industry Differential Firm Performance: Insights from a Simulation Study.* INSEAD.

3.5 O Risco no Contexto da Gestão Estrategica

MARTIM MÚRIAS

INTRODUÇÃO

O Risco tem sido um conceito cada vez mais estudado no contexto da Gestão Estratégica. De facto, o risco tem sido enquadrado não só no domínio da gestão, mas também no da economia, das finanças, da psicologia social, da teoria dos jogos, entre outros, procurando explicar como é que as pessoas, isoladamente ou integradas num contexto organizacional, percecionam o risco e tomam decisões com base nessa perceção.

O estudo do risco no contexto da gestão estratégica teve o seu ponto de partida nos estudos de *Bowman* (1980), ao qual o autor identificou, dentro das diferentes industrias, uma associação negativa entre o risco organizacional e o retorno no investimento (*paradoxo do risco/retorno*), algo que contradizia a teoria financeira sobre a relação do risco com o retorno (*Bromiley et al.*, 2005). Isto significava que, em muitos casos, as organizações que apresentavam um alto desempenho podiam estar associadas a uma maior aversão ao risco do que aquelas que apresentavam um baixo desempenho, seja por diferenças na perceção de ganhos e perdas por parte dos gestores em relação a um ponto de referência (*Bowman*, 1982; *Fiegenbaum and Thomas*, 1986), seja pelo objetivo de se conseguir chegar ou manter um desempenho relativo a um nível de aspirações organizacionais (*Wiseman and Bromiley*, 1996; *Singh*, 1986).

Bowman (1980) seguiu uma linha mais ligada à necessidade de se desenvolver teorias do risco com base nas organizações e não no contexto de um fenómeno dos mercados financeiros para se explicar o paradoxo do risco/retorno. Para ele os seguintes fatores poderão contribuir para uma explicação desse paradoxo (*Bromiley et al.*, 2005):

- *Diferença na qualidade de gestão por parte das empresas* – uma boa gestão da empresa significa um nível de risco reduzido e uma taxa alta de retorno do investimento;
- *Decisões de investimento por parte das empresas* – algumas decisões de investimento refletem a propensão, e não a aversão, ao risco por parte de algumas empresas;
- *Associação rentabilidade/risco* – as empresas menos rentáveis procuram mais o risco do que as mais rentáveis;
- *Posições no mercado* – empresas com o domínio de mercado poderão atingir elevados ganhos com riscos reduzidos.

Numerosos investigadores da área da gestão estratégica tentaram explicar essa relação do risco e do retorno com base em estudos noutras áreas, tais como a das finanças, a do marketing e da psicologia. Outros seguiram áreas mais ligadas à gestão de empresas, como a estratégia e a aprendizagem organizacional, e em diferentes níveis de tomada de risco, incluindo as redes empresariais, as empresas individuais, os grupos empresariais e os gestores de topo (*Bromiley and Rau*, 2010).

Para uma corrente de investigadores do paradoxo de *Bowman* os padrões na diversificação empresarial poderiam simultaneamente reduzir o risco e aumentar o retorno (*Bettis and Hall*, 1982; *Bettis and Mahajan*, 1985; *Chang and Thomas*, 1989). *Bettis and Hall* (1982) encontraram nos seus estudos uma associação negativa entre o risco e o retorno para empresas que estavam empenhadas numa relação de diversificação, uma associação positiva para as empresas que não tinham uma relação de diversificação, e nenhuma associação para as empresas que tinham relação de diversificação limitada.

Outro grupo de investigadores argumenta que a diferença na gestão das empresas é o tipo de empresa (para este caso empresas individuais) que está na base da explicação do paradoxo do risco/retorno (*Chatterjee et al.*, 2003; *Anderson et al.*, 2007). Para *Anderson et al.* (2007) as diferenças de comportamento na gestão da empresa poderão conduzir ao paradoxo de Bowman, de tal forma que se houver uma conduta estratégica de nível superior poder-se-á atingir elevados desempenhos com baixas variabilidades, ao passo que condutas estratégicas inferiores conduzirão a baixos desempenhos com altas variabilidades.

Por último, existe uma categoria final de explicações sobre o paradoxo que atribuem a artefactos estatísticos e à escolha de medidas usadas para calcular o risco e o retorno do investimento como argumentos principais à explicação do paradoxo (*Ruefli*, 1990; *Baucus et al.*,1993; *Ruefli and Wiggins*, 1994; *Denrell*, 2004).

Como se pode constatar existe uma diversidade de investigações sobre o tema do risco para se analisar as medidas e as concepções que se deverão adotar, e quais as perspetivas teóricas que se deverão seguir sobre esta área. Torna-se, assim, difícil identificar quais as contribuições científicas existentes sobre o risco nas organizações e na tomada de decisões por parte dos gestores de topo.

Este relatório final tem como objetivo apresentar um panorama recente sobre o risco no contexto da gestão estratégica, através da identificação na literatura existente de fatores associados ao risco, tais como a sua definição, os tipos de medidas existentes, as perspetivas teóricas associadas e as futuras perspetivas ligadas a esta área.

2. DEFINIÇÕES E MEDIDAS DO RISCO

2.1 DEFINIÇÕES

Tal como em todos os termos das ciências sociais, o risco também possui um conjunto de definições diferentes para cada área de investigação. Um dos primeiros autores a propor uma definição que englobava os termos "incerteza" e "risco" nas áreas económicas foi *Knight* (1921).

Knight (1921) definiu o risco como um estado de total conhecimento da distribuição de probabilidade dos resultados, tendo essas probabilidades valores compreendidos entre 0 (zero) e 1 (um). Para este autor existe "incerteza" quando a distribuição de probabilidade dos resultados é desconhecida, e existe "certeza" se a probabilidade dos resultados for zero ou um.

Apesar de ter sido considerado como o ponto de partida para se entender melhor o significado do risco, a definição de *Knight* não teve uma aceitação global na comunidade científica. *Baird and Thomas* (1990), tal como *March and Shapira* (1987), alegaram que o conhecimento que os gestores têm sobre o risco difere e entra em conflito com a definição de *Knight*

(*Bromiley et al.*, 2005), pois para se tomarem decisões estratégicas face ao risco o gestor terá de conhecer todos os resultados possíveis e as probabilidades associadas a cada uma delas, cenário esse impossível de se conseguir.

Bromiley and Rau (2010) revelam que diversos estudos vieram demonstrar a existência de diferentes concepções associadas ao conceito do risco. Para determinados investigadores o risco pode ser ligado com a variabilidade de uma medida de desempenho ou com um indicador de variabilidade potencial (*Bowman*, 1980; *Fiegenbaum and Thomas*, 1986). Para outros, nomeadamente no contexto da teoria financeira, a concepção respetiva assume a noção de risco sistemático e não sistemático que se relacionam com a variação do retorno dos investimentos que podem ser atribuídos ou não aos movimentos dos mercados de capitais.

Existe ainda a noção de que o risco apenas vem associado a resultados potencialmente negativos (*March and Shapira*, 1987). Contudo, outros enquadramentos são mais relevantes, nomeadamente aqueles que remetem o risco para as ações dos decisores estratégicos face as incertezas da organização, em especial as que remetem para os resultados que podem ou não ser conseguidos em função das espetativas criadas pelos mesmos decisores. Ou seja, deve ter-se em consideração qual é o grau de propensão que os gestores das organizações podem ter para tomar certos riscos associados a certas decisões que buscam determinados resultados esperados.

Resumindo, para os investigadores da área da gestão estratégica o termo risco e incerteza difere das definições apresentadas por *Knight*, pelo facto de essas definições não se enquadrarem no contexto das decisões estratégicas dos gestores das empresas. Na gestão estratégica o termo risco é usado como uma imprevisibilidade dos resultados nas variáveis do negócio, sendo elas as receitas, os custos, os proveitos, a quota de mercado, as passo que a incerteza refere-se à imprevisibilidade percebida das contingências organizacionais e ambientais (*Bromiley et al.*, 2005).

2.2 MEDIDAS DO RISCO

Tal como existem diferentes definições para o conceito de risco, as medidas do risco também são usadas de diferentes maneiras por diferentes autores. A escolha da medida do risco tem sido um tópico controverso na comunidade científica ligada à gestão estratégica. Muitas das medidas usadas pelos investigadores contemplam indicadores de retorno do investimento (ROA

– Return of Assets, ROE *– Return of Equity*, CAPM *– Capital Asset Pricing Model*) e dados contabilísticos (Relatórios anuais, Balanços contabilísticos) (*Bromiley et al.*, 2005). Na tabela 29 é apresentado um resumo das medidas do risco mais usado na investigação da gestão estratégica.

Autores	Medidas do Risco
Medidas da Variância	
Bowman (1980)	Variância do ROE
Marsh and Swanson (1984)	Variância ajustada do ROE
Fiegenbaum and Thomas (1986)	Variância do ROE
Jemison (1987)	Variância do ROA
Fiegenbaum and Thomas (1988)	Variância do ROE
Cool, Dierickx and Jemison (1989)	Desvio padrão do ROA e ROS
Fiegenbaum (1990)	Variância do ROA
Medidas CAPM	
Aaker and Jacobson (1987)	Beta da função de ROE
Amit and Wernerfelt (1990)	Risco não sistemático; alfa de Jensen's
Outras medidas	
Bowman (1984)	Análise realizada ao relatório anual de contas
Bromiley (1991)	Desvio padrão e previsões do EPS (*Earning per share*)
D'Aveni and Ilinitch (1992)	Beta e Z de Altman's
Wiseman and Bromiley (1996)	Desvio padrão e previsões do EPS
Palmer and Wiseman (1999)	Variância de ROA; Desvio padrão e previsões do EPS
Duas ou mais medidas Woo (1987)	Somatório do desvio absoluto sobre a média do ROE Variabilidade das ações de mercado sobre o *time trend* Intervalo entre o preço e o custo
Fiegenbaum and Thomas (1990)	Valor absoluto da mudança percentual sobre a média passada de ROE, ROA, rácio corrente e as vendas e capitais totais
Miller and Bromiley (1990)	Desvio padrão de ROA Desvio padrão de ROE Desvio padrão da análise de previsão do EPS Beta Risco não sistemático Intensidade do capital Intensidade da Investigação & Desenvolvimento
Wiseman and Bormiley (1990)	Variância do ROE e do ROA Variância do ROE e do ROA para uma tendência temporal

TABELA 29 – **Medidas do risco mais usuais na investigação**
Fonte: Bromiley et al., 2005

Bowman (1980), um dos pioneiros na investigação do risco em gestão estratégica, utilizou primeiro a variância do ROE nos dados anuais (por um período de cinco a nove anos) como medida do risco, passando depois a analisar os relatórios anuais das empresas para medir os possíveis riscos existentes na tomada de decisões (*Bowman*, 1982). Muitos estudos subsequentes a *Bowman* (1980,1982) continuaram a utilizar medidas idênticas a esse autor, tais como a variância e o desvio padrão do ROE, do ROA, e do ROS (*Return on Sales*).

Outros autores introduziram medidas idiossincráticas baseadas em receitas contabilísticas com o objetivo de mitigar os problemas existentes na utilização da variância e do desvio padrão como medida de risco (*Bromiley et al.*, 2005). *Marsh and Swanson* (1984) ajustaram as medidas de risco de *Bowman* (1980) com a autocorrelação existente entre as empresas durante um período de tempo, e fatores da indústria e do mercado entre as firmas dentro de determinados períodos de tempo.

Muitos estudos usam o modelo financeiro CAPM como medida do risco. Este modelo tem sido a escolha mais popular na investigação da diversificação empresarial (*Ruefli et al.*, 1999). Ele indica-nos que o retorno do investimento (Rp) tem por base uma taxa de retorno do investimento livre de risco (Rf) mais a diferença entre a taxa média de retorno de mercado (Rm) e a taxa livre de risco, multiplicado por um parâmetro β [matematicamente temos que $Rp = Rf + \beta(Rm - Rf)$], sendo este β estimado o valor usado como medida de risco.

Apesar de mais limitado na utilização como medida de risco em gestão estratégica, existem outros estudos que propõem medidas que considerem a posição relativa da empresa face aos concorrentes de mercado em que actuam (volatilidade da posição de mercado). No entanto esta visão está limitada pelos seguintes aspetos (*Bromiley et al.*, 2005):

- A existência de fronteiras nestes estudos confunde o risco com a mudança no seio dos concorrentes de mercado;
- Estas medidas estão limitadas a comparações intra-industrial, não o podendo fazer entre as diversas indústrias existentes no mercado;
- As medidas do risco poderão ser confundidas com a volatilidade da indústria em detrimento do desempenho específico da empresa;
- Estas medidas do risco assumem que o risco é um fator constante ao longo do tempo, algo que poucas vezes acontece.

Com o vasto leque de medidas do risco associadas a diferentes investigações, torna-se difícil fazer uma comparação entre elas para se encontrar o melhor método de medição do risco organizacional. Das medidas apresentadas anteriormente podemos concluir o seguinte (*Bromiley et al.*, 2005):

- *A medida do risco é uma constante multidimensional* – medidas baseadas num simples indicador de desempenho, com a variabilidade nas receitas contabilísticas, refletem um só aspeto do risco estratégico;
- *Diferentes perspetivas teóricas requerem diferentes medidas do risco* – se a teoria não indica qual a medida do risco mais apropriada para determinado estudo, então deverão ser os investigadores a usarem diferentes medidas do risco;
- *Validação e confiabilidade das medidas do risco* – os investigadores deverão dar maior ênfase à validação e confiabilidade das medidas do risco na gestão estratégica, através das seguintes questões:
  - Serão as medidas *ex ante* (projeções de analistas) mais apropriadas que as medidas *ex post* (análise histórica do desempenho da empresa)?
  - Deverão as medidas do risco refletir o desempenho de uma empresa concorrente?
  - Serão as medidas do risco comparáveis entre empresas para diferentes períodos de tempo?

3. PERSPETIVAS TEÓRICAS DO RISCO ORGANIZACIONAL

Grande parte da literatura em gestão estratégica sobre o risco tem como principal objetivo a resposta à seguinte pergunta: "O que impulsiona o grau de risco associado as escolhas estratégicas?" (*Bromiley et al.*, 2005). Como parte da tomada de decisões é afetada pelas preferências sobre o risco organizacional, torna-se necessário estudar e conhecer os motivos que levam algumas empresas a terem aversão ao risco e outras serem mais propensas ao risco.

Três teorias dominam o estudo do risco em gestão estratégica. Duas delas estão associadas ao comportamento das organizações no que concerne à tomada do risco, Teoria da Perspetiva (*Kahneman and Tversky*, 1979) e a Teoria Comportamental das Organizações (*Cyert and March*, 1963), ao passo que a última, a Teoria da Agência (*Demsetz*, 1983; *Fama*, 1980; *Jensen and Meckling*, 1976) explora o conflito que existe entre as tomadas de decisões nas organizações por parte dos gestores e os interesses dos seus donos ou accionistas (se as decisões dos gestores estão em linha de conta com os interesses dos accionistas).

3.1 TEORIA DA PERSPETIVA

Desenvolvida por *Kahneman and Tversky* (1979), a Teoria da Perspetiva explica as escolhas individuais em situações de tomada de decisão com base no risco existente. Nesta teoria os indivíduos vão medir os resultados a obter em relação a um ponto de referência, sendo que, tipicamente, as pessoas evitam os riscos associados a decisões que cheguem a resultados que se situem acima desse ponto de referência, enquanto correm riscos associados a decisões que cheguem a resultados que se situem abaixo desse mesmo ponto. Para fazer essas medições os indivíduos avaliam as escolhas probabilísticas existentes de acordo com uma função de valor que é côncava acima do ponto de referência e convexa abaixo desse ponto (Figura 31).

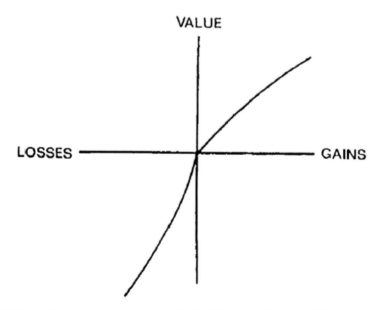

FIGURA 31- Função de valor e ponto de referência. Fonte: Kahneman and Tversky, 1979

Aplicando este modelo matemático às organizações (*Bowman*, 1982), podemos considerar que aquelas empresas que tiveram um menor desempenho (ou seja resultados correntes indesejados) tenderão a arriscar mais nas suas decisões do que aquelas que conseguiram melhor desempenho (resultados correntes acima do ponto de referência). De realçar que todos os estudos que seguiram esta ideia usaram a média e o desvio padrão por um período de tempo (cinco anos) como medida do risco.

Podemos resumir a Teoria da Perspetiva em quatro pontos fundamentais (*Holmes et al.*, 2011):

- **Primeiro**, os indivíduos avaliam os resultados com base num ponto de referência, ao qual lhes permite tomar decisões em termos de ganhos ou perdas com base numa "percepção dependente da referência" (*Kahneman*, 2003: 703);
- **Segundo**, a função de valor é côncava acima do ponto de referência e convexa abaixo desse ponto, produzindo preferências em termos de aversão ou propensão ao risco por parte dos gestores;
- **Terceiro**, esta incorporada na função de valor uma "sensibilidade decrescente", ou seja, a partir de um certo ponto da função um incremento adicional nos resultados provoca aumentos mais reduzidos do valor subjectivo;
- **Quarto**, a Teoria da Perspetiva assume que os indivíduos são adversos às perdas, ou seja, eles têm maior insatisfação nas perdas do que satisfação equivalente nos ganhos (as pessoas não gostam de perder).

Todavia, esta teoria não está isenta de críticas (*Bromiley et al.*, 2005). Em primeiro lugar ela tenta explicar comportamentos individuais, não fazendo muito sentido as premissas que ele assume para as empresas. Para além disso as investigações que são realizadas sobre a Teoria da Perspetiva eliminam fatores externos para minimizar os seus efeitos na experimentação de hipóteses, o que poderá criar resultados ambíguos sobre essas investigações (*Bromiley et al.*, 2005). Por ultimo, esta teoria é baseada em questões de ganho e perda, não considerando os possíveis resultados mistos.

3.2 TEORIA COMPORTAMENTAL DAS ORGANIZAÇÕES

March and Simon (1958), tal como *Cyert and March* (1963), desenvolveram a Teoria Comportamental das Organizações assumindo que os indivíduos são limitados racionalmente, ou seja, eles procuram determinados objetivos mas estando limitados as suas capacidades para processar informação. Em vez de uma função unificada de objetivos as empresas determinam um conjunto de dimensões aos objetivos, e em cada dimensão está associado um nível de aspirações (*Bromiley and Rau*, 2010). O nível de aspirações vai depender do histórico de desempenho da empresa e da concorrência, e do histórico das próprias aspirações.

O comportamento da empresa em relação ao risco vai depender da comparação entre o nível de aspirações que a empresa definiu com o nível de desempenho (criando assim um ponto de referência). Caso o desempenho exceda o nível de aspirações a empresa manter-se-á com as rotinas estabelecidas (menor risco), caso contrario ela tenderá a procurar formas de melhorar esse desempenho até atingir o ponto de referência (maior risco) (*Bromiley and Rau*, 2010). O único momento em que tal não acontece é quando as empresas com alto desempenho tendem a inovar por terem excedentes de recursos e pelo risco não representar uma possível ameaça no desempenho da empresa.

March and Shapira (1987:1992) adicionaram alguns pontos importantes à Teoria original do Comportamento das Organizações. Com base num conjunto de entrevistas realizadas a gestores de empresas eles determinaram que a posição desses gestores face ao risco tem por base duas referências (*Bromiley and Rau*, 2010):

- *Bancarrota* – as empresas que estão abaixo do nível de aspirações e próximas da bancarrota (abaixo do nível de aspirações em sobreviver) tendem a ser mais propensas ao risco para evitar a bancarrota. As empresas que estão acima do nível de aspirações em sobreviver, mas como baixos desempenhos, são mais adversas ao risco para reduzir a possibilidade de bancarrota;
- *Nível de aspirações* – para este caso quanto maior ou menor for a distância entre o desempenho e o nível de aspirações (próximo dos extremos), maior será a propensão ao risco. Quanto mais próximo for essa distância maior a aversão ao risco.

Apesar da Teoria Comportamental das Organizações ser atrativa por oferecer uma visão sobre o risco ao nível das organizações, ela é limitada quando é aplicada a investigação na área do risco. Em primeiro lugar esta teoria esta mais centrada nos problemas de rotina das empresas, analisando as melhorias nas estratégias e não as possíveis mudanças das estratégias. Em segundo lugar a teoria não prevê que tipo de estratégia as empresas deverão adotar para alcançarem os níveis de aspirações pretendidos ou para se manterem nesses mesmos níveis.

3.3 DIFERENÇAS ENTRE A TEORIA DA PERSPETIVA E A TEORIA COMPORTAMENTAL DAS ORGANIZAÇÕES

Com base no que foi exposto anteriormente sobre a Teoria da Perspetiva e a Teoria Comportamental das Organizações parecem existir algumas similaridades entre as duas teorias (*Holmes et al.*, 2011). De facto, quer a Teoria de Perspetiva, que analisa as escolhas individuais em situações de tomada de decisão no que respeita ao risco (propensos ou adversos ao risco) sob um ponto de referência, quer a Teoria Comportamental das Organizações, que analisa o desempenho organizacional ao nível das aspirações para determinar a posição da empresa face ao risco, utilizam um **ponto de referência** para mostrar como as empresas se comportam ao nível do risco organizacional. No entanto, elas diferem em alguns aspetos importantes.

Em **primeiro lugar** a Teoria da Perspetiva é focada no comportamento do individuo, não especificando o processo cognitivo que esta inerente a esse comportamento (*Holmes et al.*, 2011). Já a Teoria Comportamental das Organizações esta mais direccionada para uma explicação detalhada do processo de tomada de decisões na organização (existindo concepções sobre o comportamento que não se revêem na Teoria da Perspetiva).

Em **segundo lugar**, apesar de existir um ponto de referência para as duas teorias, a Teoria do Comportamento Organizacional descreve a origem desse ponto de referência (ou nível de aspirações da organização), já que este reflete as preferências dos *stakeholders*, os seus níveis de aspirações e desempenhos passados, e os seus desempenhos comparados com a concorrência no mercado (*Cyert and March*, 1963). Já a Teoria da Perspetiva não consegue apresentar uma explicação satisfatória sobre o estabelecimento de um ponto de referência para a empresa.

Por **ultimo** a determinação da posição da empresa em relação ao risco é mais complexa na Teoria Comportamental das Organizações do que na Teoria da Perspetiva (*Holmes et al.*, 2011). A primeira teoria sugere que quando o desempenho da empresa é muito elevado em relação as aspirações, a posição face ao risco muda de adverso para propenso ao risco (*Cyert* *and March*, 1963; *March and Shapira*, 1992). Caso o desempenho seja muito reduzido as empresas mudam os seus níveis de aspirações para o modo de sobrevivência (*March and Shapira*, 1987). Já a função de valor da Teoria da Perspetiva prevê claramente uma neutralidade face ao risco quando os resultados da empresa estão distantes do ponto de referência (*Kahneman and Lovallo*, 1993).

3.4 TEORIA DA AGÊNCIA

A Teoria da Agência trata da questão de como o *Principal* (dono ou acionista) consegue que o *Agente* (CEO, empregado), que toma as decisões críticas na empresa em nome do Principal, atue para os seus interesses (*Demsetz*, 1983; *Fama*, 1980). Para esta teoria assume-se que o Principal é honesto e neutro ao risco, ao passo que o Agente é imoral e adverso ao risco.

Jensen and Meckling (1976) propõem que em caso de separação do proprietário e do gestor da empresa o Principal deverá compensar o Agente para este tomar decisões de risco ao nível da empresa, estando este exposto aquilo que designam por "risco do emprego" (risco que o Agente analisa pelo facto de puder tomar decisões erradas que o levem ao desemprego). Assim sendo o problema da Teoria da Agência torna-se em descobrir quais os mecanismos que permitam o controlo dos interesses por parte do Principal, e a redução do risco nas decisões por parte do Agente.

Têm havido diversos estudos sobre a Teoria da Agência no que diz respeito ao equilíbrio que deverá existir entre os interesses do Principal e os receios do Agente (*Bromiley and Rau*, 2010). Um dos estudos fala sobre o sistema de incentivos aos gestores de topo que influenciam a tomada de decisões sobre o risco, a inovação e o desempenho das empresas (*Palmer and Wiseman*, 1999; *Sanders and Hambrick*, 2007; *Wright et al.*, 2007). Por exemplo, *Wright et al.* (2007) argumenta que o tipo de incentivos oferecidos aos gestores de topo (incentivo fixo vs. variável, ações e participações da empresa) influência os resultados do ROA e os retornos das ações.

Para além dos estudos sobre os incentivos existem outros sobre a diversificação de operações por parte dos gestores com o objetivo de reduzir o seu risco de desemprego (*Goranova et al.*, 2007). *Camuffo et al.* (2007) analisaram o risco partilhado entre os consumidores e os fornecedores duma indústria italiana de ar-condicionado. Eles descobriram que o nível de risco absorvido pelos consumidores depende das características dos fornecedores, como por exemplo, como eles enfrentam a incerteza ambiental do mercado e se exibem aversões ao risco ou problemas de ética e moral.

Apesar do uso extensivo da Teoria da Agência na gestão estratégica, a sua aplicação na literatura sobre o risco organizacional tem sido limitada (*Bromiley et al.*, 2005).

CONCLUSÕES

A diversidade de estudos sobre o Risco no contexto da Gestão Estratégica mostra que foram dados passos importantes para o entendimento das diferentes dimensões e consequências do risco estratégico. No entanto há que considerar que existem algumas lacunas que ainda estão por explicar, e que deverá ser um aspeto dinamizador para a investigação nesta área.

Apesar da vasta literatura sobre o risco é possível retirar alguns pontos que são consensuais entre os diversos autores (*Bromiley et al*, 2005; *Bromiley and Rau*, 2010):

- O risco ao nível das organizações é uma variável multidimensional, ou seja as diferentes dimensões do risco refletem diferentes interesses dos membros das empresas;
- As dimensões do risco influenciam o desempenho das empresas;
- Alguns pontos da Teoria Comportamental influenciam a propensão para o risco, tendo em conta o nível de aspirações e o desempenho alcançado;
- Os incentivos aos gestores de topo influenciam a posição sobre o risco das empresas;
- Uma forte governação por parte dos donos das empresas mitiga a aversão ao risco dos gestores;
- Muitas formas sobre a posição da empresa face ao risco influência os desempenhos futuros, mas o sinal dessa relação nem sempre é positiva.

FUTURAS PESQUISAS

A investigação do risco no contexto da gestão estratégica ainda esta longe de chegar ao fim. Futuras pesquisas são necessárias para aumentar o nosso conhecimento sobre o risco organizacional e aumentar o debate sobre uma temática que é essencial a gestão estratégica de qualquer empresa.

Bromiley et al. (2005), tal como *Bromiley and Rau* (2010), argumentam que é necessário ter em conta os seguintes aspetos para as futuras pesquisas:

- Deverão os investigadores distinguir os efeitos das mudanças ambientais e das decisões dos gestores nas características do risco da empresa;
- As investigações deverão usar outras medidas do risco, como questionários (*Singh*, 1986), para analisar múltiplas dimensões na tomada de decisões;
- É necessário examinar e identificar os diferentes tipos de risco que os negócios necessitam de gerir e controlar, tais como os riscos complexos (*Bonabeau*, 2007) e os riscos associados ao processo de *outsourcing* dos negócios (*Shi*, 2007);
- Deverão as pesquisas analisar qual o lugar certo do risco nos seus modelos, para puderem distinguir a influência das decisões estratégicas no risco e no desempenho;
- As pesquisas futuras sobre o risco deverão examinar como os pressupostos existentes em cada teoria do risco organizacional poderão prever os efeitos do risco nas decisões dos gestores.

REFERÊNCIAS BIBLIOGRÁFICAS

Andersen, T., Denrell, J., and Bettis, R. (2007). Strategic responsiveness and Bowman's risk-return paradox. *Strategic Management Journal*, 28, 407-429.

Baird, I., and Thomas, H. (1990). What is risk anyway? Using and measuring risk in strategic management. In R. A. Bettis and H. Thomas (eds). *Risk, Strategy and Management*, 5, 21-54.

Baucus, D., Golec, J., and Cooper, J. (1993). Estimating risk-return relationships – An analysis of measures. *Strategic Management Journal*, 14 (5), 387-396.

Bettis, R., and Hall, W. (1982). Diversification strategy, accounting determined risk, and accounting determined return. *Academy of Management Journal*, 25, 254-264.

Bettis, R., and Mahajan, V. (1985). Risk/return performance of diversified firms. *Management Science*, 31 (7), 785-799.

Bonabeau, E. (2007). Understanding and managing complexity risk. *MIT Sloan Management Review*, 48 (4), 62-68.

Bowman, H. (1980). A risk/return paradox for strategic management. *Sloan Management Review*, 21, 17-31.

Bowman, H. (1982). Risk seeking by troubled firms. *Sloan Management Review*, 23, 33-42.

Bromiley, P., Miller, K., and Rau, D. (2005). Risk in Strategic Management Research. in *The Blackwell Handbook of Strategic Management*, 259-288, M. A. Hitt, R. E. Freeman and J. Harrison (eds). Malden (MA,USA): Blackwell.

Bromiley, P., and Rau, D. (2010). Risk Taking and Strategic Decision Making. In *Wiley Handbook of Decision Making*, 307-325, P. C. Nutt and D. C. Wilson (eds). West Sussex (United Kingdom): Wiley.

Camuffo, A., Furlan, A., and Rettore, E. (2007). Risk sharing in supplier relations: An agency model for the Italian air-conditioning industry. *Strategic Management Journal*, 28, 1257–1266.

Chang, Y., and Thomas, H. (1989). The impact of diversification strategy on risk-return performance. *Strategic Management Journal*, 10 (3), 271–284.

Chatterjee, S., Wiseman, R., Fiegenbaum, A., and Devers, C. (2003). Integrating behavioral and economic concepts of risk into strategic management: The twain shall meet. *Long Range Planning*, 36, 61–79.

Cyert, R. M., and March, J. G. (1963). *A Behavioral Theory of the Firm*. Englewood Cliffs, New Jersey: Prentice-Hall.

Demsetz, H. (1983). The structure of ownership and the theory of the firm. *Journal of Law and Economics*, 26, 375-390.

Denrell, J. (2004). *Risk taking and aspiration levels: Two alternative null models*. Academy of Management Best Paper Proceedings, New Orleans, LA.

Fama, E. F. (1980). Agency problems and the theory of the firm. *Journal of Political Economy*, 88, 288-307.

Fiegenbaum, A., and Thomas, H. (1986). Dynamic and risk measurement perspectives on Bowman's risk-return paradox for strategic management: An empirical study. *Strategic Management Journal*, 7, 395-407.

Goranova, M., Alessandri, T., Brandes, P., and Dharwadkar, R. (2007). Managerial ownership and corporate diversification: A longitudinal view. *Strategic Management Journal*, 28 (3), 211–225.

Holmes, J.R., Bromiley, P., Devers, C., Holcomb, T., and Mcguire, J. (2011). Management Theory Applications of Prospect Theory: Accomplishments, Challenges and Opportunities. *Journal of Management*, 37 (4), 1069-1107.

Jensen, M., and Meckling, W. (1976). Theory of the firm: Managerial behavior, agency costs and ownership structure. *The Journal of Financial Economics*, 3, 305-360.

Kahneman, D. (2003). A perspective on judgment and choice: Mapping bounded rationality. *American Psychologist*, 58, 697-720.

Kahneman, D., and Lovallo, D. (1993). Timid choices and bold forecasts: A cognitive perspective on risk taking. *Management Science*, 39, 17-31.

Kahneman, D., and Tversky, A. (1979). Prospect Theory: An analysis of decision under risk. *Econometrica*, 47, 263-291.

Knight, F. H. (1921). *Risk, Uncertainty, and Profit*. Houghton Mifflin; reprint, Chicago: University of Chicago, 1971.

March, J., and Shapira, Z. (1987). Managerial perspectives on risk and risk taking. *Management Science*, 33, 1404-1418.

March, J. G., and Shapira, Z. (1992). Variable risk preferences and the focus of attention. *Psychological Review*, 99(1), 172-183.

March, J., and Simon, H. (1958). *Organizations*. New York, Wiley.

Marsh, T., and Swanson, D. (1984). Risk-return tradeoffs for strategic management. *Sloan Management Review*, (Spring), 35-51.

Palmer, T., and Wiseman, R. (1999). Decoupling risk taking from income stream uncertainty: A holistic model of risk. *Strategic Management Journal*, 20, 1037–1062.

Ruefli, T. (1990). Mean-variance approaches to risk-return relationships in strategy: Paradox lost. *Management Science*, 36, 368–380.

Ruefli, T., Collins, J., and Lacugna, J. (1999). Risk measures in strategic management research: Auld lang syne? *Strategic Management Journal*, 20, 167-194.

Ruefli, T., and Wiggins, R. (1994). When mean square error becomes variance: a comment on "Business risk and return: a test of simultaneous relationships". *Management Science*, 40, 750–759.

Sanders, W., and Hambrick, D. (2007). Swinging for the fences: The effects of CEO stock options on company risk taking and performance. *Academy of Management Journal*, 50 (5), 1055–1078.

Shi, Y. (2007). Today's solution and tomorrow's problem: The business process outsourcing risk management puzzle. *California Management Review*, 49 (3), 27.

Singh, J. (1986). Performance, slack and risk taking in organizational decision. *Academy of Management Journal*, 29, 562-585.

Wiseman, R., and Bromiley, P. (1996). Toward a model of risk in declining organizations: An empirical examination of risk, performance and decline. *Organizations science*, 7, 524-543.

Wright, P., Kroll, M., Krug, J., and Pettus, M. (2007). Influences of top management team incentives on firm risk taking. *Strategic Management Journal*, 28, 81–89.

BIONOTES DOS EDITORES

Vitor Fernando da Conceição Gonçalves é licenciado em Gestão pelo ISEG-Instituto Superior de Economia e Gestão, Universidade Técnica de Lisboa, é doutorado em Gestão de Empresas pela FCEE da Universidade de Sevilha, Espanha e tem título de Agregado em Gestão pela Universidade Técnica de Lisboa. Atualmente é Professor Catedrático de Gestão (desde 1994). É o presidente do Departamento de Gestão do ISEG. E é membro do Conselho Geral da Universidade de Lisboa. Anteriormente, foi vice-reitor e pró-reitor da Universidade Técnica de Lisboa e presidente do ISEG. É professor experiente em vários níveis: licenciatura, pós-graduação, mestrado, doutoramento e formação de executivos, tanto em Portugal como no exterior. Colunista sobre temas económicos em vários órgãos de comunicação social (Jornal Expresso, Diário Economico, Diário de Noticias). Autor de dezenas de trabalhos sobre temas de gestão, estratégia, competitividade em revistas académicas internacionais de referência e outras publicações, nacionais e internacionais (por exemplo: Competitiveness Review ,Journal of Business Research, Services Industries Journal, Journal of Medical Marketing, Journal of Comparative International Management, Interfaces, Journal of Travel Research, International Journal of Retail and Distribution Management, Case Research Journal, Quality and Quantity – International Journal of Methodology). Além de sua carreira académica, tem uma longa experiência como consultor para muitas organizações públicas e privadas em Portugal e no exterior. O Prof. Vítor da Conceição Gonçalves tem sido membro do Conselho de Administração de várias empresas cotadas e não cotadas.

Luís Mota de Castro é Professor Associado do ISEG – Instituto Superior de Economia e Gestão da Universidade de Lisboa, onde ensina Gestão

Estratégica ao Mestrado em Gestão e Estratégia Industrial e Metodologias de Investigação ao Doutoramento em Gestão. É Ph.D. em Investigação Operacional e Mestre em Análise de Negócios pela Lancaster University (UK). Anteriormente foi Professor Auxiliar da Universidade do Minho e, até 2011, Professor Associado da Faculdade de Economia da Universidade do Porto. É co-autor de artigos científicos sobre redes de negócios em mercados financeiros corporativos, sobre as fronteiras das empresas em mercados em rede, Franchising como especialização de competências e, em geral, a relevância dos relacionamentos entre empresas, publicados nas revistas: Industrial Marketing Management, Journal of Business Research, Journal of Purchasing & Supply Management, Journal of Management Studies, Environment and Planning (A), International Journal of Bank Marketing, e Service Business.

J. Augusto Felício é Professor do ISEG – Instituto Superior de Economia e Gestão da Universidade de Lisboa, onde ensina Gestão Estratégica, Marketing Internacional e Concorrência e Competitividade. O Ph.D. em Gestão foi realizado no Instituto Superior de Economia e Gestão da Universidade de Lisboa. Actualmente, a sua investigação centra-se, primordialmente, nas condições para organizações de excelência e gestão de excelência. Possui dezenas de artigos científicos publicados sobre empresas familiares, empreendedorismo, franchising, corporate governance e global mindset em revistas, tais como: International Entrepreneurship and Management, Journal of Business Research, Journal of Business Economics and Management, Journal of International Entrepreneurship, Management Decision, The Service Industries Journal, Service Business.